全国商贸类“十一五”规划应用型教材·旅游管理、酒店管理专业

实用旅游电子商务

编著 杜文才 常 颖 杜 锋

对外经济贸易大学出版社

图书在版编目（CIP）数据

实用旅游电子商务/杜文才，常颖，杜锋编著. —北京：对外经济贸易大学出版社，2009.10（2015.07 重印）

全国商贸类“十一五”规划应用型教材. 旅游管理、酒店管理专业

ISBN 978-7-81134-418-9

Ⅰ. 实… Ⅱ. ①杜…②常…③杜… Ⅲ. 旅游业－电子商务－高等学校－教材 Ⅳ. F590.6－39

中国版本图书馆 CIP 数据核字（2009）第 116981 号

实用旅游电子商务

杜文才 常 颖 杜 锋 编著

责任编辑：高 瑗 赵 昕

对外经济贸易大学出版社

北京市朝阳区惠新东街 10 号 邮政编码：100029

邮购电话：010-64492338 发行部电话：010-64492342

网址：http://www.uibep.com E-mail：uibep@126.com

山东省沂南县汇丰印刷有限公司印装 新华书店北京发行所发行

成品尺寸：185mm×230mm 25.75 印张 517 千字

2009 年 10 月北京第 1 版 2015 年 7 月第 4 次印刷

ISBN 978-7-81134-418-9

印数：9 501－11 000 册 定价：39.00 元

前　言

以互联网、通信技术为核心的信息技术引起了旅游业的一场革命，正在深刻地改变着旅游业的经营、管理和运作模式。基于互联网技术与WWW的旅游电子商务对旅游业的发展和繁荣起着越来越重要的作用及影响，正成为推动旅游经济发展的重要举措，成为当今世界旅游商务活动的主要推动力。

具有信息密集和对信息敏感特征的旅游业极其适于基于互联网的电子交易方式。在互联网上发布旅游信息和经销旅游产品是技术创新对旅游企业（生产商和经销商）影响最深刻的领域。互联网技术使旅游公司能以相对低廉的成本直接向消费大众提供旅游产品和服务，还能与消费者和其他旅游生产商和经销商互动。越来越多的消费者使用互联网来规划度假或商务旅行，这是激励在互联网上组织和开发旅游产品与服务并进行促销的主要因素。应用互联网技术的旅游企业能在旅游市场中更有竞争力。

随着旅游电子商务的持续不断发展及其对旅游企业、旅游市场和消费者的冲击或影响不断扩大，对于旅游学院所有的学生来说，无论其专业背景如何，都要了解推动旅游电子商务发展的最基本因素。旅游电子商务正在创造崭新的电子化的市场，使整个旅游行业迅速朝旅游电子商务经济和旅游电子商务社会发展。要想在今后十年里成为一个成功的专业人员或管理者，就必须打下旅游电子商务的扎实基础。本书就是专门为这些明天的专业人员或管理者所写的。本书将帮助读者了解、掌握旅游电子商务的最基本理论、方法与技能。

本书具有以下特色：

1. 高度贴近教育部颁布的新的学科专业调整方案和培养目标

本书面向教育部颁布的新的学科专业调整方案和培养目标，紧扣旅游电子商务相关理念，强调对学生应用所学知识与技能分析实际问题的能力的培养，同时注重对学生自学能力的培养及提高学生的应用素质，培养应用型人才。

2. 整合旅游电子商务技术与应用为一体

以旅游电子商务技术与应用的结合为主线，从旅游电子商务的基本概念介绍入手，分析了旅游电子商务的技术基础，并探讨了旅游电子商务的应用。在这三部分的写作中，本书将贯彻整合旅游电子商务技术与应用为一体的原则。

3. 以理论基础坚实、贴近应用为目的

在理论基础坚实、贴近应用为目的原则框架之内，提供对于理解旅游电子商务所必需的理论基础知识，并配有大量的实际演练练习与复习思考题，力求通俗易懂，帮助学生提高分析问题、解决问题的能力。

4. 构造体系上强调体系化的原则

本书构造体系上强调体系化。每章以学习目标开始，通过典型案例联系实际地介绍本章的基本概念及理论，每章后配有相关练习题。

5. 讨论话题贴近当前形势

本书收入最新的旅游电子商务话题，包括近5年的材料。对于将讨论的一些话题，如基于互联网的旅游营销、博客营销、移动旅游商务、虚拟旅游等，都从理论和应用两方面进行了设计，力求反映最新的技术动态，使本书具有新颖性和前瞻性。

6. 案例选择面向现实世界

本书收入的典型案例来自国内乃至全球各地的大型旅游公司和中小旅游企业。通过这些具体的例子，读者可以深入理解旅游电子商务的基本概念、作用，以及旅游电子商务的成本和合理性，还可以了解一些旅游公司如何创造性地将旅游电子商务运用到其日常运作中。

本书由海南大学杜文才统筹策划并担任全书主编，常颖担任副主编。本书编写过程中引用了一些成果和参考文献，在此谨向被引用文献的著（作）者表示真挚的谢意。由于作者的水平有限，加之时间较紧，书中谬误或不足之处在所难免，敬请学界同仁、专家和使用者批评指正。

编者

2009年5月

目　　录

第一章

旅游电子商务概述

学习目标

- 电子商务的定义并说明电子商务与电子业务的区别
- 旅游电子商务的定义并说明旅游电子商务的特点及其商业意义
- 旅游电子商务被广泛应用的动因
- 旅游电子商务给企业、消费者和社会带来的利益

开篇案例

Expedia.com 网上旅游服务公司

Expedia.com 是一家总部设在华盛顿州贝尔维尤市的网上旅游服务公司，它提供日程安排、价格、航班、旅馆和汽车出租信息（图 1.1）。1999 年，Expedia.com 一直都是微软下属的一个子公司。2001 年，USANetworks 公司从微软手中购买了 Expedia 公司 70% 的股权（Caney，2001）。Expedia 是最成功的网上旅游服务公司之一，根据世界旅游观光协会的数据，2001 年全球旅游行业的总收入约为 3.8 万亿美元，而 Expedia 的收入就有 2.22 亿美元。

Expedia 的目标是要建立一个全球性的旅游市场，使得旅游服务的提供商可以扩展其网上业务，使消费者可以查询、购买旅游服务。Expedia 的客户价值体现就是要减少客户的搜寻成本和交易成本，增加价格的透明度。通过取代许多原本由当地的旅游代理所完成的功能，Expedia 改变了整个行业的结构。

Expedia 基本上已经成功地实现了它的目标。通过 Expedia 网站，一般消费者和商

务旅行者可以一天24小时实时地获得行程安排信息、450家航空公司的价格信息、65 000家旅馆的信息以及所有大型租车公司的信息。网站的访问者可以咨询350多个旅游景点的旅游情况，从业内专家那里获得旅游信息和旅游建议，还可以通过聊天室和社区公告栏向其他旅游者了解情况。在收集了必需的信息之后，消费者还可以在网站上订购相应的旅游产品或服务。目前登录Expedia网站查询旅游信息和订购旅游产品/服务的用户数已经超出了800万，Expedia是世界上访问量最大的网站之一。

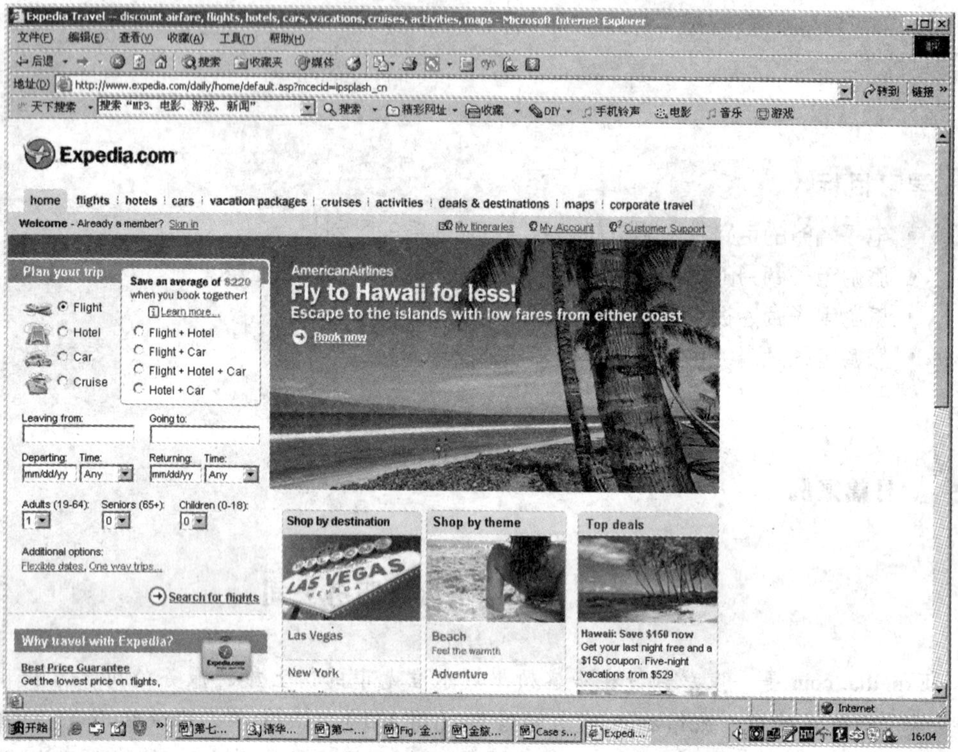

图1.1　Expedia.com网上旅游服务公司首页

与传统的旅游代理商一样，Expedia的收入主要来源于对每笔业务所收取的佣金。但是，公司正在转向批发商商业模式，它以折扣批发价从供应商那里购买大量的库存商品，然后用自己制定的零售价将商品转售给消费者。采用这一模式，Expedia所提供的价格更具竞争性，所获得的毛利润也要比主要依靠佣金的代理模式高。此外，公司还有一部分收入来源于航空公司、旅馆等供应商支付的广告费，以及公司将自己的核心技术平台授权给美国大陆航空公司、美国西北航空公司和美国运通使用所获得的收入。

第一节 电子商务的概念

开篇案例向我们展示了企业如何以电子化手段，借助一般网络和互联网开展业务。该案例说明企业可以利用电子商务通过多种途径来改善经营状况。然而，在 1994 年以前，人们熟悉的电子商务并不存在。这种被称为“崭新的商务模式”的电子商务出现在 1995 年，其年增长率一度超过了 100%，十多年来电子商务的发展事实令世人瞩目。

21 世纪将是一个社会与商务活动都由数字化来驱动的时代，到 2020 年，电子商务很可能会影响大部分的商务活动，或者说，大部分的商务活动都将是电子商务。因此，当今的电子商务仅仅是商务活动革命的开始。Hvahoose（2003）声称，电子商务将改变一切。

同样，电子商务正在引起整个旅游业的革命，深刻地改变着旅游业的经营、管理和运作模式，对旅游业的发展和繁荣起着越来越重要的作用及影响，正成为推动旅游经济发展的重要举措。全球互联网的多功能性被商界誉为销售的圣杯。以互联网的应用为本质的旅游电子商务（Tourism E-Commerce）已经成为当今世界旅游商务活动的主要推动力，成为各类旅游组织或企业在结构、运营和管理方面发生根本性、革命性变革的催化剂。

要想了解和认识旅游电子商务的本质，必须从电子商务的基本概念入手，基于这个目的，本节主要介绍电子商务的基本概念及其应用发展情况。

一、电子商务的概念

（一）电子商务（Electronic Commerce，E-commerce）

电子商务，通常是指在全球各地广泛的商业贸易活动中，通过包括互联网在内的计算机网络来购买、销售和交换产品、服务和信息的过程。从通信的观点看，电子商务是借助电话、计算机网络或任何其他电子媒介进行信息、产品或服务传递以及支付的过程。从业务流程的观点看，电子商务是将技术应用于企业交易过程和工作流程以实现自动化的过程。从服务的观点看，电子商务是传达公司、消费者和管理层的需求，从而降低服务费用、提高产品质量和服务速度的工具。从在线的观点看，电子商务提供了通过互联网购买和销售产品、信息的能力，并提供了其他在线服务的可能。从合作的观点看，电子商务是在组织间和组织内部进行合作的框架。从社区的观点看，电子商务为社区成员提供了一个学习、交易和合作的集会场所。

（二）电子业务（Electronic Business，E-business）

电子商务一词被定义为利用 Internet 和 WWW 来进行的商务交易。使用这种定义时，一些人发现 E-commerce 的含义太狭窄了。于是许多人使用电子业务这一术语。电子业务是一个比电子商务更宽泛的概念，除了买、卖商品和服务外，还包括客户服务、与商业伙伴之间的协作，以及在机构内部进行的电子交易。电子业务是发生在企业内部的数字化事务和流程，包括企业内部的信息系统，涵盖了生产周期、速度、全球化、提高生产效率、赢得新客户，以及在机构间共享知识从而获取竞争优势的方方面面，包含了企业内外所有电子化的活动，其中包括电子商务。

对电子商务和电子业务进行区分是很重要的。电子商务主要涉及跨越企业边界的交易，而电子业务主要是研究数字技术在企业内部业务流程中的应用。对于本书来说，电子业务一词主要用来代表那些企业内部的数字化事务和流程，包括企业内部的信息系统。大多数情况下，电子业务不包括跨越组织边界的有价值交换的商业交易。

（三）完全电子商务和不完全电子商务

根据所销售的产品（服务）、销售过程和代理人（或中间商）的数字化程度的不同，电子商务可分为完全电子商务与不完全电子商务（图 1.2）。完全电子商务指销售的产品（服务）、销售过程和代理人（或中间商）都是数字化的。从阿里巴巴网上购买软件就是完全电子商务，因为订货、交货、支付和代理人都是电子化的。销售的产品（服务）、销售过程和代理人（或中间商）中有一方面不是数字化，那就是不完全电子商务。从亚马逊书店购买一本书就不是完全电子商务，因为这本书是实物性的产品，运送过程是通过快递发送的，也是实体性的，不是数字化的。完全电子商务企业被称为虚拟企业（Virtual Company）；不完全电子商务企业被称为“鼠标加水泥”企业（Click-and-Mortar Company），这些企业开展了一些电子商务活动，但是主要业务在实体世界中

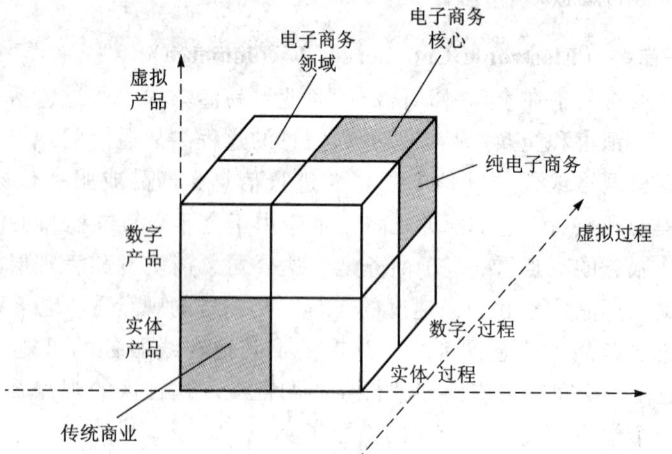

图 1.2　完全电子商务与不完全电子商务

完成。

本书的核心就是旅游电子商务，即利用 Internet 和 WWW 来进行旅游商务交易。更正式地说，我们关注的是旅游组织以及旅游个人间以数字化方式进行的旅游商务交易。旅游电子商务定义中的每一个组成部分都非常重要。数字化的旅游交易是指所有以数字技术作为媒体的旅游产品、服务和信息的交易。大多数情况下，这是指通过 Internet 和 WWW 进行的交易。商务交易是指组织以及个人间以产品和服务作为回报的价值交换（如货币）。价值的交换对于理解旅游电子商务的定义十分重要，没有价值交换，就不会有旅游商务活动发生。

二、电子商务的概念模型

电子商务的概念模型是对现实世界中电子商务活动的一般抽象描述，它由电子商务实体、电子市场、交易事务和物流、信息流、资金流等基本要素构成（图 1.3）。

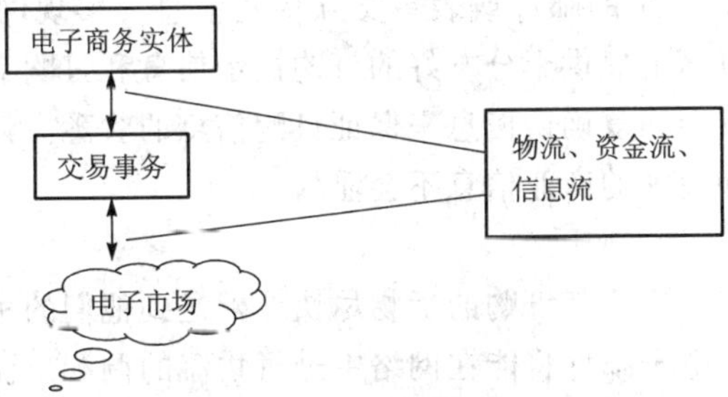

图 1.3　电子商务的概念模型

在电子商务概念模型中，电子商务实体是指能够从事电子商务活动的要素，它可以是企业、银行、商店、政府机构、科研教育机构和个人等；电子市场是指电子商务实体从事商品、服务和信息交易的场所，它由各种各样的商务活动参与者，利用各种通信装置，通过网络连接成一个统一的商务链；交易事务是指电子商务实体之间所从事的具体商务活动的内容，例如询价、报价、转账支付、广告宣传、商品运输等。

电子商务的任何一笔交易，都包含着物流、资金流和信息流。其中物流主要是指商品和服务的配送与传输渠道。对于大多数实物性商品和服务来说，物流可能仍然经由传统的营销渠道；然而对数字化的商品和服务来说，可以直接以网络传输的方式进行配送，如各种电子出版物、信息咨询服务、有价信息等。资金流是指资金的转移过程，包括付款、转账、结算、兑换等过程。信息流既包括商品信息的提供、促销行销、技术支持、售后服务等内容，也包括诸如询价单、报价单、付款通知单、转账通知单等商业贸易单证，还包括交易方的支付能力、支付信誉和中介信誉等。

从电子商务的概念模型不难看出，电子商务实质上是电子商务实体围绕交易事务、通过电子市场发生的经济活动关系，产生这些经济活动关系是通过物流、资金流、信息流来实现的。电子商务区别于传统商务的一个重要方面就是“电子市场”取代了传统的有形市场。对于每个电子商务实体来说，它所面对的是一个电子市场，它必须通过电子市场来选择交易的内容和对象。因此，电子商务的概念模型可以抽象地描述为每个电子商务实体和电子市场之间的交易事务关系。

三、电子商务的功能

企业通过实施电子商务实现企业经营目标，需要电子商务系统能提供网上交易和管理等全过程的服务。因此，电子商务系统应具有网上订购、货物配送、咨询洽谈、网上支付、电子银行、广告宣传、意见征询、业务管理等各项功能。

（一）网上订购

电子商务可借助 Web 中的邮件或表单交互传送信息，实现网上的订购。网上订购通常都在产品介绍的页面上提供十分友好的订购提示信息和订购交互格式框。当客户填完订购单后，通常系统会回复确认信息来保证订购信息的收悉。订购信息也可采用加密的方式，以保证客户和商家的商业信息不会泄露。

（二）货物配送

对于已付款的客户，应将其订购的货物尽快地配送到他们的手中。若有些货物在本地，有些货物在异地，电子邮件将能在网络中进行物流的调配。而最适合在网上直接传递的货物是信息产品，如软件、电子读物、信息服务等，能直接从电子仓库将货物发到用户端。

（三）咨询洽谈

电子商务借助非实时的电子邮件、新闻组和实时的讨论组来了解市场和商品信息，洽谈交易事务，如有进一步的需求，还可用网上的白板会议来交流即时的图形信息。网上的咨询和洽谈能超越人们面对面洽谈的限制，提供多种方便的异地交谈形式。

（四）网上支付

电子商务要成为一个完整的过程，网上支付是重要的环节。客户和商家之间可采用多种支付方式，省去交易中很多人员的开销。网上支付需要更为可靠的信息传输安全性控制，以防止欺骗、窃听、冒用等非法行为。

（五）电子银行

网上支付必须要有电子金融的支持，即银行、信用卡公司等金融单位要为金融服务提供网上操作的服务。

（六）广告宣传

电子商务可凭借企业的 Web 服务器和客户的浏览，在 Internet 上发布各类商业信息。客户可借助网上的检索工具迅速地找到所需商品信息，而商家可利用网页和电子邮件在全球范围内做广告宣传。与以往的各类广告相比，网上的广告成本最低廉，而提供给顾客的信息量却最丰富。

（七）意见征询

电子商务能十分方便地采用网页上的“选择”、“填空”等格式文件来收集用户对销售服务的反馈意见。这样能使企业的市场运营形成一个封闭的回路。客户的反馈意见不仅能提高售后服务的水平，更能使企业获得改进产品、发现市场的商业机会。

（八）业务管理

企业的整个业务管理将涉及到人、财、物多个方面，如企业和企业、企业和消费者及企业内部等各方面的协调和管理。因此，业务管理是涉及商务活动全过程的管理。

四、电子商务的盈利模式

业务模式是为了在市场中获得利润而规划好的一系列业务流程，是商业计划的核心。电子商务业务模式是以利用和发挥 Internet 和 WWW 的特性为目标的业务模式。在电子商务领域，建立一个成功的业务模式必须确保这种业务模式符合价值体现、盈利模式、市场机会、竞争环境、竞争优势、营销战略、组织发展和管理团队等要素的要求。

价值体现决定一个旅游企业的产品或者服务如何满足客户的需求。价值体现需要回答下述关键问题：为什么客户要选择与你的企业打交道，而不是其他企业？你的企业能提供什么其他企业不提供或不能提供的东西吗？从消费者的观点出发，成功的旅游电子商务的价值体现包括：旅游产品供应的个性化和定制，旅游产品查询成本的降低以及通过管理来推动交易。

盈利模式描述企业如何获得收入、产生利润以及获得高额的投资回报。虽然旅游电子商务有多种不同的盈利模式，但是大多数的旅游企业主要采用其中的一种或几种模式的组合。这些盈利模式包括广告模式、订阅模式、交易费用模式、销售模式和会员制模式。

在广告盈利模式中，旅游网站向其用户提供信息、服务或者产品，以及刊登广告的场所，并向广告客户收取费用。那些能吸引大量的浏览者，或是能吸引高度专业化、与众不同的浏览者，并且能获得用户关注的旅游网站，都能收取高额的广告费。

在订阅盈利模式中，旅游网站向用户提供信息和服务，并向用户收取访问其所提供内容的费用。从订阅盈利模式的经验来说，提供的内容必须是高附加值的，在其他地方是不容易获得的，或者是不容易被复制的优质信息，这是该模式成功的关键。

在交易费用盈利模式中，旅游企业从授权或旅游交易中收取费用。例如，eBay. com 建立了一个网上拍卖市场，如果卖方成功地出售了物品，则 eBay. com 将从中收取小额的交易费。

在销售盈利模式中，旅游企业通过向消费者销售产品、信息或服务获得收入。有些企业，如 DoubleClick. net 主要收集网上用户的信息，并把这些信息卖给其他企业；而 Salesforce. com 则主要在网上出售销售队伍管理（Sales Force Management）服务，这些都属于销售盈利模式。

在会员制盈利模式中，旅游网站向会员推荐业务，收取推荐费，或者从成交的旅游销售中提取一定百分比的收入。例如，MyPoints. com 通过向它的会员提供特殊的待遇，为一些企业提供了潜在的客户，并以此盈利。当会员利用这一机会购买产品的时候，他们可以得到能换取赠品的“积分”，而 MyPoints. com 则获得了收入。

五、电子商务的类型

根据交易特性，常用的电子商务模式可以分企业与消费者之间的电子商务（B2C），企业与企业之间的电子商务（B2B），消费者与消费者之间的电子商务（C2C），移动商务（M-commerce）4 类。

企业与消费者之间的电子商务是讨论最多的一种网上企业销售产品给消费者的电子商务类型。虽然 B2C 电子商务相对来说规模比较小，但是从 1995 年至今，B2C 电子商务一直呈指数增长，是消费者最愿意参与的一种电子商务类型。

企业与企业之间的电子商务是电子商务中业务量最大的一种网上企业销售产品给其他企业的类型。B2B 电子商务具有巨大的发展潜力，其最终规模将是巨大的。最初，B2B 电子商务主要是指企业间的交易，但现在大量其他的 B2B 商业模式也已经出现，包括电子分销商、B2B 服务提供商、撮合服务商（Matchmaker）以及信息中介商等，从而扩大了 B2B 电子商务的应用范围。

消费者与消费者之间的电子商务是一种网上消费者向其他消费者销售商品的渠道类型。在 C2C 电子商务中，消费者准备好要交易的商品，将要拍卖或出售的商品放到网上，然后依靠市场创建者提供的目录、搜索引擎以及交易清算功能，相应的商品就可以很方便地被展示出来，并被其他消费者找到，最后完成支付，结束交易。

移动商务是指使用无线数字设备来实现网上交易。其基本做法是利用无线网络把移动电话和手持设备连接到网络上进行网上交易。移动的消费者可以进行各种类型的交易，包括股票买卖、价格比较、银行业务、旅行预订等。

六、电子商务系统的组成要素

电子商务系统是保证以电子商务为基础的网上交易实现的体系。网上交易依然遵循传统市场交易的原则。网上交易的信息沟通是通过数字化的信息渠道实现的。因此，首要条件是交易双方必须拥有相应的信息技术工具。其次，网上交易的交易双方在空间上是分离的，为保证交易双方进行等价交换，必须提供相应的货物配送和支付结算手段。此外，为保证企业、组织和消费者能够利用数字化沟通渠道，保证交易能顺利进行配送和支付，需要由专门提供服务的中间商参与，即需要电子商务服务商。

电子商务系统包括 Internet 信息系统、电子商务服务商、企业、组织与消费者、实物配送和支付结算五个方面。这五个方面有机地结合在一起，缺少任何一部分都可能影响网上交易的顺利进行。

（一）Internet 信息系统

Internet 信息系统是指企业、组织和电子商务服务商在 Internet 的基础上开发设计的信息系统。交易中所涉及的信息流、物流和资金流都与信息系统紧密相关。在信息系统安全措施的保证下，通过支付系统进行网上支付，通过物流系统控制物流的顺利进行，最终保证企业、组织和消费者之间网上交易的实现。因此，Internet 信息系统的作用是提供一个开放、安全和可控制的信息交换平台。它是电子商务系统的核心和基石。

（二）电子商务服务商

主要有以下四种：

（1）接入服务商（Internet Access Provider，IAP），它主要提供互联网通信和线路租借服务。

（2）服务提供商（Internet Service Provider，ISP），它主要为企业建立电子商务系统提供全面支持。一般企业、组织与消费者上网时只通过 ISP 接入互联网，由 ISP 向 IAP 租借线路。

（3）内容服务提供商（Internet Content Provider，ICP），它主要为企业提供信息内容服务，如财经信息、搜索引擎。

（4）应用服务系统提供商（Application Service Provider，ASP），它主要是为企业、组织建设电子商务系统时提供解决方案。

（三）企业、组织与消费者

企业、组织与消费者是网上交易的主体，他们是进行网上交易的基础。企业电子商务系统基于 Intranet（企业内部网），由企业管理信息系统、电子商务站点组成。

1. 企业内部网络系统

企业在组建电子商务系统时，应该考虑企业的经营对象是谁，如何采用不同的策略与这些客户进行联系。一般说来，可以将客户分为三个层次并采取相应的对策。对于特别重要的战略合作伙伴，企业允许他们进入企业的 Intranet 系统直接访问有关信息；对于与企业业务相关的合作企业，企业同他们共同建设 Extranet，实现企业之间的信息共享；对普通客户，则可以通过互联网进行联系。

2. 企业管理信息系统

企业管理信息系统的作用是在组织中收集、处理、存储和传输信息以及支持组织进行决策和控制。根据组织所具有的不同功能，可以将信息系统划分为营销、制造、财务、会计和人力资源等信息系统。要使各职能部门的信息系统能够有效地运转，必须实现各职能部门信息化。

根据组织内部不同的组织层次，企业管理信息系统可划分为操作层、知识层、管理层、战略层四种信息系统。操作层支持日常管理人员对基本经营活动和交易进行跟踪和记录。知识层用知识和数据支持工作人员的工作，帮助公司整理和提炼有用的信息和知识。管理层用来为中层经理的监督、控制、决策以及管理活动提供服务，且其提供的是中期报告而不是即时报告。战略层主要关注外部环境和企业内部制定、规划的长期发展方向等问题。

3. 电子商务站点

电子商务站点起着承上启下的作用，一方面，它可以直接连接到互联网，顾客或者供应商可以直接通过网站了解企业信息并与企业进行交易。另一方面，它将市场信息同企业内部的管理信息系统连接在一起，将市场需求信息传送到企业的管理信息系统，使企业可以根据市场的变化组织经营管理活动。

企业电子商务系统由上述三个部分组成。企业内部网络系统是信息传输的媒介，企业管理信息系统是信息加工、处理的工具，电子商务站点是企业拓展网上市场的窗口。

（四）实物配送

进行网上交易时，如果用户与消费者通过互联网订货、付款后，不能及时收取货物，其需求便不能得以满足。因此，一个完整的电子商务系统，如果没有高效的实物配送物流系统支撑，难以维系交易顺利进行。

（五）支付结算

一个完整的网上交易，其支付结算也应在网上进行。但由于目前网上交易尚处在演变过程中，诸多问题尚未解决，如信用问题及网上安全问题，因而许多网上交易并不是完全在网上完成交易的。电子商务系统在提供交易所必须的信息交换、支付结算和实物配送这些基础服务的同时，还面临使用信息技术作为交易平台带来的一些新问题，如信息安全问题、身份识别问题、信用问题、法律问题、隐私问题、税收问题等。因此，电子商务是一项系统性的工程，它需要企业主导、政府引导和社会参与。

第二节　旅游电子商务背景

一、网上旅游用户规模继续扩大

根据 iResearch 艾瑞市场咨询公司近年对中国网上旅行预订市场的调查统计，2006 年中国网上旅行预订用户较 2005 年增长 72.1%，达到 275 万人，占中国网民总数的 2%。其中通过互联网预订过酒店的用户占 70.2%、预订过机票的用户占 70.7%、预订过度假产品的占 20.3%。2008 年中国网上旅行预订用户的规模达到 600 万，同比增长 33.3%。2008 年中国网上旅行预订市场规模为 27.89 亿元，相比 2007 年的 22.73 亿元，同比增长 22.7%；2010 年将有 900 万人网上预订旅游产品及服务，占整体中国网民的 3.5%。图 1.4 为 iResearch 艾瑞市场咨询公司公布的中国网上旅行预订用户规模及预期表。

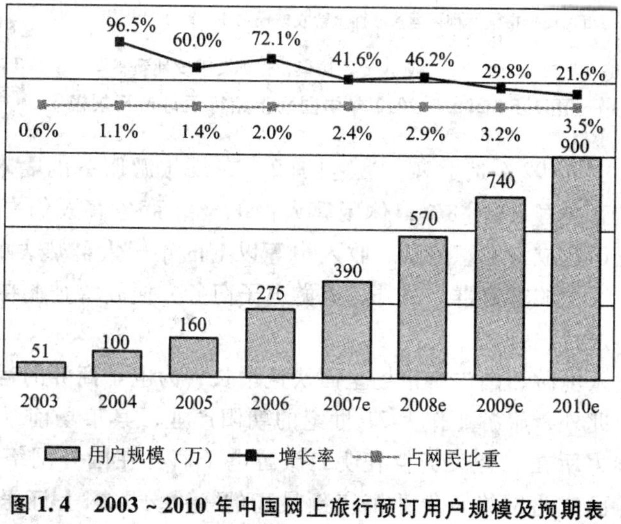

图 1.4　2003～2010 年中国网上旅行预订用户规模及预期表

iResearch 艾瑞市场咨询公司调查显示，受中国整体旅游经济繁荣、网民旅游消费支出激增、国内电子商务环境改善等诸多因素影响，2006 年中国网上旅行预订市场规模在 2005 年的基础上大幅增长了 82%，达到 15.4 亿元；预计 2010 年有望突破 65 亿元（图 1.5）。由此可见，中国在线旅游市场发展潜力巨大。

由于网上预订机票、酒店住宿及参加旅游团的费用通常都有折扣优惠，所以，电子商务的实施对商旅人士和普通民众均具有吸引力。据国家旅游局统计，国内游人数占全

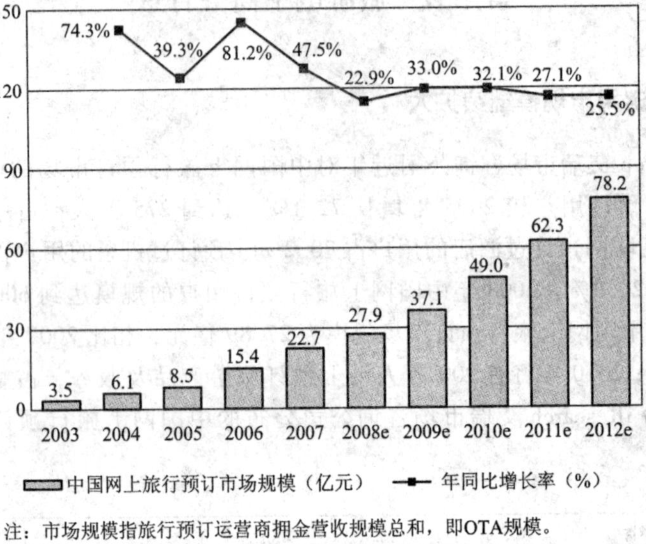

（资料来源：综合上市公司财报、企业及专家访谈，根据艾瑞统计预测模型核算及预估数据）

图 1.5　2003～2012 年中国网上旅行预订市场规模

部旅游者的97%，其中92%是散客，散客市场对在线旅游服务的需求最大。据了解，携程网的用户中，商务客人占88%，休闲客人占12%，商务客人仍占有绝对优势，但是休闲旅游目前正迅速成为思想活跃、收入中等以上的年轻人群热衷的一种生活方式，这将成为一个潜力巨大的客户群。另外，旅游电子商务方便旅游企业在网上发布信息并以相对较低的成本进行预订。

我国出境游、入境游、国内游市场全面快速增长，为电子商务的运行和发展提供了广阔的市场空间。此外，旅游业作为21世纪的朝阳产业，其市场前景非常广阔，这是旅游电子商务的魅力所在。有关资料表明，旅游电子商务在国外网络市场也是一枝独秀，国外网络旅游已成为网络零售业销售额最高的一部分，网上订房，订机票、火车票，订旅游团等已经成了很多人的习惯。

二、互联网用户数量的增长

金融服务商摩根士丹利的一份研究报告显示，全球互联网用户持续增加，并且用户分布更加分散。1995年，美国互联网用户数量占全球网民总数的65%，而2005年这一比例降至23%。亚太及欧洲地区网民分别占全球总数的36%和24%。最大规模的增长将出现在亚太地区，据2005年中国互联网络信息中心（CNNIC）网络调研报告，中国互联网用户数量增长 28%，达到 1.2 亿。艾瑞市场咨询公司在一份报告中公布了 2001～2010 年全球互联网用户数量（图 1.6）。

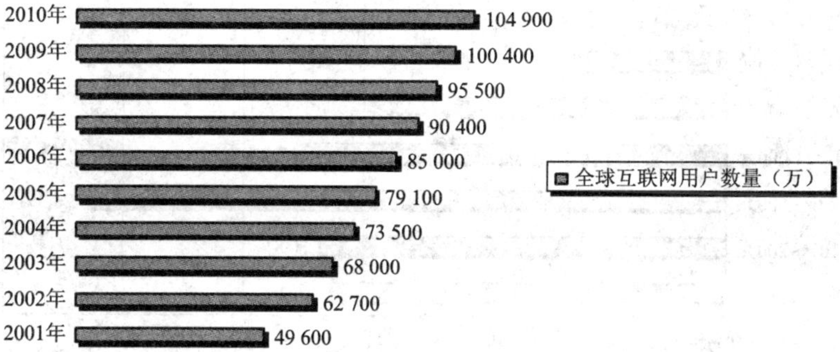

图 1.6　2001～2010 年全球互联网用户数量

（来源：艾瑞市场咨询，http：//www.iresearch.com.cn）

三、互联网贸易的增长

CNNIC 2005 年 7 月调查发现有 2 000 万网民进行过网上购物，占总网民数的 20%。图 1.7 是有网上购物经历的中国网民 2005 年上半年内进行网络购物的次数分布图，从图中可以看出，此类网民绝大多数都在此期间有 1 次以上的网络购物经历，且有网上购物经历网民的 47.6% 网上购物超过 4 次。

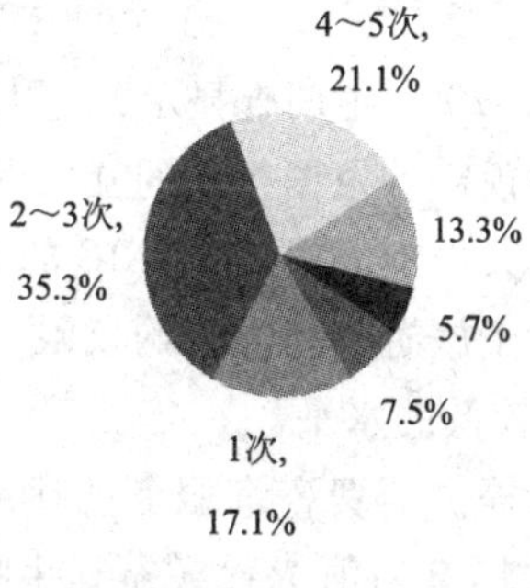

图 1.7　中国网民 2005 年上半年进行网络购物的次数

（来源：《CNNIC 网络调研报告》，2005 年 7 月）

图 1.8 是有网上购物经历的中国网民 2005 年上半年进行网络购物的累计金额图，从图中可以看出，83.7% 的此类网民在此期间的网上购物金额超过 100 元。从图 1.8 和网上购物的网民数推算，2005 年上半年网上购物累计 100 亿元，其中购买手机 300

万部。

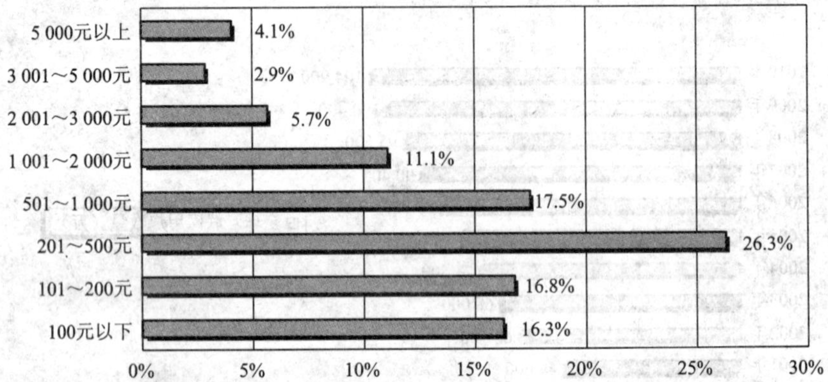

图 1.8　中国网民 2005 年上半年内进行网络购物的累计金额

（来源：《CNNIC 网络调研报告》，2005 年 7 月）

四、旅游与旅游业贸易的市场份额

旅游与旅游业的交易量已成为互联网贸易门类中增长最快的一个门类。Jupiter Research 研究报告称，美国在线旅游市场收入 2004 年达到 540 亿美元，占整个旅游市场的 20%。而中国 2005 年整个旅游市场规模达到 5 286 亿元。2005 年 9 月，中国国家旅游局公布的统计数据说明，目前国内网上年旅游交易额达 40 亿元 ~ 50 亿元人民币，仅占整个旅游市场规模的 1%。

全美旅游企业联合会（TIA）2001 年调查显示，绝大多数美国旅游者中的互联网用户通过互联网进行机票与酒店的预定。根据机票的互联网交易规模及频率，机票互联网交易额已构成机票交易市场的最大份额。根据 CNNIC 的 2005 年网络调研报告，中国网民在网上实际购买的产品中，对于旅游产品的采购仅限于旅行票务及旅店预订服务，占购买产品总量的 6.9%，还处于较低的水平。

根据美国芝加哥专业为富人提供消费咨询服务的 Thomas，Townsend & Kent 公司的调查数据整理显示，2004 年，美国富裕消费者（家庭年收入超过 10 万美元）在了解旅游信息的时候，依赖最多的是互联网搜索引擎。浏览旅游杂志、参考他人介绍以及咨询旅游机构这三类方式都已被远远抛离。此外，电邮资讯作为网络营销的一种方式，也获得不少人的青睐（图 1.9）。

目前，互联网已成为世界互联网旅游市场相对成熟的旅游业发达国家获取旅游信息的首要来源。当前，通过互联网进行旅游预定的比例相对较小（美国大概在 6% ~15%

之间），但随着互联网用户的增加，消费者网上购物的倾向增强，这一比例将持续上升。

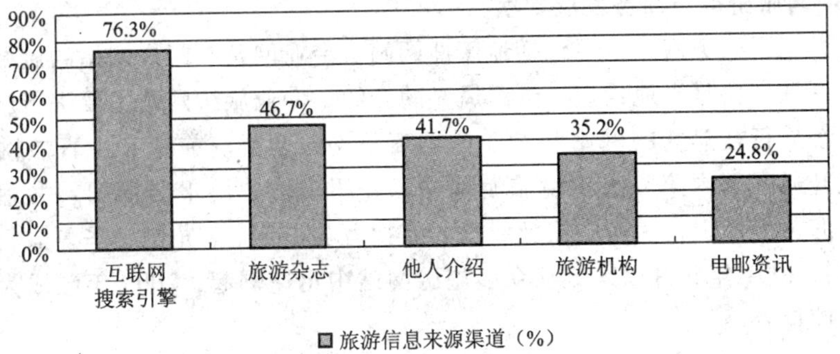

图 1.9　2004 年美国富人旅行信息来源渠道

（来源：Thomas，Townsend &Kent）

2004 年央视调查咨询中心针对北京青年网民的旅游消费行为和使用旅游网站的行为进行的调查结果显示，25.6% 的网民通过上网进行旅游信息的查询，并且在未来将会有 60% 的网民登录旅游网站进行信息查询，这已经成为网民了解旅游信息的主要方式；有 54.2% 的网民会尝试网上预订。

互联网的出现使得旅游消费者可以绕过所有的中间环节，通过互联网直接向目的地的各类产品供应商进行预订，而且通过互联网预订的成本大大降低。在互联网日益普及的今天，传统旅游中介机构（特别是旅行代理商）是否能继续存在，以什么方式存在，成为旅游行业关注和争论的焦点问题。

国内网络旅游服务商领先者携程和 e 龙 2004 年收入分别达到 3.54 亿元和 1.385 亿元。2004 年国内网络旅游交易额已达到 50 亿元。

电子商务已经成为信息时代旅游交易的新模式。据世界旅游组织预计，5 年之内旅游电子商务将占全球所有旅游交易的 25%；在未来 4 ~ 5 年内，旅游电子商务在电子商务中的比重将达到 20% ~25%。

第三节　旅游电子商务发展现状及趋势

一、旅游电子商务发展现状

（一）国际旅游电子商务发展现状

当前，全球旅游电子商务已经连续 5 年以 350% 以上的速度增长。在欧美等发达国家，旅游电子商务已经成为整个电子商务领域发展最快、最突出的部分。到2009年美国在线旅行市场预计将达到910亿美元，旅游服务约50%的业务都将在网络上进行。

（二）中国旅游电子商务发展现状

我国旅游电子商务网站主要包括地区性网站、专业网站和门户网站的旅游频道三大类。地区性网站主要是当地景点、景区风光的介绍。专业旅游网站主要进行旅游中介业务，包括传统旅行社建立的网站和专业电子商务网站两类。前者有中青旅网、国旅网等，康辉还开通了国内第一家出境旅游网站，介绍出境旅游报名参团、办理护照、签证、边防、海关等知识；后者中比较成功的有携程旅游网、e龙网、华夏旅行网。其中携程旅游网自2001年9月以来，在众多旅游网站中迅速崛起，2009年已成为旅游电子商务网站的佼佼者。

我国旅游电子商务已经形成了各类旅游企业（包括目的地旅游服务企业、旅游中间商）网站和旅游目的地营销机构（DMO）网站、全球分销系统（GDS）和计算机预订系统（CRS）、专业旅游网站及旅游电子商务平台功能互补、相互竞争、共同发展的多元化格局。

2008年北京奥运会的召开和近360万中外游客的到来，为推动和促进我国旅游电子商务发展提供了强大动力。iResearch艾瑞咨询指出2008年我国网上旅游市场规模达36.3亿元。2008年以来，我国旅游电子商务呈现五大趋势。

1. 多语种旅游网站快速发展

2008年奥运会期间大量跨国游客的到来，给我国旅游电子商务提出了新需求。现有的以网上订房、订票等为支撑服务的旅游商务模式，不能适应和满足旅游市场的新增需求。因此，旅游商务网站建站模式和资源开发模式的创新势在必行。以介绍民族景点和民族文化特色为主要内容的全流程电子商务网站，受到市场的青睐和大量国内外游客的欢迎。“网上选景，网上定线，网上组团”的网络自助游继续获得快速发展。现有的大量单语种网站已经不能适应和满足跨国游客的需求，双语和多语种的旅游电子商务网站必将很快崛起，成为外国游客了解中国，寻找旅游去处最便捷、最受欢迎的网络空间。

2. 移动商务与电子商务整合的创新服务获得快速发展

2007年12月21日欧洲的申根区扩大到24国。这种无国界区域扩容，使中国游客持签证可通行24国。特别是此次加入申根区的捷克等9个欧盟新成员国，大都风景优美，拥有与西欧迥然不同的人文景观，如匈牙利首都布达佩斯和捷克首都布拉格都是闻名遐迩的旅游胜地。与此同时，中国与美国开放旅游谅解备忘录的签订，也进一步扩展了赴美旅游市场。因此可预期：未来中国游客到美国和欧洲的人数势必大增。

这种旅游资源的放量，要求网站服务功能和网民与网站互动能力的提升。比如：新加入申根区的9个国家有什么旅游亮点？到这些国家旅游应注意什么？类似的问题采用电子商务的现有服务模式不足以便捷地满足人们的需求，采用电子商务和移动商务整合的创新模式、通过短信进行互动答疑，必将受到中外游客的欢迎。移动商务和电子商务整合的创新服务，当前相当多的国内旅游网站需要跟进这种技术的创新。

3. “千店连锁计划”打造中小旅行社分销渠道

同程网2007年宣布启动“千店连锁计划”，计划用5个月的时间推广3 000至5 000家同程连锁店，用以打造中小旅行社的分销渠道。这种大型千店连锁经营模式一推出，立时在旅游界引起了关注，在整个电子商务界形成一种震撼力。连锁经营饭店有利于消费者对品牌的认知，已成为世界饭店业发展的主要模式。据英国一家投资机构对全世界饭店业的调查和统计，到20世纪末，世界饭店客房总数的1/6被34家饭店集团连锁经营。如著名的美国“速8”品牌在全球就拥有3 000多家门店；我国著名经济型饭店“锦江之星”也拥有120家门店。特别由于我国中小旅行社众多，2006年已达18 475家，且每年以10%的速度增加。这些都为“千店连锁计划”的实施，提供了快速发展的基础。

4. 电子商务的延伸降低服务门槛

经济型饭店作为满足一般旅游者和商务人员共同需求的崭新业态，在2008年呈现高速发展态势。我国自2000年开始引入西方经济型饭店概念，不仅获得了快速发展，而且经营和管理理念获得了提升。其最明显的特征是摒弃了星级饭店豪华的大堂、利用率不高的配套设施，能以中低档价格提供中高档产品和服务，更在于许多经济型饭店已经把电子商务引入饭店，提升了商务服务功能，彰显了创新特色。这些特色表现在：一些饭店提供小型商务接待洽谈间；配备了公用和可租用的商务电脑；在门庭提供了电子信息显示屏，使小饭店和网络化的大市场进行对接。有的饭店还和定点的旅游电子商务网站对接，可依据客户个性化需求提供上门的配送服务。一些经济型饭店还为客户代发商务信息、电子邮件和网络传真；提供电子商务交易商情信息和免费电子杂志，使客人出差期间也能享受到“流动信息”的便民服务。

5. 旅游文化产品在网上热销

2008年奥运会期间大量中外游客不仅只是观看奥运比赛，还关注神秘东方大国的秀丽风光和历史印痕，走访和游览奥运城市和旅游景区，领略和感受中国文化的魅力，采购大量奥运纪念品和具有东方特色的民间工艺品。这都极大地带动和促进了中国旅游文化购销的繁荣。

（摘自：商讯营销周刊总第198期，王汝林专栏，2009）

二、旅游电子商务发展趋势

（一）电子商务理念：从“以交易为中心”到“以服务为中心”

世界旅游理事会（WTTC）在其报告“未来旅游业发展：营造客户中心体系”中指出，“未来的旅游应向增强与客户的双向交流、改善信息服务、通过个性化服务增加附加值的方向发展。旅游电子商务技术将在这个过程中发挥作用”。目前我国网上旅游服务项目少，旅游网站多为面向散客提供订票，订房，“以交易为中心”色彩较浓，而旅游者路线自助设计等“个性化旅游”需求尚难以得到满足。预计未来旅游电子商务将在服务上更加完善，更人性化（表 1.1）。

表 1.1　旅游电子商务将向“以服务为中心”发展

目前的旅游电子商务	未来发展趋势
以达成交易为关注中心	以提供个性化客户服务为关注中心，将服务作为销售的前提
以交易效率为中心，将通过预订流程自动化提高效率视为开展电子商务的重要效益	利用信息技术，旅游企业与旅游者展开一系列交流，设计符合个性的产品，提高利润
提供的信息限于旅游产品基本数据，对旅游产品的描述过于简单。一些“信息密集型”的、复杂的旅游产品，如包价旅游、游船旅游、度假旅游产品等无法得到有效描述，影响了游客对它们的预先感知	对旅游产品、服务的特征描述详尽周全
多媒体技术得到应用，以更好的形式展示旅游信息	旅游企业与客户的双向沟通更加方便
组合性旅游产品是预先设计好的，一般不能变动	在低成本的前提下，旅游者可通过网络自行组合旅游产品，能实现旅游线路个性化定制
针对大众的一般需求设计，或粗略划分的细分市场	在市场细分上做得更细致，更精确

（来源：巫宁，杨路明．旅游电子商务．北京：旅游教育出版社，2004）

（二）旅游电子商务体系的演进：增进互联与整合

未来发展中，旅游业信息技术不仅在单项上能得到改进，而且旅游信息技术的应用模块将被更好地整合为一体。行业内将形成提供覆盖范围广、成本低廉的旅游业通讯交流平台，使旅游企业之间增进交流与合作，为游客创造一体化的旅游服务感受；来自众多旅游企业的动态旅游产品信息将更多地通过大型旅游电子商务平台、GDS、CRS 等系统汇聚、共享、传播，企业建网形成“信息孤岛”的不成熟模式将得到改观；旅游分销渠道将更加多样，并提供多种购买方式选择。

（三）旅游电子商务规范与标准：整体制定与推行

旅游电子商务是一个新兴领域，我国在旅游电子商务规范与标准的制定和推行方面尚非常薄弱，这应是下一阶段的发展重点。

首先是规范化。建立健全旅游电子商务规范体系，为旅游电子商务的实施和监管、企业和消费者的市场行为、信息内容和流程、技术产品和服务等提供指导与约束，预先防范那些对旅游电子商务活动可能产生不利影响的潜在因素，是推动旅游电子商务持续、稳定、健康、高效发展的关键。

其次是标准化。旅游电子商务的本质在于互联。食、住、行、游、购、娱等各类旅游企业之间，旅游企业内部信息系统与旅游电子商务平台之间，旅游业与银行、海关、公安的信息系统之间应能实现互联互通，以自动处理频繁的信息数据交换。在国外，通常由专门的组织制订出一套统一的数据格式和接口标准，旅游电子商务网站、管理信息系统在开发时都遵照这套标准，这样在一开始就保证了与其他单位的信息系统间做无缝链接的可能性。我国旅游电子商务的数据交换也应尽快实行标准化，并与国际接轨。

（四）新技术应用：移动电子商务将成为主流

移动电子商务将成为一个新的切入点，结合智能网络技术，真正实现以人为中心的旅游电子商务应用。未来对旅游业最重要的移动电子商务技术包括：移动支付——顾客无论在何时何地，通过移动电话等终端就能完成对企业或对个人的安全的资金支付；短信息服务——以低成本、高效率的信息交流方式，随时随地把顾客、旅游中间商和旅游服务企业联系在一起，预订的结果、航班的延迟等信息皆可随时通知旅游者；“基于位置的服务”——这是专门针对流动的旅游者的服务：“事先将个人的数据输入移动电话或 PDA，那么我位于某一个点上的时候，它会告诉我，附近哪里有电影院，将放映什么电影是我可能感兴趣的，哪里有我喜欢的书，哪里有我喜欢吃的菜，我会知道去机场会不会晚点，如果已经晚了，那么下一班是几点，它不会把巴黎的飞机时刻表发给我，而是只把北京的时刻表给我。这些完全是由移动性带来的，固定的 Internet 服务不是这样的”。这些技术的应用将使旅游电子商务的服务功能更加完善，应用更加普及。

（五）人才培养新方向：复合型旅游电子商务人才

目前人才的短缺成为中国旅游电子商务发展的瓶颈。旅游电子商务是旅游和电子商务的整合，只有具有电子商务和旅游知识的复合型人才，才能将电子商务的技术手段、应用功能和模式密切联系旅游行业组织、管理、业务方式及其特点，优化其价值链。

白翠玲等（2003）提出，旅游部门与旅游院校应顺应时代要求，着力培养 3 个层次的旅游电子商务人：善于提出满足商务需求的电子商务应用方式的商务型人才；精通电子商务技术，又具备足够的旅游业知识，能以最有效的电子商务技术手段予以实施和满足的技术型人才；通晓全局，具有前瞻性思维，熟知旅游业电子商务理论与应用，能够从战略上分析和把握其发展特点和趋势的战略型人才，使旅游电子商务从业人员完整的旅游电子商务观适应整个行业运作体系的变革。

案例研究

华夏旅游网电子商务案例

华夏旅游网（http：// www. ctn. com. cn）成立于1997年10月，由中国国际旅行社总社、广东新太信息产业有限公司以及华达康投资控股有限公司联合投资组建，目前已成为中国旅游资讯最丰富、服务功能较完善的旅游电子商务专业网站，丰富、易查的旅游资讯是其最大特色。

华夏旅游网通过以下栏目为上网用户提供旅游资讯服务：

锦绣中华——分别从景点介绍、景点地图、导游指点、交通信息、消费指南、气候温度、风味特产、服务机构、风俗民情等多个方面详细介绍国内景点。

环球之旅——提供出境旅游报名须知和程序，线路推荐，气温状况以及当地的吃、住、行、游、购、娱等各方面的实用资讯。

网上旅游超市——是针对上网用户的B2C交易平台。

网上旅游交易会——是针对旅游企业的B2B旅游交易平台。

主题旅游——专设探险旅游、宗教旅游、生态旅游、文化旅游等主题旅游项目。

都市频道——提供北京、上海、广州等大城市的娱乐、休闲等生活信息。

旅游百科——介绍旅游实用知识，主要有旅游先知、衣着装备、交通住宿、旅游保健、案例评析等。

华夏旅游网的业务范围包括：

（1）网上旅游超市。华夏旅游网可以为客户实现在线预订客房，预订机票等。

（2）网上旅游交易会。华夏网上旅游交易会——永不闭幕的专业化旅游交易会。一个功能强大、使用方便的互联网时代的旅游交易平台，有英、日、韩等多种语言版本。

网上交易会为与会者提供以下主要功能：

（1）信息发布厅提供分类发布和查询信息服务。

(2) 交易大厅根据旅游企业需求，找到理想的合作方，查询对方的产品详细情况，并可以在线发送采购订单，方便日后洽谈。

(3) 交易会还为用户提供免费电子邮件、免费网络传真等多项专业服务。

(4) 交易会提供国家有关政策、行业动态、市场分析等多项专业信息服务。

华夏旅游网将最先进的计算机技术、通讯技术、网络技术运用到客户服务上，已成功开发了网络传真、网络电话产品。还专设搜索引擎频道，链接了国内大多数旅游网站，方便用户查询旅游信息。

（资料来源：冯文辉．电子商务案例分析．重庆大学出版社，2002）

第四节　实务训练

一、访问电子商务网站

［**第一步**］进入 Windows 操作系统，在桌面图标上双击“IE 浏览器”，打开浏览器软件（图 1.10）。启动 IE 浏览器的方式不是惟一的，用户也可以通过 Windows 操作系统【开始】－【所有程序】－【Internet Explorer】的方式打开 IE 浏览器。

图 1.10　启动 IE 浏览器操作界面

[第二步] 在“地址”栏里输入要访问的电子商务网站首页地址，点击【转到】或者直接输入键盘的回车键，则要访问的网页就在浏览器里显示出来（图 1.11）。

图 1.11 在浏览器地址栏里输入网站首页地址操作界面

二、存储网页地址

[第一步] 打开 IE 浏览器软件，点击工具栏中的【收藏夹】按钮（图 1.12）。

图 1.12 打开 IE 浏览器收藏夹操作界面

［**第二步**］点击收藏夹里的【添加…】后，出现“添加到收藏夹”的对话框，在“创建到”里，选择将要收藏网页的收藏夹名称（图1.13）。

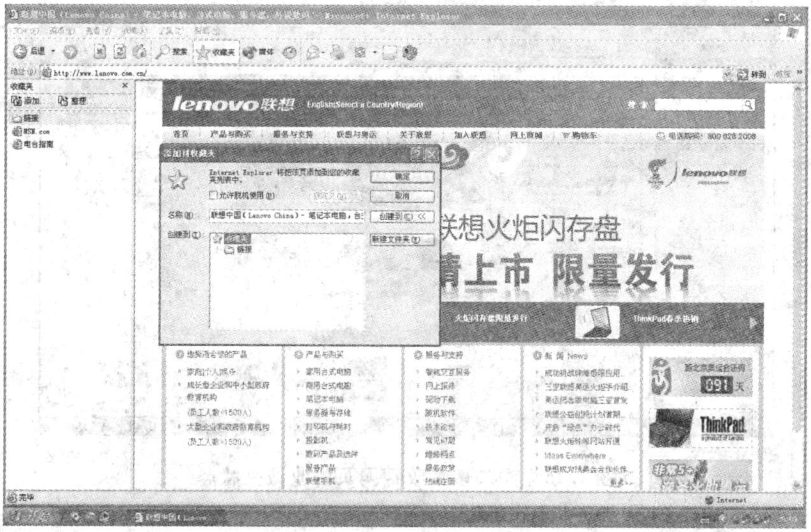

图1.13　添加收藏网页对话框

［**第三步**］第二步操作完后可以看到被收藏的网页已经出现在收藏夹中（图1.14）。

图1.14　添加完收藏网页后的收藏夹显示状态

[第四步] 依据同样的方式可以将多个要收藏的网页添加到收藏夹（图 1. 15）。

图 1. 15　添加多个收藏网页的收藏夹状态

三、整理收藏的网页

[第一步] 打开 IE 浏览器收藏夹，点击【整理…】后，出现“整理收藏夹”对话框，点击【创建文件夹】命令来创建收藏夹名称（图 1. 16）。

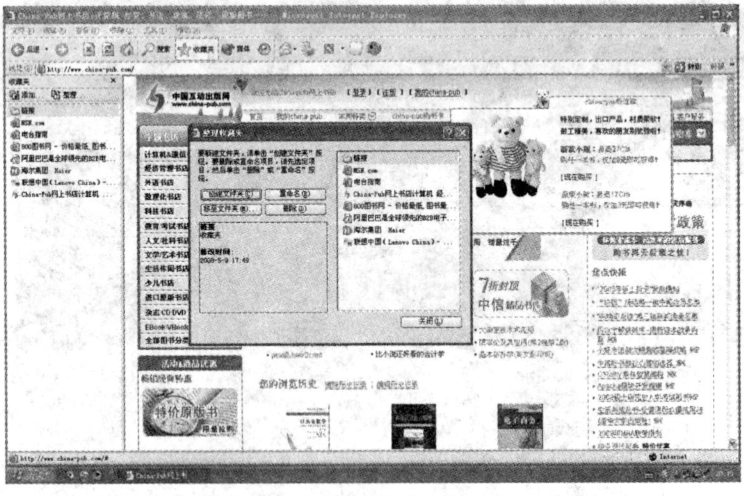

图 1. 16　创建收藏夹操作界面

[第二步] 出现的默认收藏夹名称是“新建文件夹”，本例将新建文件夹名称改为“电子商务企业”（图 1.17）。

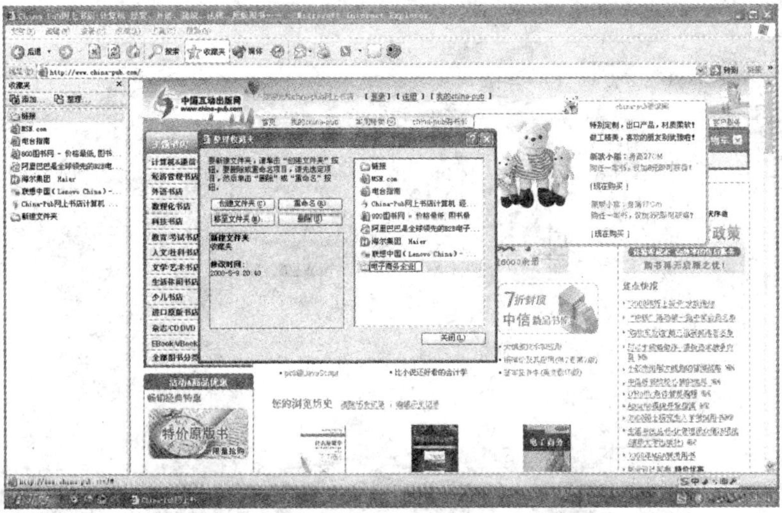

图 1.17　创建“电子商务企业”收藏夹操作界面

[第三步] 可以看到新建的“电子商务企业”文件夹已经出现在收藏夹里，按照同样方法创建的“购书网站”文件夹也显示在收藏夹里（图 1.18）。

图 1.18　收藏夹里建立多个文件夹展示界面

[第四步] 选中一个已经收藏的网页，点击【移至文件夹】(图 1.19)。

图 1.19　将收藏网页移动到指定文件夹的操作界面

[第五步] 在出现的对话框里选择文件夹，点击【确定】(图 1.20)。

图 1.20　将收藏网页整理到指定文件夹操作界面

[第六步] 可以看到被选中的网页已经放入文件夹中（图 1.21）。

图 1.21　将一个网页放入收藏夹里的指定文件夹的展示界面

[第七步] 按照同样的方法将多个已经收藏的网页整理到指定文件夹（图 1.22）。

图 1.22　整理好的收藏夹

四、导入和导出收藏夹

用户可以将添加在浏览器收藏夹里的网址导出到一个文件夹里，也可以将本电脑里的收藏夹导入到其他电脑中。

[第一步] 在 IE 浏览器中，选择“文件”—“导入和导出…”命令（图 1.23）。

图 1.23　IE 浏览器的导入和导出命令

[第二步] 在导入/导出向导里点击【下一步】（图 1.24）。

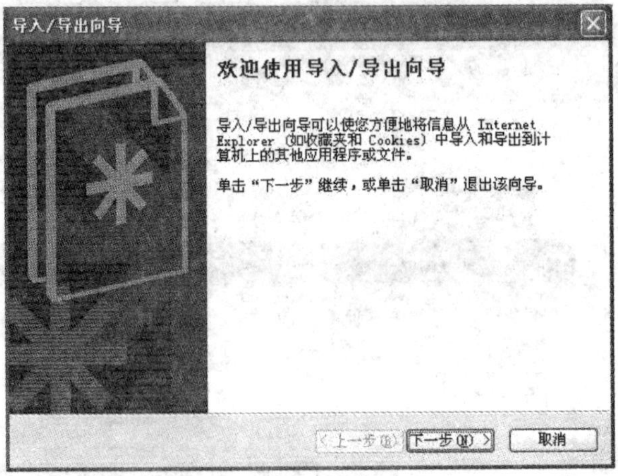

图 1.24　导入/导出向导

［第三步］选择要执行的操作是“导出收藏夹”，点击【下一步】（图 1.25）。

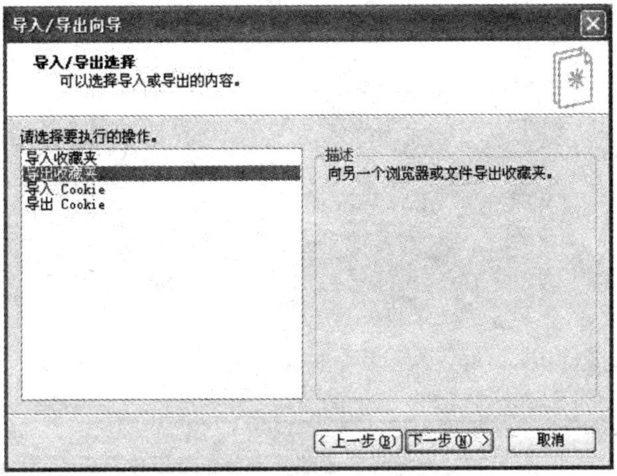

图 1.25　选择要执行的操作界面

［第四步］选择要导出的收藏夹名称，点击【下一步】（图 1.26）。

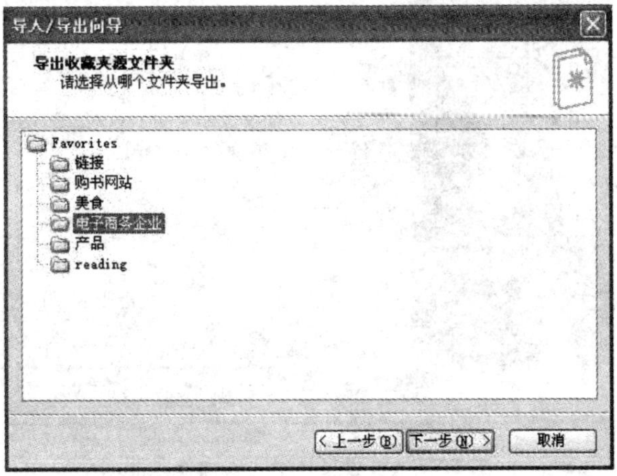

图 1.26　选择要导出的收藏夹名称操作界面

［第五步］选择导出收藏夹要存放的位置，可以点击【浏览】选择收藏夹存放位置，点击【下一步】继续（图 1.27）。

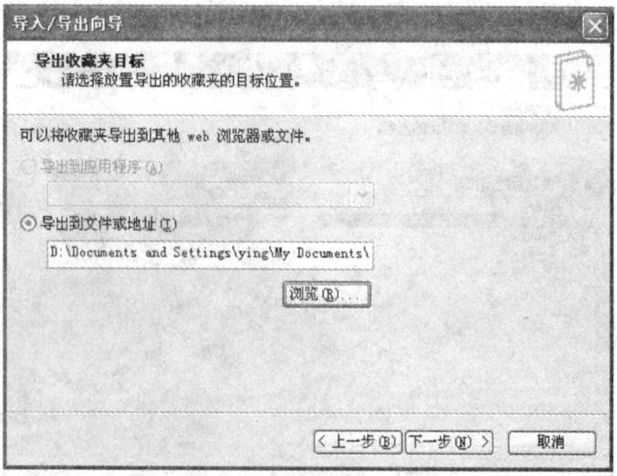

图 1.27　选择导出收藏夹存放位置操作界面

[第六步] 导出收藏夹完成（图 1.28）。

图 1.28　收藏夹导出完成操作界面

[第七步] 可以看到被导出的以 Bookmark 命名的收藏夹已经存放在指定位置（图 1.29）。

[第八步] 也可以通过“导入和导出”命令将收藏夹导入，操作方法与第一 ~ 第七步相同。

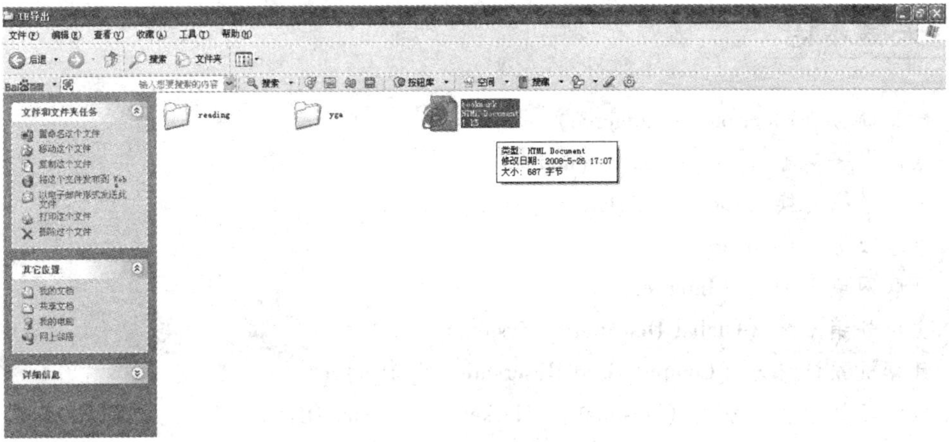

图 1.29　被导出的收藏夹文件

本章小结

近年来，以互联网的应用为本质的电子商务（Electronic Commerce）已经成为当今世界旅游商务活动的主要推动力，成为各类旅游组织或企业在结构、运营和管理方面发生根本性、革命性变革的催化剂。它具有广泛的应用领域，将传统的商务活动中物流、资金流和信息流利用网络技术进行整合，帮助企业优化其内部管理流程，以更快捷的方式将产品和服务推向市场，创造了更具竞争力的经营优势。

旅游业的特征使得其与以互联网为基础的电子商务有着天然的适应性。旅游电子商务的开展提升了旅游目的地与商业活动相关方的内部与外部关系，使得互联网逐渐成为人们获取旅游信息的首要渠道，旅游产品的在线采购和网络贸易中的旅游市场份额不断增长，对旅游业产生了深远的影响。

目前，网络旅游已经成为全球电子商务第一行业，互联网成为发达国家旅游者获取旅游信息主要的渠道，旅游企业集团信息化建设成果显著，DMS 迅猛发展，并取得了较好的效果，但是旅游电子商务的发展也明显存在行业和地区不平衡的现象，整体水平不高。

未来电子商务的发展必须以理念的转变、旅游电子商务体系的演进、旅游电子商务标准与规范的建立和移动电子商务的发展为主要方向。

关键术语

电子商务（Electronic Commerce）
旅游电子商务（Tourism E-Commerce）
电子数据交换（Electronic Data Exchange，EDE）
电子政务（E-government）
互联网或因特网（Internet）
全球分销系统（Global Distribution System）
计算机预订系统（Computerized Reservation System）
旅游目的地营销系统（Destination Marketing System，DMS）

参考文献

1. 巫宁，杨路明．旅游电子商务．北京：旅游教育出版社，2004
2. 冯文辉．电子商务案例分析．重庆：重庆大学出版社，2002
3. 杨春宇，等．发展中的旅游业电子商务．云南师范大学学报，2002
4. 白翠玲，路紫，董至良．旅游电子商务的发展态势、问题及对策．河北师范大学学报，2003

第二章

旅游电子商务的业务模式和概念

学习目标

- 旅游电子商务技术的特征
- 旅游电子商务商业模式
- 旅游电子商务的分类
- B2C 旅游电子商务的主要盈利模式
- B2B 旅游电子商务的主要盈利模式
- 新兴的旅游电子商务应用领域中的业务模式

开篇案例

Orbitz 腾飞

Orbitz 是由 AMR Corporation 旗下的美国航空公司（American Airlines）、美国大陆航空公司（Continental Airlines）、美国达美航空公司（Delta Airlines）、美国西北航空公司（Northwest Airlines），与 UAL Corporation 旗下的美国联合航空公司（United Airlines）合资建立的企业。Orbitz 是世界上最重要的、位居领先地位的在线旅行公司之一，向游客提供搜寻和购买广泛的旅行产品，包括机票、客房，汽车租赁，巡游和度假套餐。自从 2001 年向公众投放 Orbitz. com 网站以来（图 2. 1），根据旅行产品预订总量，Orbitz 已经成为全球第三大在线旅行网站。至 2005 年 3 月底，利用 Orbitz，消费者可以搜寻全球 455 家航空公司机票、上万家酒店和 22 家汽车租赁公司。旅游网站迷们给予了 Orbitz 很高的赞誉，认为它能使客户非常方便地进行旅游产品最低价格的比较。

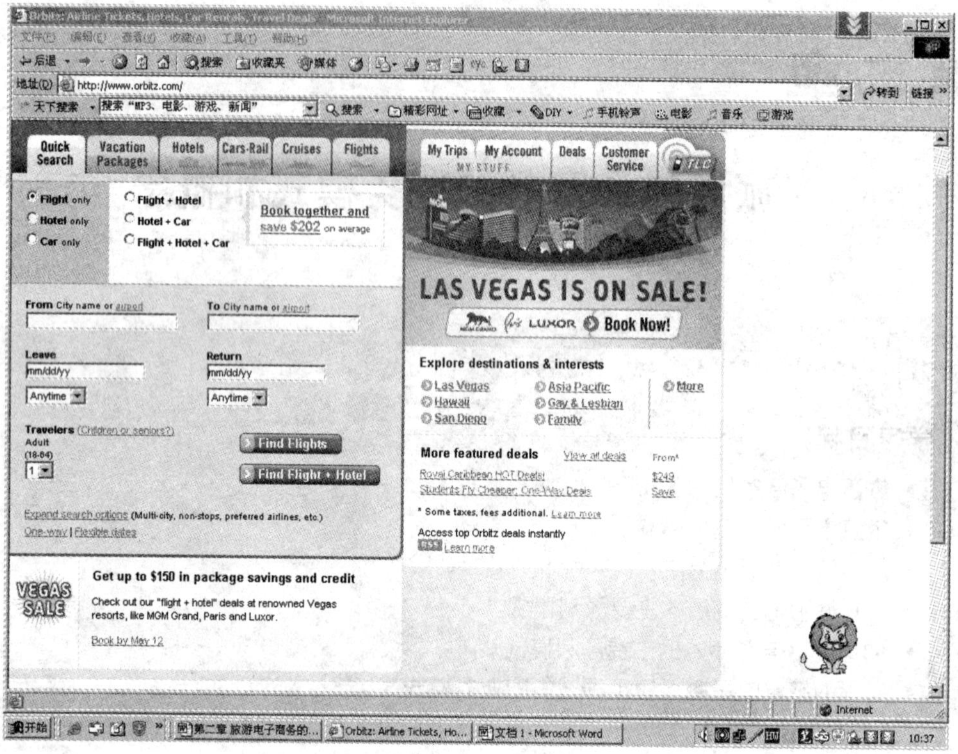

图 2.1　Orbitz. com 首页

Orbitz 所采用的新技术与所有现有的传统计算机预订系统的技术都不同。Orbitz 的搜索器（“the Orbit”）可以连续不断地扫描由全球 455 家航空公司提供的航班信息数据库。与此相比，Travelcity 搜索的 Sabre 订购系统和 Expedia 搜索的 Worldspan 系统，无论是搜索的速度，还是搜索的范围与复杂度，都比不上新的 Orbit 引擎。

Orbitz 的最大优势在于，作为航空旅游服务的供应商一航空公司是它自己的，它具有直接面向游客或潜在游客的零售分销渠道。在旅游电子商务的发展史上只有很少的供应商考虑过利用网络的优势来与游客或潜在游客建立直接联系。Dell、Compaq、IBM Direct 以及其他一些计算机设备制造商是这种想法的始作俑者。在航空公司中，Orbitz 快速地实施了这一战略并从它最大的分销商（其他的旅游网站，当然还有传统的旅游代理商）那里赢得了一部分收益。

组建供应商联盟的一个优势是可以提供一个不为其他分销商所知的惟一价格。例如，Orbitz 收集了来自于 20 多家主要航空公司的网上价格折扣，向游客或潜在游客提供了一张网上最低价格的简单比较表，这样游客或潜在游客就不需到每一个航空公司的网站上去查找价格了。Orbitz 还与 35 家航空公司达成协议，在每周二公布最后时刻的网上最低票价。Orbitz 的这些独特的功能体现了它可以提供网上最低的机票价格，提供最广泛的选择范围。

资料来源："Airlines Hushed on Prospect of Commission Cuts", by Kaja Whitehouse and Kathy Chu. Dow Jones Newswires, August 20, 2001 ；"Orbitz Takes off, in the Spotlight", by Bob Tedeschi, New York Times, June 17, 2001。

在实施旅游电子商务时需要考虑其盈利模式。有些旅游电子商务项目的目标，如旅游目的地营销系统（DMS）（本书第十一章作详尽论述），并不是为了盈利，而是为了推销旅游目的地，降低成本或改善客户服务。本章所关注的问题是旅游企业怎样利用旅游电子商务获利。

第一节　Internet 和 WWW 改变旅游商务环境

一、旅游电子商务技术的特征

Internet 和 WWW 改变旅游商务环境的路径，包括旅游行业结构、旅游产业和旅游企业运营（价值链），以及旅游企业战略。本节将介绍旅游电子商务技术对于整个旅游商务环境的影响——旅游行业结构、旅游企业运营、旅游企业战略以及旅游电子商务技术的特征。

互联网是带动旅游业持续演变的一个重要因素，它促使市场结构和游客或潜在游客行为发生巨大的改变。通信技术的发展和使用的扩大，以及各种旅游接待条件之间的差别和价格的透明，吸引了顾客，给旅游业带来了新的希望，并加速了网上旅游供应商之间的竞争（UNCTDA，2005）。

旅游电子商务是 Internet 发展的直接产物，是网络技术在旅游业应用的全新发展方向。Internet 本身所具有的开放性、全球性、低成本、高效率的特点，也成为旅游电子商务的内在特征。旅游电子商务对传统的商务模式提出了挑战，它不仅会改变企业本身的生产、经营和管理活动，而且将影响到整个社会的经济运行与结构。旅游电子商务是一个全新的商务模式，因此，它呈现出全新的特点。

旅游电子商务技术的特征之一是普遍存在性和虚拟性。普遍存在性表现为突破地域、时空限制，人们可以在任何时间、任何地点使用。旅游电子商务将市场从物理空间的限制中解放出来，使人们可以利用移动商务在办公室、在家里坐在桌前就能预订旅游产品。这就形成了所谓的虚拟旅游产品预订市场。它可以通过建立新的营销渠道和扩大整个市场的规模，来改变旅游行业结构，在行业运营中提高效率，降低企业的销售运作成本以及使新的差异化战略成为可能。

旅游电子商务技术的特征之二是影响范围遍及全球。与传统商务相比，旅游电子商务技术使得任何规模的企业以及各种商务活动能够方便地、有效地跨越文化和国家的界限，渗透各种市场，并且能够比传统商务更具成本效益。互联网可有助于地方旅游供应商上网推销其旅游产品的同时，借助国际市场把产品推向全球。通信技术成为目的地和旅游服务供应商最有效的手段，帮助它们纠正存在的不平衡并接管目的地推销。借助互联网，它们可以提供比大型网上旅行社和其他销售商更完整的旅游活动。小型旅游产品提供商有机会平等打入国际旅游市场，但条件是它们需建立设计缜密和切实有效的电子旅游网站，这种网站立足于技术和产品创新，并赢得顾客的信任。为达到这一目的，政策制定者和旅游公司应采用有效的电子旅游战略，以便发展并保持在全球旅游市场中的竞争优势（UNCTDA，2005）。同时借助互联网，旅游电子商务企业又大大地扩大了市场，通过提高生产和销售的效率，来降低行业和企业运营的成本，最终使全球范围的竞争成为可能。所以，可以认为旅游电子商务企业所面对的潜在市场规模几乎等于全球的网民数。

旅游电子商务技术的特征之三是技术标准的统一性。由于 Internet 技术标准是全球统一的，这使得实施旅游电子商务的技术标准也是统一的。这是旅游电子商务技术的一个显著特点。由于 Internet 技术标准降低了通信和接入成本，这也使旅游行业和企业运营的成本降低，最终使大范围战略成为可能。同时，这一统一标准也减少了游客、潜在游客在寻找满意商品过程中所付出的代价。

旅游电子商务技术的特征之四是信息的丰富性。信息的丰富性是指消息的内容及其复杂程度。与传统旅行社相比，旅游电子商务技术提供了更加丰富的信息。旅游电子商务技术能够通过听觉的和视觉的提示，提供个性化的、面对面的服务，营造一个强有力的销售氛围。

旅游电子商务技术的特征之五是交互性。旅游电子商务的交互性，可以让旅游运行商或旅游服务提供商和游客或潜在游客进行双向的沟通，并且其覆盖面更广，可以达到全球范围。

旅游电子商务技术的特征之六是信息的密集性。Internet 和 WWW 大大地提高了所有参与市场的游客或潜在游客、旅游运行商或旅游服务提供商等能获得的信息的总量和质量。旅游电子商务技术减少了信息收集、存储、加工和交流的成本。同时，这些技术还在很大程度上提高了信息的流通性、准确性和及时性，使得信息比以往任何时候都更有用、更重要。在旅游电子商务市场中，价格和成本都变得更加透明。价格透明是指游客或潜在游客可以方便地找到市场上的不同价格；成本透明是指游客或潜在游客发现旅游运行商或旅游服务提供商为其产品所支付的实际成本的能力。

旅游电子商务技术的特征之七是个性化/定制化。旅游电子商务技术可以提供个性化/定制化服务。个性化（Personalization）是根据游客或潜在游客个人的兴趣和以往购买行为来调整有关的信息，以针对特定游客提供市场信息。定制化（Customization）是根据游客或潜在游客的偏好和先前的购买行为调整销售的产品和提供的服务。由于旅游电子商务技术具有交互性的特点，所以旅游运行商或旅游服务提供商可以在游客或潜在游客购买产品的时候收集大量的客户信息。信息密度的提高，又使网上旅游运行商或旅游服务提供商可以存储并利用游客或潜在游客以往的消费和行为信息，这样就使个性化和定制化的程度达到了一个在现有商务技术下无法想像的水平。

因此，旅游电子商务技术及其所产生的数字化市场将给整个商务领域带来一系列空前的、根本性的转变。其一，大大降低了所有市场参与者（游客或潜在游客和旅游运行商或旅游服务提供商）间的信息不对称程度；其二，旅游电子商务技术的特点也使得市场营销和销售有可能进行各种创新，因为旅游运行商或旅游服务提供商可以向细分的目标客户提供一系列交互式的、个性化的、丰富的信息。比如向游客提供灵活和个性化的旅行安排，其中包括涉猎文化、大自然、环境和人文资源的新式旅游。旅游运行商或旅游服务提供商还可以利用旅游电子商务技术了解更多的游客或潜在游客信息，并比以往更有效地利用这些信息。网上旅游运行商或旅游服务提供商也可以利用这些新的信息来制造新的信息不对称，提高自己的品牌知名度，把市场无限细分，针对不同的客户群采取不同的价格策略。

二、旅游行业结构

旅游行业结构是指旅游业中构成旅游业的饭店、餐饮、交通运输、旅游景点等各行业和部门在旅游经济中的地位、作用和经济技术上的比例关系，以及行业内各参与者的特性和他们的相对议价能力。旅游行业结构首先是旅行社、饭店业、交通运输业和旅游景点之间的关系；此外，还涉及到商业、轻工业、银行、保险、邮电通信等。目前，整个旅游业的产业组织结构特征显示出小、散、弱、差等特征。这些特征导致进入壁垒低和价格竞争常态使得企业资本聚集慢，除部分企业因资源垄断和积极扩张可以实现业绩明显增长外，大部分还难以获得超额利润。旅游企业的核心竞争力由四大竞争要素构成，即资源、资产、品牌、网络。旅游企业的核心竞争力通常用 5 种力量来描述其特征，即现有竞争对手间的竞争、替代品的威胁、行业的进入壁垒、供应商的议价能力，以及购买者的议价能力。旅游行业结构其实是在描述一个行业的一般商务环境和在这一环境中开展业务的总体盈利能力。旅游电子商务具有改变这 5 种竞争力之间相对强度的潜力。

当你考虑旅游电子商务模式及其潜在的长期盈利能力的时候，你必须进行行业结构的分析。进行行业结构分析就是理解和阐述行业内的竞争特点、替代品特点、进入壁垒，以及游客或潜在游客和供应商的相对力量。

电子商务可以以不同的方式影响行业结构。对Internet来说，旅游服务似乎是一种非常理想的产品/服务，因此电子商务商业模式应该在旅游产品中发挥很好的作用。旅游属于一种信息密集型的产品，需要对消费者的情况作大量的调查研究。旅游也可以说是一种电子化的产品，因为绝大部分的工作（制定计划、进行调查、比较购物、进行预订、资金支付）都是在网络这一数字环境中完成的。从旅游产品的实际履行来说，它不需要任何“库存”：不存在实际资产。旅游产品的供应商——旅馆、航空公司、汽车出租公司、度假别墅、观光导游，这些都是高度分离的，而且常常是供过于求。因此为了让自己空闲的客房和汽车能够租出去，供应商往往愿意降低价格，也愿意在网站上做广告以吸引大量的客户。以Travelocity. com、Expedia. com以及其他一些网上旅游公司为例，这些网上旅游代理商不需要在全国各地部署上千个实际的营业场所，只要通过统一的界面与全国的消费者联系就可以了。与网上金融服务不同，网上旅游服务不需要实施有固定营业网点支撑的昂贵的多渠道战略，一般只需要运营一些集中化的呼叫中心来提供个性化的客户服务就可以了。因此，旅游服务可以较好地扩大其规模，使收益的增加能够赶上成本增加的速度。

Internet已成为消费者用来查找旅游去处，查找最合适的价格、预订机票、预约租车、预订旅馆、预订游程最常用的一种工具。旅游服务网站向消费者提供了一站式的、方便的休闲旅游和商务旅行感受。这些网站上提供了旅游内容介绍、旅游社区、商务服务和消费者服务。对于旅游的提供商（旅馆、汽车出租公司、航空公司）来说，网站将大量的消费者集中到一个单一的“消费者池”中，通过网站上推出的广告和促销活动，可以有效地影响这些消费者。

三、旅游产业价值链

行业结构分析可以帮助我们理解旅游电子商务技术对于一个行业的总体商务环境的影响，更具体的产业价值链分析则有助于更准确地认识旅游电子商务在行业层面上是如何改变商务运作的。理解信息技术对行业和企业运营影响的基本工具之一是价值链。价值链的概念很简单。价值链是一个行业或企业内，从原材料到形成最终产品或服务过程中所进行的一系列活动。其中每一项活动都为最终产品添加了经济价值，所以，价值链一词就是指一系列相互联系的增值活动（Potter and Millar，1985）。价值链的概念也可以用来分析单个企业的运营效率。问题是：旅游电子商务技术如何潜在地影响一个行业内企业的价值链？

旅游产业价值链基本包括资源、产品、渠道、客户四个环节。从资源到客户（市场）再回到资源，每经过一个环节的打造，价值链的价值都有所增加。由客户（市场）实现其最终价值，由于销售增加，使得渠道、产品、资本等加大投入，价值链的价值进一步增加。从资源到客户（市场）知识流中的知识也在不断增加。旅游资源的复杂多样，使得开发主体面对的问题具有很强的个性，对专业知识要求很高；资本市场的融资包装、资源的定价和保护、法律、政策、金融经济环境知识、产品打造知识、渠道供应的知识、旅游产品的营销知识、游客市场的知识等不断让整个产业知识聚集提升，促使新的商业模式出现和创新。

旅游产业价值链环节之一是由资源到产品。旅游产品打造成功，关键在于吸引力打造和可进入性。吸引力构成游客的出游驱动力，好的可进入性降低了游客的成本，加强了产品的吸引力。其次才是服务设施完备和环境的适宜，增加游客停驻时间，提高游客的总体消费。构成旅游产品的要素包括但不止吃、住、行、游、购、娱、信息、环境等。市场需求的变化使得不同时期的价值在不同的要素中转移，产生了对旅游新产品开发和产品提升改造的需求。旅游业发展初期观光产品的价值大，随着游客的选择广度和深度的拓宽，价值逐步由观光产品向度假休闲产品转移。

随着旅游产品的增多，竞争日趋激烈，游客可选择的机会增加，在同类产品中有品牌的产品能够吸引更多游客。而且品牌为其他衍生产业的产品（如房地产、旅游纪念品、文化影视产品等）提供销路，并为模式的扩展提供铺垫。品牌就是消费者对于产品的感觉：产品如何供给、产品质量、产品外观以及传递什么样的信息等等。这些特征是企业多种市场沟通方法的综合。品牌可以认为是指网上建立的媒体（Rayport，Jaworski，2001）。品牌可以认为是进入互联网的门票，因为由于屏幕与消费者间的界面提供了赢者通吃的环境，使得品牌在电子商务中的竞争就是吸引大量的注意力。旅游电子商务技术，例如基于多媒体的网络广告，为企业创造品牌提供了手段。

旅游的营销渠道包括：旅行代理商、旅游批发商、饭店销售代表、预订系统、全球分销系统。基于互联网的分销渠道被认为是一种成本低，能为独立经销商进入世界市场提供道路，能够提供更多信息的途径。通过降低信息的成本，Internet 向旅游产业价值链中的每一个角色提供了降低成本的新机会。例如，旅行代理商可以与其旅游产品服务供应商一起通过建立基于网络的 B2B 交易网站，来降低自己的采购成本。旅游提供商可以通过自己的网站，直接与游客建立关系，从而省去了经销商和零售商的成本。最终，整个行业的运作效率提高，价格下降，游客或潜在游客获得的价值增加。

第二节　旅游电子商务的业务模式

一、旅游电子商务商业模式

商业模式是为了在市场中获得利润而规划好的一系列活动。商业模式是商业计划的核心。电子商务业务模式是以利用和发挥 Internet 和 WWW 的特性为目标的业务模式（Timmers，1998）。电子商务的主要特点之一在于它允许建立新的商业模式（Business Model）。也就是说，电子商务允许某企业为获取收入以维持经营而采用新的开展业务的方式（Turban，2002）。这种模式明确了公司在价值链中的定位。旅游电子商务商业模式包括以下几种：

（一）报价模式

该模式允许买家设定自己愿意为某件产品或服务支付的价格。Priceline. com 首创利用这模式。Priceline. com 会尝试根据游客的要求查找某个愿意在该价位出售机票和旅馆预订服务的供应商，游客在得到产品之前可以多次报价。

（二）寻找最佳价格

根据这种模式，游客或潜在游客首先说明自己的需求，然后公司搜索该服务或产品的最低价格。www. Hotwire. com 就采用了该模式。Hotwire. com 将要求在数据库里做匹配，找到最低价格，并告知游客或潜在游客。

（三）动态经纪模式

Getmere. com 动态经纪模式向游客或潜在游客提供与旅行相关的服务和产品。游客或潜在游客可以说明自己的要求，该要求通过网络传送给服务提供商，并自动应答。还价也是完全自动的，不需要游客或潜在游客的任何额外输入。

（四）合作营销

合作营销模式指营销参与者（企业、组织甚至个人）与公司达成协议，推荐游客或潜在游客到该公司的网站购买服务或产品。购买完成后，营销参与者可抽取购买金额 3% ~15% 的佣金。换句话说，公司建立了一支“虚拟雇佣营销队伍”。旅游目的地营销组织可以采用这一商业模式在异地推销目的地。

（五）团体采购

团体采购方式不是新的商业模式，很久以前就存在于旅行社行业中，旅行社一次性向酒店大额购买客房或服务以获得折扣，然后向个人或小型旅行社出售。而使用团体采购的方式，小企业甚至个人都能够获得折扣。团体采购经由第三方召集个人或中小型企业，集合订单，然后谈判（或出价）以争取最佳价格。

（六）在线拍卖

我们当然都听说过 eBay. com 这家全球最大的在线拍卖网站。在线拍卖为游客提供了拍卖自己的旅游纪念品的场所。游客只要准备好要交易的旅游纪念品，将要拍卖或出售的旅游纪念品放到网上，然后依靠市场创建者提供的目录、搜索引擎以及交易清算功能，相应的旅游纪念品就可以很方便地被展示出来，并被其他买主找到，最后完成支付，结束交易。

（七）定制和个性化

这一模式在于能够以极快的时间为潜在游客进行定制，提供个性化产品，而价格相当于或略高于非定制化的产品。旅行社以及其他旅游产品服务提供商可使用这种商业模式为潜在游客进行定制，以提供个性化产品。

（八）电子市场和电子交易所

电子市场和电子交易所是数字化的市场，旅游产品服务提供商和旅游产品服务采购商可以在此进行交易。

二、旅游电子商务的通用框架

从一般旅游产品和服务的交易角度来看，在线旅游产品同一般商品和服务的交易过程相似，交易过程一般包括市场调研、谈判与签订合同、订单执行、支付结算和售后服务等。在这个过程中，通信和计算机技术成为整个交易过程的基础。同传统的旅游产品交易活动相比，旅游电子商务所依赖的交易基本处理流程并没有改变，但是，处理这些流程的方式媒介发生了变化，所有这些交易过程都在在线状态完成。旅游电子商务可以基于 Internet 等通信网络来进行整个商品的交易活动，内容包括商品的查询、展示、订购以及电子支付等一系列的交易行为以及资金的电子转拨、网上拍卖、远程联机服务贸易活动。因此，旅游电子商务具有交易活动管理、市场调研、广告宣传与信息发布、咨询洽谈、网上订购、网上支付、服务传递、在线服务支持等各项功能。为了有效地实现这些功能，旅游企业就必须有合适的信息、基础设施和支持系统。图 2. 2 给出了通用的旅游电子商务框架。它简要地描绘出了这个环境中的主要因素。

从图中可知，旅游电子商务一般框架由五个层面和两个支柱构成。五个层面分别是：网络的基础设施、多媒体和网络公布的基础设施、信息发布的基础设施、基本商务服务的基础设施、接口的基础设施；两个支柱是：公共政策、法律和各种技术标准。

（1）网络的基础设施。它是实现旅游电子商务最低层的基本设施，包括：远程通信网、有线电视网、无线电通信网和 Internet、内联网、外联网、增值网、局域网、移动电话等。

(2) 多媒体和网络公布的基础设施。它包括：超文本语言（HTML）、Java、可扩展标记语言（XML）、无线标记语言（WML）等。

(3) 信息发布的基础设施。它包含：E-mail、超文本传输协议、无线应用协议（WAP）等。

(4) 基本商务服务的基础设施。它包括：安全、智能卡认证、电子支付、产品目录等。

(5) 接口的基础设施。它包括：连接数据库、客户与应用系统的接口。

(6) 公共政策。公共政策包括围绕旅游电子商务的税收制度、信息的定价、信息访问的收费、信息传输成本、隐私问题等。

(7) 法律。旅游电子商务的实施包含了许多法律问题。与旅游电子商务相关的法律包括：隐私、知识产权、税收、电脑犯罪、公钥加密合法性、交易的司法管辖权、加密政策。

图 2.2 通用的旅游电子商务框架

（8）技术标准。技术标准是信息发布和传递的基础，是网络上信息一致性的保证。技术标准定义了用户接口、传输协议、信息发布标准、安全协议等技术细节。

从上述电子商务系统通用框架可知，旅游电子商务系统与传统市场一样，在提供交易所必须的信息交换、支付结算和实物配送这些基础服务的同时，要实现旅游电子商务模式，公司就必须有合适的信息、基础设施和支持系统。许多旅游电子商务的应用都建立在信息技术基础设施之上，并得到公共政策、技术标准、广告、物流和业务伙伴的支持，而这一切又是以管理活动为纽带的。比如公共政策，涉及到信息资源使用的问题、网上知识产权保护的问题、基础设施与技术的使用与保护的问题和计算机安全保密方面的问题等等。除此之外，还将面临使用信息技术作为交易平台带来的新问题。如信息安全问题、身份识别问题、信用问题、法律问题、隐私问题、税收问题等，还需要有相应的配套法律或规定予以支持。

第三节　旅游电子商务的分类

一、常见的旅游电子商务类别

在旅游行业，最常见的旅游电子商务有以下两类。

（一）企业对消费者的电子商务（B2C）

B2C 泛指网上企业销售产品、服务给消费者的过程。对于旅游行业而言，旅游企业对个人游客的电子商务，基本等同于旅游电子零售。旅游散客通过网络获取信息，设计旅游活动日程表，预订旅游饭店客房、车船机票等，或报名参加旅行团，都属于 B2C 旅游电子商务。对旅游业这样一个游客高度地域分散的行业来说，旅游 B2C 电子商务方便旅游者远程搜寻、预订旅游产品，克服距离带来的信息不对称。通过旅游电子商务网站订房、订票，是当今世界应用最为广泛的电子商务形式之一。网上旅游服务可以说是 B2C 电子商务中最成功的一个部分，这是因为它所吸引的客户人数最多。在美国市场上，B2C 形式的网上旅游服务收入超过了 PC 软硬件及外围设备的收入总和，是 B2C 电子商务收入中最大的一个部分（Laudon and Traver，2003）。Internet 已成为旅游消费者用来查找旅游去处、查找最合适的价格、预订机票、预约租车、预订旅馆和预订观光行程时最常用的一种工具。

旅游 B2C 电子商务还包括旅游企业对旅游者拍卖旅游产品，由旅游电子商务网站提供中介服务，如美国著名的旅游网站 Bid4vacation.com，它针对美国的旅游饭店和游船旅游客舱普遍存在空房的现象，组织旅游企业将这些闲置资源公布到网上，组织旅游者之间竞价的拍卖服务，有效地均衡了旅游市场供求，从而成为一种有生命力的网上交易服务形式。

（二）企业对企业的电子商务（B2B）

B2B泛指网上企业与企业之间购买、销售和交换产品、服务和信息的过程。这是电子商务中业务量最大的一种类型。在旅游电子商务中，B2B交易形式包括：旅行社向酒店、餐馆、旅行社、景点、车队等旅游企业采购资源以及与航空公司、景点、目的地接待社、汽车公司、餐厅等建立良好关系。再如，旅游地接待社批量订购当地旅游饭店客房、景区门票，客源地组团社与目的地接待社之间的委托、支付关系等等。

旅游业是一个由“食、宿、行、游、购、娱”等众多中、小型企业构成的复杂产业。各类旅游企业之间存在复杂的代理、交易、合作关系，旅游B2B电子商务具有较大的发展空间。B2B电子商务的实现大大提高了旅游企业间的信息共享和对接效率，提高了整个旅游业的运作效率。

二、B2C、B2B旅游电子商务的盈利模式

（一）B2C旅游电子商务的盈利模式

B2C旅游电子商务指企业与游客或潜在游客之间的旅游电子商务。它类似于联机服务中进行的商品买卖，是利用计算机网络使游客或潜在游客直接参与交易活动的高级形式。这种形式基本等同于电子化的零售，它随着万维网（WWW）的出现迅速地发展起来。B2C交易中涉及到的参与主体主要包括以下几类：游客或潜在游客，网上旅游运行商或旅游服务提供商，收款银行（支付网关、发卡银行）和CA认证机构（数字证书的发行者）等（表2.1）。

表2.1　B2C业务模式与盈利模式

业务模式	变体	模式特征	盈利模式
门户网站/旅游目的地营销系统/旅游目的地管理组织	水平的/综合的 垂直的/专业化的	提供集成为一体的旅游服务和内容，如搜索、旅游新闻、电子邮件、聊天、音乐下载、旅游视频以及会议、节事表	旅游广告 订阅费 旅游交易费 旅游产品销售
电子零售商	虚拟旅游运行商或旅游服务提供商	传统旅游企业运营的在线版，游客或潜在游客不用离开家或者办公室，可以在任何时候购买旅游产品与服务	旅游产品销售
电子零售商	鼠标加水泥	有实体店面的旅游企业的在线、分销渠道	旅游产品销售
电子零售商	在线购物中心	购物中心的在线版	旅游产品销售、交易费

续表 2.1

业务模式	变体	模式特征	盈利模式
市场创建者	反向拍卖以及其他动态定价形式	基于网络的业务，使用 Internet 技术来建立一个把游客与旅游产品提供商双方撮合到一起的市场，例如 Priceline. com	交易费
中介服务提供商	ASP：应用服务提供商	汇聚大量旅游产品，为旅游企业提供中介服务，通过向客户出售服务而不是向客户出售产品来赚钱的企业。例如，为旅游企业提供电子商务代理、出租空间并帮助建立附加于电子商务平台的企业网页等，使旅游企业实现电子商务的成本大大降低	服务销售
交易经纪		旅游代理商通过帮助客户更快更便宜地完成交易而提高了客户的效率，例如 Expedia. com	交易费
中介服务提供商	网络促销服务商	旅游企业提供网络广告促销、网上黄页或产品列表促销、网上活动促销等服务	广告 促销交易费
内容供应商		提供充实的旅游信息内容（包括一般旅游资讯和旅游产品信息），供浏览者阅读、查询，同时又支持旅游产品的预订	服务销售
社区服务商		可以让有着特定兴趣爱好和共同经历的人们在一起交换意见的网站	广告、订阅费、会员推荐费

（二）B2B 旅游电子商务的盈利模式

企业对企业旅游电子商务的所有参与者都是旅游企业或其他机构。其他机构包括与旅游企业有频繁业务联系，或为其提供商务旅行管理服务的非旅游类企业、机构、机关。大型企业常需处理大量的公务出差、会议展览、奖励旅游事务。今天大部分的旅游电子商务属于这一类。它包括企业与其供应商之间的采购；客源地组团社与目的地接待社之间的业务协调；客源地组团社与目的地汽车租赁公司、航空公司、酒店之间的协调等。B2B 交易包括跨组织信息系统交易，例如，企业商务旅行管理系统（Travel Management System），它是一种安装在企业客户端、具有网络功能的应用软件系统，通过网络与旅行社电子商务系统相连。在客户端，大企业差旅负责人可将企业特殊的出差政策、出差时间和目的地、结算方式、服务要求等输入商务旅行管理系统，系统将这些要求传送到旅行社。旅行社通过电脑自动匹配或人工操作为企业客户设计最优的出差行程方案，并为企业预订机票及酒店，并将预订结果反馈给企业客户。通过商务旅行管理系统与旅行社建立长期业务关系的企业客户能享受到旅行社提供的便利服务和众多优惠，节省差旅成本。同时，商务旅行管理系统还提供统计报表功能。用户企业的管理人员可以通过系统实时获得整个公司全面详细的出差费用报告，并可进行相应的财务分析，从而有效地控制成本，加强管理。非旅游类企业、机构、机关常会选择和专业的旅行社合作，由旅行社提供专业的商务旅行预算和旅行方案咨询，开展商务旅行全程代理。B2B 交易也包括企业间的电子市场交易，如在线购买旅游产品、酒店耗材或服务等。表 2.2 给出了企业对企业旅游电子商务的盈利模式。

表 2.2　　　　　　　　B2B 主要的旅游电子商务盈利模式

盈利模式	收入来源
广告	通过提供广告来收取费用
订阅	通过提供信息内容和服务来收取订阅者的费用
交易费	通过授权交易或进行交易来收取费用（佣金）
销售	通过销售产品、信息或服务
会员制	通过业务推荐收取费用

虽然有多种不同的旅游电子商务盈利模式，但是大多数企业主要采用其中的一种或几种模式的组合。这些盈利模式包括广告模式、订阅模式、交易费模式、销售模式和会员制模式。

在广告盈利模式中，旅游网站向其用户提供信息、服务或者产品，以及登广告的场所，并向广告客户收取费用。那些能吸引大量的浏览者，或是能吸引高度专业化、与众不同的浏览者，并且能获得用户关注的旅游网站，都能收取高额的广告费。

在订阅盈利模式中，旅游网站向用户提供信息和服务，并向用户收取访问其所提供内容的费用。从订阅盈利模式的经验来说，要想成功地做到让客户对于网上信息需支付费用的做法不感到厌恶，则所提供的内容就必须是高附加值的，在其他地方是不容易获得的，或者是不容易被复制的优质信息。

在交易费用盈利模式中，企业从授权或进行交易中收取费用。例如，在网上拍卖市场中，如果卖方成功地出售了物品，则将从中收取小额的交易费。

在销售盈利模式中，企业通过向消费者销售产品、信息或服务来得到收入。

在会员制盈利模式中，旅游网站向会员推荐业务，收取推荐费，或者从成交的销售中提取一定百分比的收入。当会员利用这一机会购买产品的时候，他们可以得到能换取赠品的“积分”。

案例研究

携程：“鼠标加水泥”旅游电子商务盈利模式

携程是目前国内最具代表性的“鼠标加水泥”旅游电子商务盈利模式。和许多初期的网站一样，携程最初的目标是做旅游门户网站，靠广告盈利。随着“网络泡沫”的破灭，携程及时转向，借助3次具有代表意义的收购或合作，实现了业务转型。携程通过收购当时国内最大的订房中心和北京最大的票务中心，形成了酒店+机票的主营业务，携程也因此实现了初步盈利，并成为中国旅游业第一家在美国纳斯达克上市的公司，将业务范围拓展到具有较高利润的出境旅游市场。

由于酒店预订、机票配送业务具有较高的标准化，其中，酒店预订由于完全不涉及物流，顾客预订也不用首先交纳订金，网站此部分的盈利是通过酒店返还的佣金获得，不涉及网站与顾客的资金往来，因此订房成为最适合网上开展的旅游业务。而机票预订因为涉及送票，网上交易的优势稍逊于订票。可见，从最适合在网上开展的订房业务做起，再到订票，发展成熟后再逐步实现旅游线路等产品的网上经营是互联网企业发展旅游电子商务的最佳方式。

现代旅游企业获得的真正收益将来自于对充分整合利用实体业务与虚拟业务两种业务模式所带来的好处。实体业务称作为“砖块加水泥”商店，虚拟业务称作为“鼠标加水泥”虚拟商店。对于拥有成熟网站的传统“砖块加水泥”型商店来说，可以采用“鼠标加水泥”的混合战略。例如，同时在网上和网下提供同一种产品和服务。例如，游客或潜在游客可以在呼叫中心实体商店订房、订票，也可以在其网站实现。携程由于采用了“鼠标加水泥”的混合战略，不断获得盈利。

第四节　旅游电子商务新模式

一、旅游电子商务分类的复杂性

旅游业电子商务活动的主体是食、宿、行、游、购、娱等众多行业。他们包括旅游服务企业（即旅游饭店、旅游车船公司、从事接待服务的旅行社），旅游中间商（旅游批发商、旅游代理商、订房中心)，旅游目的地营销机构等。旅游饭店、航空公司等旅游企业可直接向旅游者提供旅游产品或服务，也可以由旅行社将单项产品和服务组合为成套服务，即旅游线路产品，再向旅游市场销售。同时，旅游业中存在复杂的多层次代理关系，例如旅游批发商将批量购买的旅游饭店、航空机票等单项产品组合包装成旅游线路产品，再通过分布在各地的旅游代理商网点进行销售。旅行社也能代订机票、酒店等单项旅游产品。专业的订房中心、电话预订中心和旅游专业网站都有代理旅游产品销售功能。因此，产生了销售渠道冲突（Turban, Efraim eta1, 2002)。同时，旅游电子商务系统的投资主体由位于旅游价值链不同环节的旅游服务企业、旅游中间商、信息中介和旅游目的地营销机构等构成。为了取得丰厚的回报，他们各自采用独特的方式。有些企业会同时采用几种业务模式。例如，旅游产品拍卖网，可以认为是 B2C 的市场创建者，但同时也可以将其看作 C2C 模式。如果旅游产品拍卖网采用无线移动计算技术，允许客户使用移动电话或者无线上网设备来竞标拍卖的话，那还可以把其视为移动电子商务业务模式。

从早期基于专网和电子数据交换的计算机预订系统、全球分销系统，到近年基于互联网的旅游电子商务网站，可以看出许多企业能够根据其基本业务模式，变化出与 B2C、B2B 以及移动电子商务密切相关的各种业务模式。这就是旅游电子商务在网上的扩展特性。

目前有许多电子商务业务模式，而且每天还有更多的模式出现。例如有内容及功能大而全的大型旅游电子商务系统和规模小而服务专的旅游电子商务平台。然而，即使有大量可能的模式，人们还是能确定电子商务领域已发展起来的基本业务模式类型（及其细微的差别)，并描述它们的主要特征。

综上所述，目前已有许多旅游电子商务业务模式，并且新的模式随着旅游电子商务深入应用而不断出现。这就造成了旅游电子商务业务分类的困难及复杂。需要注意的是，在划分业务模式时并没有一种完全正确的方法，认识这一点非常重要。

二、旅游电子商务新模式

上一节对业务模式进行分类的方法是根据旅游电子商务应用的不同领域，将其常见类型归纳为 B2C 与 B2B 两类。若从所采用的电子商务技术出发，旅游电子商务还包括移动商务业务模式。

移动电子商务（M-Commerce，也称为移动商务）以手机、个人数字助理（Personal Digital Assistant，PDA）及笔记本电脑等移动终端结合无线通信技术从事商务活动。移动商务的发展是由客户在远离桌式机时仍希望完成商务交易和共享信息的需求推动的。移动商务既吸收了传统旅游电子商务模式的优点，同时又利用了新出现的无线技术，从而可以实现对于网络的移动访问。传统的旅游电子商务使得任何人在任何时间都可以访问 Internet，而移动商务的主要优势则在于，它利用无线设备，可以做到任何人在任何时间、任何地点都可以访问网络（杜文才，韩勇，2002）。

从本质上来说，无线网络使用了新的宽带和通信协议来连接移动用户和 Internet（杜文才等，2002）。虽然现有的无线网络受到带宽容量的限制，但是很快其容量就会有很大的提高。这些技术已经在日本、美国和欧洲使用，几年内就会在我国全面普及。总体来说，无线网络技术将拓展现有的网上业务模式。分析家们预测，当手机最终真正易于上网的时候，人们对移动旅游电子商务的兴趣将激增。

第五节　实务演练

一、预订旅游地酒店的操作过程

［第一步］首先登录携程旅游电子商务网站 http：//www. ctrip. com，注册用户真实信息（此处将注册过程省略）后便可查询到旅游目的地三亚的酒店信息（图 2. 3）。在相关文本框中键入查询内容，本例查询城市为三亚，酒店的等级为三星级，预订入住时间为 2008 年 12 月 22 日，预订离开时间为 2008 年 12 月 24 日。

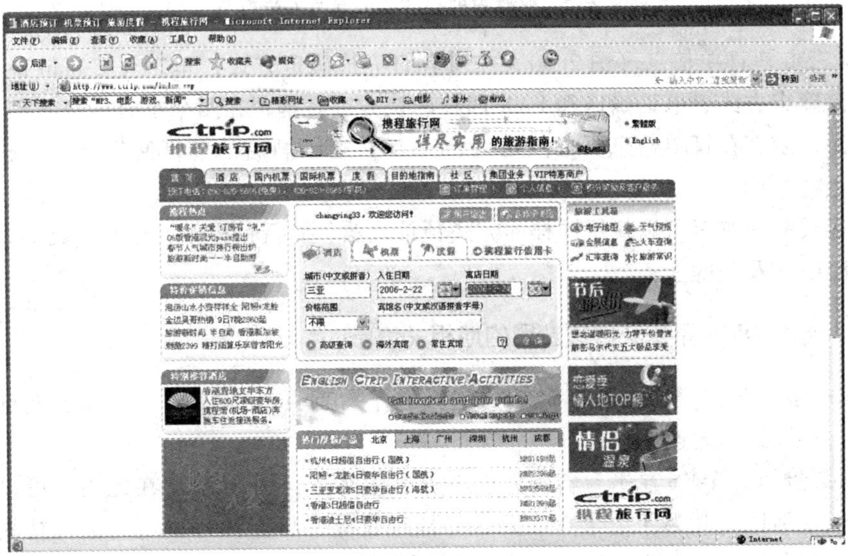

图 2. 3　携程旅游电子商务网站主页

［**第二步**］得到图中所示的酒店信息列表（图 2.4），此外，游客或潜在游客在作出购买前可以在此页面很方便地了解有关酒店的一切信息，如果满意，只要点击页面里的【预订】便可以下订单了。

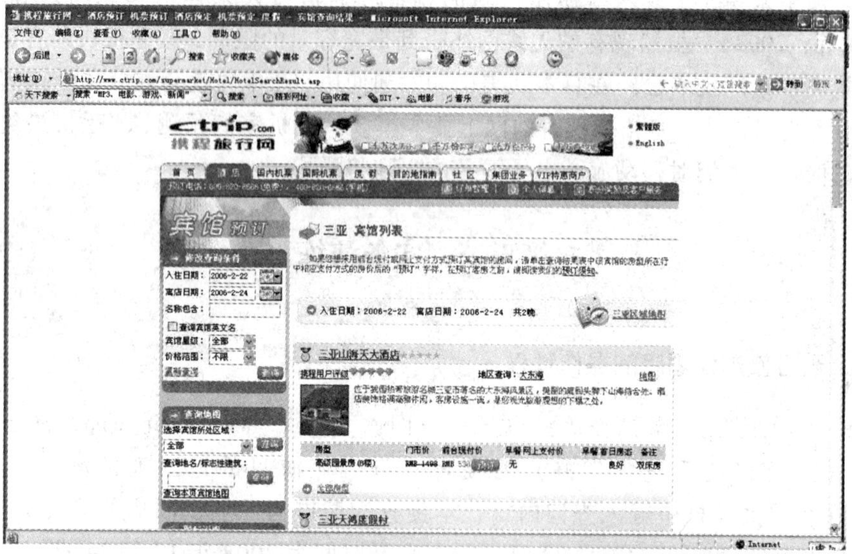

图 2.4　旅游目的地三亚的酒店信息列表

［**第三步**］订单信息（图 2.5），在【预订完成确定方式】里，有 E-mail 确定方式、手机短信确定方式、电话确认和 FAX 四种确认方式。携程在两个小时内应答预订订单。游客或潜在游客在订单信息页面点击【下一步】后，酒店的预订便生效了，旅游产品的消费也将开始。

游客或潜在游客可以使用同样的方式预订机票、旅行社提供的旅游线路等，完成一切在旅游中涉及到的业务。

二、通过 DMS 系统获得旅游目的地相关信息

［**第一步**］客户登录中国金旅工程 DMS 总平台首页（图 2.6）。在地图上点击旅游目的地。本例选择大连。

［**第二步**］由 DMS 总平台转到大连旅游信息网站（图 2.7）。在此用户可以通过页面的【电子地图】栏目了解景点、酒店等地理位置，可以预订酒店、旅行社线路，查询航班信息和天气预报等内容。本例预订旅行社线路。

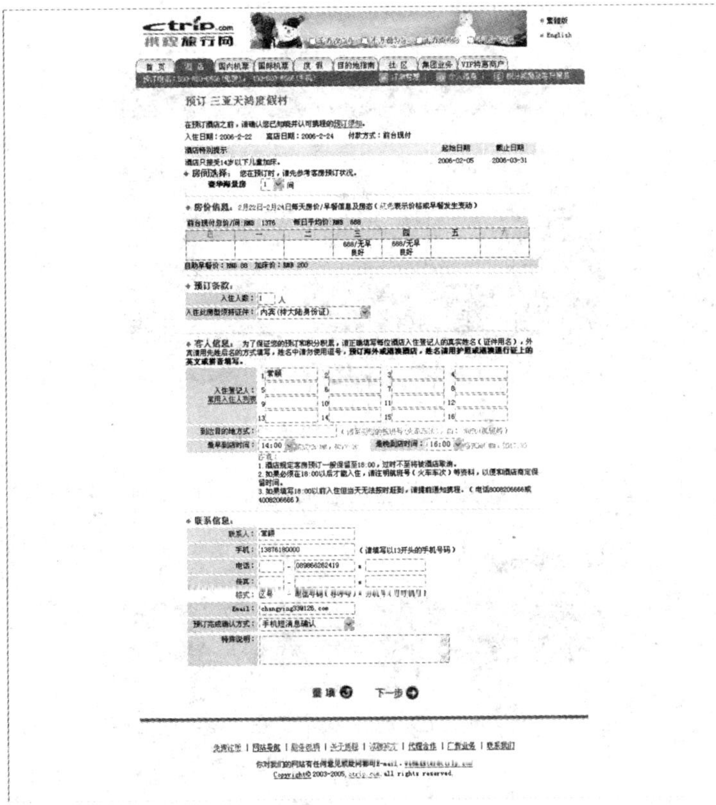

图 2.5　订单信息展示

图 2.6　金旅雅图网站首页

图 2.7　大连旅游信息网站

[第三步] 找到适合的旅行线路，顾客满意后即可点击【预订】(图 2.8)。

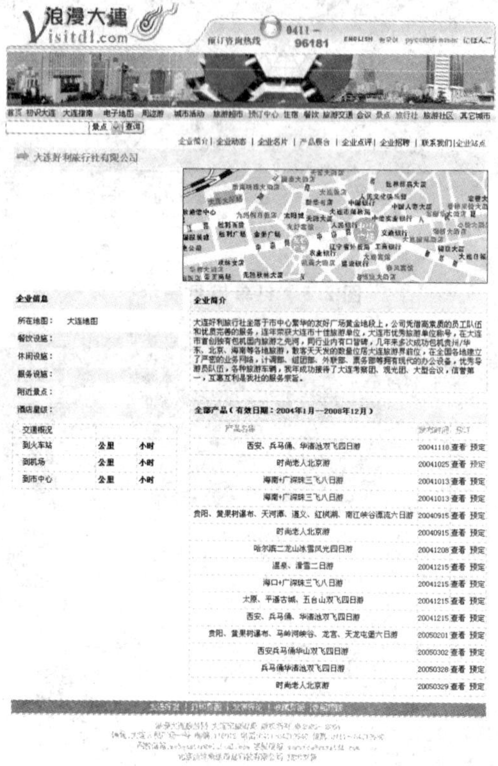

图 2.8　预订旅行线路

[**第四步**] 填写订单信息，如出行时间、人数和特殊要求等信息后点击【提交】(图 2.9)。

[**第五步**] 点击【确认】后将订单信息提交给旅行社（图 2.10)。

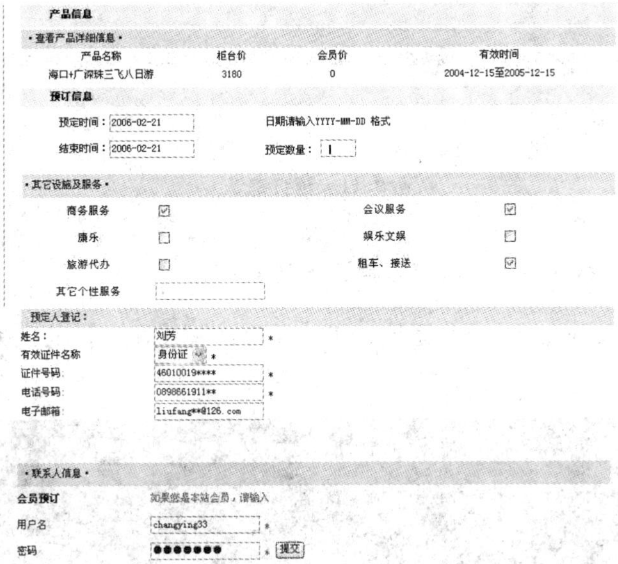

图 2.9　填写订单信息

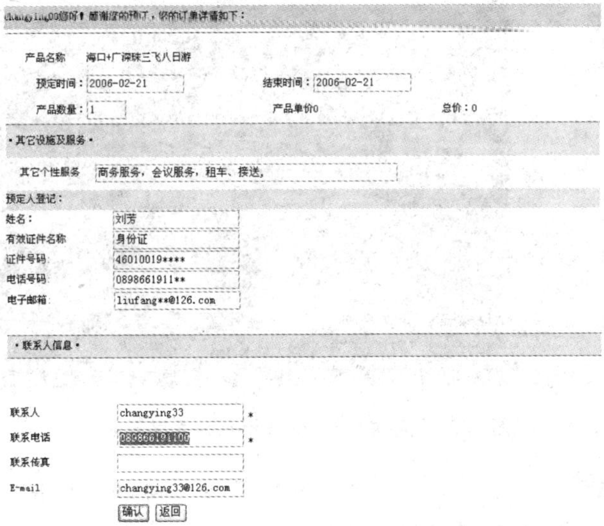

图 2.10　将订单信息提交给旅行社

[第六步] 得到以下提示信息，预订旅游线路的操作结束（图 2.11）。

776522225

你好，感谢您的预订，您的订单号是1496 ，大连好利旅行社有限公司 将会及时和您取得联系，并为您提供优质的服务。

图 2.11　预订确认

三、使用 Outlook Express 收发旅游商务电子邮件

[第一步] 进入 Windows 操作系统，在【开始】-【程序】里选择 Outlook Express（图 2.12）。

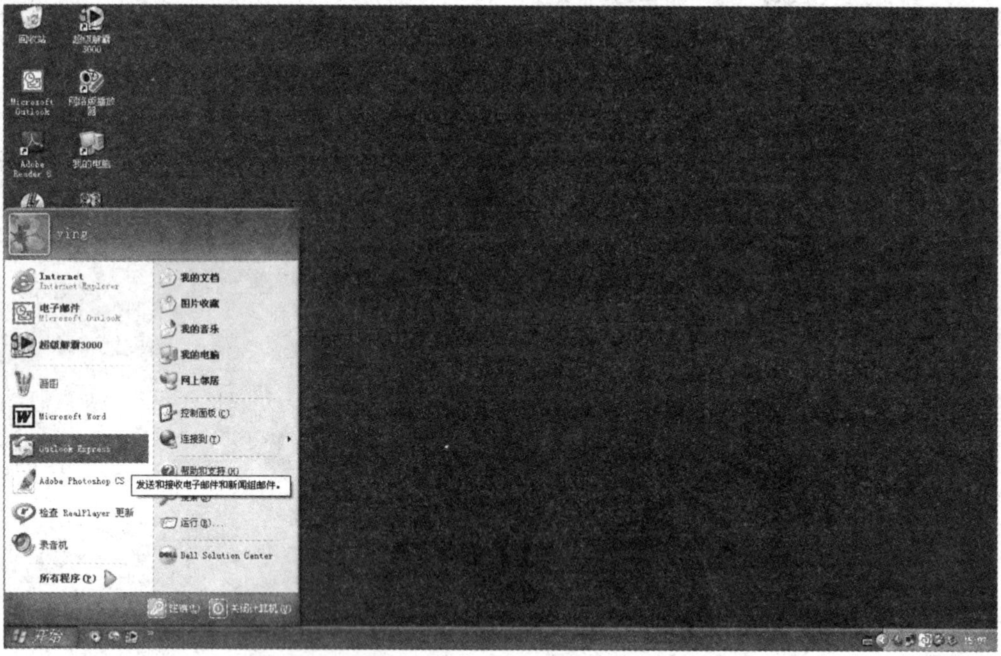

图 2.12　启动 Outlook Express 程序界面

[第二步] 启动 Outlook Express，进入该软件操作窗口。点击菜单栏【工具】-【账户】命令，设置用户的邮箱信息（图 2.13）。

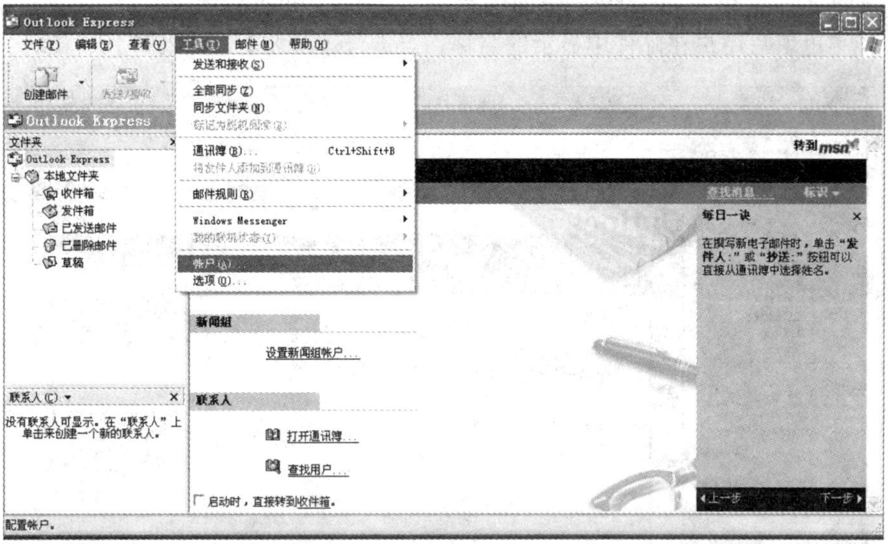

图 2.13　添加账户命令操作界面

［第三步］使用［第二步］中的命令后，出现"Internet 账户"窗口，在该窗口里，选择"邮件"标签，点击【添加】，选择"邮件…"（图 2.14）。

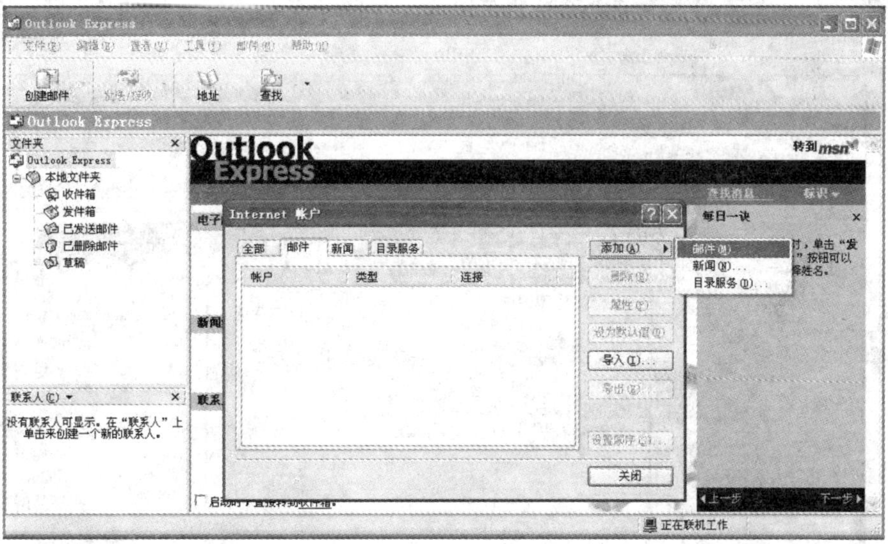

图 2.14　添加邮件操作界面

[**第四步**] 使用 [第三步] 中的命令后，出现“Internet 连接向导”对话框，在“显示名”里填写用户在邮件中显示的名称，点击【下一步】(图 2.15)。

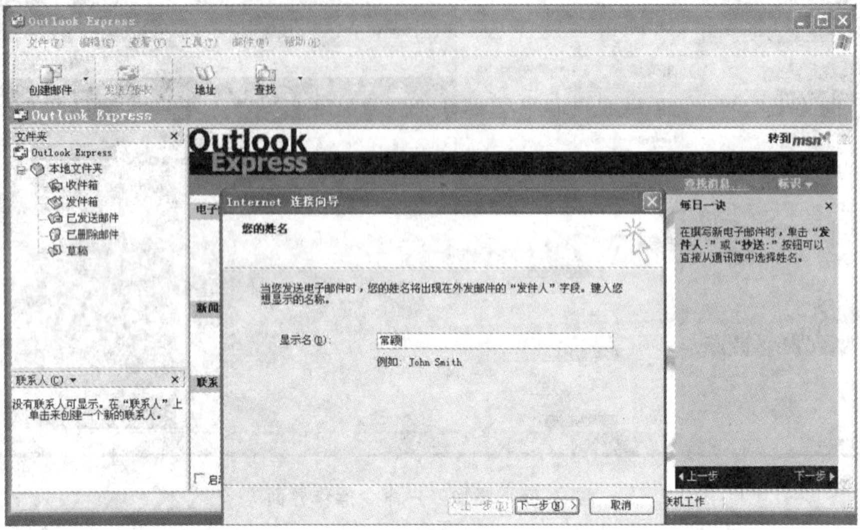

图 2.15　设置邮件的显示名操作界面

[**第五步**] 设置用户从电子邮件供应商那里获取的电子邮箱，点击【下一步】(图 2.16)。

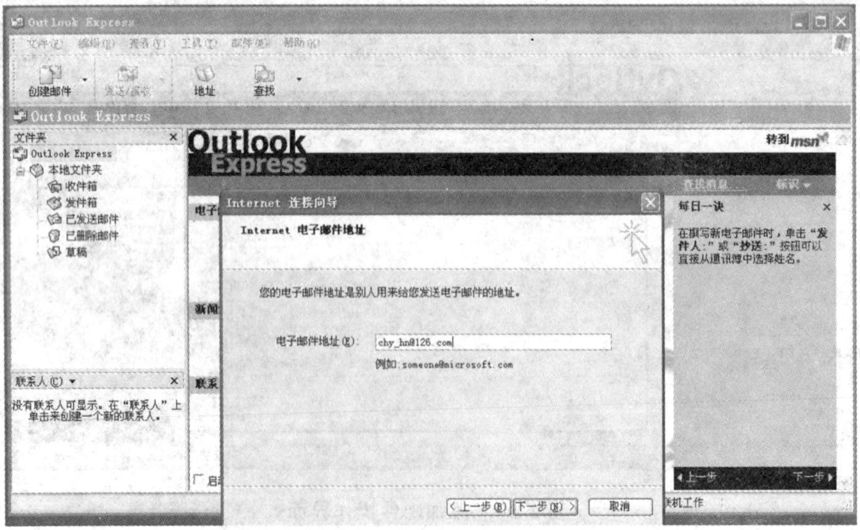

图 2.16　设置电子邮箱操作界面

［**第六步**］设置接收邮件服务器地址和发送邮件服务器地址，每种服务器所使用的协议要与供应商提供的保持一致。本例使用 126 的邮箱，其接收邮件服务器是 pop. 126. com 而非 pop3. 126. com；其发送邮件服务器是 smtp. 126. com。在相应的文本框里填写完后点击【下一步】（图 2. 17）。

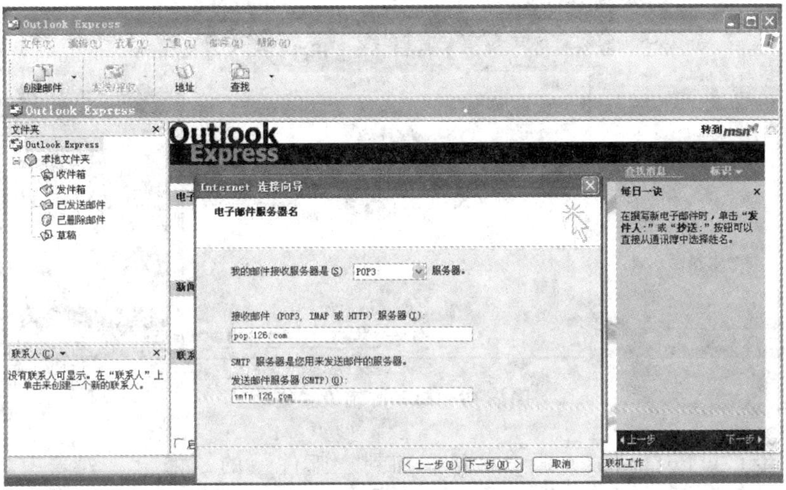

图 2. 17　设置电子邮件服务器名操作界面

［**第七步**］填写登录电子邮箱的密码，点击【下一步】（图 2. 18）。

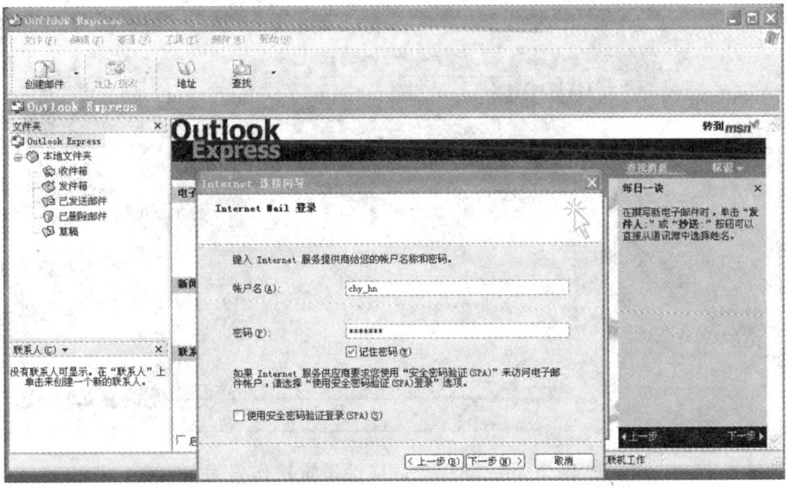

图 2. 18　填写电子邮箱登录密码操作界面

［**第八步**］有关收发电子邮箱的信息已经设置完成，点击【完成】（图 2.19）。

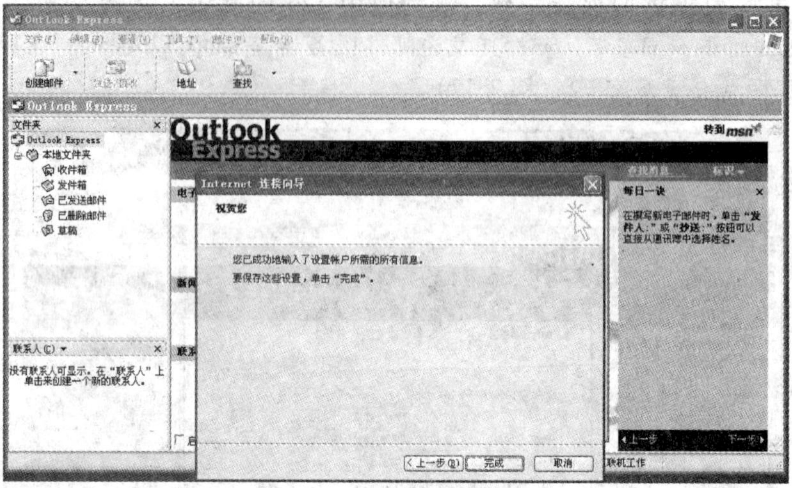

图 2.19　电子邮箱设置成功

［**第九步**］可以看到邮件账户已经添加到"邮件"的"账户"列表中。使用同样的步骤一至八的方法可以添加多个邮件账户。为了顺利接收邮件，选中账户名称后，点击【属性】做进一步设置（图 2.20）。

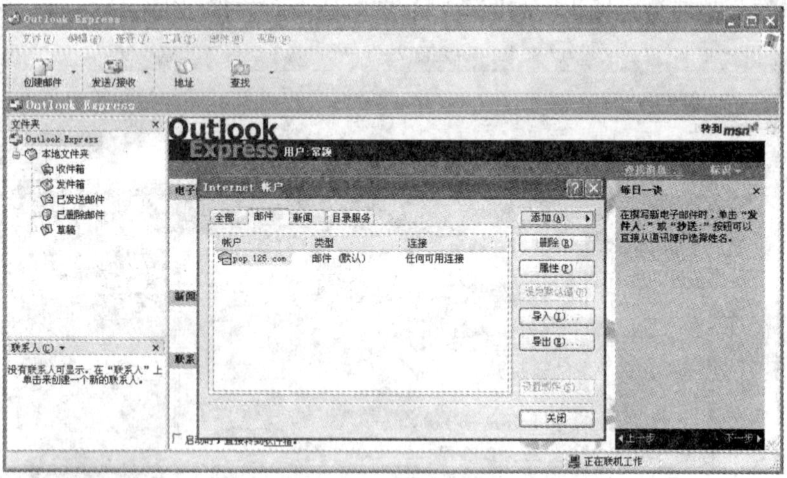

图 2.20　邮件账户属性设置操作界面

［**第十步**］在服务器标签中的"发送邮件服务器"栏，勾选"我的服务器要求身份

验证”，点击【确定】（图 2. 21）。

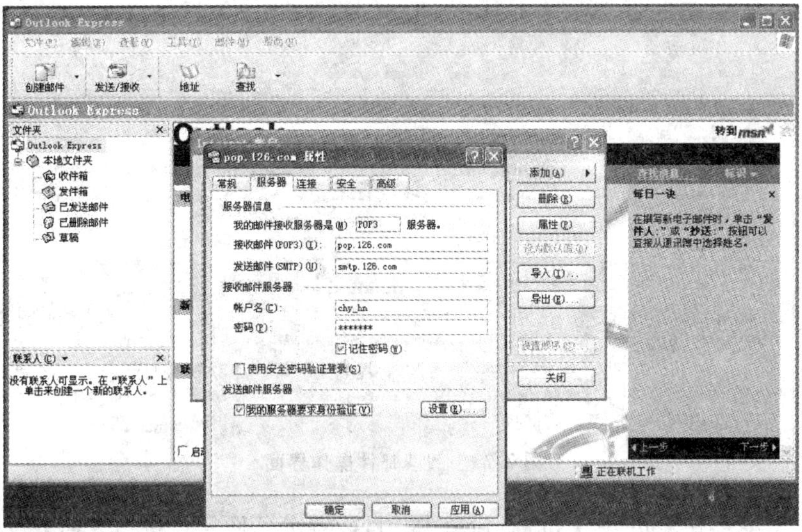

图 2. 21　勾选“我的服务器要求身份验证”操作界面

［第十一步］ 邮箱设置好后，返回到 Outlook Express 操作窗口，点击工具栏的【发送/接收】命令，将邮件接收到本地计算机（图 2. 22）。

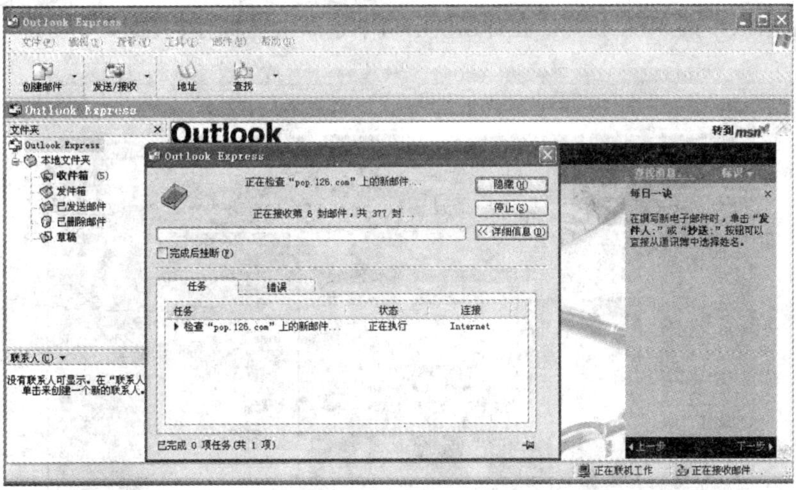

图 2. 22　Outlook Express 正在接收邮件

［第十二步］ 在 Outlook Express 里阅读邮件，选择邮件主题后，邮件正文便显示出

来（图 2.23）。

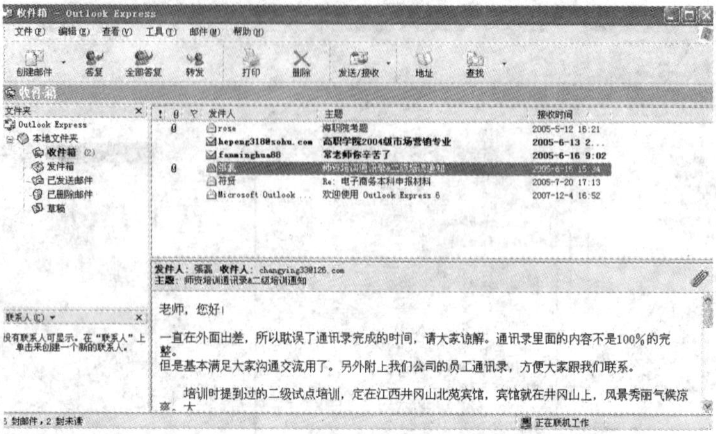

图 2.23　阅读邮件操作界面

［第十三步］在 Outlook Express 窗口中，可以点击【回复】按钮来回复发件人的邮件，可以通过点击【创建邮件】按钮，建立一个窗口发信。

四、使用 MSN 进行旅游商务在线沟通

［第一步］登录 MSN 的官方网站（http：//im. live. cn/Download），点击【立即下载】命令下载最新版本的 MSN 软件。在弹出的窗口中，点击【保存】（图 2.24）。

图 2.24　MSN 下载网页

［第二步］选择软件在本地计算机的存储位置，点击【保存】（图 2.25）。

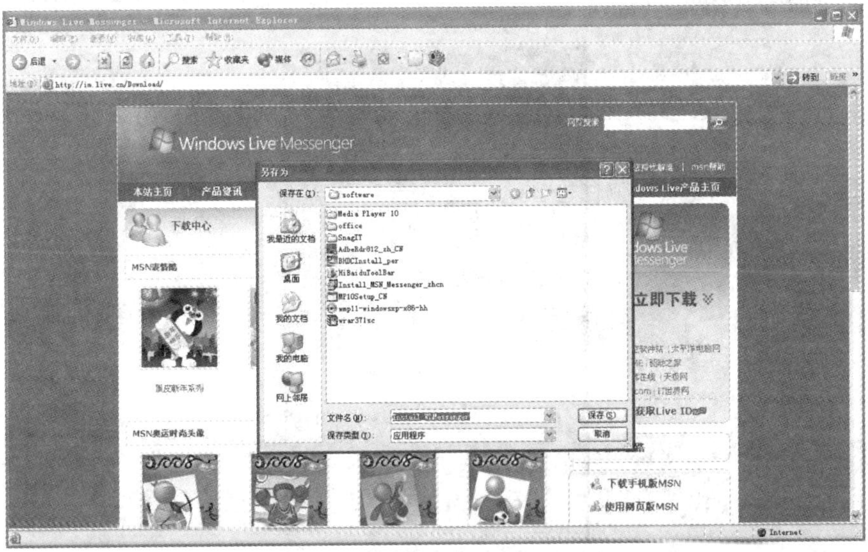

图 2.25　保存 MSN 软件

［第三步］等待软件下载（图 2.26）。

图 2.26　MSN 下载中

[**第四步**] 安装下载的 MSN 软件后，启动 MSN，点击“注册 Windows Live ID”申请一个登录账号（图 2.27）。

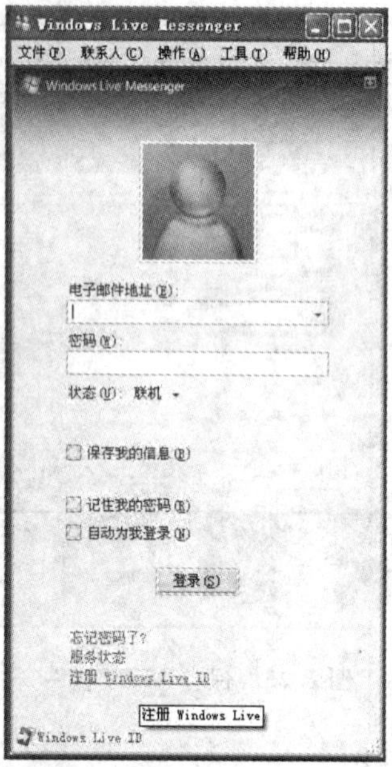

图 2.27　启动 MSN

[**第五步**] 链接到注册网站 http：//get.live.com/getlive/overview，点击【注册】（图 2.28）。

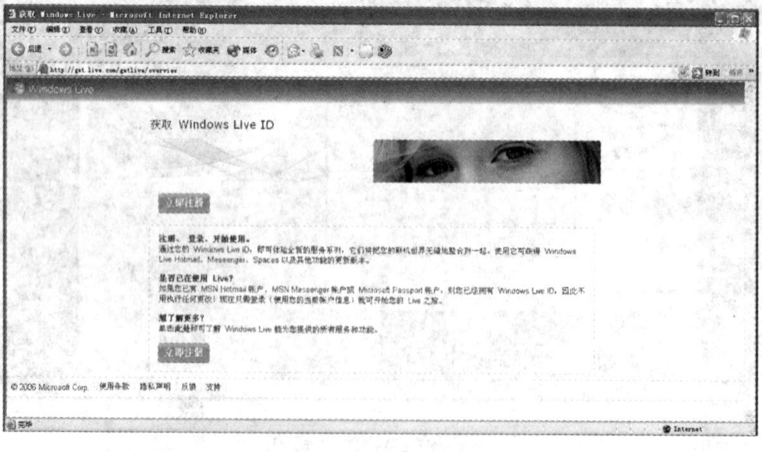

图 2.28　MSN 注册页面

［**第六步**］填写表单，输入没有被使用过的账号，以及密码等信息，点击【我接受】（图 2.29）。

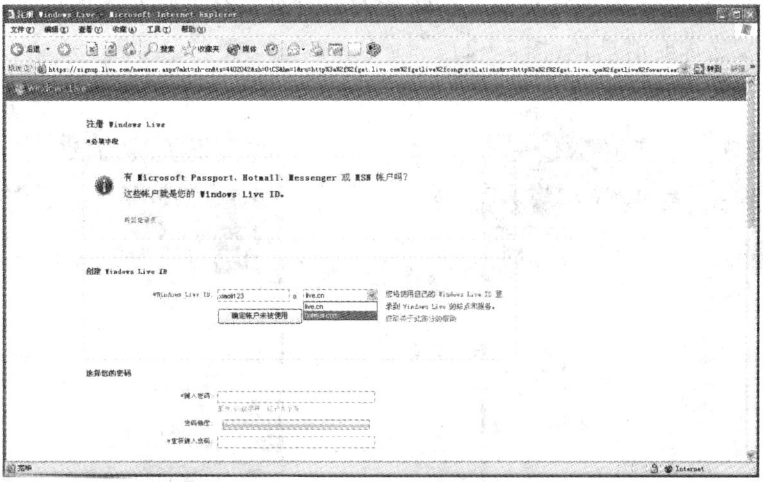

图 2.29　MSN 账号注册页面

［**第七步**］使用注册成功的账户和密码登录 MSN 软件。输入注册成功的账号和密码，点击【登录】（图 2.30）。

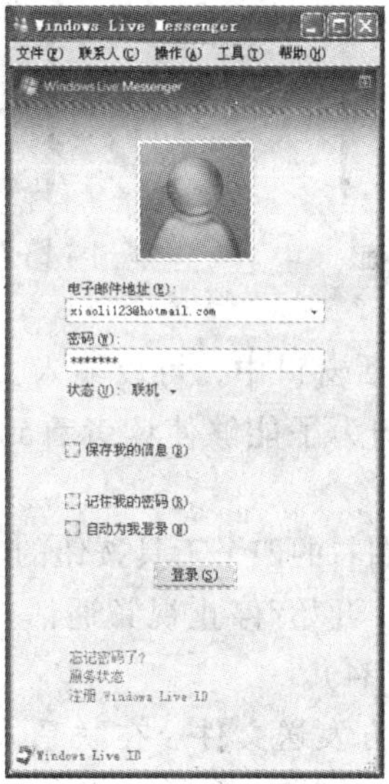

图 2.30　MSN 登录界面

[**第八步**] 点击菜单栏里的“联系人”—“添加联系人”，将贸易伙伴或业务同事的账号添加入联系人列表（图 2. 31）。

[**第九步**] 与联系人进行交流。在联系人列表里，右击联系人图标，出现命令菜单，选择【发送即时消息】（图 2. 32）。

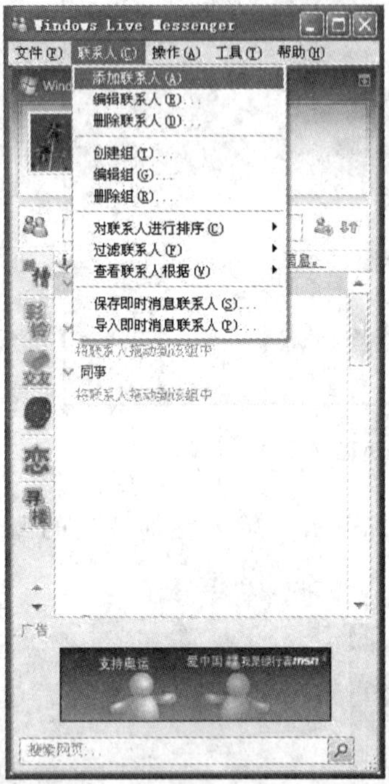

图 2. 31　添加联系人操作界面

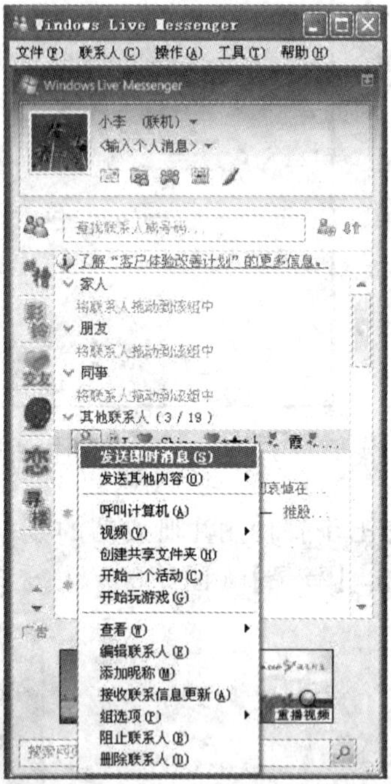

图 2. 32　发送即时消息操作界面

[**第十步**] 在出现的通信会话窗口中，可以输入文字信息，也可以通过点击【语音】工具栏进行语音会话，本例为了能够使读者看到会话效果，采用文字会话方式（图 2. 33）。

[**第十一步**] 工具栏中从左到右的四个工具按钮的功能分别是：邀请某人到此对话框（即对多人交流）、共享文件、开始/停止视频通话、呼叫联系人，用户可以根据需要，采用不同的交流方式（图 2. 34）。

[**第十二步**] 同时也可给对方发送文件。在联系人的图标上点击鼠标右键，选择“发送其他内容”—“发送一个文件”，则可以将存储在本地的文件传送给对方（图 2. 35）。

图 2.33　MSN 会话窗口

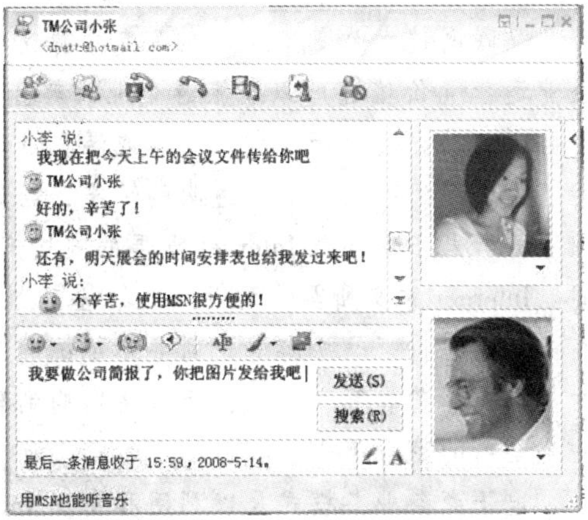

图 2.34　正在交流的 MSN 窗口

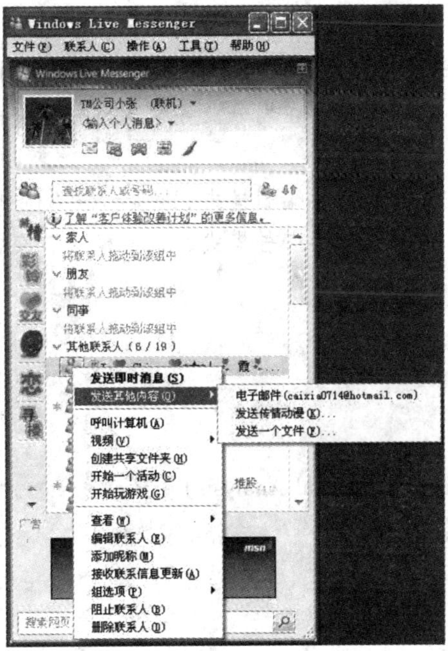

图 2.35　发送文件操作界面

本章小结

互联网技术改变了或正在改变旅游商务环境，包括旅游行业结构、旅游产业和旅游企业运营（价值链）以及旅游企业战略。互联网构成了带动旅游业持续演变的一个重要因素，它促使市场结构和游客或潜在游客行为发生巨大的改变。它提供了各种旅游接待条件之间的差别和价格透明的可能，因此加速了网上旅游供应商之间的竞争。

旅游电子商务是Internet发展的直接产物，是网络技术在旅游业应用的全新发展方向。Internet本身所具有的开放性、全球性、低成本、高效率的特点，也成为旅游电子商务的内在特征。旅游电子商务对传统的商务模式提出了挑战，它不仅会改变企业本身的生产、经营和管理活动，而且将影响到整个社会的经济运行与结构。旅游电子商务是一个全新的商务模式。

电子商务业务模式是以利用和发挥Internet和WWW的特性为目标的业务模式。它允许企业为获取收入以维持经营而采用新的开展业务的方式。这种模式明确了公司在价值链中的定位。一些最常见的模式包括报价模式、寻找最佳价格、动态经纪模式、合作营销、团体采购、在线拍卖、定制和个性化、电子市场和电子交易所。

旅游电子商务具有多种应用模式。以旅游电子商务服务的对象作为分类参数，旅游业中最常见的是B2C与B2B两大类。以电子商务所使用的技术作为分类标准，电子商务又包括移动商务。需要注意的是，在划分业务模式时并没有一种完全正确的方法，认识这一点非常重要。

虽然有多种不同的旅游电子商务盈利模式，但是大多数企业主要采用其中的一种或几种模式的组合。这些盈利模式包括广告模式、订阅模式、交易费模式、销售模式和会员制模式。

关键术语

行业结构分析（Industry Structural Analysis）

电子业务（e-Business）

价值链（Value Chain）

企业价值链（Firm Value Chain）

企业战略（Business Strategy）

电子商务框架（The Framework of EC）

“鼠标加水泥”的企业或组织（Click-and-Mortar Enterprise/Organization）
“砖块加水泥”的企业或组织（Click-and-Brick Enterprise/Organization）
商业模式（Business Model）
在线拍卖（Online Auction）
定制和个性化（Customization /Personalization）
电子市场和电子交易所（Electronic Marketplace and Electronic Exchange）
企业对消费者的电子商务（Business to Customer，B2C）
企业对企业（Business To Business，B2B）
消费者对消费者（Customer to Customer，C2C）
移动电子商务（M-Commerce）
个人数字助理（Personal Digital Assistant，PDA）
电子零售商（E-retailer）
市场创建者（Market Creator）
服务提供商（Service Provider）
内容供应商（Content Provider）
门户网站（Portal）
交易经纪人（Transaction Broker）
社区服务商（Community Provider）
信息中介（Informediary）

习　题

1. 通用的旅游电子商务框架由哪些因素构成？
2. 描述旅游电子商务企业使用的业务模式，简述5种主要的盈利模式。
3. 企业获得竞争优势的方式有哪些？
4. 为什么很难对电子商务业务模式进行分类？
5. 什么是反向拍卖？举一个开展这类业务的企业例子。
6. 什么是B2B中的关键成功要素？
7. 什么是应用服务提供商？
8. 消费者对消费者电子商务领域中有哪些业务模式？
9. 旅游电子商务技术的独特性如何改变行业结构？
10. 产业价值链上有哪些主要的角色？旅游电子商务技术对它们的影响有哪些？

11. 案例分析：Priceline. com 的商业模式能否在中国生存？

Priceline. com 是最著名的经营旅游产品及服务的旅游电子商务公司之一（图 2. 36）。Priceline. com 利用 Internet 的信息共享和沟通能力创立了一种为产品和服务定价的新方法。这种方法向游客或潜在游客提供了一种引人注目的价值体现，可以让他们牺牲对品牌、产品特性以及供应商的灵活性选择，来获得低价服务或产品；供应商则可以在不破坏其现有分销渠道和零售定价体系的情况下，以低于零售价的价格出售产品来赚得额外的利润。Priceline 于 1998 年 4 月 6 日开始运营，其业务主要是销售飞机票。游客或潜在游客要购买机票，首先需登录 priecline 的网站，并逐一登记旅行的出发地和目的地、出发日期、愿意支付的价格和一张保证购买的有效信用卡的信息。游客或潜在游客必须同意乘坐任何大航空企业的飞机，同意起飞时间在上午 6 点到晚上 10 点间的任何一个时间，还必须同意至少转机一次或联运，同时，不累计飞行里程或升级，所购机票不能退也不能改签。收到订单后，Priceline 将检查订单的价格是否可行，给出的条件是否能满足，以及加盟航空公司的机票情况，来决定是否能按要求的价格满足订单。如果可以的话，公司会在一个小时内通知游客或潜在游客，告诉他订单被接受了。

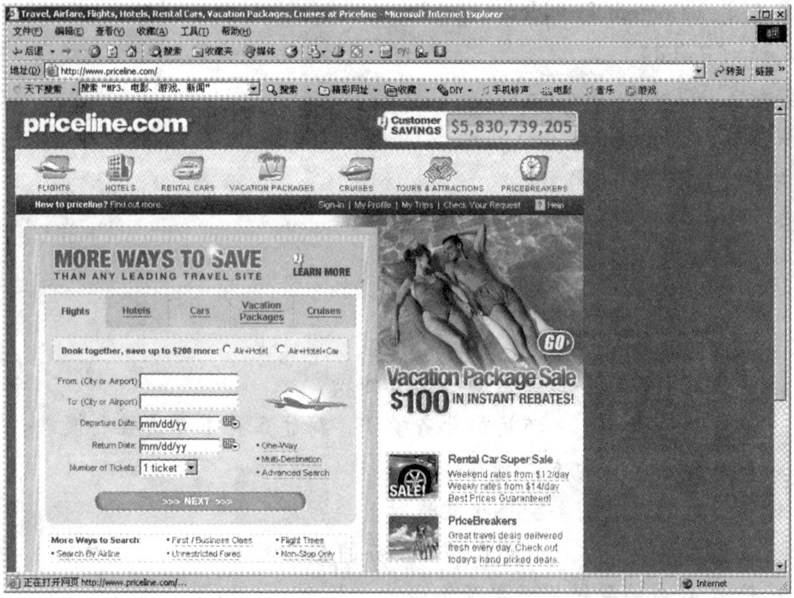

图 2. 36　Priceline. com 公司预订服务首页

就游客或潜在游客而言，Priceline 业务模式的一个基本前提是，在许多产品和服务类别中，会有相当一部分游客或潜在游客认为品牌、产品特色和供应商是可以更换的，尤其是当更换品牌和供应商能够省钱时则更是如此。就供应商而言，Priceline 的业务模式基于这样的假设，即供应商总是有多余的存货愿意以低价出售，如果既不用降低零售价又不用为降价做广告，他们是愿意这么做的。Priccline 相信自己的业务模式是很理想的，非常符合存货会快速过期或者时效性强的行业特点（例如，起飞时还未售出的机票，或未租出的旅馆房间），尽管这种模式似乎不只限于这类行业。

Priceline 是如何影响旅游服务业的？Priceline 能否在中国生存？你认为 Priceline 最终会成功还是失败？为什么？

参考文献

1. Timmers, Paul. Business models for electronic markets, 1998, vol. 8, NO. 2

2. Potter, Michael E. Strategy and the Internet. Harvard Business Review, 2001, March

3. Potter and V. E. Millar. How information gives you competitive advantage. Harvard Business Review, 1985, July-August

4. Jupiter Media Metrix. Online growth of online-only strategy, 2003, July 12

5. Rayport, Jeffrey and Jaworski, Bernard. e-Commerce. McGraw-Hill Companies, Inc. 2001

6. Turban, Efraim et a1. Electronic Commerce A managerial perspective (2nd Edition). Pearson Education, 2002

7. Choi S. Y. et a1. The Economics of Electronic Commerce. Indianapolis. Macmillan Technical Pub., 1997

8. Laudon, K. and Traver, C. G. E-commerce: Business, technology, society. Pearson Education, 2003

9. 杜文才，韩勇. SVG 技术规范及无线网络应用. 第六届全国计算机应用联合学术会议论文集，2002

10. 杜文才等. 基于因特网 GIS、可扩展、可协同工作的旅游信息系统. 世界科学研究与发展，2002 (5)

11. UNCTDA. 联合国贸易和发展会议 2005 年信息经济报告. 纽约和日内瓦，2005

第三章

旅游电子商务的网络技术基础

学习目标

- Internet 技术
- Internet 协议
- 第二代 Internet 的潜在旅游应用能力
- WWW 的工作原理
- Internet 与 WWW 支持电子商务的特色与服务
- 通信技术的基本概念
- 数据与数据库管理系统的基本概念

开篇案例

一个完整的酒店上网服务系统

酒店计算机网络系统主要包括硬件平台及软件平台的建立（图 3.1）。酒店上网服务系统方案的设计要求把握当今网络技术的主流方向，采用当前最成熟的组网技术，保证整个系统的高效、可靠、实用。酒店内部计算机局域网（LAN）系统是其他软件应用的基础平台，是所有 IT 应用的前提保障。

酒店只需要建立一个连接到每个客房的局域网络，即可为顾客提供上网服务。该局域网和酒店内部管理用的局域网是隔离的，以保证安全。隔离有多种方式，如物理隔离、网段隔离，或者防火墙隔离。

酒店首先建设好客人上网使用的硬件网络环境，包括到 ISP 的线路连接、网关服务

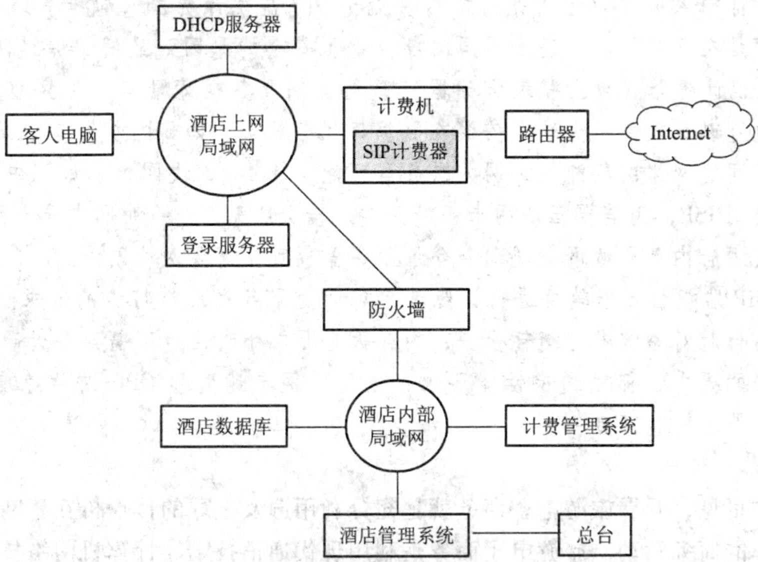

图 3.1　一个完整的酒店上网服务系统总体结构

器、上网局域网等。DHCP 服务器、登录服务器、网关服务器都是软件意义上的服务器，既可共同运行在一台硬件服务器上，也可分开运行在不同硬件服务器上。

局域网络可以是有线局域网络，由物理网线接到每间客房，每间客房都有一根网线接头，把网线接头连到客人电脑，客人电脑就可连接到酒店局域网络，就具有了上网物理媒介。局域网络也可以是一个无线局域网，则客房就不需要提供物理网线接头。

SIP 监控计费器能够对每个客人电脑（IP 地址）的通信统计时间，或者统计流量，客人电脑停止上网就实时停止统计，并实时把统计数据写到酒店上网管理数据库中。客人结账时就可以结算费用，打印上网清单。

酒店局域网内必须具有 DHCP 服务器。客人电脑连到局域网需要动态地给客人电脑分配一个局域网内的 IP 地址。IP 地址的动态分配就是由局域网内的 DHCP 服务器提供。

酒店局域网内还必须具有一个登录服务器，实际上就是一个 WWW 服务器。WWW 服务器上有一个登录页面，供客人输入酒店分配给他的账号信息。客人输入账号信息（如用户名和口令）后提交，登录服务器就验证提交的用户名和口令。通过验证后，登录服务器就把该客人当前 IP 地址等数据通知网关服务器上运行的 SIP 监控计费器。客人电脑即可畅通上网浏览、收发邮件、聊天等。网关服务器上运行的 SIP 监控计费器就自动开始对客人的网络连接进行计时或计流量。

SIP 监视计费器读写数据库，把计费数据写到数据库中。登录服务器需要读取酒店数据库，验证输入的用户信息是否有效。无论 SIP 监视计费器（包括登录服务器）和酒店数据库是在同一网段，还是不同网段，鉴于安全的原因，最好都通过防火墙隔离，限制 SIP 监视计费器（包括登录服务器）只能访问其数据库端口。防火墙可以是硬件防火墙，也可以是软件防火墙（安装在数据库服务器上，如 SIP 防火墙）。

根据不同的网络网段配置，网关服务器可能需要 1～3 块网卡。如图中如果酒店是通过宽带接到 ISP，则需要三块网卡：一块网卡接 ISP 宽带，一块网卡接上网用局域网，一块网卡接酒店内部局域网。同理，登录服务器也可能需要两块网卡。

使用 SIP 监视计费器软件进行计费时，对计费服务器没有特殊的要求。SIP 监视计费器软件运行时对系统资源消耗很少，内存数量要求不大，也不需要多大硬盘空间。对计费服务器的要求，都是通信性能要求，主要对网卡速度和 CPU 芯片速度要求较高，定制配置的兼容机也可胜任。

从上例可见，开展旅游电子商务就是充分利用遍及全球的计算机互联网络进行低成本、高效率的商务活动。旅游电子商务是利用现代通信技术、计算机网络技术开展的商务活动。计算机网络（Network）是将计算机彼此连接的技术（Schneider，2003）。它是将分布在不同地理位置上具有独立功能的计算机、终端及其附属设备用通信手段连接起来，以实现资源共享的系统。总的来说，计算机网络的组成基本上包括计算机、网络操作系统、传输介质以及相应的应用软件四部分。

许多学者研究了计算机网络在电子商务中的作用，以为计算机网络的基本功能就是能够互相交换信息，共同享有网络资源（张润彤，2003；陈景艳，苟娟琼，2003；胡玫艳等，2003；Schneider，2003；方美琪，2002；瞿裕忠，2000；kalaKota 等，2000）。然而除了资源共享的功能外，计算机网络还有数据传输功能，它不仅可以传输数据，而且可以实现数据、语音、图像等信息的综合传输，构成综合服务数字网络，为社会提供更广泛的应用服务。

第一节 计算机网络概述

一、计算机网络的产生与发展

20 世纪 60 年代初，以单机为中心的通信系统称为第一代计算机网络。以单机为中心的通信系统的特点是网络上用户只能共享一台主机中的软件、硬件资源。20 世纪 60 年代末出现了多个计算机互联的计算机网络，这种网络将分散在不同地点的计算机经通信线路互联，主机之间没有主从关系，网络中的多个用户可以共享计算机网络中的软、硬件资源。20 世纪 70 年代后期，国际标准组织 ISO 公布了开放系统互联参考模型（OSI/RM）。凡遵循国际标准化的计算机网络属于第三代计算机网络。它具有统一的网络体系结构，遵循国际标准化协议，不同计算机及计算机网络可以方便地互联起来，构成网络体系。

二、计算机网络的构成与分类

（一）计算机网络的组成与结构

计算机网络完成数据处理与数据传输两个任务，从结构上可分为资源子网和通信子网两个部分（图 3.2）。资源子网：由主计算机系统、终端、终端控制器联网外设、各种资源组成。通信子网：由网络通信处理机、通信线路与其他通信设备组成，具有数据的传输、转发等功能。

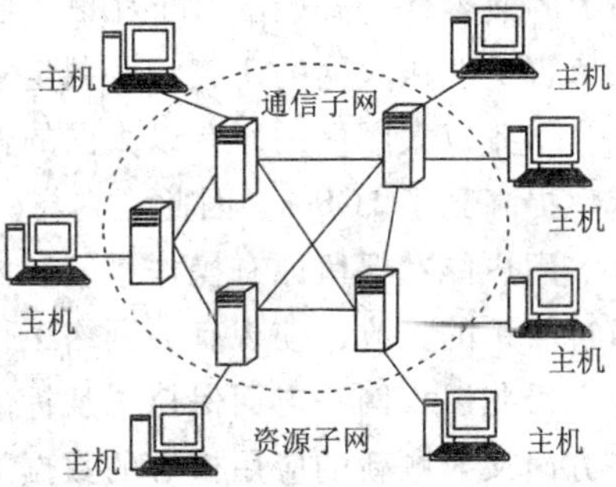

图 3.2　计算机网络的组成与结构

（二）计算机网络类型的划分

计算机网络类型的划分标准有多种。例如，按传输介质分类，计算机网络类型有线网、光纤网、无线网三种；按计算机网络覆盖的范围分类，计算机网络类型有局域网、城域网和广域网三种；按网络的拓扑结构分类，计算机网络类型可分为总线型、星型、环型和网状型。从旅游电子商务应用角度，以下仅介绍两种分类：按计算机网络覆盖的范围分类和按网络的拓扑结构分类。

1. 按计算机网络覆盖的范围分类

可以把计算机网络类型划分为局域网、城域网和广域网三种。局域网一般来说只能在一个较小区域内，城域网是不同地区的网络互联。不过在此要说明的一点就是，这里的网络划分并没有严格意义上地理范围的区分，只能是一个定性的概念。

（1）局域网（Local Area Network，LAN）。局域网是最常见、应用最广的一种网络。局域网是计算机网络中发展最快的一个分支，经过上世纪 60 年代的技术准备、70 年代的技术开发和 80 年代的商品化阶段，已经在企事业单位中发挥重要的作用，目前正朝着多平台、多协议、异种机方向发展，数据传输速率和带宽不断提高。

几乎每个单位都有自己的局域网，有的甚至家庭中都有自己的小型局域网。很明显，所谓局域网，就是在局部地区范围内的网络，它所覆盖的地区范围较小，一般在十公里以内，传输速率最高（10Mb/s～1 000Mb/s）。局域网在计算机数量配置上没有太多的限制，少的可以只有两台，多的可达几百台。一般来说，在企业局域网中，工作站的数量在几十到两百台次左右。

以太网技术是传统局域网关键组网技术。传统局域网使用的是以太网技术，包括采用总线拓扑结构（详见下一节）、具有冲突检测的载波监听多路访问 CSMA/CD 的总线争用技术。

快速以太网。IEEE 于 1995 年通过了 100Mbps 快速以太网的 100BASE-T 标准，并正式命名为 IEEE802. 3u 标准，作为对 IEEE802. 3 标准的补充。100BASE-T 标准不但在最大程度上保持了 IEEE802. 3 标准的完整性，而且保留了核心以太网的细节规范。

千兆以太网。随着多媒体技术、网络分布计算、桌面视频会议等应用的不断发展，用户对局域网的带宽提出了更高的要求，人们迫切要求高网速技术与现有的以太网保持最大的兼容性，开始酝酿千兆以太网技术。1996 年 3 月成立的 IEEE802. 3Z 工作组，专门负责千兆以太网的研究，并制定相应标准。

千兆以太网使用原有以太网的帧结构、帧长及 CSMA/CD 协议，只是在低层将数据速率提高到了 1Gbps。因此，它与标准以太网（10Mbps）及快速以太网（100Mbps）兼容。用户能在保留原有操作系统、协议结构、应用程序及网络管理平台与工具的同时，通过简单的修改，使现有的网络工作站廉价地升级到千兆位速率。

千兆以太网一方面保持了从标准以太网、快速以太网到千兆以太网的平滑过渡，另一方面又兼顾新的应用核心的数据类型。这种网络具有连接范围窄、用户数少、配置容易、连接速率高的特点。

局域网由以下设备构成：网络服务器；工作站；网卡；传输介质（双绞线、同轴电缆、光导纤维电缆）；网络操作系统软件。

网络服务器是网络的控制核心部件，一般由高档微机或由具有大容量硬盘的专用服务器担任。局域网的操作系统就运行在服务器上，所有的工作站都以此服务器为中心，网络工作站之间的数据传输均需要服务器作为媒介。工作站是网络的前端窗口，用户通过它访问网络的共享资源。通过网卡将工作站或服务器连接到网络上，实现网络资源共享和相互通信。传输介质是网络中信息传输的媒体，是网络通信的物质基础之一。在局域网中常用的传输介质有双绞线、同轴电缆和光导纤维等。网络操作系统安装在网络服务器上，管理网络资源和网络应用，控制网上的通信和网上用户的访问。网络操作系统主要有 Unix、WindowsNT、Novell 和 NetWare 等。

江苏长江大酒店采用宽带上网技术搭建酒店局域网。该酒店局域网涉及到酒店的 13 层楼（地下 1 层，地上 12 层），酒店每个客房的接入带宽为 100M。酒店共设置 1 个主管理间，7 个子管理间，子管理间与主管理间通过千兆光纤相连，整个数据点共有 700 个。酒店根据业务的需求，决定酒店的整个网络使用三层设计结构，酒店的每一个客房为接入层，7 个子管理间为汇聚层，主管理间为核心层，其结构见图 3. 3。

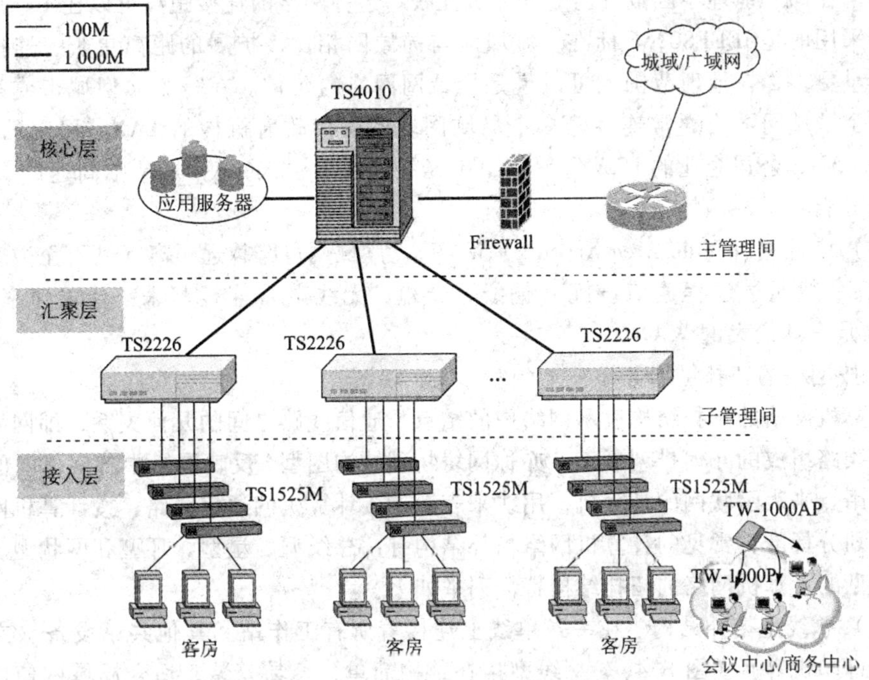

图 3.3　江苏长江大酒店局域网

图中：TS4010 为多层交换机，它支持 L2 ~ L7 的信息实现流分类和优先级控制，支持 PPPoE、802.1x、DHCP + WEB 认证方式以及支持 VLAN ID、MAC 地址动态绑定方式技术规范。

TS2226 为千兆智能网管交换机，它支持生成树协议 802.1D、IGMP Snooping 组播协议，支持基于端口的 VLAN 及 802.1QVLAN、GVRP 动态 VLAN 配置，支持端口聚合功能（静态和 LACP 动态配置）及广播风暴控制，支持端口优先级、流量控制和端口镜像功能，支持静态 MAC 地址绑定功能及 MAC 地址绑定。另外它支持基于中文 WEB 平台的网络管理，使用户可以简单、方便地管理整个网络。

TS1525M 为接入层交换机，它支持端口带宽控制 MDI/MDIX 自校准功能，支持基于端口的 VLAN 及 802.1Q VLAN，支持端口聚合功能及广播风暴控制，支持端口优先级、流量控制和端口镜像功能。同时也支持 WebSmart 中文远程管理。

TW-1000AP 为无线网卡，通过网线连接到配线间的接入交换机 TS1525M。TW-1000P 也为无线网卡。

（2）城域网（Metropolitan Area Network，MAN）。这种网络一般来说是在一个城

市，但不在同一地理小区范围内的计算机互联。这种网络的连接距离可以在 10～100 公里，它采用的是 IEEE802.6 标准。城域网与局域网相比，扩展的距离更长，连接的计算机数量更多，在地理范围上可以说是局域网网络的延伸。在一个大型城市或都市地区，一个城域网网络通常连接着多个局域网。如连接政府机构的 LAN、医院的 LAN、电信的 LAN、公司企业的 LAN 等等。由于光纤连接的引入，使 MAN 中高速的 LAN 互连成为可能。

（3）广域网（Wide Area Network，WAN）。广域网可跨越远距离（几百至数千公里范围）。一般通过远程通信设施（铜线、光缆、无线电）连接起来，传输速率较低。Internet 是全球最大的 WAN。

2. 按网络的拓扑结构分类

计算机网络的拓扑结构表示网络中的结点与通信线路之间的几何关系，即网络结点和通信线路组成的几何排列形态，亦称网络物理结构图型，反映网络中各实体间的结构关系。用点来表示联网的计算机，用线来表示连接计算机的通信线路，按计算机网络拓扑结构划分标准，常见的计算机网络拓扑结构有：总线型、星型、环型和网状型。

常见的计算机网络的拓扑结构特征列举如下：

（1）总线型拓扑结构。在一条单线上连接着所有工作站和其他共享设备（文件服务器、打印机等）（图 3.4）。总线型拓扑结构简单，容易安装，适合局域网使用。但当电缆上某一段发生断裂时，整个网络都会陷于停顿，线路故障定位比较困难。此外，由于信号和电缆的性能原因，总线型拓扑结构在使用中受到一些限制。

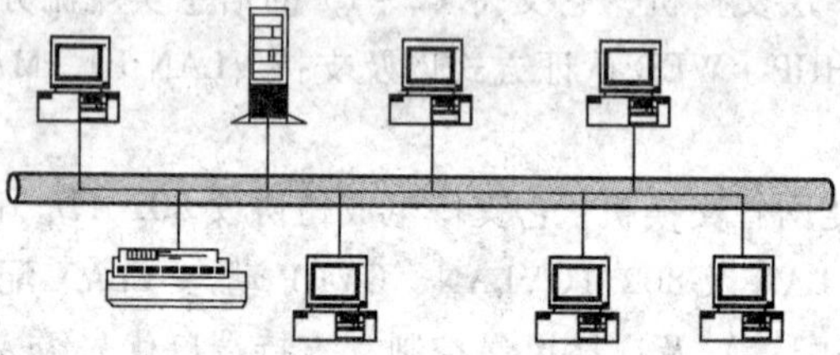

图 3.4　总线型拓扑结构

（2）星型拓扑结构。星型拓扑结构使用集线器作为中心设备，连接多台计算机（图 3.5），设计较简单，计算机与中心设备是点对点的连接。星型拓扑结构的优点表现为各段介质是分离的，相互间不影响；故障定位容易；重新配置网络较容易。但是，星型拓扑结构的电缆消耗大，网络施工工作量大。

（3）环型拓扑结构。环型拓扑结构指多台设备依次连成物理的环状结构，设备之间采用点对点连接（图 3.6）。环型拓扑结构的优点是设备之间点对点连接，可保证通信双方有充分的通信带宽，故障定位容易，容错性好。环型拓扑结构的缺点是重新配置比较困难以及电缆用量大。实际存在与使用的广域网，基本上采用环型拓扑结构。

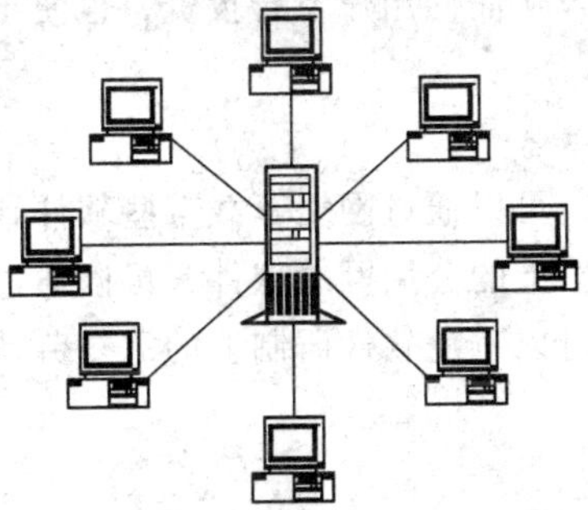

图 3.5　星型拓扑结构

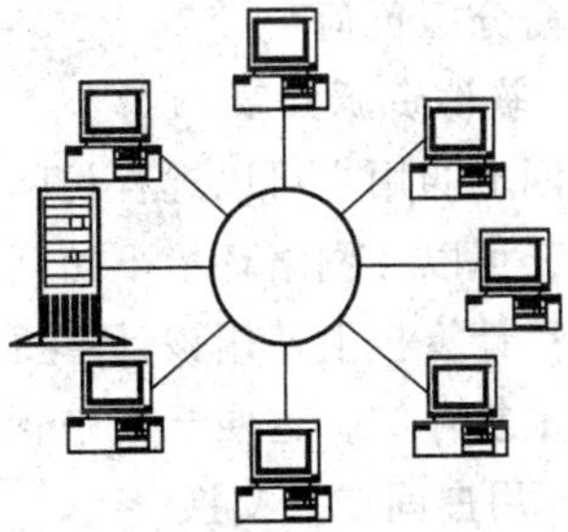

图 3.6　环型拓扑结构

（4）网状型拓扑结构。在网状型拓扑结构中，两个节点之间具有多条连接通路（图 3.7）。网状型拓扑结构网络具有如下特点：由于采用分散控制，即使整个网络中的某个局部出现故障，也不会影响全网的操作，因而具有很高的可靠性；网中的路径选择最短路径算法，故网上延迟时间少，传输速率高，但控制复杂；各个节点间均可以直接建立数据链路，信息流程最短；便于全网范围内的资源共享。缺点为连接线路电缆用量大，造价高；网络管理软件复杂；报文分组交换、路径选择、流向控制复杂。

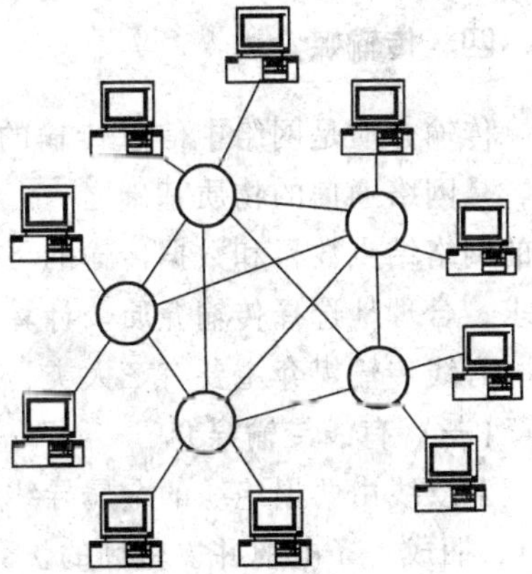

图 3.7　网状型拓扑结构

在实际应用中，也可以将总线型拓扑结构和星型拓扑结构结合起来，构成混合型的网络布局。混合型的网络拓扑结构网络连接的自由度比较大，集线器的连接作为主干连接可以进行高速通信，也方便检测故障和扩展网络。拓扑结构的选择往往与传输媒体的选择及媒体访问控制方法的确定紧密相关。选择网络拓扑结构应考虑可靠性、费用、灵活性、响应时间和吞吐量等因素。

三、计算机网络的功能

计算机网络的功能主要表现在硬件资源共享、软件资源共享和用户间信息交换三个方面。

（一）硬件资源共享

硬件资源共享，即可以在全网范围内提供对处理资源、存储资源、输入输出资源或信息产品等昂贵设备的共享，如具有特殊功能的处理部件、高分辨率的激光打印机、大型绘图仪、巨型计算机以及大容量的外部存储器等，从而使用户节省投资，也便于集中管理和均衡分担负荷。

（二）软件资源共享

互联网上的用户可以远程访问各类大型数据库，可以通过网络下载某些软件到本地机上使用，可以在网络环境下访问一些安装在服务器上的公用网络软件，可以通过网络登录到远程计算机上使用该计算机上的软件。这样可以避免软件研制上的重复劳动和数据资源的重复存储，也便于集中管理。

（三）用户间信息交换

计算机网络为分布在各地的用户提供了强有力的通信手段。用户可以通过计算机网络传送电子邮件、发布旅游消息和进行旅游电子商务活动。

四、传输媒介

传输介质是网络中信息传输的媒介，是通信网络中发送方和接收方之间的物理通路，是网络通信的物质基础之一。传输介质的性能特点对传输速率、通信的距离、可连接的网络结点数目和数据传输的可靠性等均有很大的影响。因此，必须根据不同的通信要求，合理地选择传输介质。计算机网络中采用的传输媒介分有线和无线两大类。

有线传输媒介主要有三大类，双绞线（TP)、同轴电缆和光纤。

（一）有线传输媒介

双绞线由两根绝缘的金属导线扭在一起而成，通常还把若干对双绞线对（2 对或 4 对)，捆成一条电缆并以坚韧的护套包裹，每对双绞线合并作一根通信线使用，以减小各对导线之间的电磁干扰。双绞线一般分为非屏蔽双绞线（UTP）和屏蔽双绞线(STP)。计算机网络中最常用的是第三类和第五类非屏蔽双绞线。

同轴电缆（Coaxial Cable）是网络中最常用的传输介质，共有四层，最内层是中心导体，从里往外，依次分为绝缘层、导体网和保护套。按带宽和用途来划分，同轴电缆可以分为基带（Baseband）和宽带（Broadband)。基带同轴电缆传输的是数字信号，在传输过程中，信号将占用整个信道，数字信号包括由 0 到该基带同轴电缆所能传输的最高频率，因此，在同一时间内，基带同轴电缆仅能传送一种信号。宽带同轴电缆传送的是不同频率的信号，这些信号需要通过调制技术调制到各自不同的正弦载波频率上，传送时应用频分多路复用技术分成多个频道传送，使数据、声音和图像等信号，在同一时间内，在不同的频道中被传送。宽带同轴电缆的性能比基带同轴电缆好，但需要附加信号处理设备，安装比较困难，适用于长途电话网、电缆电视系统及宽带计算机网络。

光纤是由能传导光波的石英玻璃纤维外加保护层构成的。光纤具有宽带、数据传输率高、抗干扰能力强、传输距离远等优点，按使用的波长区的不同分为单模和多模光纤通信方式。

（二）无线传输媒介

无线传输媒介主要有微波通信、卫星通信、红外通信和激光通信。

微波通信是利用微波传播进行的通信。微波通信是远距离通信的重要手段之一。由于微波是直线传播，而地球表面有一定的弧度，在实现远距离微波通信时，要每隔50公里左右设一座微波站。发射台发出信号后，经中间的微波站接收，在进行放大后再转发到下一微波站，就像接力赛跑一样，所以微波通信又称微波接力通信。通常讲的微波通信是指地面微波接力通信。微波接力通信的通信容量大，建设费用低，抗灾害性强，能满足各种电信业务的传输质量要求，是一种被广泛应用、具有强大生命力的通信方式。

卫星通信是航天技术和电子技术相结合产生的一种重要通信方式。卫星通信以空间轨道中运行的人造卫星作为中继站，地球站作为终端站，实现两个或者多个地球站之间的长距离、大容量的区域性通信乃至全球通信。卫星通信是19世纪60年代迅速发展起来的。按地球站的站址是否固定，可将卫星通信分为卫星固定通信（FSS）和移动通信（MSS）业务。如大海中航行的船舶、空中飞行的飞机和陆地行驶的车辆，它们通过卫星相互之间或与陆地上固定站之间进行的通信都属于卫星移动通信。卫星固定通信使用C波段（4/6吉赫兹）和Ku波段（11/14吉赫兹、12/14吉赫兹），而卫星移动通信使用L波段（1.5/1.6吉赫兹）。卫星通信具有传输距离远、覆盖区域大、灵活、可靠、不受地理环境条件限制等独特优点。以覆盖面积来讲，一颗通信卫星可覆盖地球面积的1/3多；若在地球赤道上等距离放上三颗卫星，就可以覆盖整个地球。

红外通信就是通过红外线传输数据。红外通信利用红外技术实现两点间的近距离保密通信和信息转发。它一般由红外发射和接收系统两部分组成。发射系统对一个红外辐射源进行调制后发射红外信号，而接收系统用光学装置和红外探测器进行接收，就构成红外通信系统。红外通信具有保密性强，信息容量大，结构简单，既可以是室内使用，也可以在野外使用等特点。

激光通信是指把激光作为信息载体实现通讯的一种方式，可以取代或补偿目前的微波通讯。它包括激光大气传输通信、卫星激光通信、光纤通信和水下激光通信等多种方式。激光通信具有信息容量大，传送线路多，保密性强，可传送距离较远，设备轻便，费用经济等优点。

五、常见的网络互联设备

调制解调器是在通信过程中将数据信号转换成模拟信号或者将模拟信号转换成数据

信号的设备。

网桥（Bridge）是一个局域网与另一个局域网之间建立连接的桥梁。网桥是属于网络层的一种设备，它的作用是扩展网络和通信手段，在各种传输介质中转发数据信号，扩展网络的距离，同时又有选择地将有地址的信号从一个传输介质发送到另一个传输介质，并能有效地限制两个介质系统中无关紧要的通信。网桥可分为本地网桥和远程网桥。本地网桥是指在传输介质允许长度范围内互联网络的网桥；远程网桥是指连接的距离超过网络的常规范围时使用的远程桥，通过远程桥互联的局域网将成为城域网或广域网。使用远程网桥，远程桥必须成对出现。

网络接口卡简称网卡，用来负责计算机和网络之间的集中数据转换。

中继器（Repeater）是连接网络线路的一种装置，常用于两个网络节点之间物理信号的双向转发工作。中继器是最简单的网络互联设备，主要完成物理层的功能，负责在两个节点的物理层上按位传递信息，完成信号的复制、调整和放大功能，以此来延长网络的长度。它在 OSI 参考模型中的作用是对信号进行整形，防止因线路的阻抗造成信号的衰减和畸变，增加信息传输的距离。

集线器（HUB）是一个具有多个连接端口的设备，每个端口可连接一个节点。集线器是中继器的一种形式，区别在于集线器能够提供多端口服务，也称为多口中继器。

交换机（Switch）是用来连接多网段的中等规模以上局域网的一种网络连接设备。

路由器（Router）是用于连接多个逻辑上分开的网络。逻辑网络是指一个单独的网络或一个子网。当数据从一个子网传输到另一个子网时，可通过路由器来完成。因此，路由器具有判断网络地址和选择路径的功能，它能在多网络互联环境中建立灵活的连接，可用完全不同的数据分组和介质访问方法连接各种子网。路由器是属于网络应用层的一种互联设备，只接收源站或其他路由器的信息，它不关心各子网使用的硬件设备，但要求运行与网络层协议相一致的软件。路由器分本地路由器和远程路由器，本地路由器是用来连接网络传输介质的，如光纤、同轴电缆和双绞线；远程路由器是用来与远程传输介质连接，它要求相应的设备，如电话线要配调制解调器，无线要通过无线接收机和发射机。

第二节　Internet 技术

一、Internet 的起源

互联网是一个巨大的、覆盖全球的计算机网络体系，它把全球数万个计算机网络、数千万台主机连接起来，包含了难以计数的信息资源，向全世界提供信息服务。从网络通信的角度来看，Internet 是一个以 TCP/IP 网络协议连接各个国家、各个地区、各个机构的计算机网络的数据通信网。从信息资源的角度来看，Internet 是一个集各个部门、各个领域的各种信息资源为一体，供网上用户共享的信息资源网。

Internet 的发展历程可以分为三个阶段：

从 1961 年到 1974 年代表第一个阶段，也叫创新阶段。在这一阶段，Internet 的基本构件被概念化，并且在实际的硬件和软件系统中得到实现。这些基本的构件包括包交换设备、客户/服务器计算和 TCP/IP 通信协议等。人们在 20 世纪 60 年代末期设计 Internet 的初衷就是希望能够把大学校园里的大型骨干计算机都连接在一起。

从 1975 年到 1995 年属于第二个阶段，也叫机构化阶段。这一阶段，美国国防部（Department of Defense）和美国国家科学基金会（National Science Foundation）开始向 Internet 提供资金和政策支持。当 Internet 的基本思想在几个政府资助的示范项目中得到验证之后，美国国防部立刻投资 100 万美元将其应用在能够对抗核战争的强大的军事通信系统。这一努力最终产生了后来被称为 ARPANET（Advanced Research Projects Agency Network）的计算机网络。1986 年，美国国家科学基金会承担起发展民用 Internet（后来被称为 NSFNet）的重担，并开始着手实施一项耗资 2 亿美元、长达 10 年的网络拓展计划。

1995 年至 2001 年被称为 Internet 发展的第三阶段或商业化阶段。在这一阶段，美国政府开始鼓励私人企业接管并扩展 Internet 的主干网络和各种面向普通大众的本地化服务，例如全美和全球的家庭、个人和校园中的学生用户。到 2000 年，Internet 的辐射范围就已远远超出了军事机构和科研院校的范围。1994 年 Andreesen 和 Jim Clark 创立了网景公司（Netscape Corporation）网点，第一个商业网络浏览器 Netscape 出现。同年，公司 Hotwired. com 的网页中出现了世界上第一个横幅广告，这标志着第一代电子商务的开始。随着广告业务和各种营销活动在 Web 上的逐渐兴起，第一代电子商务时代也正式到来。

中国早在 1987 年就由中国科学院高能物理研究所首先通过 X. 25 租用线实现了国际远程联网，并于 1988 年实现了与欧洲和北美地区的 E-mail 通信。1993 年 3 月经电信部门的大力配合，开通了由北京高能所到美国 Stanford 直线加速中心的高速计算机通信专线。1994 年 5 月高能物理研究所的计算机正式进入 Internet 网；与此同时，以清华大学为网络中心的中国教育与科研网也于 1994 年 6 月正式联通 Internet 网；1996 年 6 月，中国最大的 Internet 互联子网 CHINANet 也正式开通并投入营运。

我国四大互联网即：由原信息产业部管理的中国金桥信息网（CHINAGBN），由教育部管理的中国教育和科研网（CERNET），由中国科学院管理的中国科技信息网（CSTNET）以及由原邮电部管理的中国公用计算机互联网（CHINANet）。我国境内的任何个人和单位都是通过这四大互联网接入 Internet 网络的。

根据 CNNIC 的统计，2005 年中国上网用户总人数达到 1.11 亿，上网计算机约 4 500 万台，网站总数约 67 万个，国际出口带宽总量为 82 617M，连接的国家有美国、俄罗斯、法国、英国、德国、日本、韩国、新加坡、马来西亚等，Internet 已经越来越成为中国人科研工作甚至日常生活的重要组成部分。

二、第二代 Internet：Internet2

（一）Internet2 项目

在历经二十多年的发展之后，Internet 演变为几乎转变了人类工作和生活方式的大众媒体和工具。但是由于用户量的激增和自身技术的限制，起初作为政府研究机构共享信息手段的互联网开始无法满足科研机构高带宽占用型应用的需要，如多媒体实时图像传输、视频点播、远程教学等技术的广泛应用。在此背景下，1996 年 10 月美国 34 家大学和研究机构组成了一个非营利协会，准备启动 Internet2 计划，旨在勾画出互联网应用的新蓝图。

目前美国已有 200 多所大学加盟了 Internet2 计划，致力于开发最新的网络技术和应用，满足高等学校进行网上科学研究和教学的需要。Internet2 计划的合作伙伴还包括政府部门和企业界，如 Cisco，IBM，Qwest 和微软等 60 多家行业领先者。与大多数人的猜测相反，Internet2 并不是我们熟悉的 Internet 的继承者。它是一个主要面向学术界的超高速专有网络，是研究和发展新 Internet 技术的封闭、虚拟实验场所，目前已经连接了超过 200 所大学。其网络技术是基于光纤骨干网，能容纳 10Gbit/s 的稳定数据带宽。Laudon and Traver（2003）指出，Internet2 的三个主要目标是：创建一个世界一流的高速网络环境；促进下一代网络应用的试验研究；确保新的网络服务和应用迅速向更广大的 Internet 用户普及。

确切地说，Internet2 不是一个单独的物质网络，而是先进的网络技术及应用，因此不会取代现有的 Internet，相反还会促进商用 Internet 的发展。Internet2 结合了大学、工业界和政府部门的各方资源开发以及试验各种网络新技术，诸如 IPv6 协议、多址传递技术和高品质服务提供等。这些技术一旦成熟，将很快应用于现有互联网中。例如，2006 年 3 月，美国电影协会（MPAA）和美国唱片产业协会（RIAA）宣布加入 Internet2 网络联盟，成为该联盟的成员。因为 Internet2 技术的一个主要特征是超高速连接。在速度上，基于 Internet2 技术的高速 IP 网络要比现在的普通拨号连接快 800 倍，比专线或 DSL 连接快 200 倍。Internet2 的高速度不仅仅依靠于光纤作为传输介质，更主要在于能有效提高速度的整体网络体系结构。未来的互联网会消除现有 Internet 上存在的各种瓶颈问题和低速度，将不再有拨号等低效连接，所有与基于 Internet2 技术相连的都是同样的高速网络结构。Internet2 应用目标领域将包括用于多媒体虚拟图书馆、远程医疗、远程教学、视频会议、视频点播 VOD、天气预报等方面。

Internet2 的项目研究领域包括先进的网络基础设施、高性能的网络、中间件及高级网络应用。下面分别进行简单的讨论。

先进的网络基础设施。由 Internet2 的项目研究成员创建并使用的先进的网络，为各种新技术的测试和改进提供了试验研究环境。印第安纳大学 Abliene 网络操作中心（The Indiana University Abilene Network Operations Center）2006 年初的带宽为 10Gbps。这个带宽超过了当初 Abliene 和 vBNS（Very high performance Backbone Network Service，高性能主干网服务）所制定的千兆级结点（GigaPoP）的范畴（GigaPoP 的带宽为 2.5Gbps～9.6Gbps）。

高性能的网络。目前 Internet2 正在开发、测试和标准化新一代网络服务与技术。Internet2 的网络项目包括开展 Ipv6 协议研究、开发和应用新的服务质量技术、开发更高效的路由器的技术等领域。

中间件。Internet2 的项目研究扩展了新一代的中间件功能，以便让网络应用更加流畅和安全。中间件是一种连通网络与应用程序的黏合剂。它一般提供身份认定（Identification）、验证（Authentication）、授权（Authorization）、目录（Directories）与安全（Security）服务。在现在的互联网环境中，应用程序不得不自己提供这些服务，因而也就导致了各种技术和标准的不兼容。通过提倡标准化与协同性，中间件能够让网络应用程序更加易用。比如 IBM 公司集中精力开发他们的中间件产品。随着在电子商务活动中对中间环节的依赖性越来越强，提高中间件的安全性能也就成为 IBM 中间件产品研究开发中的一个重点。

高级网络应用。目前 Internet2 开发团队正在协作开发一系列的高级网络应用，包括虚拟实验室、数字图书馆、分布式学习系统等，以及这些应用的集成。很多参与这项计划的大学正在积极开发各类视频会议应用系统。北卡罗莱纳州立大学的研究人员正在使用 MPEG 设备试验视频信号的传输；麻省理工学院的一位教授则运用视频会议系统与新加坡一所大学联合授课，借助于安装在教室里的摄像镜头，麻省理工学院的教授做了半节课的演讲，在新加坡的学者则做了另外半节课的演讲。

（二）Internet2 的技术环境

谈到 Internet2 项目，不得不提到 NGI（Next Generation Internet，下一代 Internet）。NGI 是由美国联邦政府资助并发起的下一代网络计划，其目的在于开发满足政府部门如能源部所需要的高性能网络及高级网络应用。此外，其他私营企业、行业组织在提高 Internet 的性能以支持未来公众所需要的新网络服务这个领域进行研究。研究项目包括光缆与带宽扩容、无线网络与 3G 技术和蓝牙（Bluetooth）技术。以下逐一作简单介绍。

光缆与带宽扩容项目。该项目包括光缆技术（Fiber-optic Cable）、光子学技术（Photonics）、密集波分复用技术（Dense Wavelength Division Multiplexing，DWDM）以及大宽带（Big Band）。目前，光缆技术集中在改进基于光缆的通信技术和提高光纤交换机的速度。光子学技术包括密集波分复用的应用、光纤交换、光交换组件、被动光网络（Passive Optical Networks，PON）等。例如，Cisco 的密集波分复用技术可将一条光纤变成多条虚拟光纤。BrightLink 公司和 Corvis 公司的光纤交换技术与光传输设备可以扩大容量，降低成本，提高网络速度。Worldwide Packets 公司和 Zuma 公司的基于光纤交换的千兆以太网可以为用户提供更大的带宽以及更快的主干网接入速度。Altitun 公司和 Cronos 公司的光交换组件技术提供了所有光纤系统的功能模块，可用于所有光纤系统的构建。LuxN 公司 和 Quantum 公司的被动光网络技术提供了高性能、低成本的网络技术。

以上技术使 Internet 从窄带扩展到宽带数字服务，从固定网络扩展到移动网络。而大宽带技术将能够提供 10Gbps 以上的带宽平台，实现交互电视、医疗成像、远程实验、多用户视频会议、视频点播 VOD、天气预报等方面应用。

无线网络与 3G 技术项目。该项目包括全球移动通信系统（Global System for Mobile Communications，GSM）、码分多址访问（Code Division Multiple Access，CDMA）、通用无线分组业务（General Packet Radio Switching，GPRS）、无线应用协议（Wireless Application Protocol，WAP）、无线标识语言（Wireless Markup Language，WML）、iMode（日本 NTT DoCoMo 公司制定的无线通信标准）和 3G 技术。下面将分别进行简单的介绍。

GSM 中文为全球移动通讯系统，俗称“全球通”，是一种起源于欧洲的移动通信技术标准的第二代移动通信技术。GSM 开发目的是让全球各地可以共同使用一个移动电话网络标准，让用户使用一部手机就能行遍全球。我国于 20 世纪 90 年代初引进采用此项技术标准，此前一直是采用蜂窝模拟移动技术，即第一代 GSM 技术（2001 年 12 月 31 日我国关闭了模拟移动网络）。目前，中国移动、中国联通各拥有一个 GSM 网，为世界最大的移动通信网络。GSM 系统包括 GSM 900：900MHz，GSM1800：1 800MHz 及 GSM－1900：1 900MHz 等几个频段。

CDMA 是在扩频通信技术基础上发展起来的一种无线通信技术。CDMA 技术的原理是基于扩频技术，即将需传送的具有一定信号带宽信息数据，用一个带宽远大于信号带宽的高速伪随机码进行调制，使原数据信号的带宽被扩展，再经载波调制并发送出去。接收端使用完全相同的伪随机码，与接收的带宽信号作相关处理，把宽带信号换成原信息数据的窄带信号即解扩，以实现信息通信。目前，在美国、韩国、日本等国家，

CDMA 技术已获得了较大规模的应用。在一些欧洲国家，一些运营商也建起了 CDMA 网络。

GPRS 是一种基于 GSM 系统的无线分组交换技术，提供端到端的、广域的无线 IP 连接。相对原来 GSM 的拨号方式的电路交换数据传送方式，GPRS 是分组交换技术，具有“实时在线”、“按量计费”、“快捷登录”、“高速传输”、“自如切换”的优点。通俗地讲，GPRS 是一项高速数据处理的技术，方法是以“分组”的形式传送资料到用户手上。虽然 GPRS 是作为现有 GSM 网络向第三代移动通信过渡的过渡技术，但是它在许多方面都具有显著的优势。

由于使用了“分组”技术，用户上网相对稳定，GPRS 避免了不必要的短线带来的困扰。此外，使用 GPRS 上网的方法与 WAP 不同，用 WAP 上网就如在家中上网，先“拨号连接”，而上网后便不能同时使用该电话线，但 GPRS 就较为优越，下载资料和通话可以同时进行。从技术上来说，声音的传送（即通话）继续使用 GSM，而数据的传送便可使用 GPRS，这样的话，就把移动电话的应用提升到一个更高的层次。而且发展 GPRS 技术也十分“经济”，因为只需沿用现有的 GSM 网络来发展即可。GPRS 的用途十分广泛，包括通过手机发送及接收电子邮件，在互联网上浏览等。

WAP 是一种全球性、开放的无线应用协议。它使用一种类似于 HTML 的标记式语言 WML，相当于国际互联网上的 HTML（超文件标记语言）并可通过 WAP Gateway 直接访问一般的网页。通过 WAP，用户可以随时随地利用无线通讯终端来获取互联网上的即时信息或公司网站的资料，真正实现无线上网。它是移动通信与互联网结合的第一阶段性产物。通过 WAP 这种技术，就可以将 Internet 的大量信息及各种各样的业务引入到移动电话、PALM 等无线终端之中。无论在何时、何地需要信息，只要打开 WAP 手机，用户就可以享受无穷无尽的网上信息或者网上资源。如：旅游新闻、旅游目的地天气预报、商业报道等。通过 WAP 手机，用户还可以随时随地获得体育比赛结果、娱乐圈趣闻等，为生活增添情趣，也可以利用网上预定功能，把旅行安排得有条不紊。

WML 用在规范窄频设备，如手机、呼叫器等如何显示内容和使用者接口的语言。因为窄频使得 WML 受到部分限制，如较小型的显示器、有限的使用者输入设备、窄频网络联机、有限的内存和资源等。

iMode 是由日本 NTT DoCoMo 公司于 1999 年 2 月推出的一种可供手机用户使用的无线通信标准。iMode 与 WAP 区别之一在于两者应用程序编写语言不同。WAP 应用程序使用的是标记语言 WML，而 iMode 应用程序使用基于 HTML 的 C-HTML。iMode 与 WAP 区别之二是 iMode 目前只能处理文本信息，而 WAP 还可以处理图形。

3G 是 the 3rd Generation 的缩写，即第三代移动通信技术，指支持高速数据传输的蜂窝移动通讯技术。3G 标准包括 WCDMA、CDMA2000、TD-SCDMA。

蓝牙技术是一种能实现 100 米之内距离无线通信的新技术标准。蓝牙技术能够持续扫描周围的环境，搜索 30 英尺以内的兼容设备，一旦发现就与其建立连接。

中国目前也在进行下一代互联网络的研究与建设。这个类似于 Internet2 的计划是由中国高校和研究所发起成立的，并且实现了和美国 Internet2 的互联。因为中国的网络起步比美国要晚得多，因而采用的网络技术也更为先进，多数大学校园网由光纤构成网络主干，可迅速发展为支持高带宽的网络，所以中国下一代网络的基础更为雄厚。对于中国来说，通过更好的形式联合更多的组织或公司参与下一代网络的发展，制定相关的协调措施，增加相互之间的联系，并增加出口带宽，将会大大促进中国与国际下一代互联网接轨的进程。例如，贝尔实验室基础科学研究院（中国）自 2000 年 3 月建立以来，一直致力于光网络、IPv6 和下一代互联网络关键技术的研究。贝尔实验室基础科学研究院（中国）通过中国教育科研计算机网络（CERNET）加入了中国下一代互联网络，发挥自身在网络和软件方面的优势，为中国下一代互联网络的发展作出贡献。

三、Internet 的特点

Internet 之所以发展如此迅速，被称为 20 世纪末最伟大的发明，是因为 Internet 从一开始就具有的开放、自由、平等、合作和免费的特性所推动的。也正是这些特性，使得 Internet 被称为 21 世纪旅游业营销的圣杯（杜文才，2002）。

（一）开放性

Internet 是开放的，可以自由连接，而且没有时间和空间的限制，没有地理上的距离概念，任何人随时随地可加入 Internet，只要遵循规定的网络协议。同时，Internet 并不受某组织的控制，也不归属于任何人，而是为全世界的商务活动、学术研究和文化交流提供了传递信息的基础设施。

（二）共享性

用户在网络上可以随意查询、调阅各种信息，从中寻找自己需要的信息和资料。从这种意义上讲，Internet 为全世界的商务活动、学术研究和文化交流提供了共享信息的平台。

（三）低廉性

Internet 是从学术信息交流开始，人们已经习惯于免费使用。进入商业化之后，网络服务供应商（ISP）一般采用低价策略占领市场，使用户支付的通讯费和网络使用费等大为降低，增加了网络的吸引力。目前，网络上大部分内容是免费的，而且网络服务供应商一般赠送长短不等的免费上网时间。在 Internet 上有许多信息和资源也是免费的。

(四) 交互性

网络的交互性是通过两个方面实现的。其一是通过网页实现实时的人机对话，这是通过在程序中预先设定访问路线超文本链接，设计者把与用户可能关心的问题和有关的内容按一定的逻辑顺序编制好，用户选择特定的图文标志后可以瞬间跳跃到感兴趣的内容或别的网页上，得到需要了解的内容。同时，设计时也可以在网页上设置通用网关程序自动采集用户数据。其二是通过电子公告牌或电子邮件实现异步的人机对话。这方面是因为信息在网上传输异常迅速，用户可以很快得到正确反馈，而不会出现像电话那样要么没人接，要么可能是一个不是自己要找的人接电话，要么接电话的人告诉你转打别的电话等现象。而 Internet 恰好可以作为平等自由的信息沟通平台，信息的流动和交互是双向式的，信息沟通双方可以平等交互，及时获得所需信息。

(五) 虚拟性

Internet 一个重要特点是它通过对信息的数字化处理，通过信息的流动来代替传统的商务活动，同时通过虚拟技术具有许多传统现实中才具有的功能。Internet 作为一个新的沟通虚拟社区，它可以突出鲜明的个人特色，只有有特色的信息和服务，才可能在 Internet 上不被信息的海洋所淹没，Internet 引导的是个性化的时代。

四、Internet 的主要技术概念

根据美国联邦网络委员会（FNC）1995 年正式通过的有关 Internet 术语定义的决议，Internet 本质上就是一个使用 IP 地址分配方案，支持传输控制协议/网际协议（TCP/IP），并向用户提供服务的网络，这与为大众提供语音和数据服务的电话系统非常类似。

(一) TCP/IP 协议

协议（Protocol）是指对消息进行格式化、排序、压缩和检错时所采用的一系列规则的总称。传输控制协议（TCP）是指用以实现在收发数据的计算机之间建立网络连接，在传输时打包数据并在接收后对数据包进行重组等功能的网络协议。网际协议（IP）是指用以实现 Internet 地址解析的网络协议。在网络通信的发送端，TCP 协议负责将数据分解成数据包，在数据包头部加上发送和接收节点的名称和其他信息；在接收端，TCP 协议负责将收到的数据包重新组装成文件。IP 协议主要的任务是提供相邻节点之间的数据传送并为数据传送提供正确的路径。

TCP/IP 协议的四层结构从底至顶的层次结构依次是：网络接口层、互联网层、传输层和应用层。各层分布情况以及和 OSI 模型的对比情况见图 3.8。每一层都解决通信

问题的一个不同的方面。网络接口层负责通过局域网（以太网）、令牌环网或其他类型的网络收发数据包。因此，TCP/IP 协议独立于任何局域网络技术，并能够适应局部范围的变化。互联网层负责数据的地址解析、打包和路由。其中最著名的协议有 IP、ICMP（Internet 报文控制协议）、ARP（地址解析协议）、RARP（反向地址解析协议）；此层在 TCP/IP 协议组中处于核心地位。传输层负责通过数据包确认和排序为网络应用提供双向可靠的通信，其协议有：TCP、UDP（用户数据报协议）。应用层则提供能够访问低层服务的各种应用。其中最著名的应用有：超文本传输协议（HTTP）、文件传输协议（FTP）和简单邮件传输协议（SMTP）。

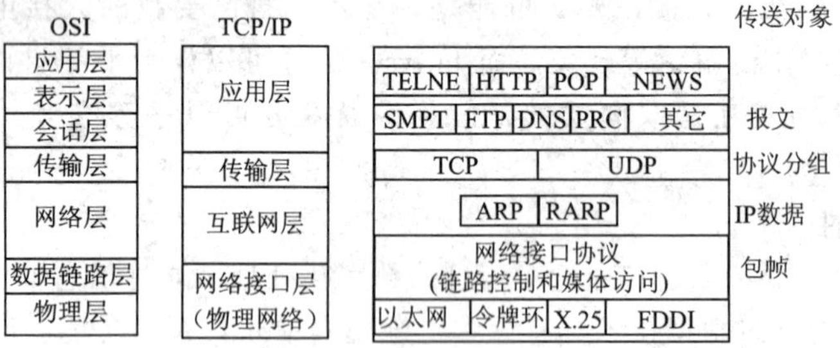

图 3.8　TCP/IP 协议的分层与 OSI 模型对比

（二）IP 地址

在 Internet 上为每台主机指定的、通用的地址格式称为 IP 地址。它由 32 位二进制数构成，通常被表示为 4 个独立的、用句点隔开的十进制数字。它是 Internet 主机地址的一种数字型标识，也是一个机器可识别的地址（注意：一台计算机可以有多个 IP 地址，但一个 IP 地址不能由两台或两台以上计算机共同拥有）。

IP 地址使得网上的计算机能够彼此交换信息。IP 地址能贯穿于整个网络，而不管每个具体的网络采用何种技术或结构。Internet 上每台主机都必须有 IP 地址，IP 地址是识别 Internet 上每台主机（包括计算机、路由器等）的端口地址，凡是上网的计算机都必须分配有 IP 地址，否则无法进行通信。IP 地址是识别 Internet 上每台主机的身份证，因此每台计算机的 IP 地址在全网中是惟一的。

目前的 IP 协议为第 4 版协议，即 IPv4。为满足当前和未来的发展需求，新版 IP 协议 IPv6 正被采用。新的编址方案采用 128 位地址，可以表示约 10^{15}个地址。

主机地址（Host Address）。主机指连接到 Internet，并且运行了 TCP/IP 协议的任何计算机。由于 Internet 是一个巨大的网络系统，为了实现数据通信，在其中进行通信或信息交换的基本要求就是网上的每台主机（如计算机、路由器等）都要有一个惟一的可标识的编号或名字，这一标识符称为主机地址。在互联网中，一般采用“IP 地址”

和“域名地址”来对主机进行标识。

物理地址即主机上网卡的地址。绝大多数物理地址都是以太网卡地址，它有48位，以16进制的方式表示，每块网卡的物理地址是惟一的。

二进制数表示的IP地址。由一个32位的二进制数组成，分为4段，每段8位。如：11001010 11000000 00100000 01100100。点分十进制表示的IP地址。将上述分为4段的二进制数，每段用相应的十进制数表示，段与段之间用“.”隔开。例如，上面的32位二进制的IP地址所对应的十进制数标识为：202.192.32.100。从点分十进制的IP地址表示法可知，每个十进制数的取值范围是0～255，因此Internet上最多可容纳的主机数为43亿台。

IP地址是采用层次方式按逻辑网络的结构进行划分的，因此在IP地址中包含了两部分信息：一是网络地址（Network ID），用以标识主机所在的逻辑网络；二是主机地址（Host ID），用来识别该网络中的一台主机。

IP地址的类别。为了根据不同的网络规模来合理分配IP地址，通常将IP地址分为三个基本类：A类、B类、C类。还有2个特殊类：D类和E类。

A类用前7位来标识网络号，后24位标识主机号，最前面一位为“0”。这样A类所能表示的网络数范围为：0～127，适用于大型网络的管理。因此，A类地址范围是：1.x.y.z～126.x.y.z。

B类地址用前14位来标识网络号，后16位标识主机号，最前面两位为“10”。这样第一段所表示的范围为：128～191。通常B类地址适用于中等规模的网络（如各地区的网络管理中心）。

C类地址用前21位来标识网络号，后8位标识主机号，最前面三位为“110”。这样第一段所表示的范围为：192～223。通常C类地址的网络号数远大于主机号数，一般适用于校园网等小型网络。

（三）域名（Domain Name）

在Internet中，采用IP地址可以直接访问网络中的一切主机资源，但是IP地址难于记忆，于是便产生了一套易于记忆的、具有一定意义的用字符来表示的IP地址，这就是域名。例如，202.205.161.2＝www.crtvu.edu.cn＝中央广播电视大学Web服务器。www.pku.edu.cn＝Web服务器．北京大学．教育机构．中国（162.105.129.12）。而域名也是Web浏览器用来确定Web页内容地址所使用的统一资源定位器（URL）的一个组成部分。一个典型的URL包括访问某一地址时所使用的协议，以及该地址的具体位置。例如：http://www.pku.edu.cn/xml_test指的是IP地址为162.105.129.12，域名为pku.edu.cn，而且访问该地址所使用的协议为超文本传输协议（HTTP）。而所访问的资源xml_test则放置在服务器目标路径/xml_test下。行业和组织顶级的常见域名有：com，edu，gov，mil，net，org，int。国家和地区顶级的域名有：au，cn，tw，hk，jp，it。

（四）域名系统（Domain Name System，DNS）

域名系统是以自然语言来表述数字形式 IP 地址的系统。

（五）Internet 主干网

Internet 主干网是指 Internet 中高带宽的光纤网络。

（六）网络服务提供商（NSP）

网络服务提供商是指拥有并控制构成主干网的主要网络的运营商。

（七）带宽

带宽是指在一定时间内通过一种通信媒介传输的数据量，通常用 bps（每秒传输位数）、Kbps（每秒传输千位数）、Mbps（每秒传输兆位数）或 Gbps（每秒传输千兆位数）来表示。

五、Internet 的接入方式

计算机接入互联网的方式有许多种，接入的方法包括电话拨号接入，通过 LAN（局域网）接入，无线接入，以及通过有线电视电缆接入。目前常用的接入方式大体可分为拨号接入和专线接入。

（一）拨号接入

拨号接入方式包括通过公用电话网拨号接入，通过综合业务数字网（Integrated Services Digital Network，ISDN）拨号接入以及通过数字用户线路（DSL）接入。拨号接入方式是目前小型子网或用户使用最广泛且简单的一种 Internet 接入方式。

（二）专线接入

专线接入是指用户与互联网服务提供商（ISP）通过专用线路接入互联网。专线接入适用于中型子网接入的专线接入方式，包括通过路由器经数字数据网（Digital Data Network，DDN）专线接入以及通过虚拟专用网络（VPN）接入。

以下简要介绍常见的接入方式：

1. ISDN

通俗称为“一线通”，它采用数字传输和数字交换技术，将电话、传真、数据、图像等多种业务综合在一个统一的数字网络中进行传输和处理。利用一条 ISDN 用户线路，就可以在上网的同时拨打电话、收发传真，就像两条电话线一样。综合业务数字网在一根线路上创建多条信道，即创建在一条线路上结合多种信号的多路复用数据通道。ISDN 的高速、可靠性、快速呼叫连接和使用模拟拨号服务相同的用户线路等特点，使得 ISDN 线路越来越多地被用户用来连接远程端点。

2. DSL

DSL使用电信部门原有的电话线提供数字信号的高带宽传输。DSL也是点对点的专用线路，用户独占线路的带宽。其传输类型分不对称数字用户线（ADSL）、高比特率数字用户线（HDSL）、单线数字用户线（SDSL）和超高速比特率数字用户线（VDSL）等。传输类型不同，其数据传输速率不同，例如，ADSL可以以1.5Mbps的速率接收数据，以640Kbps的速率发送数据。

小型子网或用户连接互联网的方式主要有5种，包括：采用56KMODEM拨号上网，ADSL，ISDN，电缆调制解调器，光纤宽带网。其优缺点列于下表（表3.1）。

表3.1　　用户连接互联网方式的优缺点

连接互联网的方式	优　点	缺　点
通过PSTN采用56KMODEM拨号上网	经济、方便、适用地区广	带宽过小、稳定性差
通过ADSL上网	带宽较高（上行：32 640Kbps；下行：32K~8Mbps），且为单用户独享，安装方便	初装费较高，终端（ADSL调制解调器）较贵，可安装地区较少，网速受与电信局端设备距离影响较大
通过ISDN上网	可利用原有电话线实现多种功能，适用地区广	带宽仍较小（单通道：64K；双通道：128Kbps），费用较高
通过电缆调制解调器（有线电视）上网	接入稳定，可24小时在线，收费适中	前期投入较高，多用户共享带宽（10Mbps），可安装地区少
通过光纤宽带网（FDDI）上网	接入稳定，可24小时在线，收费适中	普及程度欠佳，多用户共享带宽（100Mbps），可安装地区少

3. DDN

DDN是随着数据通信业务的发展而迅速发展起来的一种新型网络接入技术。DDN的主干网传输媒介有光纤、数字微波、卫星信道等；DDN的用户端可使用普通电缆和双绞线。DDN具有传输质量高、速度快和带宽利用率高等优点，只适合集团用户。

4. VPN

VPN是局域网以外的计算机，通过公用网络安全地对内部局域网进行远程访问的连接方式。

当经常有流动人员需要远程办公，或者上下级机构之间经常需要建立远程连接，或者机构之间进行日益频繁的信息交换时，传统的网络连接一般采用专线方式。采用传统的远程访问方式不但通信费用比较高，而且在与内部专用网络中的计算机进行数据传输时，不能保证通信的安全性。为了避免以上问题，建立 VPN 连接是一个理想的选择。

要实现 VPN 连接，两机构内部网络中必须配置 VPN 服务器。VPN 服务器一方面连接机构内部专用网络，另一方面连接到 Internet，也就是说 VPN 服务器必须拥有一个公用的 IP 地址。当客户机通过 VPN 连接与专用网络中的计算机进行通信时，先由 ISP 将数据传送到 VPN 服务器，然后再由 VPN 服务器将数据传送到目标计算机。VPN 通过共享的网络设施，到达虚拟专有网络的过程中，使用 3 个方面的技术：隧道协议、身份认证和数据加密。

VPN 使用加密和封装技术在各种传输介质上创建安全的传输隧道，利用 IP 隧道发送加密的数据包。加密数据包的传输方法同一般数据包的传输方法没什么两样，一旦数据包到达目的地，就将其解密并发送到指定的接收端。身份认证技术用来确认两台设备是否可以合法握手。客户机向 VPN 服务器发出请求，VPN 服务器响应请求并向客户机发出身份质询；客户机将加密的身份信息发送到 VPN 服务器；VPN 服务器根据用户数据库检查该响应；如果账户有效，VPN 服务器将检查该用户是否具有远程访问权限；如果该用户拥有远程访问的权限，VPN 服务器接受此连接。在身份认证过程中产生的客户机和服务器公有密钥将用来对数据进行加密。

六、Internet 的应用

随着 Internet 的不断发展壮大，它的各种服务功能越来越完善，人们利用 Internet 这一先进的信息武器来为各行各业服务，将 Internet 的应用领域不断扩大，这必将对下世纪的人类生活产生深远的影响。

（一）电子邮件

电子邮件是指互联网上或常规计算机网络上的各个用户之间，通过电子信件的形式进行通信的一种现代邮政通信方式。

电子邮件工作基于两个协议，即 SMTP（简单的邮件传输协议）和 POP3 协议。在电子邮件中采用客户机/服务器或浏览器/服务器的工作方式。客户端电子邮件的发送和接收都是通过邮件服务器来完成的。按其功能可分为发送邮件服务器和接收邮件服务器，它们各使用不同的协议。发送邮件服务器常使用的协议是 SMTP 协议，它定义了发送方和接收方之间的连接传输。接收邮件服务器常使用的协议是 POP3 协议。用户可以采用 POP3 协议来访问邮件服务器上的电子信箱，接收邮件。

电子邮件在发送前，发送方的 SMTP 服务器与接收方的 SMTP 服务器联系，确认接收方准备好了，则开始邮件传递；若没有准备好，发送服务器便会等待，并在一段时间后继续与接收方邮件服务器联系。这种方式称为“存储—转发”方式。POP3 协议可允许电子邮件客户向某一 SMTP 服务器发送电子邮件，另外，也可以接收来自 SMTP 服务器的电子邮件。换句话说，电子邮件在客户个人计算机与服务提供者之间的传递是通过 POP3 来完成的，而电子邮件在互联网上的传递则是通过 SMTP 来实现。

（二）远程登录（Telnet）

远程登录协议是 TCP/IP 协议的应用层协议。使用 Telnet，用户可以在本地运行远程登录，访问远程计算机。远程登录有两种形式：第一种是远程主机有你自己的账号，你可以用自己的账号和口令访问远程主机；第二种形式是匿名登录，一般互联网上的主机都为公众提供一个公共账号，不设口令。大多数计算机仅需输入“客人”即可登录到远程计算机上。这种形式在使用权限上受到一定限制。

（三）文件传送协议（FTP）

文件传送协议是指通过网络将文件从本地计算机传送到远程计算机，即在两台计算机之间复制文件。借助于文件传送协议，可以在远程计算机的目录之间移动，查看目录中的内容，从远程计算机上取回文件，也可以将你的文件放到远程计算机上。这一点与远程登录不同，远程登录只能取回文件，一般不设上传文件的功能。文件传送协议非常适合于传输大量文件的情况。

文件传送协议进行连接前，首先要知道目的计算机（即文件传送协议服务器）的名称或地址。连接上后，要检验用户名和密码，正确才可进入连接。目前互联网上有许多文件传送协议服务器都提供匿名文件传送协议服务，即无需成为注册用户就可连接远程主机并下载文件。通常，FTP 服务器上都建立有一个公共匿名账号（Anonymous），任何互联网用户都可以通过匿名的身份访问它。

（四）万维网（World Wide Web）

万维网是一个全球性互连的网络。当你浏览 Web 的时候，你看到的是集成了文本、图形、声音和视频等多媒体信息的网页。为了访问 Web，你需要在你的计算机上运行 Web 客户浏览器软件，例如微软公司的 Internet Explorer。Web 客户端浏览器软件与 Web 服务器联系，并向它提出对信息或资源的请求。Web 服务器根据 Web 客户端的请求找到它需要的信息或资源，然后返回给 Web 浏览器，由浏览器负责显示结果。

（五）电子公告牌（电子布告栏系统）

电子公告牌是有许多人参与的论坛系统，包括：信件讨论区、文件交流区、信息布告区和交互讨论区。

（六）新闻组（Usenet）

新闻组是全球最大的电子论坛。它提供了一个全球性的布告栏和讨论区，以及一种可以在互联网的所有计算机之间共享信息、交流思想的平台及方法。来自世界各地的人们都可以从成千上万个话题中找出他们感兴趣的进行讨论，这些来自各个特殊领域的话题被称为新闻组。新闻组的讨论内容几乎涵盖所有的话题，从电影到子女教育、生态学、体育团队、剪贴艺术，甚至 Usenet 本身的新闻。互联网中的许多主机都可以提供新闻组服务。

（七）与供应商及客户通信

公司可以通过 Internet 与国外的供应商及客户进行沟通。例如，公司开发出某种新产品，可通过 Internet 把详细资料送给客户（包括图像资料），而公司需要订购某种商品，可通过 Internet 向供应商询价，洽谈合同条款，直到签订合同。通过 Internet 洽谈生意较之传统的方式可以说是省钱又省时。

（八）客户支持

通过 Internet，公司可以采取三种方式进行有效的客户支持。第一种方式是在 Internet 上建立 Gopher、WWW、FTP 服务器，让客户随时掌握公司产品的最新技术与最新报价。很多著名的公司都已建立了自己的 Internet 服务器。第二种方式是让公司的全部用户加入公司自建的 Mailing List（邮件目录），这样可以通过一对多的电子邮件发布公司的最新动态。第三种方式是由客户通过电子邮件把遇到的难题向客户服务部门提问，公司技术人员再通过一对一的电子邮件进行回复，随着越来越多的客户加入 Internet，这种客户支持方式也将会越来越普遍。

（九）搜索引擎

搜索引擎可以是一个 Web 站点本身，如 Google 和 AltaVista，也可以是网站内帮助用户查找不同主题信息的一项服务。搜索引擎查找与用户输入的关键字（也叫查询）相匹配的 Web 页，并提供最匹配的结果列表。查询可以是一个问题或一组单词，也可以是一个单词，供搜索引擎查找。

（十）企业广告及产品广告

Internet 自然成为发布企业广告与产品广告的最佳场所之一。原因在于以下诸多方面，例如，Internet 拥有庞大的用户群、在 Internet 上做广告相当便利、在 Internet 上做广告有于建立现代化的企业形象、Internet 的广告可以到达全球范围、可以在任何时间内调阅、而且可以展示非常详尽的资料。

（十一）即时消息（Instant Messaging，IM）

即时消息是指即时显示在计算机中输入的信息，然后接收者能以同样的方式立即回复发送者。与电子邮件相比，即时消息更像一次实时交谈。

（十二）聊天

与即时消息类似，聊天也使用户能够通过计算机进行实时交流。然而，与仅能在两个人之间进行的即时消息不同，聊天可以在多个用户间进行。一旦这些社区成员聚集在一个网站上，聊天就成为一种能使他们增进了解、加强联系的服务。

（十三）Internet 电话

IP 电话并不是一个全新的事物。IP 电话是使用 VoIP 和包交换网络通过 Internet 传输语音、传真和其他形式音频通信的技术总称。

第三节　企业内联网与企业外联网

一、内联网（Intranet）

所谓 Intranet，就是把 Internet 技术应用于单位内部的信息管理和交换平台。它基于 TCP/IP 协议和 Web 技术规范，通过简单的浏览器界面，用户只需要在感兴趣的文字和图形上单击一下，便可访问到内部及外部各种不同的信息和资源。更吸引人的是，通过浏览器可以方便地集成各类已有系统，如电子邮件、文件传输、电子公告和新闻组、数据库查询、全文检索、可视会议以及新一代基于 Web 的协作群件系统。它是一个开放、分布、动态的双向多媒体信息交流环境，是对现有网络平台、应用技术和信息资源的重组与集成。

利用 Intranet 技术建立全新信息系统，它以 TCP/IP 广域网互联、路由、防火墙和网络管理技术为核心，建立一个安全可靠的广域网络平台；利用世界最新的 Intranet、HTML 超文本链信息融合、图文声并茂的多媒体开放文档体系结构、交互式对象以及中西文全文检索技术为基础，建立一个开放的信息资源管理平台；利用可靠的数字签名、身份验证和加密技术，打造先进的消息传递和工作流管理平台；利用 Client/Server、数据库及分布式处理技术构架事务处理平台。

打破地域屏障，保护原有投资，将原有静态的、封闭的、难用的、呆板的文字信息用开放的、丰富多彩的、易用的、双向沟通的多媒体信息取代，将为企业提供信息发布、检索图文、声像服务等丰富信息，并提供电子论坛、电子邮件等功能；为企业提高工作效率，方便内部信息交流，实时掌握工作进展发挥巨大作用。

Intranet 并不需从头建立，而是完全建立在现有公司内部网络硬件基础之上。企业需要管理的信息包括结构化信息（如人事档案）和非结构化信息（如大量的文字资料、图片、声音、影像等）。据统计，前者只占信息总量的 20%，而后者占 80% 之多。传统的 MIS 管理信息系统只能管理结构化的信息，因此实用程度有限。而新兴的基于

Internet 的 Web 技术能够把文字、图形、图像、声音、影像等多媒体信息都放在 Intranet 上，以浏览的方式实现信息查询，大大提高了企业的内部通信能力和信息交换能力。对于企业来说，它们对于 Intranet 的建立兴趣更加浓厚，因为 Intranet 能够帮助企业协调内部通讯和提高企业生产力。据统计，美国 500 家大型企业中已有 2/3 有了 Internet 系统。无数企业迫不及待地建立或筹划建立自己的 Intranet 系统，一场范围波及全球，并将意义深远的企业信息系统革命正在迅速进行。

Intranet 是局限于单位内部的 Internet，与 Internet 相比，Intranet 具有如下优点：

（1）在网络安全方面提供更加有效的控制措施，克服了 Internet 安全保密方面的不足。

（2）Intranet 的信息传输速度一般比 Internet 要快得多。

从企业或机构的角度来看，Internet 是面向全球的，而 Intranet 是面向各单位内部的。Intranet 可以说是 Internet 的企业版本，是一个企业内部的 Internet。Internet 与 Intranet 相比，主要差别在于前者强调其开放性，后者注重网络资源的安全性。

二、外联网（Extranet）

企业外部网（Extranet）也称外联网或组织协作系统（Inter-organization System），是指利用公共的或私有的通讯设施来连接供应链上的不同合作者的应用系统，该系统提供了对商业事务和文件处理等的计算机—计算机通讯的能力。Extranet 可以看作是把 Intranet 网络构筑技术应用到企业与企业之间，是 Intranet 的扩展和延伸。Extranet 位于 Intranet 和 Internet 的中间位置，它不像 Internet 为大众提供公用的通讯信道，也不同于 Intranet 只为企业内部服务，不对公众公开，它是对一些有选择的合作者开放或向公众提供有选择的服务。

Extranet 与 Intranet 一样位于防火墙之后，它的访问是半私有的，用户是由关系紧密的企业结成的小组，信息在信任的群体内部共享。具体来说，Extranet 可以将交易地点、合作地点及与本企业有关的公司、销售点以及固定客户等纳入到信息系统中来。Extranet 是一种思想，而不是一项技术，它通常是 Intranet 和 Internet 设施上的逻辑覆盖，网络的访问控制是实现 Extranet 的重要手段。

Extranet 随着电子数据交换技术（EDI）的发展而流行起来。EDI 技术尽管已经出现了二十多年，但是它的广泛运用也只是近 5 年到 10 年之间的事。Extranet 可以分为三个不同的层次：通讯（Communication），协调（Coordination），合作（Cooperation）。

在最低的层次即通讯层上，Extranet 可以用于商业合作伙伴之间消息的传递，这是信息的电子传递运用的最基本形式，而这些消息与组织其他信息系统的结合也是可有可无的。

第二个层次是协调。这个层次里，计算机—计算机通讯同组织内部信息系统结合在一起。从一个客户那里得到的订单在经过常规确认后，就自动进入了组织内部的订货程序和生产计划系统，在合作伙伴的生产计划、运输计划表和后勤服务等之间都是动态协调的。这种协调或结合的程度是由合作中信息共享的程度所决定的。

Extranet 的最高层次是合作，即两个商业合作伙伴享有共同的目标，并用相同的业绩衡量标准来考核组织间协作活动的成果。这种合作的时间跨度和空间跨度都很大。

引入 Extranet 后，在 Extranet 之上建立用于数据访问的 Web 服务系统来进行供应链管理，将比传统供应链管理手段具有如下优势：

（1）费用低廉。由于 Extranet 并非实际的网络而只是一种访问控制机制，所以，构筑 Extranet 比起传统的 EDI 系统而言，需要较少的费用。

（2）系统的易用性。统一采用浏览器来访问各种信息，操作简单，能够迅速掌握。

（3）可跨平台兼容。Web 系统的这一优点使它易于连接不同的信息系统。

（4）系统的开放性。传统的 EDI 一般采用大中型主机系统提供封闭的服务，而 Web 系统采用的则是开放、廉价和高适应性的 Internet 系统。

三、公共专网/私用专网（Public & Private Networks）

近年来，Internet 发展很快，越来越多的企业依靠公共专网（全世界最大的公共专网就是 Internet）与客户和服务提供商进行联系。许多企业在完善企业内部网的同时，提出连接分散在各地分公司的内部网的要求。此外，不少员工在外地出差，需要远程访问企业内部网；各企业之间互相共享对方内部网的部分资源。传统上的做法是企业向电信部门申请租用专线，进行远程点对点的连接，将各个分散的局域网连接起来。对于出差的员工，则需要在企业内部网设置拨入服务，由员工通过 PSTN 拨打长途电话进行拨号。这些专门为企业使用的网络就是私用专网。

第四节　Web 服务简述

一、Web 服务的体系架构

Web 服务是建立在一些通用协议基础上的，如 HTTP、SOAP、XML、WSDL、UDDI 等。这些协议在涉及到操作系统、对象模型和编程语言的选择时，没有任何倾向，因此有很强的生命力。在 Web 服务的模型中，厂商将其服务封装成一个个相对独立的 Web

服务，每个服务提供某类功能。客户或其他厂商可以通过绑定到 HTTP 的 SOAP 来访问这些服务。

（一）Web 服务体系结构

Web 服务体系结构（图 3.9），由三个基本组件执行三个基本操作。

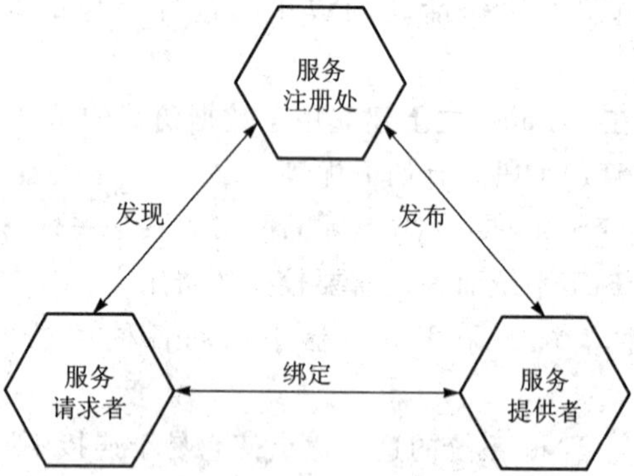

图 3.9　Web 服务体系结构

1. 服务注册处

服务注册处通常由网格目录构成，它展现整个网格系统的单一映像。服务提供者可以在注册处发布服务描述，服务注册处负责为其进行宣告，并允许服务请求者搜索服务注册处所包含的全部服务描述。服务注册处在这里起服务请求者和提供者间的中介作用，负责为服务请求者匹配服务提供者。

2. 服务提供者

服务提供者负责创建服务描述，将服务描述发布到一个或多个服务注册处，并接收来自一个或多个方法请求者的网格服务调用消息。服务提供者通常是网格上的各种异构资源。这些资源是网络可达的、可能属于不同的组织和不同的管理域。在服务请求者和服务提供者间，服务提供者相当于“客户 - 服务器”（C/S）模型中的服务器。当然，网格中的服务提供者，有时又是服务请求者。

3. 服务请求者

服务请求者负责查找发布在一个或多个服务注册处的服务描述，并负责利用服务描述，绑定或调用由服务提供者提供的网格服务。网格服务的消费者都是服务请求者。服务请求者相当于“客户 - 服务器”（C/S）模型中的客户方。

（二）Web 服务操作所含的技术

在 Web 服务里，三个操作包含三种截然不同的技术：

1. 服务提供者通过在服务代理者那里注册来配置和发布服务

发布服务使用通用描述、发现和集成（UDDI）API；发布和查找 Web 服务的标准协议——UDDI 标准提供了一种方法，使服务提供者把他们机构的详细资料和所提供的 Web 服务的详细情况发布到中心注册表，这就是 UDDI 中的“描述”部分。它也提供了一个服务消费者的标准，可以使他们找到服务提供者和关于他们 Web 服务的详细资料。这就是在 UDDI 中“发现（Discovery）”的部分。

2. 服务请求者通过查找服务代理者以及被发布服务登记记录寻找服务

查找服务使用 UDDI 和 Web 服务描述语言（WSDL）的组合。描述 Web 服务的标准方法—WSDL，它是用 XML 格式来描述 Web 服务的标准。基本上，某项 Web 服务的 WSDL 文档都会指定 Web 服务中使用的方法、数据类型、传输协议和 Web 服务宿主的终点 URL。

3. 服务请求者绑定服务提供者并使用可以请求的服务

绑定服务处理 WSDL 和简单对象访问协议（SOAP）。绑定到 Web 服务的标准应用程序协议——SOAP 是一个不管使用哪种操作系统、不管用什么程序语言或对象模型，都可以用于在应用程序之间交换信息的轻型 XML 机制。

从最基础的层次上来看，绑定操作是三者中最重要的。它包含服务的实际使用，这也是发生大多数互操作性问题的地方。简单地说，是服务提供者和服务请求者对 SOAP 规范的全力支持解决了这些问题，并实现了无缝互操作性。

在 Web 服务体系中，使用 WSDL 来描述服务，UDDI 来发布、查找服务，而 SOAP 用来执行服务调用。Web 服务流语言（Wcb Services Flow Language，WSFL）则将分散的、功能单一的 Web 服务组织成一个复杂的有机应用（蒋绍忠等，2001）。

二、静态的 Web

静态 Web 站点由一组相关的 HTML 页和文件组成，这些页和文件驻留在运行 Web 服务器的计算机上。Web 服务器是响应来自 Web 浏览器的请求以提供 Web 页的软件。当访问者单击 Web 页上的某个链接，在浏览器中选择一个书签或在浏览器的地址文本框中输入一个 URL 时，便生成一个页请求（Utley，2001）。

静态 Web 页的最终内容由网页设计人员确定，当接到请求时，内容不发生更改。将页面放置到服务器上之前，页面的每一行 HTML 代码均由设计者编写。由于 HTML 在放置到服务器后不发生更改，因此这种页称为静态页。

当 Web 服务器接收到对静态页的请求时，服务器将读取该请求，查找该页，然后将其发送到发出请求的浏览器（图 3.10）。

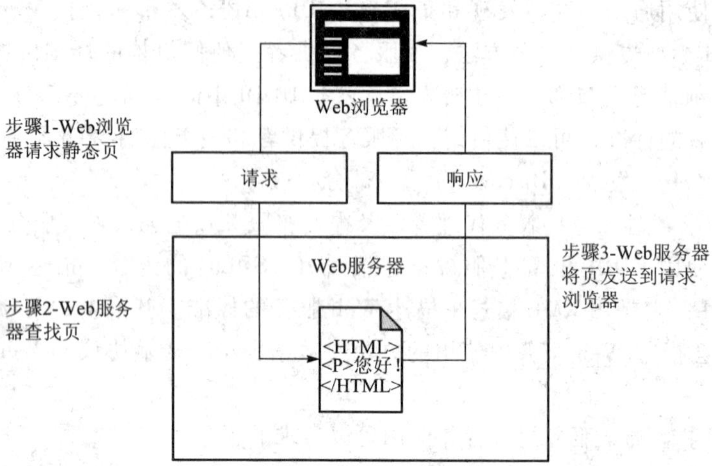

图 3.10 静态 Web

三、动态的 Web

当 Web 服务器接收到对静态 Web 页的请求时，服务器将该页直接发送到请求浏览器。但是，当 Web 服务器接收到对动态页的请求时，它将作出不同的反应：它会将该页传递给一个负责完成页的特殊软件。这个特殊软件叫做应用程序服务器。

应用程序服务器读取页上的代码，根据代码中的指令完成页，然后将代码从页上删除。所得的结果将是一个静态页，应用程序服务器将该页传递回 Web 服务器，然后 Web 服务器将该页发送到请求浏览器。当该页到达时，浏览器得到的全部内容都是纯 HTML（图 3.11）。

四、交互的 Web

应用程序服务器的用户可以使用服务器端的资源。例如，动态页可以指示应用程序服务器从数据库中提取数据并将其插入页面的 HTML 中。

从数据库中提取数据的指令叫做数据库查询。查询由名为 SQL（结构化查询语言）的数据库语言所表示的搜索条件组成。SQL 查询被写入页的服务器端脚本或标签中。

应用程序服务器不能直接与数据库进行通信，因为数据库的专用格式所呈现的数据无法解密，这与在“记事本”中打开的 Microsoft Word 文档无法解密非常类似。应用程

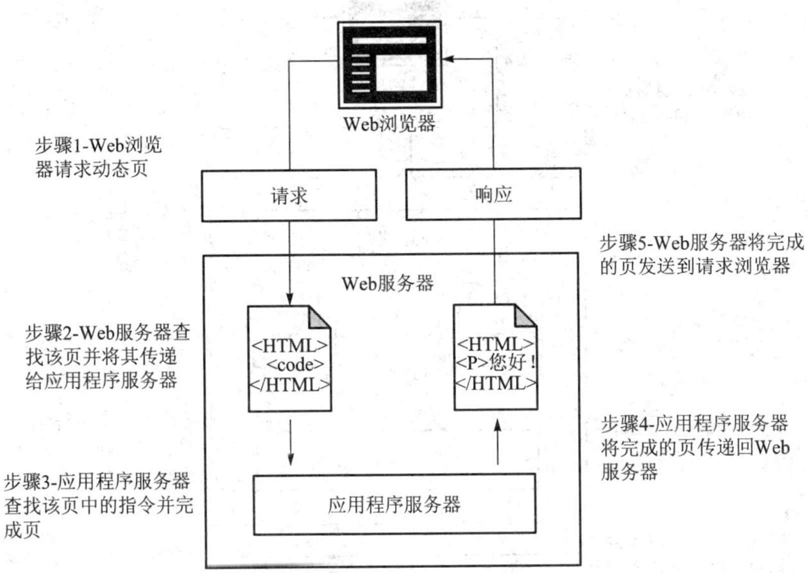

图 3.11　动态 Web

序服务器只能通过数据库驱动程序作为媒介才能与数据库进行通信：数据库驱动程序是在应用程序服务器和数据库之间充当解释器的软件。

在驱动程序建立通信之后，将对数据库执行查询并创建一个记录集。记录集是从数据库的一个或多个表中提取的一组数据。记录集将返回给应用程序服务器，应用程序服务器使用该数据完成页面。对数据库进行查询并将数据返回给浏览器的过程如下（图 3.12）：

只要服务器上安装有相应的数据库驱动程序，设计者几乎可以将任何数据库用于 Web 应用程序。如果设计者计划建立小型低成本的应用程序，则可以使用基于文件的数据库，例如用 Microsoft Access 创建的数据库。如果设计者计划建立稳定的、对业务至关重要的应用程序，则可以使用基于服务器的数据库，例如用 Microsoft SQL Server、Oracle 9i 或 MySQL 创建的数据库。如果设计者的数据库位于 Web 服务器之外的系统上，则应确保两个系统间有快速连接，以便 Web 应用程序可以快速有效地工作。

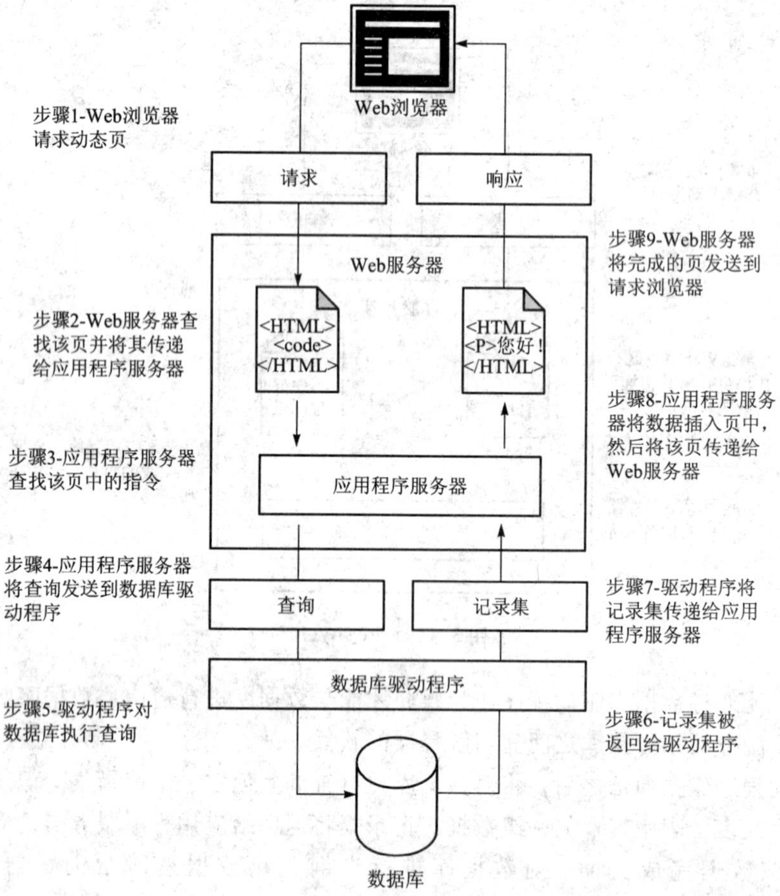

图 3.12　交互式 Web

第五节　企业门户

一、企业门户的定义

企业门户（Enterprise Portal，EP）是专门应用于企业的互联网应用概念。在 Internet 环境下，企业把各种应用系统、数据资源和互联网资源统一集成到企业门户之下，根据每个用户使用特点和角色的不同，形成个性化的应用界面，并通过对事件和消息的处理传输，把用户有机地联系在一起。它不仅仅局限于建立一个企业网站，提供一些企业、产品、服务信息，更重要的是要求企业能实现多业务系统的集成，能对客户的各种要求作出快速响应，并且能对整个供应链进行统一管理。同面向公众的信息门户相比，企业门户肩负着企业最重要的使命——为企业客户的投资增值创建最高效率的业务模式，其功能和特性都围绕着企业间竞争所需的一切高效率而生成，其最突出的特性就是对信息交流的实时双向性的要求。在此基础上，随着具体功能的增加则可区分出不同企业门户应用的水平。

企业门户已经超出了传统的管理信息系统概念，也越过了普通意义的网站，它是企业管理信息系统与电子商务两大应用的结合点。企业对知识信息、对增长和扩散速度的需求是产生企业门户概念的主要动力。企业门户技术的应用必将推动信息技术革命进入一个全新的阶段。

企业门户的特点在于惟一性、集成性、个性化和整体性。企业门户正是拥有这些新特点，才有了生命力。其中，惟一性是企业的要求，也是门户的意义所在；集成性是现实条件的制约，体现了企业经营的延续性；个性化则是客户的偏好，也是企业门户的生命力；而整体性则是企业对信息的高层次要求。

门户只是门户，企业只能利用为工具，服务于企业的基本目标。任何舍本逐末、脱离实际需要的盲目发展都是不可取的。当然，这里的目标指的是企业的中长期目标，从短期来看，实施企业门户的效果不一定立竿见影，很有可能与企业短期盈利的目标相背离。

企业门户的概念仍然有待扩展，有待完善。与其他 IT 行业的新概念相仿，在这个新兴领域，没有现成的“词典”，对概念的理解都是动态的。

二、企业门户的类型

按照企业门户的实际应用领域，将它初步划分为三类，分别是信息门户、知识门户和应用门户。

（一）企业信息门户

企业信息门户（Enterprise Information Portal，EIP）的基本作用是为人们提供企业信息，它强调对结构化与非结构化数据的收集、访问、管理和无缝集成。这类门户必须提供数据查询、分析、报告等基本功能，企业员工、合作伙伴、客户、供应商都可以通过企业信息门户非常方便地获取自己所需的信息。

对访问者来说，企业信息门户提供了一个单一的访问入口，所有访问者都可以通过这个入口获得个性化的信息和服务，可以快速了解企业的相关信息；对企业来说，信息门户既是一个展示企业的窗口，也可以无缝地集成企业的内容、商务活动、社区等，动态地发布存储在企业内部和外部的各种信息，同时还可以支持网上的虚拟社区，访问者可以相互讨论和交换信息。

在目前企业门户的应用中，信息门户是企业比较认同的。实际上，各企业建立的企业网站都可以认为是企业信息门户的雏形。

（二）企业知识门户

企业知识门户（Enterprise Knowledge Portal，EKP）是企业员工日常工作所涉及相关主题内容的“总店”，企业员工可以通过它方便地了解今天的最新消息、今天的工作内容、完成这些工作所需的知识等。通过企业知识门户，任何员工都可以实时地与工作团队中的其他成员取得联系，寻找到能够提供帮助的专家或者快速连接到相关的门户。不难看出，企业知识门户的使用对象是企业员工，它的建立和使用可以大大提高企业范围内的知识共享，并由此提高企业员工的工作效率。

当然，企业知识门户还应该具有信息搜集、整理、提炼的功能，可以对已有的知识进行分类，建立企业知识库并随时更新知识库的内容。目前，一些咨询、服务型企业已经开始建立企业知识门户。

（三）企业应用门户

企业应用门户（Enterprise Application Portal，EAP）实际上是对企业业务流程的集成。它以商业流程和企业应用为核心，把商业流程中功能不同的应用模块通过门户技术集成在一起。从某种意义上说，可以把企业应用门户看成是企业信息系统的集成界面，企业员工和合作伙伴可以通过企业应用门户访问相应的应用系统，实现移动办公，进行网上交易等。

以上三类门户虽然能满足不同应用的需求，但随着企业信息系统复杂程度的增加，越来越多的企业需要能够将以上三类门户有机地整合在一起的通用型企业门户。按照IDC的定义，通用型的企业门户应该随访问者角色的不同，允许其访问企业内部网上的相应应用和信息资源。除此之外，企业门户还要提供先进的搜索功能、内容聚合能力、目录服务、安全性、应用/过程/数据集成、协作支持、知识获取、前后台业务系统集成等多种功能，给企业员工、客户、合作伙伴、供应商提供一个虚拟的工作场所（Applehans，2000）。

第六节　数据库技术

信息是一种重要的战略资源，充分挖掘其潜在价值，必须对数据进行科学合理的组织，即数据库。

数据库（Database）是保存在存储介质上的大量相关数据的集合。从完整意义上说，数据库是表、视图和链接等的集合。

一、数据库系统构成

数据库系统DBS（Database System）是实现有组织、动态地存储尤其是关联数据、方便多用户访问的计算机软件、硬件和数据资源组成的系统，即它是采用了数据库技术的计算机系统。数据库系统构成元素包括：硬件、软件、数据库管理系统（Database Management System，DBMS）、应用软件包和应用程序、人员和数据。

（一）硬件

由于一般数据库系统数据量很大，加上DBMS丰富的、强有力的功能使得自身体积更大，因此整个数据库系统对硬件资源提出了较高的要求，这些要求是：

有足够大的内存以存放操作系统、DBMS的核心模块、数据缓冲区和应用程序；有足够大的直接存取设备存放数据，如磁盘；有足够磁带或其他存储设备来进行数据备份；要求计算机有较高的数据传输能力，以提高数据传送率。

（二）软件

1. 操作系统

在数据库系统中，一般管理数据库的软件（DBMS）是借助于操作系统实现数据处理过程中的内外存数据交换的，所以这时的操作系统应能支持数据库管理系统的工作（Gtiermz，2001）。

2. DBMS

DBMS为用户应用程序提供访问数据库的方法，包括数据库的建立、查询、更新及各种数据控制。简言之，数据库管理系统是一种负责数据库的定义、建立、操纵、管理和维护的系统件。

数据库管理系统具有以下功能：

（1）定义数据库的功能。包括定义数据的整体逻辑功能（模式）、局部逻辑结构（外模式）、存储结构（内模式），还包括保密定义及信息格式定义等，并把数据库所描述的对象、属性及其联系的自然语言含义与计算机内描述形式的对照各种模式、外模式的宣言及说明存放在数据库内以备查阅（称为数据词典）。

（2）管理数据库的功能。包括控制数据库系统的运行，控制用户的并发性访问（即同时有两个或多个用户访问一个对象）；执行对数据库的安全性、保密性、完整性检验，实施对数据的检索、插入、删除、修改等操作。

（3）维护数据库的功能。此功能包括初始时装入数据库、运行时记录工作日志、监视数据库性能、在性能变坏时重新组织数据库。在用户要求或系统设备发生变化时修改和更新数据库，在系统软硬件发生变化时修改和更新数据库。在软、硬件系统出现故障时恢复数据库。

(4) 数据通信的功能。负责数据传输这一部分工作，通常与操作系统协同完成。此外，实现分时系统和远程作业输入的接口。

(三) 人员

数据库系统中的人员主要有系统分析员、系统程序员、应用程序员、数据库管理员和用户。系统分析员的责任是负责系统的需求分析、规范说明。他们必须与业务部门即各个用户和其他工作人员，特别是数据库管理人员密切配合，以决定数据库系统的具体构成。系统程序员的责任是负责设计、实现和维护系统程序，特别是 DBMS，实现数据组织与存取的各种功能。应用程序员的责任是负责编制和维护应用程序，应用程序员也是系统的用户。数据库管理员（DBA）的责任是负责全面的管理数据库的工作。用户是指最终用户（End User)。数据库系统的用户是有不同层次的，不同层次用户需求的信息以及获得信息的方式也是不同的。一般可将用户分为操作层、管理层和决策层。他们通过应用系统的用户接口使用数据库。常用的接口方式有菜单驱动、表格操作、图形显示、随机查询和对数据库中的数据进行统计，分析时使用专用的软件和分析、决策模型。

(四) 数据

数据是数据库的基本组成内容，是对客观世界所存在事物的一种表征，也是数据库用户操作的对象。数据是数据库系统（也是企业或组织）的真正财富。由于数据类型的多样性，数据的采集方式和存储方式也会有所不同。数据作为一种资源是数据库系统最稳定的成分，即硬件可能更新，软件也可以更新，但只要企业或组织的性质不改变，数据将是可以长期使用的财富。

二、数据模型

数据库领域最常见的数据模型有三种，它们是：层次模型（Hierarchical Model)，网状模型（Network Model）和关系模型（Relational Model)。其中层次模型和网状模型统称为非关系模型。在关系模型出现以前，它们是常用的数据模型。

(一) 非关系模型

数据库按数据模型来分，可分为层次数据库、网状数据库、关系数据库，层次数据库和网状数据库，又称为“非关系数据库”。

现实世界中客观存在并可相互区分的事物可将其称为“实体（Entity)”，实体可以是具体的人、事物，也可以是抽象的概念或联系，如学生的一次选课或退课，学生与学校的对应关系等，都可以认为是实体。

在非关系模型中，实体用记录表示，记录由若干数据项组成。记录名和组成记录的数据项名的集合用来抽象和刻画同类记录，称为“记录型”，如：学生记录（学号、姓名、班级、年龄、政治面貌）就是一个记录型。而（980133、张立、9801、21、共青团员）是这个记录里的一个值。

（二）关系模型

关系模型是数据库所讨论的模型中最重要的模型。关系数据库是以二维表作为数据模型的数据库系统。在用户看来，关系模型中数据的逻辑结构（即数据结构）就是一张二维表。关系模型由数据结构（即关系）、关系操作、关系的完整性三部分组成。在关系模型中，无论是实体还是实体之间的联系均由单一的类型结构关系来表示。在关系模型中，基本操作包括并、交、差、笛卡尔乘积、限制、投影、连接和除。而关系操作包括代数方式即关系代数和逻辑方式即关系演算（Stonebraker 等，1997）。

关系模型的基本术语简述如下：

（1）关系模型：用二维表结构来表示实体及实体间联系的模型称为关系模型（Relational Model）。

（2）属性和值域：在二维表中的列（字段、数据项）称为属性（Attribute）；列值称为属性值；属性值的取值范围称为值域（Domain）。

（3）关系模式：在二维表中，行定义（记录的型）称为关系模式。

（4）元组（Tuple）与关系：在二维表中的行（记录的值），称为元组；元组的集合称为关系；关系模式和关系常常通称为关系。

（5）关键字（Key）或码：在关系的诸属性中，能够用来惟一标识元组的属性（或属性组合）称为关键字或码。即关系中的元组由关键字的值来惟一确定。

（6）侯选关键字（Candidate Key）或侯选码：如果在一个关系中，存在多个属性或属性组合都能用来惟一标识该关系的元组，这些属性或属性组合都称为该关系的侯选关键字或侯选码。

（7）主关键字（Primary Key）或主码：在一个关系的若干个候选关键字中指定作为关键字的属性或属性组合称为该关系的主关键字或主码。如在考试成绩关系中，当姓名字段的值在每次考试中都是惟一的，则（学号，考试日期，考试科目）和（姓名，考试日期，考试科目）是该关系的两个侯选关键字，选择（学号，考试日期，考试科目）作为该关系的主关键字。

（8）非主属性（Non Primary Attribute）或非码属性：关系中不组成码的属性均为非主属性或非码属性。

（9）外部关键字（Foreign Key）或外键：当关系中的某个属性或属性组合虽不是该关系的关键字或只是关键字的一部分，但却是另一个关系的关键字时，称该属性或属性组合为这个关系的外部关键字或外键。

（10）主表与从表：主表和从表是指与外键相关联的两个表，以外键作为主键的表称为主表；外键所在的表称为从表。

三、SQL 简介

结构查询语言（Structured Query Language，SQL）是一个功能强大的数据库语言。SQL 是关系数据库管理系统的标准语言。SQL 语句通常用于完成一些数据库的操作任务，比如在数据库中更新数据，或者从数据库中检索数据。再比如，用户可以用 SQL 语句对视图和基本表进行查询等操作。在用户看来，视图和基本表是一样的，都是关系（即表格）。

标准的 SQL 命令主要有："Select"、"Insert"、"Update"、"Delete"、"Create" 和 "Drop"，常常被用于完成绝大多数数据库的操作。

SQL 功能可以分成以下几组：

DML（Data Manipulation Language，数据操作语言）：用于检索或者修改数据。

SELECT 用于检索数据；

INSERT 用于增加数据到数据库；

UPDATE 用于从数据库中修改现存的数据；

DELETE 用于从数据库中删除数据。

DDL（Data Definition Language，数据定义语言）：用于定义数据的结构，比如创建、修改或者删除数据库。

CREATE TABLE

DROP TABLE

CREATE INDEX

DROP INDEX

DCL（Data Control Language，数据控制语言）：用于定义数据库用户的权限。

ALTER PASSWORD

第七节　实务演练

一、网站与数据库协同工作

［**第一步**］登录网址：http：//210.37.32.25/kns50/，进入海南大学图书馆 KNS5.0 数据库平台（图 3.13）。

这是一个通过交互式 web 页面进行数据库检索的网站，当用户登录后，通过由 web 页面提供的详细的检索条件查找需要的资料。

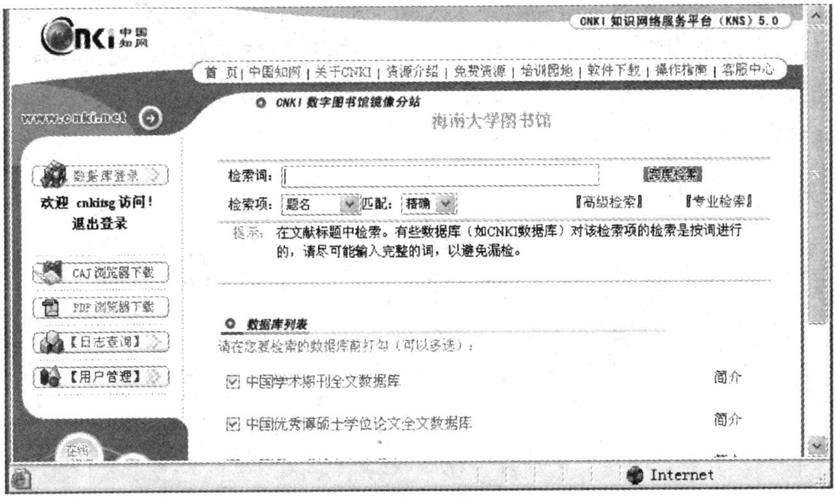

图 3.13　海南大学图书馆

［**第二步**］如果要进行缺省条件下的检索，可直接在“检索词”一栏里面填写需要查找资料的字段，选择相应的检索项和匹配方式，再点击“跨库检索”按钮即可进行查找。

如果要查找字段匹配数量比较大，则可以点击“高级检索”按钮进行更精确的查找（图 3.14）。

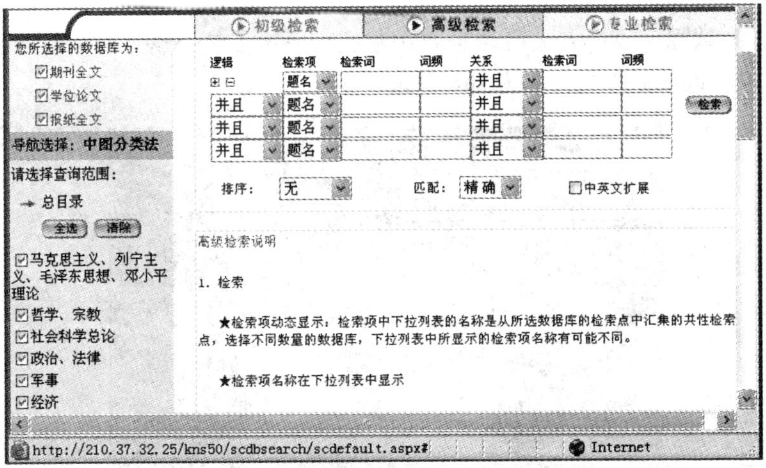

图 3.14　高级检索

为了尽量提高检索效率，需要给交互式web网页提供尽量多的信息，如提供更多的检索词，减小查询范围等。如果查询结果为0，则需增加查询范围，减少检索词。

在这里，输入“电子商务”，检索项为“题名”，匹配为“精确”，点击“检索”，显示查询结果（图3.15）。

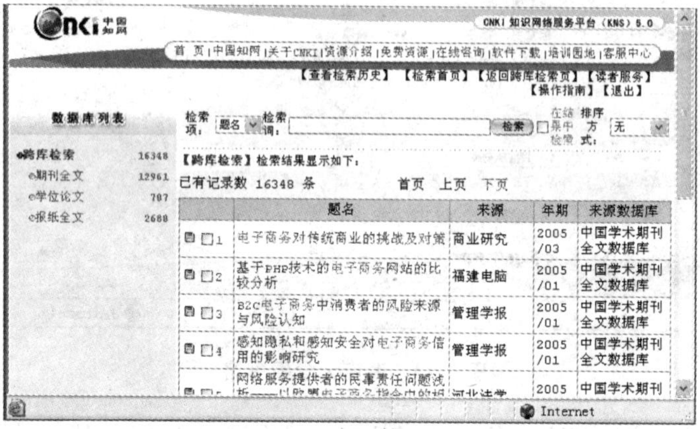

图3.15　查询结果

如图3.15所示，使用者通过交互式web页面对后台的数据库进行了查询的操作。在一些网上购物网站，使用者还能对数据库进行一定的增加、修改和删除操作。

二、数据库的建立和发布过程

［**第一步**］数据库设计人员启动Access数据库系统工具，建立一个包含不同数据表的数据库文件，该数据库文件名为stroe_ data（图3.16）。

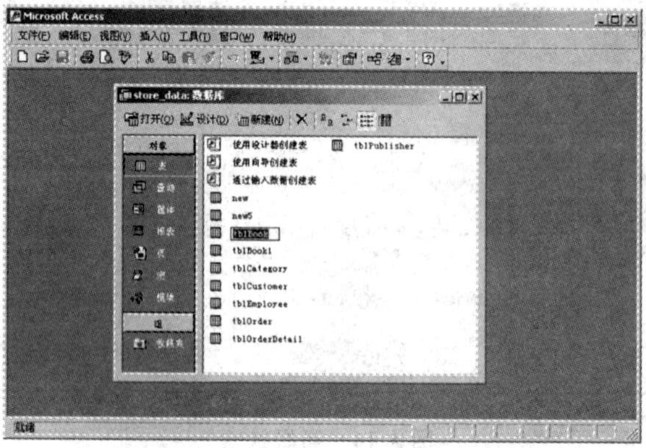

图3.16　Access数据库系统工具界面

［第二步］在每一个数据库表里设计该表的数据结构（图 3.17）。

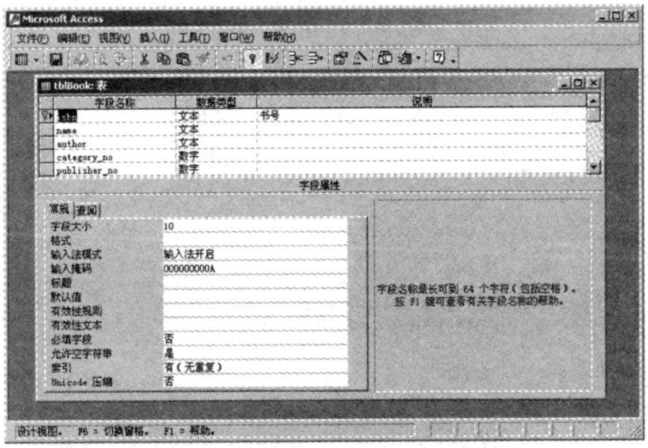

图 3.17　建立数据表操作界面

［第三步］向数据表里添加数据信息（图 3.18）。

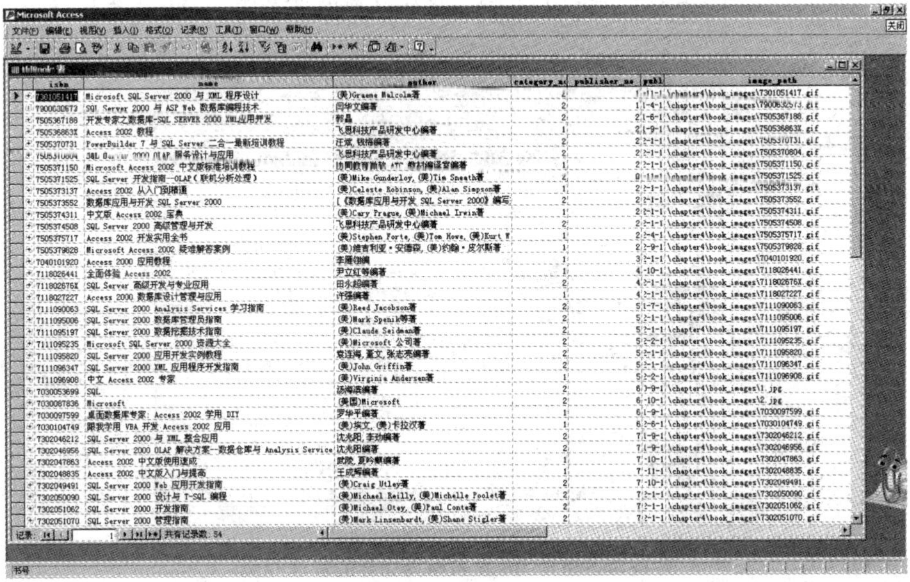

图 3.18　向数据表里添加信息的操作界面

［第四步］程序设计人员使用网页设计工具或直接书写代码的方式制作访问该数据

库的网页文件（图 3.19）。

```
<table border="1" cellpadding="2" cellspacing="0" bordercolor="#111111" align=center>

<tr><td>书名</td><td>作者</td><td>出版社</td><td>价格</td><td>查看</td></tr>
<% for i=1 to rs_book.pagesize
if not rs_book.eof then %>
<tr><td><%=rs_book("name") %></td><td><%=left(rs_book("author"),10) %></td><td><%=rs_book("publisher")
%></td><td><%=formatnumber(rs_book(3),2,-2,-2,-2) %></td><td><a href=bookdetail.asp?isbn=<% =rs_book(0)
%>>详细信息</td></tr>
<% end if
rs_book.movenext
next
%>
</table>
<table align=center><tr>
<% if Cint(ipage)=1 then %>
  <tr><td>第一页|</td><td>上一页|</td>
<% else %>
 <td><a href="..\bookstore\book.asp?page=1">第一页|</a></td><td><a
href="..\bookstore\book.asp?page=<%=ipage-1 %>">上一页|</a></td>
<% end if %>

<% if Cint(ipage)=rs_book.pagecount then %>

<td><image src="..\images\next.gif" alt="下一页|" width="30" height="18" border="0"></td><td>最后一页</td>
<% else %>
<td><a href="..\bookstore\book.asp?page=<%=ipage+1 %>"><image src="..\images\next.gif" alt="下一页|"
width="30" height="18" border="0">|</a></td><td><a href="..\bookstore\book.asp?page=<%=rs_book.pagecount
```

图 3.19　通过网页访问数据库的部分代码

［**第五步**］网站管理人员启动服务器的 IIS，设置程序设计人员编写的网页文件所在目录、供用户访问网站的 IP 地址，并启动该服务器的 web 服务（图 3.20）。

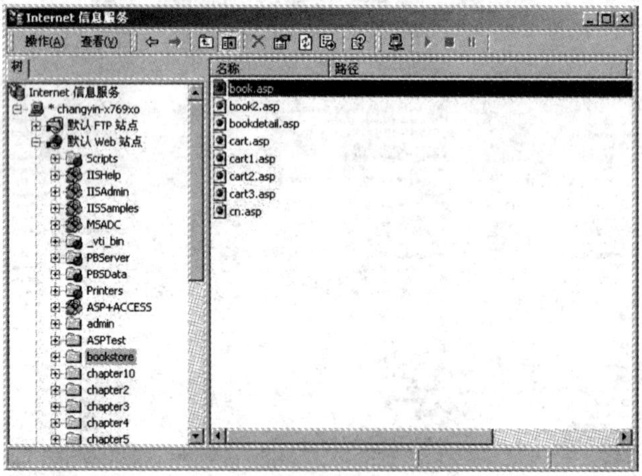

图 3.20　通过 IIS 发布网页文件的管理界面

［**第六步**］远程用户启动浏览器软件，输入 URL，通过网页查询数据库信息（图 3.21）。

图 3.21　用户启动浏览器访问数据库查询网页

［第七步］用 Access 建立的数据库的信息在浏览器里通过网页显示出来（图 3.22）。

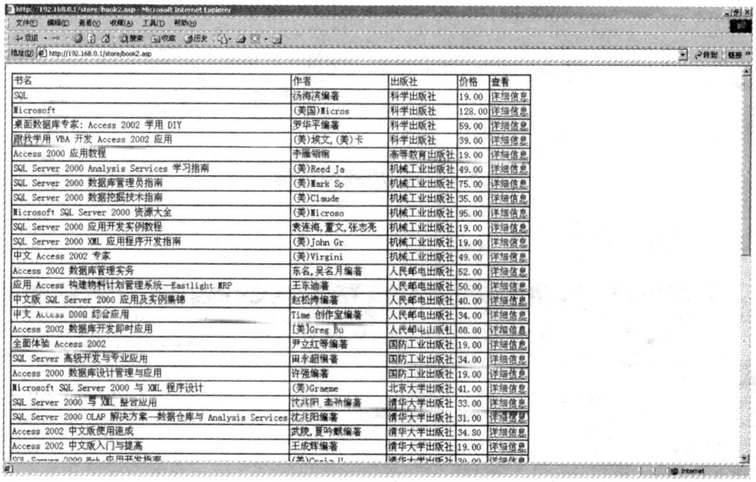

书名	作者	出版社	价格	查看
SQL	汤海滨编著	科学出版社	19.00	详细信息
Microsoft	(美国)Micros	科学出版社	128.00	详细信息
桌面数据库专家：Access 2002 学用 DIY	罗华平编著	科学出版社	59.00	详细信息
跟我学用 VBA 开发 Access 2002 应用	(美)埃文,(美)卡	科学出版社	39.00	详细信息
Access 2000 应用教程	李雁翎编	高等教育出版社	19.00	详细信息
SQL Server 2000 Analysis Services 学习指南	(美)Reed Ja	机械工业出版社	49.00	详细信息
SQL Server 2000 数据库管理员指南	(美)Mark Sp	机械工业出版社	75.00	详细信息
SQL Server 2000 数据挖掘技术指南	(美)Claude	机械工业出版社	35.00	详细信息
Microsoft SQL Server 2000 资源大全	(美)Microso	机械工业出版社	95.00	详细信息
SQL Server 2000 应用开发实例教程	袁连海,董文,张志亮	机械工业出版社	19.00	详细信息
SQL Server 2000 XML 应用程序开发指南	(美)John Gr	机械工业出版社	19.00	详细信息
中文 Access 2002 专家	(美)Virgini	机械工业出版社	49.00	详细信息
Access 2002 数据库管理实务	东名,吴名月编著	人民邮电出版社	52.00	详细信息
应用 Access 构建物料计划管理系统—Eastlight MRP	王东迪著	人民邮电出版社	50.00	详细信息
中文版 SQL Server 2000 应用及实例集锦	赵松涛编著	人民邮电出版社	40.00	详细信息
中文 Access 2000 综合应用	Time 创作室编著	人民邮电出版社	34.00	详细信息
Access 2002 数据库开发即时应用	[美]Greg Bu	人民邮电出版社	68.00	详细信息
全面体验 Access 2002	尹立红等编著	国防工业出版社	19.00	详细信息
SQL Server 高级开发与专业应用	田永超编著	国防工业出版社	34.00	详细信息
Access 2000 数据库设计管理与应用	许强编著	国防工业出版社	19.00	详细信息
Microsoft SQL Server 2000 与 XML 程序设计	(美)Graeme	北京大学出版社	41.00	详细信息
SQL Server 2000 与 XML 整合应用	沈兆阳 秦纳编著	清华大学出版社	33.00	详细信息
SQL Server 2000 OLAP 解决方案—数据仓库与 Analysis Services	沈兆阳编著	清华大学出版社	31.00	详细信息
Access 2002 中文版使用速成	武院,夏吟麒编著	清华大学出版社	34.80	详细信息
Access 2002 中文版入门与提高	王成辉编著	清华大学出版社	19.00	详细信息

图 3.22　用户查询到的在浏览器里以网页形式显示的数据库信息

三、设置旅游电子商务网站的 IP 地址

［第一步］在 Windows 操作系统的桌面上选择“网上邻居”，双击打开“网上邻居”（图 3.23）。

［第二步］选择“本地连接”，并在其上点击鼠标右键（图 3.24）。

图 3.23　Windows 操作系统的桌面

图 3.24　本地连接图标

[第三步] 选择属性命令（图 3.25）。

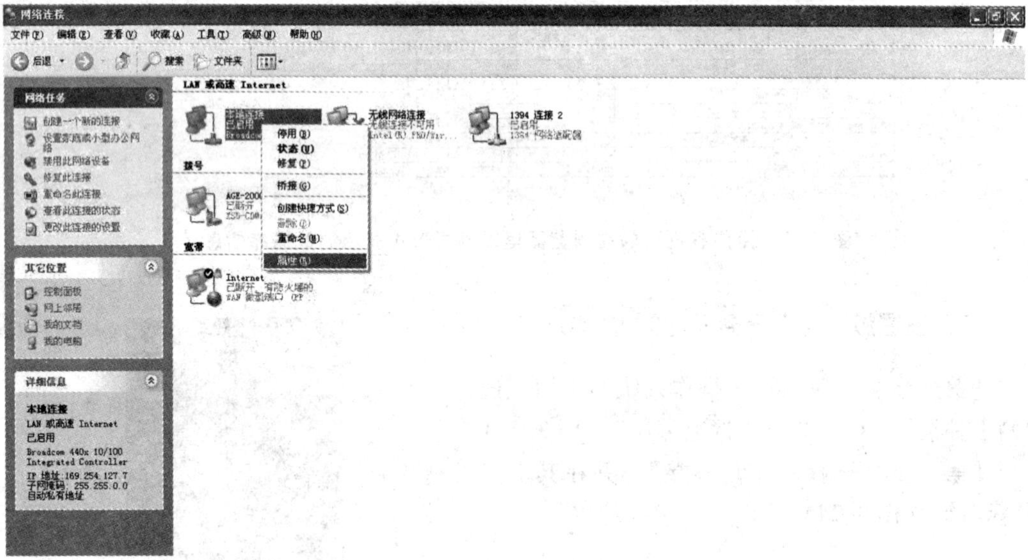

图 3.25　在本地连接上的属性命令

［第四步］选则“Internet 协议（TCP/IP）”，点击【属性】-【确定】（图 3.26）。

［第五步］设置本地计算机的 IP 地址、子网掩码、默认网关等信息，点击【确定】（图 3.27）。

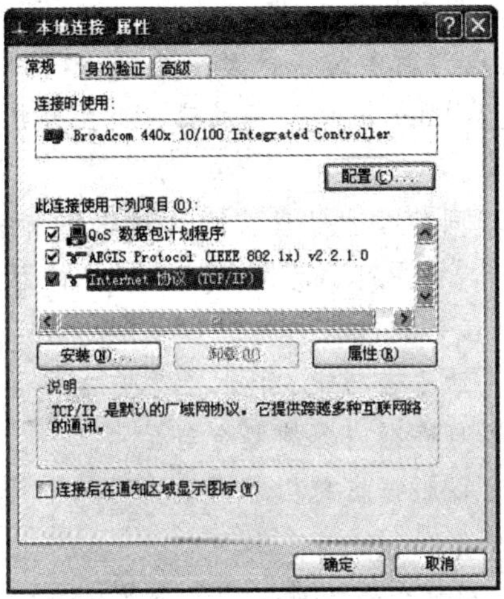

图 3.26　本地连接属性操作界面

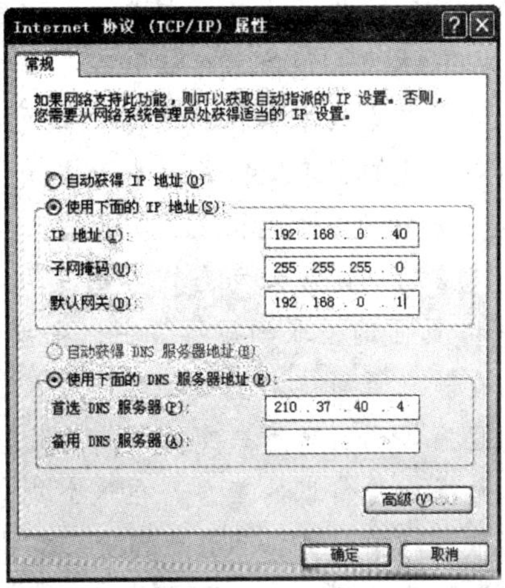

图 3.27　Internet 协议（TCP/IP）的属性

本章小结

旅游电子商务就是以计算机技术、通讯技术、网络技术与 Internet 技术为基础开展商务活动，因此信息技术特别是互联网络技术的产生和发展是旅游电子商务开展的前提条件，掌握现代信息技术和商务理论与实务的人是旅游电子商务活动的核心。

旅游电子商务信息传递网络的主体，包括接入设施和网络通路。接入设施主要是计算机、路由器等设备，网络通路包括接入网和干线网。Internet 是旅游电子商务的重要基础设施、网络形式和载体。Internet 可以提供丰富的应用服务，包括文件传输、电子邮件、信息搜索、远程联网等，支持大量的旅游电子商务应用。Intranet 和 Extranet 是 Internet 技术的扩展，Intranet 是企业内部的 Internet，Extranet 则实现不同地理位置之间安全的 Intranet 连接，三者各有其不同的技术特点和应用范围，在不同领域中支持旅游电子商务信息的传递。

TCP 协议和网络层的 IP 协议是两个最重要的 Internet 协议。下一代 IP 协议的研究也是 Internet 协议组技术发展的一个重要方面。

通信技术是旅游电子商务信息传递的底层技术。其主要作用是提供高质量的通信支撑服务。旅游电子商务信息传递的特点是数据信息量大，速度要求高，因此宽带网技术是发展旅游电子商务通信技术的必然趋势，宽带网技术包括宽带接入网和干线网。接入的方法包括电话拨号接入、通过 LAN（局域网）接入、无线接入以及通过有线电视电缆接入。目前常用的接入方式大体可分为拨号接入和专线接入。

Web 作为一种信息存储和获取的组织方式，成为商务信息分享的主要架构，它所提供的超文本技术和简易的用户界面，不仅实现了 Internet 的页面共享，而且为旅游电子商务信息的表达提供了新的传播媒介和交互手段。

在商务信息表达和交互功能的实现上，存在不同的技术处理方式和逻辑体系结构，从静态信息的传播到动态内容的交互，Web 开发技术得到了迅速发展。静态体系结构以 Web 页面的提取和显示为主，主要通过标记语言完成信息的组织和展示。动态体系结构在静态页面技术基础之上，加入了更多程序设计语言功能，通过在客户端或服务器端的程序代码实现用户交互逻辑的处理及动态内容与静态内容的整合与显示。

数据库是信息的集合。在这个集合中，人们可以根据信息的逻辑结构对其进行组织与存取。目前，数据库技术是组织信息时最常用的手段。

数据库管理系统（DBMS）是一个软件系统，用这个系统可以定义数据库的逻辑结构，并对其进行组织与存取。

关键术语

计算机网络（Computer Network）
万维网（World Wide Web，WWW）
包交换（Packet Switching）
局域网（Local Area Network，LAN）
城域网（Metropolitan Area Network，MAN）
广域网（Wide Area Network，WAN）
总线拓扑（Bus Topology）
星型拓扑（Star Topology）
环型拓扑（Ring Topology）
网状型拓扑（Mesh Topology）
宽带（Broadband）
全球移动通信系统（Global System for Mobile Communications，GSM）
码分多址访问（Code Division Multiple Access，CDMA）

通用无线分组业务（General Packet Radio Switching，GPRS）
无线应用协议（Wireless Application Protocol，WAP）
无线标识语言（Wireless Markup Language，WML）
传输控制协议（Transmission Control Protocol，TCP）
网际协议（Internet Protocol，IP）
IP 地址（IP Address）
域名（Domain Name）
统一资源定位器（ Uniform Resource Locator，URL）
远程登录（Telnet）
综合业务数字网（Integrated Services Digital Network，ISDN）
内联网（Intranet）
外部网（Extranet）
公共专网/私用专网（Public & Private Networks）
企业门户（Enterprise Portal，EP）
企业信息门户（Enterprise Information Portal，EIP）
企业知识门户（Enterprise Knowledge Portal，EKP）
企业应用门户（Enterprise Application Portal，EAP）
数据库系统（Database System，DBS）
数据库管理系统（Database Management System，DBMS）
结构查询语言（Structured Query Language，SQL）

习　题

1. 谈谈 Internet 对商务企业经营的影响。
2. Internet、Intranet、Extranet 的区别与联系。
3. 申请注册一个 E-mail，并发信给其他人。
4. 列举并描述目前常见的 5 种 Web 服务。
5. Internet 的三个基本组件是什么？
6. TCP/IP 协议与 Internet 上的信息传输有何关系？
7. 利用 Internet 收集有关旅游电子商务的资料。
8. 试述数据模型的概念、作用和组成部分，举例说明数据模型发展各阶段的特征及优缺点。

9. 简述关系数据库管理系统的主要功能以及运行机理。

10. 试解释下列术语：数据库；数据库管理系统；数据库系统

11. 试述数据库管理系统的组成内容。

参考文献

1. Gary P. Schneider. *Electronic Commerce* (4th Edition). Thomson Learning, 2003.

2. Kenneth C. Laudon and Carol G. Traver. E-commerce: Business, Technology & Society. Pearson Education, 2003.

3. 张润彤．电子商务概论．北京：电子工业出版社，2003.

4. 陈景艳，荀娟琼．电子商务技术基础．北京：电子工业出版社，2003.

5. 胡玫艳，等．电子商务教程．广州：华南理工大学出版社，2003.

6. Gary P. Schneider. Electronic Commerce, United States, Thomson Course Technology, a division of Thomson Learning, 2003.

7. 瞿裕忠．电子商务应用开发技术．北京：高等教育出版社，2000.

8. 方美琪．电子商务概论．二版．北京：清华大学出版社，2002.

9. ［美］Ravi kalaKota，Andrew B. Whinston. 电子商务管理、技术、应用．北京：清华大学出版社，2000.

10. 蒋绍忠，等．电子商务系统分析设计与实现．沈阳：东北财经大学出版社，2001.

11. Craig Utley. Web应用开发指南．官丽杰，译．北京：清华大学出版社，2001.

12. Dan D. Gtiermz. Web数据库开发技术与实例详解．侯国峰，等，译．北京：电子工业出版社，2000.

13. Applehans. 知识管理，网络应用实作指南．北京：清华大学出版社，2000.

14. Michael Stonebraker，等．对象－关系数据库管理系统．北京：北京大学出版社，1997.

15. 杜文才．搭建海南"一站式"电子旅游平台创建旅游强省．海南大学学报，2002（4）.

第四章

建立旅游电子商务网站

学习目标

- 建立旅游电子商务网站的基本过程
- 旅游电子商务网站开发的方法
- 旅游电子商务网站开发的常用软、硬件平台
- 旅游电子商务网站应用的基础设施以及虚拟旅游、虚拟社区和虚拟旅游企业等概念。

开篇案例

西藏旅游网

西藏凭借其独特的雪域高原地质、地貌，丰富的珍稀动植物资源和神秘的宗教文化，现已成为许多国内外游客心弛神往的探险乐园。但人们往往因对其不甚了解而止步。为促进西藏旅游业的发展，西藏惟一上市的旅游公司——西藏明珠公司利用微软(Microsoft)的成套电子商务系统技术，开发出了具有浓郁地方特色的旅游电子商务网站——西藏旅游网（http://www.tibettour.com.cn）（图4.1）。该网站全面介绍了西藏的旅游资源、宗教、文化、历史等，提供各种旅游线路、票务、酒店预订等服务，同时为西藏各大企业提供上网服务，让浏览者认识美丽的西藏，感受西藏的风土人情。西藏旅游网现已成为世界了解西藏的重要窗口。

同时，西藏明珠公司利用网站对公司内部资源进行整合，向互联网转型，下属酒店和旅行社直接面向客户，大大扩展了客源。其属下成都西藏饭店、新明珠饭店、新明珠旅行

社、喜玛拉雅酒店管理公司等旅游服务机构，应用了网站的服务后均取得了骄人业绩。

图 4.1　西藏旅游网首页

第一节　旅游电子商务网站简介

旅游电子商务，是旅游企业基于 Internet 提供的互联网络技术，使用计算机、通信技术与企业购销网络系统联通而形成的一种新型的商业活动，包括网上传递与接收信息，网上订购、付款、客户服务等网上销售、网上售前推介与售后服务。

一、我国旅游电子商务的发展

我国旅游网站的建设最早可以追溯到 1996 年，经过十多年的摸索和积累，国内目前具有一定旅游资讯能力的网站已超过 5 000 多家。其中专业旅游网站 300 余家，主要包括地区性网站、专业网站和门户网站的旅游频道三大类，提供食、住、行、游、购、娱全方位的网上资讯和预订服务。

二、旅游网站的服务功能

旅游网站的服务功能可以概括为以下三类：

（1）旅游信息的汇集、传播、检索和导航。信息内容包括景点、饭店、旅游线路介绍；旅游常识、天气、人文信息以及旅游观感等。

（2）旅游产品（服务）的在线销售。提供机票、酒店、游船、汽车租赁服务的检索和预订服务。

（3）个性化定制。自助游将成为旅游行业的一个新趋势，游客可在旅游网站上自行安排设定独特的行程。

旅游者足不出户，在家中就可通过旅游网站系统，查询欲往城市的相关旅游信息，并根据自己的需要预订酒店、旅游线路和往返机票，不仅方便快捷，而且价格优惠。

第二节　电子商务网站的硬件与软件平台

一、电子商务网站的硬件平台

电子商务网站的硬件平台通常由服务器、路由器、DDN 专线和集线器构成。集线器实际上只是一个局域网交换器，不详作介绍，下面简单介绍服务器、路由器和 DDN 专线：

（一）硬件组件

1. 服务器（Server）

服务器相当于网站的大脑和心脏，其重要性不言而喻。服务器必须稳定可靠，具备快速处理大量并发访问服务的能力。在选购服务器时，为了保证电子商务交易的顺利进行，服务器性能的稳定性应成为考虑的第一要素，最好是购买原装品牌机。服务器的运算速度也很重要，是客户浏览网页和在线订购旅游产品速度的保证。

2. 路由器（Router）

路由器是一种网络通讯设备，其主要作用在于连接网络，实现网络间资料的传输。将路由器设备适当连接，再进行一些软件的内部配置，就可成功连接网络。

3. DNN 专线

DNN 专线是用户不经电话拨号而直接用专用线路与远程主机服务器连接，速度比拨号上网快，但费用也相对较高。企业商务网站由于信息流量较大，一般宜采用 DNN 专线来保证给用户提供服务的网络连接速度。

（二）硬件平台的选择

旅游企业选择电子商务网站的硬件平台时，要克服以下的两种极端倾向：一种是为了节省建设资金而去购买便宜的硬件组合。俗话说“一分钱，一分货”，计算机硬件价格在正常情况下还是和质量成正比的。旅游电子商务网站需要一年 365 天，每天 24 小时不间断地连续运行，对硬件的要求很高。价格较便宜的硬件平台可能会因无法承受长时间的高速运行而变得不稳定，故障频发。如果某旅游企业的网站经常发生故障而无法登录使用，必会大大影响企业声誉，错失许多商业合作机会，造成客源大量外流。第二种不合理的倾向则是一味追求潮流，花高价钱购买最新、功能最强大的硬件组合。旅游企业的规模有大有小，而且网站建成后，功能和客流量一般都会经历从少到多逐步发展的过程。如果企业和网站规模还较小时，就花费许多资金去购买功能技术最先进、面向大中型旅游网站的硬件设施，不仅会影响企业流动资金的运转，许多功能也使用不上，势必造成不必要的浪费，不符合企业经营中应具备的精打细算的原则。

在选购硬件平台时，应该遵循的原则是：按需配置、持续扩展、通盘考虑。要对企业及网站的现状及发展规划有清楚的认识，用合理的价格去购买满足旅游网站现实乃至中短期需要的硬件设施；要有发展的眼光，所选择的硬件平台必须能随着旅游企业和网站的发展而不断扩容和升级。选择硬件平台时还要与欲用的商务软件一起通盘考虑，研究如何搭配才能发挥出二者的最佳组合性能。此外，厂商售后服务的好坏也是值得关注的一项重要指标。

二、电子商务网站的软件平台

服务器既可以指硬件意义上的，在网络环境中为其他客户机提供服务的那台高性能计算机；也可以指运行在高性能计算机上的一种软件或程序，即服务器软件。服务器软件向其他程序提供服务，如打印服务、收发 E-mail 服务、Web 页服务、数据管理服务等。一台硬件服务器可以装载多个服务器软件，同时提供多种服务。充当服务器的高性能电脑主机和完成特定功能的服务器软件，许多情况下都会被略称为服务器，极易造成混淆，要注意它在不同语境下的具体含义和指向。

电子商务网站的软件平台主要指网站的逻辑结构，网页服务器（Web Server），电子商务应用服务器（Application Server）和一些服务性的中间件软件。

（一）网站的逻辑结构模式

1. 两层结构模式

在信息处理过程中最初使用的是客户/服务器模式（C/S 结构，Client/Server 结构），它由客户机和数据库服务器这两层所构成，亦称两层结构模式（Two—Tier Model）。在此结构模式中，用户界面及处理程序都运行在客户端的计算机上，数据则存储在服务器的数据库中。用户可通过客户机直接对服务器上的数据进行访问处理。随着网站功能的不断完整与强大，网站不仅需要进行数据存储和管理，还要在服务器上处理业务逻辑，有些业务逻辑可能是复杂的甚至是复合的功能模块。这些程序模块需要进行有效的组织与管理，而两层结构模式中以数据库管理系统（DBMS）为中心的数据库服务器并无此类组织与管理功能，无法胜任。

2. N－层结构模式

为了满足日益复杂的业务需要，我们在服务器上另外加装了一层应用组织管理程序，即通常所称的“应用服务器”。这就构成了三层应用结构模式或 N－层结构模式（N—Tier Model）（图 4.2）。新添的中间层服务器是一个服务器软件系统，如微软的 MTS（Microsoft Transaction Server）和 Sybase 公司的 EAServer（Enterprise Application Server）都是较流行的中间层服务器。客户端应用程序不再直接访问数据库，而是通过中间层服务器调用功能组件（如 COM，ActiveX，JavaBean 等），再由这些功能组件访问数据库，中间层服务器把得到的结果整理后传回给客户端程序使用。可见，中间层服务器起到了“桥梁”的作用。

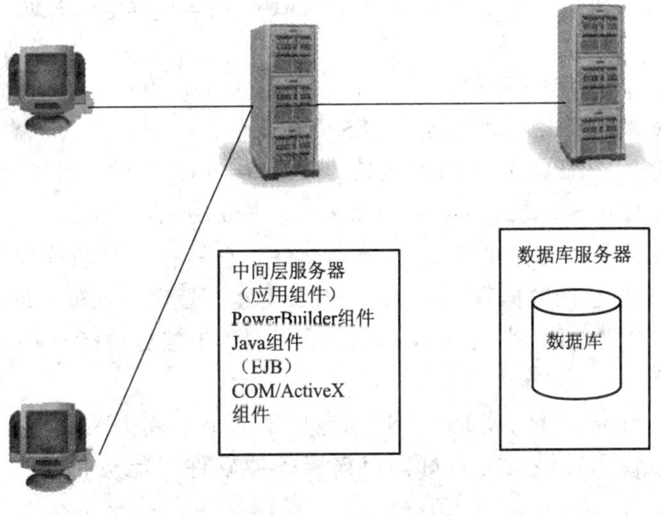

图 4.2 N－层应用结构的组成

三层结构模式将客户端的用户接口、中间层的组件、数据服务器的数据库分隔开来，使它们互相独立。因此对任何一层的修改都不影响其他层，利于维护，提高了系统的稳定性及安全性。

（二）网页服务器（Web Server）

网页服务器，也称 Web 服务器或 HTTP 服务器，是响应浏览器的请求并提供网页信息的软件。常见的 Web 服务器包括 Microsoft Internet Information Server（IIS），Microsoft Personal Web Server（PWS），Apache HTTP Server，Netscape Enterprise Server 和 iPlanet Web Server 等。

网页服务的应用结构属 N－层结构模式。客户端的浏览器向 Web 服务器发送超文本文档的请求；由 Web 服务器控制应用服务器，通过应用服务器上的脚本（Scripts）去访问其他服务器上的数据库和组件；Web 服务器把返回文档组织好后，发送到客户端的浏览器。Web 应用结构模式也称为浏览器/服务器结构（Browser/Server 结构，B/S 结构）。

1. 网页服务器软件

许多网页服务器，如 Microsoft 的 IIS 和 PWS，也都同时具有应用服务器的功能。下面介绍几款较流行的网页服务器软件：

（1）Apache Httpd。Apache Httpd 是世界上最流行的 Web 服务器软件之一，Apache 属于自由软件（Freeware），具有简单、快速、性能稳定等特点，并可当代理服务器使用。它支持多种操作系统平台（Widows2000、IBM OS/2、Unix 等），目前拥有世界最高的装机量。在它的官方网站（www. Apache. org）上提供了更多详情和下载链接。

（2）Internet 信息服务器（Internet Information Server，IIS）。由微软推出的 IIS 也是当今广泛使用的 Web 服务器软件之一。IIS 安装简单、操作方便、负载能力强，不少大型商务网站都建立在 IIS 之上，IIS 在微软的 Windows 操作平台下运行。

（3）iPlanet Web Server。Netscape Enterprise Web Server 在与 Sun 公司联手后改名为 iPlanet，是 Unix 环境下首选的 Web 服务器软件。它具有客户端授权的 SSL（Security Sockets Layer）和出色的数据库连接功能，对于创建、管理和发布信息以及运行联机应用程序来说是一个高性能、安全的 Web 服务器软件。其官方站点（www. Netscape. com）提供了更多详情。

（4）Novell Netware Web Server。这是专用于 Netware4. 1 及以上产品，与 Netware 无缝集成，安全性和容错能力较好。但该服务器软件只能运行于 Netware 操作系统平台。

（5）Web Sphere。这是一组专门为商务网站设计的套件，其中最主要的是 Web Sphere Commerce Suite，它可以创建和管理电子商务 Web 站点和复杂的分类数据，在主机上安装电子商务服务器软件和支付软件。

（6）Oracle Web Application Server。Oracle Web Application Server 是甲骨文公司（Oracle）针对 Web 技术开发的应用服务器产品。它可以直接通过 SQL * Net 访问 Oracle Universal Data Server 全能服务器，这比使用 ODBC 方式访问数据库更好，操作更方便，在关系型数据库的操作中具有优势。该软件还具有较好的扩展性、可移植性和安全性。

2. 选择 Web 服务器软件应注意的问题

在选择 Web 服务器软件时，不仅要考虑目前的需求，还应考虑网站将来扩展的需要，因为更换 Web 服务器时往往也要更换与之相配套的应用服务器软件。此外，在选择 Web 服务器软件时还要考虑到所要使用的网络操作系统，许多 Web 服务器软件只能运行在某种特定的操作系统，或在该操作系统环境中才能发挥最佳性能。在选择 Web 服务器软件时还应注意以下几方面：

（1）响应能力。响应速度越快，用户得到请求信息的速度也就越快。

（2）与后台数据库管理系统的集成能力。用户的许多请求信息都涉及到数据的访问和处理，Web 服务器软件必须能与后端的各种数据资源对接集成，处理不同来源、不同格式的信息。

（3）管理的难易程度。网页服务器软件应具有对用户友好的易用图形界面（User-Friendly GUI）和完善的向导系统和帮助文档。复杂难用的界面易引起参数配置错误和安全隐患等一系列问题。

（4）功能扩展难易程度。Web 服务器经常需要添加一些特殊功能的插件和第三方软件等，以满足功能扩展的需要。

（5）稳定可靠性。Web 服务器软件需要长时间高效稳定的运行。

（6）安全性。Web 服务器软件要防御黑客和病毒的攻击，保护服务器中的机密资料。

此外，销售商的售后服务和技术支持水平，使用该产品的成功案例及产品价格水平等，也是需要考虑的因素。

（三）中间件（Middleware）

如上面所介绍，企业的网络 IT 部门需要解决越来越多的需求，尤其是对分布式网络运用的需求，诸如跨越不同硬件平台，不同网络环境，不同的数据库系统之间相互操作，新旧系统并存，传输数据的加密等。单靠传统的系统软件或 Web 工具软件功能已无法满足要求，因此，作为电子商务网络应用体系的中间件平台应运而生。

中间件是一类软件的总称，而非专指某种特定软件，中间件构架通常由电子商务应用服务器、通用业务网关、支付网关、通信平台和安全平台构成。中间件使不同格式的信息跨越不同的网络系统和计算机平台安全、自由地交流。

（四）电子商务应用服务器（Application Server）

应用服务器软件是指为特定的应用信息传递方法管理数据的应用程序。应用服务器软件是电子商务网站系统的心脏，即核心部分。应用服务器软件的选择对整个电子商务网站系统的有效运行有重大影响。根据用途的不同，电子商务网站中可包含多种应用服务器软件，如 Web Server、E-mail Server、FTP Server、BBS Server 等。

电子商务应用服务器内预置了各类服务构件，不仅在进行系统应用开发时可大大缩减周期与成本，而且也能更好地保障系统运行的效率。电子商务应用服务器可与标准的交易中间件无缝集成，形成可单一操作的商务平台，利于对整个进程的完整性维护。主要功能包括：数据库访问管理，交易管理；大规模并发网络用户管理，均衡负载，容错；与现有系统无缝集成；服务器端的状态与安全管理等。

现在，市面上出现了许多商业服务器软件包，它们提供了建立电子商务网站的一切功能，包括商店建立工具、数据库连接、安全交易服务、搜索引擎以及管理和监视工具。这里介绍三种商业服务器：莲花公司（Lotus）的Domino. Merchant，微软（Microsoft）的Microsoft Merchant Server以及国际商用机器（IBM）的Net. Commerce。

这三种商业服务器软件包都带有范例商店，提供了预定义的货品分类和搜索引擎，虚拟的购物车、信用卡验证及故障恢复机制，用户只需对其提供的基本内容稍加改动，就可以轻松设立自己的站点。

1. Lotus Domino. Merchant

Domino. Merchant是莲花公司（Lotus）的产品，它提供了系统的、循序渐进的方法来建立电子商店。Domino. Merchant的价格低廉，建立网上商店既快捷、又简单。Domino. Merchant提供了两种网站模板供选用：一种是快速设计（Quick Design）模板，它使用缺省页面设置来完成商店的建立工作；另一种是定制设计（Custom Design）模板，该模板提供了更大的灵活性。但是运行Domino. Merchant需要Lotus的Domino Web服务器和一些Notes专门技术。

2. Microsoft Merchant Server

微软的Merchant Server服务器安装简便，而且自带了四个基本的商店模板，普通用户不需要具有编程知识，就可轻松开设网上商店。用户只需运行控制面板（Control Panel），在一份简单的表单中填写商店名称，选择想要使用的模板和数据库。然后，通过管理器控制台（使用Web浏览器来访问）把商品类别和信息添加到模板中，并建立相应的链接即可。

Microsoft打算把将来版本的Merchant Server并到Microsoft Site Server Enterprise Edition中，后者是一种新型的Internet和企业内部网管理产品。它将包含功能更加强大的站点建立工具，方便用户从无到有地建立一个全新电子商务站点。此外，它还将提供强大的报告功能。

3. IBM Net. Commerce

IBM的Net. Commerce服务器价位合理且易于安装，用户只需遵照辅助文档的指示，就可轻松地安装好Net. Commerce服务器，并建立起一个可运转的演示商业站点，该演示站点包含了几个网店及适当的货品。通过运行演示站点，用户可更加深刻地了解整个系统的运作模式。

第三节 旅游电子商务网站的开发

一、电子商务系统的建设步骤

电子商务系统建设是一个包括商务、技术、支付、物流等诸多要素的系统工程。开始建设前，必须充分研究所有因素，做好统筹规划，形成完善的设计方案。电子商务系统建设大致需要经过下列阶段：

（一）商务分析阶段

这一阶段是进行充分的商务分析，主要包括需求分析（包括企业自身需求、市场需求以及客户需求等）和市场分析（包括市场环境、客户分析、供求分析和竞争分析等）两个方面。

（二）规划设计阶段

规划设计主要是从子系统、前台、后台、技术支持、系统流程、人员设置等各方面全面地构架电子商务系统。此阶段的工作类似于为电子商务系统的建设绘制蓝图，直接关系到后续电子商务系统建设和将来电子商务系统运行和应用的成功与否。

（三）系统建设阶段

此阶段的工作可从两个层面同时进行：在技术层面上，要按照电子商务系统的设计规划，完成计算机硬件、网络平台的搭建，软件和电子商务系统的开发与集成；在管理层面上，也要按照规划，全面调整、变革传统的组织、管理和业务流程，以适应电子商务运作方式的要求。

（四）整合运行阶段

进行整个电子商务系统的试运行。经过必要的调整、改进以后，就可以进入整合运行阶段，开始实现电子商务应用。

然而，企业电子商务系统建设不是一劳永逸的，在系统应用的过程中，要根据企业发展的需要和科技的更新，不断创新、优化和完善，确保和提高企业电子商务系统的竞争力。

二、电子商务网站开发方式选择

目前，网站的开发方式有购买现成网站方式、独立开发方式、联合开发方式、委托开发和业务外包方式四种。不同的开发方式各有优缺点，且对知识产权、开发费用等都有不同的影响。企业需要根据自己的技术力量、资金情况和外部环境等各种因素进行综合考虑和选择。但是，不论哪一种开发方式都需要企业管理层的支持和相关业务人员的参与，并在网站的整个建设开发过程中注重培养企业自己的信息技术队伍。

（一）购买现成网站方式

专业从事网站建设的公司将开发出来的网站商品化并标价出售，旅游企业为了提高网站系统开发的时效，可购买现成网站。此网站系统建立方式的优点是节省时间和费用，技术含量高；缺点在于它是基于商业目的开发的通用型网站，因而专用性较差。为了使网站更能符合旅游企业的特定需求，发挥最佳性能，通常需要做一些功能上的改善。

（二）独立开发方式

此方式适合自身拥有较强信息技术队伍的企业。其优点是开发费用少，系统的功能与结构能较好地适应本单位的实际需要，便于对网站的更新维护；缺点在于缺乏经验和专业的整体规划，网站系统开发人员属非专业人员，都是临时从所属各单位抽调出来进行网站系统的开发工作，彼此间缺乏了解和合作的默契感。这些开发人员还要兼顾本岗位上的一些工作，难以全身心投入，因而易造成系统开发时间较长，系统优化不够，开发水平低等问题。且由本企业自主开发时，为了省事和赶时间，往往会省略忽视一些标准的系统开发书面材料，如系统设计说明书、用户手册等的规范化编写；开发人员如果调离该企业，系统的日常维护和日后升级工作将难以进行。因而，企业在自主开发网站系统时，一方面要加强管理，坚持按标准化程序进行系统开发；另一方面可向专业开发人士或公司咨询请教，或聘请他们作为开发顾问。随着可视化和对用户友好的第四代软件开发工具和项目管理生成器的不断出现，越来越多的企业将可以进行自主的网站系统开发。

（三）联合开发方式

联合开发方式适合于自身有一定的信息技术人员，但对网站开发方法步骤不甚了解，或是整体优化能力较弱，希望通过网站的建设提高完善自己的技术队伍，便于后期系统维护工作的企业。它的优点在于比委托开发方式节省资金，但更重要的是可以培养、增强企业自身的技术力量，利于网站系统今后的升级维护工作；缺点是双方在合作过程中易出现相互推诿的现象，因此需要制定详细的分工协作协议，明确双方职责，以便进行协调检查。同时双方要相互尊重谅解，出现问题时及时沟通。

（四）委托开发和业务外包方式

委托开发方式适合于网站系统开发队伍技术力量较弱，但资金较为充足的企业。委托开发省时省事，旅游企业只需把网站的功能与需求告诉承包的专业网站开发公司，由专业开发公司负责网站开发的一切具体事宜。并且开发出来的网站系统技术含量和专业化水平也会较高。缺点是费用高，对网站的升级维护要长期依赖开发公司的技术支持。同时，开发过程中需要开发单位和企业双方及时沟通，进行协调和检查，才能开发出满意的网站系统。

所谓业务外包，是指企业不依靠其内部资源建立网站系统，而是聘请外部专业开发公司负责网站的建设，甚至是日常管理的方式。委托开发和业务外包的主要区别在于，委托开发一般是就一次性项目签订委托合同，而业务外包则往往是签订一个长期的服务合同，对企业有关网站信息技术的业务进行日常支持。

现在，越来越多的企业选择业务外包的方式建立本企业的网站。其根本原因在于，企业使用业务外包方式建立网站比维持企业内部的一个 IT 管理团队更划算、更能控制成本，因为负责网站服务的外部开发商在从规模效益（用相同的知识、技术和能力为多个客户服务，从而降低开发经营成本）中获得经济利益的同时，也能以较低廉的价格向客户提供服务。此外，专业的外部开发商往往都会使用较流行的技术和程序语言进行开发网站系统的开发，更利于网站今后的发展与扩容。而业务外包有可能会给组织带来安全性的问题，企业需要决定承包者进行不损害网络安全的工作时需要些什么信息，还要决定对 Web 服务器采用什么样的安全策略，以防止承包者访问未授权的敏感数据。

如上所述，不同的网站系统开发方式各有不同的长处和短处，旅游企业可根据自己的实际情况灵活选择，也可综合利用各种开发方式。

三、电子商务网站系统的开发方法

从系统的观点来看，电子商务网站本身就是一个系统，而且这个系统又是更大的系统——企业信息系统和电子商务系统的一部分。因此，电子商务网站的建设过程，实质上是信息系统的开发、设计与实现的过程。生命周期法与快速原型法是进行电了商务网站建设时常采用的系统开发方法。

（一）生命周期法

类似于生物，电脑系统也会经历一个产生、发展和消亡的过程。生命周期法是采用结构化系统分析与设计原则，并按照生命周期流程来进行信息系统开发的方法。生命周期法将整个信息系统开发过程划分为若干个相对独立的阶段，然后分阶段实施。每一阶段都有明确的开发任务和开发的成果以及相应的评测指标；每一阶段都产生相关开发文档和资料；每一阶段的开发成果都成为下一阶段开发的基础和依据。生命周期法适用于大型信息系统、应用软件及商务网站的开发，它的开发过程一般可分为以下 5 个阶段（图 4.3）：

1. 系统规划阶段

当现行系统因各种原因已不能适应企业发展，需要从无到有进行开发设计时，首先必须提出建立一个新系统的要求，就用户需求以及新系统开发的目标、原则、方法、条件是否成熟等问题进行可行性研究，并提供可行性报告等书面文件。可行性报告得出的结论不一定认为新系统的开发是可行的。如果得出的结论是开发条件不成熟，新系统的

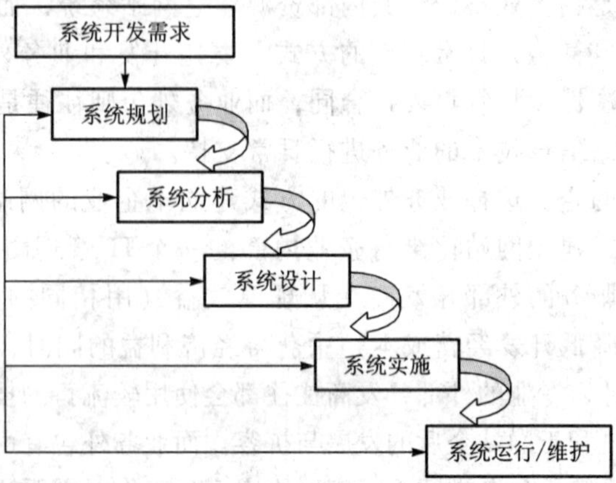

图 4.3　生命周期开发方法流程

开发计划可以就此终止或暂缓执行，无需执行以下步骤。

2. 系统分析阶段

如果可行性报告得出可行结论，并得到企业管理高层的首肯和支持，就可以开始详细地调查和分析企业现用系统，了解各项业务活动的具体流程，并用图表工具进行定性和定量分析，从而构思和确立新系统的基本目标和功能。此阶段主要解决新系统将要“做什么”的问题，并产生系统说明书、系统总体设计方案等书面文件，以指导下一阶段的开发工作。

3. 系统设计阶段

该阶段正式进入对系统开发的技术层面，开始对系统各组成部分进行具体设计（包括模块、代码、数据库、输入/输出、处理逻辑的设计等）及考虑如何用具体的物理设备和通信传输手段来实现系统的各项功能，此阶段要解决新系统具体“怎么做”的问题。产生的书面文件是系统设计说明书。

4. 系统实施阶段

该阶段的实质是进行具体的系统软件开发工作，将系统的规划与设计模型转化为能够实际运行的系统。主要包括以下步骤：设备购置与安装；编写程序；数据的整理/录入；操作人员培训；逐步验收/试运行。在逐步进行开发的同时，也要着手准备验收合同和用户手册等书面文件。

5. 系统运行和维护阶段

新系统投入运行后的各项日常管理、维护工作。此阶段产生的系统维护记录是系统进行改进和开发新版本的重要依据和第一手资料。

生命周期法的优点主要表现在：强调系统开发过程的整体性和全局性，在整体优化的前提下考虑具体的分析设计问题；严格划分开发阶段，强调一步一步严格地进行系统分析和设计，每一步工作都及时总结，发现问题时及时反馈和纠正，避免开发过程的混乱状态；用模块化的结构创建系统，便于系统开发的组织和分工，提高开发效率。

生命周期法存在的主要问题是技术上要求高，开发周期长，费用也较高。另外，这种方法要求系统开发者在调查中充分地掌握用户需求、管理状况以及预见可能发生的变化，这不大符合人们循序渐进地认识事物的规律性。因此，在实际工作中完全实施有一定的困难。

（二）快速原型法

快速原型法是在20世纪70年代出现，旨在改进生命周期法缺点的一种系统开发方法。在系统开发前期，用户往往对未来的目标仅有一个较模糊的想法，而且受专业知识的限制，系统开发人员对系统的具体应用功能也不甚清楚。快速原型法根据用户提出的需求，由用户和开发者共同确定系统的基本要求和主要功能，以及相应的用户界面，并在较短的时间内建立一个实验性的、简单的信息系统原型（模型包括程序模块、数据文件、用户界面、输出信息、与其他系统的接口等内容）。由于有了一个直观的操作界面平台，用户和开发人员之间更易于讨论、交流和沟通。在用户试用原型的过程中，开发人员依据用户提出的评价意见对简易原型进行反复修改、补充和完善，使快速原型越来越能够满足用户的需求，直至用户和开发者都比较满意为止，最终形成一个正式的、可交付使用的工作原型。快速原型法的具体步骤如下（图4.4）：

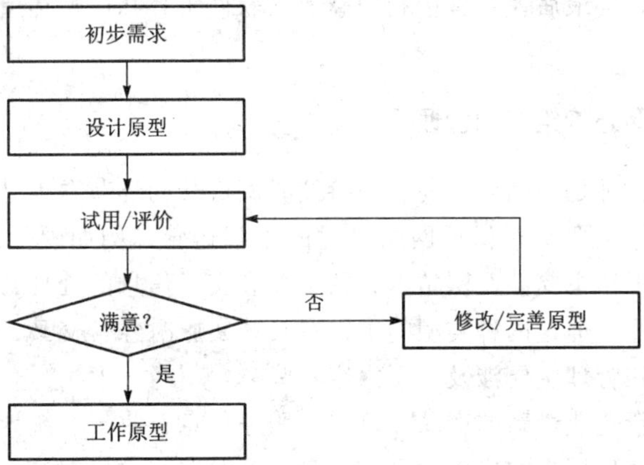

图4.4　快速原型法流程

1. 确定初步需求

开发者根据用户对系统提出的主要功能与需求，确定系统的范围和应具有的功能、人机界面等，得到一个简单的计算机模型方案。

2. 设计原型

依照模型方案，以尽可能快的速度和尽可能低的成本建造一个结构仿真模型，即快速原型。

3. 试用/评价

初始原型建成后，交给用户试运行，专业测试人员也对其进行试用、检查，并分析效果。

4. 修改/完善

由于原型是快速建立起来的，许多细节未考虑到，难免有许多不合理之处；系统开发人员通常对企业的经营管理流程不甚了解，而企业客户的计算机水平往往有限，因此，开发人员和用户之间必须进行充分沟通，对用户提出的不满意之处要进行认真细致地反复修改和完善，直到用户满意为止。

5. 建造系统的工作原型

在用户满意的初始原型基础上进一步完善性能、编制必要的文档资料和技术文件（例如用户手册），最后和系统一起提交给用户。

快速原型法开发的过程，不仅是系统开发的过程，也是开发者对用户需求了解不断深入、用户对信息系统的功能不断认识和学习的过程，从而有效地保证了系统的适用性。在构建系统原型时，要尽量遵循高效和节省的原则。首先，尽量利用已有的软件/模型进行积木式的构建开发；其次，最初构建的原型只需反映出用户需求的最主要特征即可，不求面面俱到；最后，要善于利用高效的软件工具和原型建造工具，以求在最短的时间内完成任务。

四、电子商务网站的维护和管理

网站的维护和管理是网站生命周期中持续时间最长的环节，也是资源投入最多的阶段。网站的管理工作主要是指保证网站平时的正常运营，例如硬件设备和网络的管理等；而网站的维护工作主要涉及网站内容的更新和交互信息的处理，例如栏目内容的更新及用户回馈处理等。但这两种类型的工作在具体实施时经常交叉，难以严格区分。电子商务网站的维护和管理主要涉及以下内容：

及时发布、更新企业最新的产品、价格、服务信息；收集、统计用户信息，提交相关部门分析处理；处理用户的投诉、需求信息，及时向用户反馈结果；定时更新页面设计；不断增加网站的营销创意；积极推广网站，提高网站的访问率；维持网站设备状态良好、不间断地安全运行；注重网站安全管理，防范黑客、病毒的恶意攻击和访问；严格机房管理制度，严禁非相关人员进入；定时对网站进行测试、评估，不断优化网站的经营管理。

由上可知，上述任务中许多工作单靠网站的管理人员是无法完成的，如信息的处理、客户意见的反馈及营销策略的实施等。所以从某种意义上说，电子商务网站的维护需要企业各部门的齐心参与和通力协作。

第四节　电子商务网站应用的基础设施

一、全球分销系统

全球分销系统（Global Distribution System，GDS），是由航空公司订座系统（ICS）和 20 世纪 70 年代的航空公司计算机预订系统（CRS）演变发展而来的。目前国际上比较知名的 GDS 网络系统有 Galileo、Apollo、Amadus、Sabre、Worldspan、Axess、Sahara 等。GDS 原先主要是通过专用增值网络（VAN）提供机票预订服务。进入 20 世纪 90 年代，随着 Internet 的日益普及，GDS 向旅游业全方位服务的方向拓展，不仅能为旅游代理商采用，而且深入到千家万户，为旅游者提供包括旅游线路规划、机票预订、酒店预订、网上支付等服务。

使用 GDS 技术的各类旅游服务网站也如雨后春笋般地冒出来，例如国内的八爪鱼旅游网站 www. octopustravel. com（图 4.5），旅客只要拥有信用卡，就可轻松地以优惠价格预订遍布全球五大洲 2 万多家酒店的房间，可供选择的规格包括经济型旅馆和豪华五星级酒店，能够满足不同层次旅客的需求。

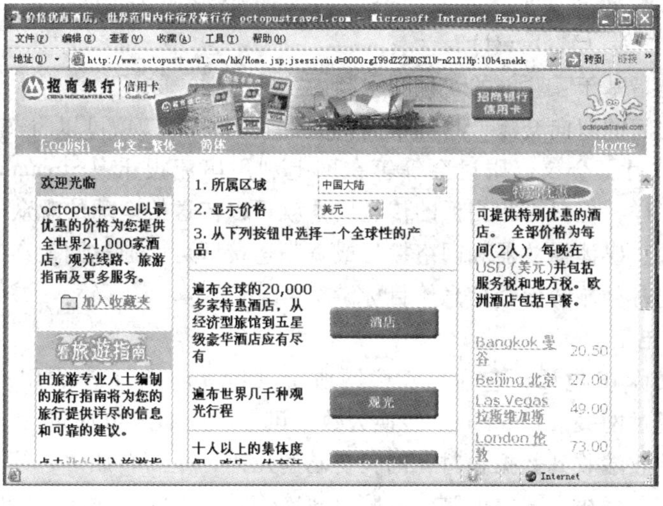

图 4.5　八爪鱼旅游网站首页

二、电子购物车、网上聊天、网上广播和网络电话

（一）电子购物车

电子购物车（Electronic Shopping Chart），又称电子购物篮，是电子商务网站里常用的一项订购处理技术，它可以跟踪、保存顾客的购买意向。顾客在网上购物时，可将选中的物品放入电子购物车中，继续采购；在最后付款之前，顾客可随意往电子购物车里添加或删除物品，购物车里的物品数量和金额会自动修正，这使网上购物变得更加轻松愉快。电子购物车的功能是通过软件程序实现的，许多电子商务服务器软件包内都包含有电子购物车的构建组件。电子商务网站开发者也可根据需要，采用 ASP 或 JSP 等编程技术自行开发，或是直接购买第三方的购物车软件。

（二）网上聊天

网上聊天（Online Chatting）是借助互联网进行的人际传播，人人皆可参与。与其他书面交流方式相比，网上聊天不需要延时，是实时的。

交流者可自由选择使用文字、声音或视频的方式进行交流。近年来，企业开始意识到在线交流蕴含着丰富的商机，借助互联网组织顾客进行对话，可以聚拢人气，更好地了解客户及为客户服务。聊天室、在线论坛（Online Forum）和聊天组（Chat Group）正被广泛用于电子商务。目前，许多电子商务网站都设立了聊天室。一方面，可以提供在线客户服务，顾客可以在网上与企业相关人员或其他顾客交流，对企业提供的产品和服务进行查询、讨论或提出改进建议；另一方面，可以增强用户的参与感，保持他们的忠诚度。

（三）网上广播（Webcast）

网上广播是指基于互联网的音频和视频内容的广播。除了允许视听点播外，还提供播送方和观众之间的双向交流，具有很高的交互性。网上广播可以将文本、音频文件、现场或录像的节目、会议、研讨会等等在网上利用串流视讯（Streaming）技术播放。它和观看电视一样，但只需相当低的传送成本就可以传送给全球的观众。观众只需有一台带声卡的电脑、媒体播放器和网络拨号或宽频连接即可。通过网上广播的方式，旅游企业可随时发送各种旅游促销信息给目标游客群。

（四）网络电话

网络电话又称 IP 电话，它通过互联网协定（Internet Protocol，IP）来进行语音传送。它将声音通过网关（Gateway）转换为数据讯号，压缩成数据包（Packet），通过网络传送出去；接收端收到数据包时，网关自动解压缩，重新转成声音给接收方聆听。目前网络电话有三种联机方式：电脑到电脑（PC to PC）、电脑到电话（PC to Phone）、电话到电话（Phone to Phone）。

网络电话虽然也依赖于全球电话基础设施，但不会产生高昂的长途电话费，是新世纪数据网络服务的一个重要发展方向。旅游企业和商务网站可通过网络电话与全球顾客实时交流，不仅提供的服务更快捷、更人性化，而且可以节省大笔通讯费用。

第五节　旅游信息门户网站、虚拟旅游与虚拟社区

一、旅游信息门户网站

旅游信息门户网站（Portal Site）是一个资讯量庞大、功能齐全、交互性强的全方位旅游资源、资讯平台，可为客户提供各种商务及休闲旅行服务。游客登陆网站后，就可进行旅游信息查询、信息比较，预订酒店、机票和购买休闲度假配套服务，享受价格优惠的一站式服务。小型的地区性旅游门户网站通常只提供该地区的旅游资讯和服务，而较大型的旅游门户网站则提供全国乃至全世界较著名城市、景区的旅游信息及相关的酒店、机票预订服务。

按网站创办单位来说，旅游门户网站有完全由企业创办的，也有由当地政府的旅游主管部门主导创办的。由企业创办的旅游门户网站完全按照市场规律运作，国内较著名的专业旅游门户网站有携程网（www. ctrip. com）、e 龙网（www. elong. com）、指南针网（www. ly321. com）等。而由政府旅游主管部门主导创办的旅游门户网站（通常是当地电子政务网的一个有效组成部分），主要是为该地区的旅游企业提供免费或廉价促销服务的电子商务平台，进而整合旅游服务资源，提高档次和服务质量。另外，也利于旅游主管部门的有效监管，如安徽省合肥市的旅游信息门户网站（www. hfly. gov. cn）。目前，国内一些较大型的综合性门户网站，如新浪网（www. sina. com），也开辟了自己的旅游信息门户。国外较著名的专业旅游门户网站则有 Travelocity（www. travelocity. com）、triplel（www. triplel. com）、travelsource（www. travelsource. com）、travelweb（www. travelweb. com）等。

二、虚拟旅游

相信许多人都想出去旅游放松一下，但往往是“有时间没钱，有钱没时间”。虚拟旅游可帮助你实现真正的网上旅游，不用出家门，只需要动动鼠标，即可游览各地风光。美国专门从事民众与互联网研究机构 Pew Internet & American life 的一份调查报告显示，在当前美国所有的互联网用户当中，45% 的成年美国网民曾在网上有过虚拟旅游的经历。

虚拟旅游的方式包括在网上浏览相关地点的风景图片、收看视频以及全息数码相片等，它综合运用了人工智能、虚拟现实及地理信息系统等高端技术，将现实中的场景制作成用于互联网、多媒体光盘、电子名片、触摸屏等多种载体进行展示的电子文件。如中国台湾的360度虚拟实景旅游网（http：//trip. vts. com. tw），以三维实景方式展示台湾地区的各旅游景点及交通状况，浏览者可移动鼠标，从上下、左右、前后任意角度观赏，获得身临其境般的感受（图4. 6）。

图4. 6　360度虚拟实景旅游网首页

虚拟旅游给旅游产品提供了“身临其境”的展示和体验机会，使无形的旅游产品变得“有形”起来。旅游目的地可充分利用虚拟旅游技术来进行宣传促销，把景区的优美景色、精巧工艺品及特色小吃鲜活地展示给潜在的旅游消费者，激发他们前来亲身体验的欲望。虚拟旅游技术也让人们有机会重新领略一些渐已消失的风光（如三峡之旅），和到常人难到的地方去领略绝妙风光（如太空之旅、深海之旅）。此外，虚拟旅游技术还可用来帮助旅游目的地进行开发规划和论证。

中国商务旅游网推出了大型场景游戏——《虚拟旅游》。《虚拟旅游》不仅是游戏，更是一本生动的旅游指南，它模拟了真实的城市场景，又不同于普通地图，它的仿古建筑风格、有趣的卡通人物设计、交互的游戏场景，众多的娱乐元素使人们在游戏中充分领略旅游目的地的魅力，得到丰富完整的旅游信息。

三、虚拟社区

虚拟社区（Virtual Community）的概念最早是由霍华德·莱因古德提出的。霍华德·莱因古德认为，虚拟社区是指以虚拟身份在网络中创立的一些由志趣相同的人们组成均衡的公共领域。在网络虚拟公共空间里，人们可以像在现实中的社区生活中一样交友、聊天、休闲以及展开其他活动。有共同兴趣爱好或对某一话题感兴趣的人，可以突破时空限制进行交流。在虚拟社区中交流不需要有相似的职位和态度，人人都有一个虚拟的身份并处于一种平等的地位，可以在法律道德允许的范围内表达自己真实的观点和情感。在虚拟社区中，你可以就某种事物和其他人讨论，发表自己的独特见解和经历感受，也可虚心地向他人求教，从而满足情感交流的需要，丰富自己的社交阅历和增长见识。

社区是人们交流思想、观点和发表言论的地方，应具有良好的互动交流工具，如电子公告板、聊天室、新闻组等。社区往往也会提供一些简单易用的模板，供成员构建有个人特色的主页，以便向其他成员介绍、展示自己。此外，社区还常包含一些辅助性的、社区成员日常“网上生活”所需要的服务，如电子邮件服务、记事本等。

构建虚拟社区时必须考虑以下基本要素：

（一）主题定位明确

建立虚拟社区必须主题定位明确，并有针对性地围绕一个主题开展工作。如果主题过于分散或缺乏鲜明特色，社区居民则会因兴趣各异而造成彼此交流和沟通上的不畅通，不利于人气的聚集。社区如果规模较大，则应考虑按不同主题划分不同版块。

（二）互动性

互动性有两层含义：一是指居民与社区间的互动性。社区中的居民不应只是被动的接收和使用社区内已有信息，还应该是信息的主动提供者和社区设施建设的参与者。网站经营者要善于调动居民积极性，共建美好的网上家园。二是指居民与居民间的频繁交流。居民间不断地交换信息、互通有无，是虚拟社区的生命力所在。社区应该努力为居民提供和创造更多相互交流的机会，交流的机会增多，信息总量才会不断增多，从而增强整个社区的活力，吸引新成员，形成良性循环。

国内人气较旺的虚拟社区之一——天涯社区（www.tianya.cn）关于旅游休闲的版块（图4.7）已成为旅游爱好者们自发的聚集地。旅游者会把自己去过的地方、旅途感受及注意事项，以图文并茂的方式在社区里发表（简称“发贴子”）出来与旅游爱好者们共享。

旅游爱好者们在决定出行某地时，会在社区里发贴子求教有关当地的景点、交通和食宿等各类情况。了解当地状况的旅游爱好者们也都积极回贴响应。通过此方式，旅游爱好者们可以规划一个经济、愉快的行程。虚拟社区也是一个网上组团的好去处。现今的许多旅游爱好者见多识广、阅历丰富，已对许多旅游地传统的线路不感兴趣，他们可以自行规划出一条独特的、能满足自己兴趣爱好的当地旅游线路，并在旅游虚拟社区里

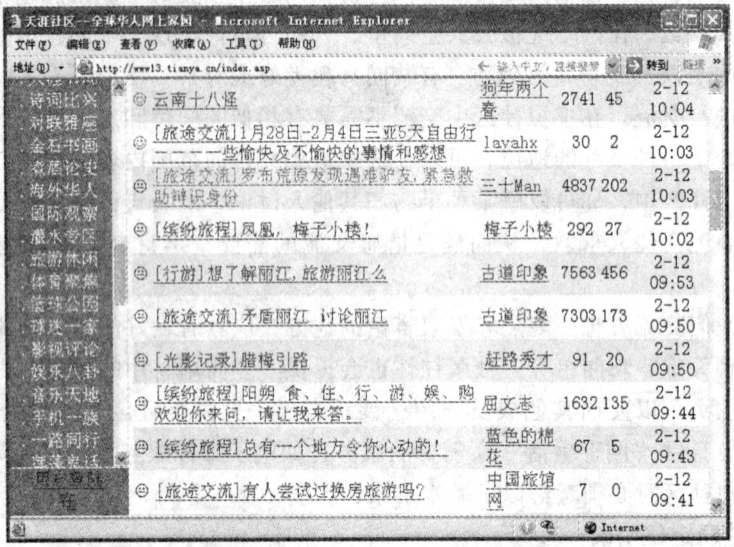

图 4.7　天涯社区的旅游休闲主题区

广发贴子，邀约全国，甚至全世界对此线路感兴趣的旅游爱好者们结伴而行。如果招集的人数达到一定规模，就可用团队旅游的名义与当地旅行社联系，要求以较优惠的价格提供该旅游线路的服务。

旅游虚拟社区的创建者主要有两类：一类是由专业旅游商务网站创建的；另一类则是由较受欢迎、人气较旺的综合型网站和社区创建的，如上文介绍的天涯社区。不论是哪类旅游虚拟社区，都应当引起旅游企业的高度重视。旅游企业设立的旅游门户网站站在旅游企业的角度看待和思考问题，认知可能与旅游者实际的需要并不一致，存在盲区，所提供的服务不一定就是旅游者感兴趣的。而旅游虚拟社区里的许多贴子，都是旅游者自身的想法、感受描绘，更能表达出他们的真实意愿和需求，蕴含着丰富的商机。旅游虚拟社区也可成为旅游企业的“实验田”，旅游企业有了新的创见，也可在社区里广泛征集意见，视其受欢迎程度来决定是否实施，从而降低经营风险。不可忽视的是，社区具有极大的“口碑效应”，一传十，十传百，社区的负面报道会影响许多旅游者今后是否到某地旅游的决定，一些贴子还会被链接到其他虚拟社区，影响面更广。旅游管理部门和旅游企业必须认真看待旅游虚拟社区里的投诉贴子，及时处理、道歉和说明情况，努力消除不良影响，不断改进，为旅客提供满意、优良的服务。

与此同时，虚拟社区的经营者可以通过多种方式创造经济价值。虚拟社区将兴趣相同的成员集中到一起，可以带来许多交易和信息交流的机会，商家对此很重视。商家可选择在特定的社区内，有的放矢地向其目标客户群成员提供各种产品目录、折扣券及举办各种类型的拍卖和促销等活动，有些虚拟社区甚至支持在线交易。此外，社区中一些非常有用的市场信息，如社区成员的人口、心理统计，他们对产品、服务和问题的看法，他们在社区中的交易行为数据等，在社区成员许可的情况下，社区经营者可以收集、整理。而且，社区经营者还可以在社区中提供某些有偿服务，或在社区内放入一些特定内容（包括文章、图片或音乐等），供成员付费使用。

虚拟社区的进一步发展需要交流手段的极大改进，包括声音、视频、三维图形等技术的引进，自然语言和体态语言的输入和表达、情感计算等问题，以及由此带来的带宽问题。可以说，不断完善的虚拟社区是多媒体技术、虚拟现实技术、网络技术以及人工智能技术的汇聚点。

第六节　虚拟旅游企业

一、虚拟旅游企业的内涵

随着社会的发展及物质生活日益丰富，市场上的商品总量已超出人们需求。此时，人们开始不再满足于那些只具有基本功能、千篇一律的标准化产品（Standardized Product），转而开始追求能展现个性，满足自己特殊需求的个性化产品（Customized Product）。以旅游行业为例，越来越多的游客们已不再满足于以组团方式参观旅行社制定的、几十年不变的所谓经典路线，他们往往会根据自己的兴趣爱好（如怀古、探险、休闲、高尔夫等）自行制定旅行社没有提供的独特路线。游客既可以自助游、自驾游的方式出行，也可以网上组团并要求旅行社提供该路线服务的方式出行。如何满足顾客越来越多样化的个性需求？这既给旅游企业带来了机遇，也带来了巨大的挑战。

旅游行业涉及旅行社、饭店、宾馆、交通、通讯、旅游景点、旅游商店、文化体育设施，以及保险、医疗、银行等许多方面，旅游市场的开发需要对这些相关行业和部门进行综合配置。否则，短缺方面必将限制那些规模大于实际需要的行业和部门发挥效益，造成旅游资源的浪费；无法给游客提供最佳的服务，甚至影响旅游业的形象。因此，旅游企业间的合作成为一种理性的选择。

虚拟旅游企业就是相互独立的旅游组织或企业通过互联网技术连接起来，共享技术、成本以及市场销售渠道，从而创造共同开发旅游市场的机会。旅游虚拟企业既可以是临时性的合作经营，也可以作为永久性企业进行经营。其企业成员（如旅行社、景区、酒店、旅游车出租公司、航空公司等）在虚拟旅游企业组织以外仍然保持着独立性，并且进行着自主经营。虚拟旅游企业使大公司（如航空公司、连锁酒店）和小企业，甚至一个人经营的旅行代理协同经营，通过整合和高度标准化管理，如同运作一个超大型的企业，成员企业形如不同部门，协同运作，从而高效率地共创利润，形成多赢的局面。

旅游企业基于网络的虚拟联合通常有两种形式：一是横向联合，如旅游饭店之间、专业旅行社之间通过建立销售和预订协作网络，相互代理产品，并通过消费会员、累计优惠、共享客户资料、共同促销等多样的方式将客源稳定在联合体内部；二是纵向联合，如大型旅游批发商将电脑分销系统延伸向分布城市各地的小型旅行社，发展代理商网络。

二、虚拟旅游企业的运作形式

虚拟旅游企业的运作形式，主要有以下四种：

（一）业务外包

为了在激烈的竞争中取得优势地位，旅游企业可通过业务外包（Outsourcing）的形式把一些自己并不擅长的次要业务转由外部专业企业处理（如酒店可将客人衣物洗涤服务外包给专业洗涤店）。这样，不仅客人能够得到更加满意的专业化服务，而且旅游企业也可以集中精力研究制定企业的经营推广策略和发展核心业务，使企业快速健康地成长。

（二）战略联盟

旅游企业为满足消费者的不同需要和自身利益的驱使，可随时选择和变更合作伙伴。如：面对旅游者列出的旅游产品的订单，旅行社或旅游公司可选择不同代理商，快速高效地组织适合旅游者需要的旅游产品。同样，面对另一个旅游者的订单，进行虚拟运作的旅游企业又作出另外一种选择进行产品组合而不受其业务能力和业务范围的限制。

（三）虚拟销售

旅游企业可利用网络、卫星等高科技手段进行虚拟销售。比如，酒店和旅行社采用GDS系统，可以实现跨酒店（H2H）的房间预订。

（四）企业共生

大、小旅游企业可以各自发挥特点，实现大有大用、小有小用，达到企业共生。大旅行社负责海外营销与宣传，小的地方旅行社负责接待与安排工作（季文雅，2005）。

三、虚拟旅游企业的运作和协调管理

作为旅游消费平台，虚拟旅游企业覆盖企业与企业交易和企业与个人消费两大交易领域。前者为旅游企业与旅游企业之间的合作提供便利，促成旅游企业之间横向和纵向的、更深层次的整合，并提供了有力的促销手段；后者则满足了不同层次消费者对旅游产品的需求以及旅游企业对产品促销的需求，开拓了旅游观光事业新的发展机会。旅游企业可在网上对其旅游产品进行各种促销活动，用户可在网上预订酒店、机票，租车，制定旅游线路和实施网上组团。

虚拟旅游企业可以设立自己的中心库，通过企业成员收集、了解市场的动态、游客的旅游记录及反馈意见等信息；通过市场分析、数据梳理、信息加工，提炼对企业决策最有价值的信息供企业决策者利用；然后通过广泛交流与学习，把各自的核心优势在虚拟组织中共享，让企业成员共同成长。这有利于企业成员改进服务质量，有利于虚拟旅游企业了解游客消费行为和消费欲望，编制有针对性的数据分析报表，指导成员公司进行市场宣传活动；获取的信息还可帮助虚拟企业对旅游市场的发展方向作出预测，以制定未来的中长期销售和运作计划。成员间的信息共享，使企业更加容易获取更新和可靠的信息，有效避免因缺乏信息或信息错误导致的决策失误（杜文才，2005）。

虚拟旅游企业的建立解决了旅游行业要求大协作、大品牌的矛盾，使原来单兵作战的局面变成网络营销联盟，“信息孤岛”的问题不再成为企业发展的障碍。同时，虚拟旅游企业有利于企业成员之间整合资源，实现合理分工，发挥专长，实现优势互补；能够帮助企业成员突出自己的核心业务和核心竞争力，真正取得 1 + 1 > 2 的效果。

虚拟企业的创建遵循双赢（Win—Win）策略，企业成员在合作过程中相互促进，共同发展。在共享成果的同时也必须共担风险，因此慎重选择合作伙伴是取得成功的关键之一。虚拟旅游企业的建立讲究的是一种强强联合，每个企业成员都必须在各自领域具有核心竞争力。一个没竞争优势的成员将大大削弱整个虚拟企业的反应处理能力。这类似于所谓的“木桶效应”，一个木桶能装多少水，不是由围成木桶的最长那根木头而是由最短的那根木头决定的。企业成员的素质也是一个重要考量，素质较差的企业难免有时出现不诚信或不规范行为。由于虚拟旅游企业的成员关联性，一个企业成员的违约或违法行为可能会把一连串的企业成员拖进困境。

虚拟企业是战略与结构的有机结合，要求各个企业具有核心技术，企业优势有互补性。而且由于虚拟企业是各成员企业就某一项目的完成为目标而结合起来的临时性联盟，管理过程中的协调问题更加复杂多样，《虚拟企业的协调管理》（马连杰，张子刚）① 一文提出了要从以下四方面对虚拟企业进行更灵活的协调管理：

（一）虚拟企业的知识管理与协调

知识管理是指通过改变人的思维模式和行为方式，建立知识共享与创新的企业内部环境，运用集体的智慧提高应变能力和创新能力，最终实现企业的目标。虚拟企业的知

① 3edu 教育网 . www. 3edu. net.

识管理对协调提出了更高的要求，因为知识管理就是要促进企业内部、企业与企业之间、企业与顾客之间、企业与外部环境之间的联系，它要求把信息与信息、信息与活动、信息与人连结起来，在人际交流的互动过程中达到知识的共享，运用群体的智慧进行创新，以赢得竞争优势。

（二）虚拟企业的跨文化管理与协调

虚拟企业的管理经常面临着由于企业文化差异带来的障碍甚至冲突，一般的企业是基于统一的文化管理，而且组织内部存在一个固定形式，虚拟企业的组织形式无法实施单一的文化管理，临时性的合作又不可能有时间来培育十分完善的组织文化。构建虚拟企业、保持和培育成员企业的核心能力以及对核心能力的载体——人才的培养、激励和发展，都要求虚拟企业实行跨文化的协调管理。虚拟企业的文化管理具有以下特点：

（1）强调团队文化。虚拟企业实际是一个以完成项目为目的的团队，合作是参与各方共同的义务，因而要求形成目标一致的团队文化。在项目实施过程中要充分沟通信息、加强协调。

（2）建立信任关系。由于各成员企业来自不同的组织，有着不同的背景，在合作过程中会自觉或不自觉地产生习惯性的防卫心理和行为，阻碍虚拟企业的发展。所以，必须通过充分的沟通与尊重，建立起信任关系。

（三）建立新型管理体制

虚拟企业要求管理者善于创建组织的共同未来远景，并能清楚地向下属阐明目标与要求，鼓励下属为达到目标协同合作，并能建立绩效评估体系；企业的员工则应具有更多的知识和更强的适应能力。

（四）虚拟企业各成员企业的自觉协调

虚拟企业管理过程的目标就是通过各个成员企业的各种资源的合理配置，使成员企业的核心技术实现良好的配合，从而完成合作项目。协调是在自觉、自愿、自主的条件之下实现两个或两个以上企业间的合作。为了处理好虚拟企业中内部组织关系、各企业成员间的关系、企业成员与外部环境的关系以及虚拟企业与外部环境的关系，就必须真正理解“我们是同一个产品”，具有共同的目标和利益，培养和保持“共赢”的虚拟企业经营理念。

因此，旅游电子商务的发展将进一步促进旅游企业的重组与整合，使我国旅游业走向“集团化、网络化、专业化”的产业组织格局。

第七节　实务演练

一、IIS 服务器的安全与调试

IIS 可以安装在 Windows NT Server、Windows 2000 和 Windows XP Professional 中。在安装 Windows 时可能已自动安装了 IIS。如果系统中存在 C：\ Inetpub 文件夹或 D：\ Inetpub 文件夹，则说明 IIS 已经安装，否则要重新进行安装。

［**第一步**］安装 IIS（以 Windows 2000 为例）。在 Windows 2000 中，依次选择【开始】→【设置】→【控制面板】→【添加/删除程序】（图 4.8）。

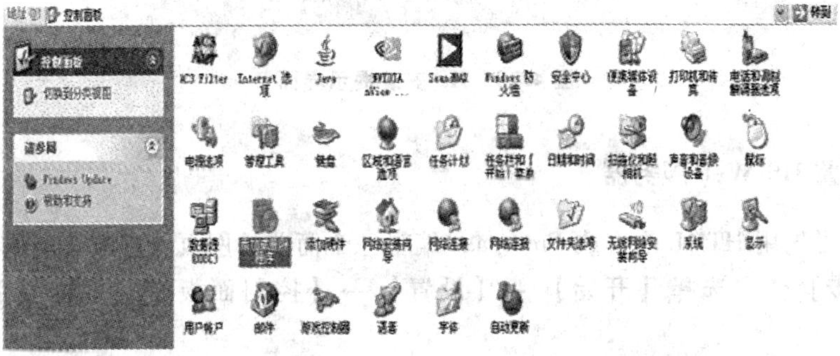

图 4.8　在【控制面板】中选中【添加/删除程序】

［**第二步**］在界面的左侧菜单栏中双击【添加/删除 Windows 组件】选项，并在【Internet 信息服务（IIS）】框中打勾，点击【下一步】按钮（图 4.9）。

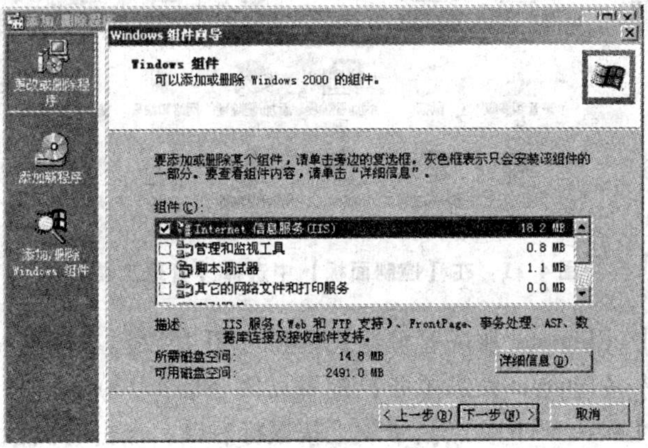

图 4.9　在【Internet 信息服务（IIS）】框中打勾

[第三步] 按照提示说明即可完成安装操作（需要有 Windows 2000 系统安装盘才能够完成安装）(图 4.10)。

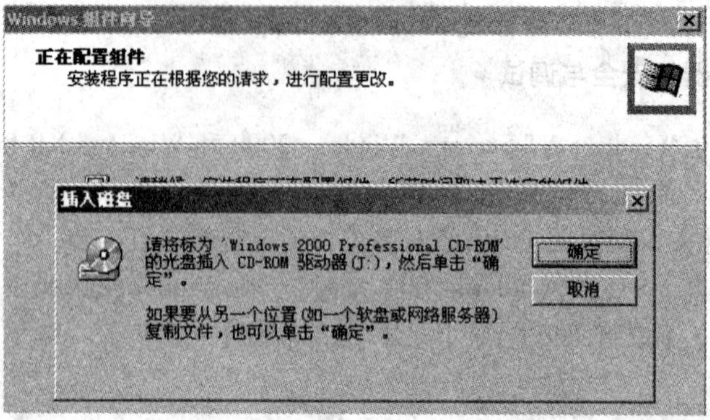

图 4.10　IIS 安装提示界面

二、配置 IIS Web 服务器

说明：可先用 HTML 语言或 Frontpage 编写一个简单的网页，存放于电脑中。

[第一步] 依次选择【开始】→【设置】→【控制面板】→双击【管理工具】(图 4.11)。

图 4.11　在【控制面板】中选择【管理工具】

[第二步] 双击【Internet 服务管理器】选项 (图 4.12)。

[第三步] 进入【Internet 信息服务】配置页面 (图 4.13)。

[第四步] 在【默认 Web 站点】子项上按鼠标右键，点击【属性】(图 4.14)。

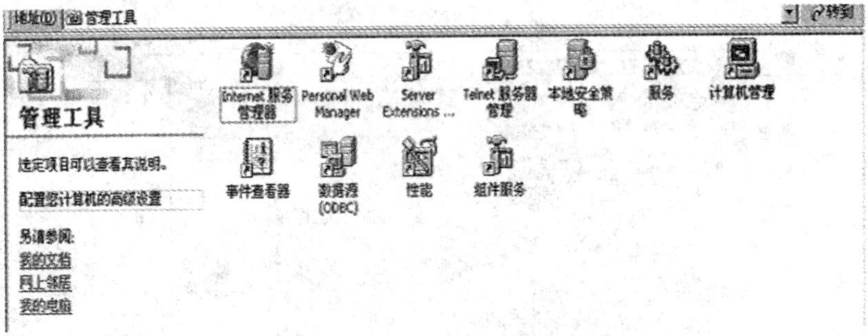

图 4.12　选择【Internet 服务管理器】

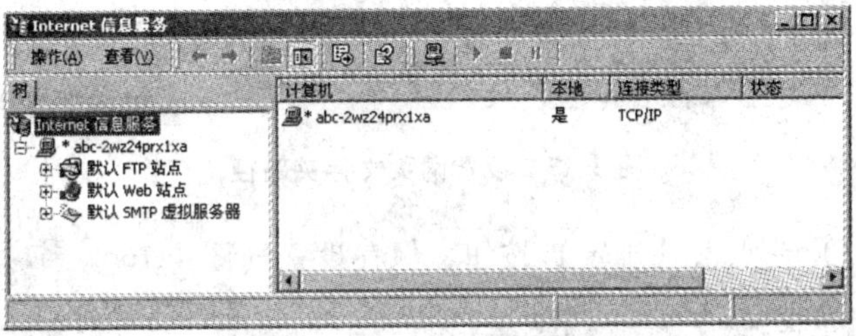

图 4.13　【Internet 信息服务】配置页面

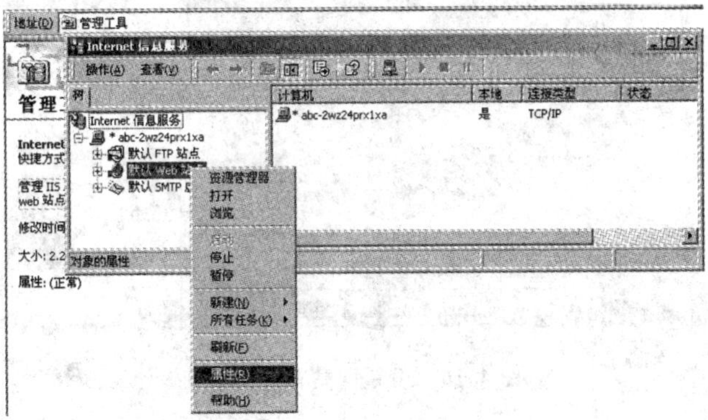

图 4.14　配置【默认 Web 站点】

［**第五步**］在图 4.14 的菜单栏中点击【主目录】选项→在【本地路径】处点击【浏览】按钮，找到网页文件所在文件夹的路径（图 4.15）。

［**第六步**］在图 4.15 的菜单栏中点击【文档】选项，添加网站的首页文件（本例

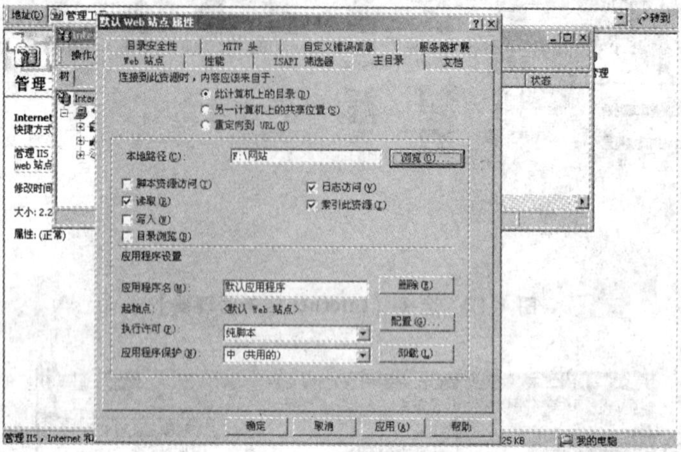

图 4.15　设置网页文件夹路径

中为【index. html】）→点击【确定】按钮，保存设置（图 4.16）。

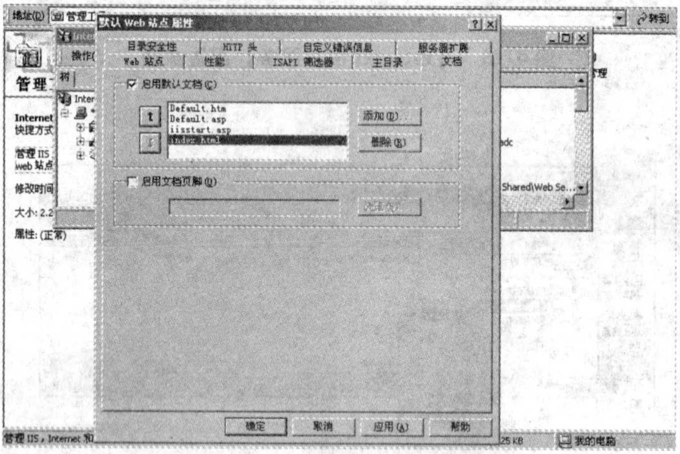

图 4.16　设置网站首页文件

三、用 IIS 发布网页

［**第一步**］查阅本机 IP 地址。点击【开始】，打开【运行】界面并输入【cmd】命令；并在随后打开的 DOS 界面中输入【ipconfig】命令，在键盘中单击【回车】（图 4.17）。

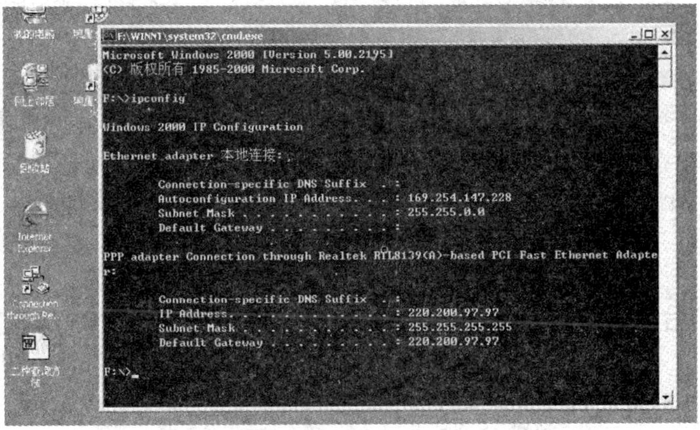

图 4.17　查阅 IP 地址

［第二步］在浏览器地址栏内输入本机的 IP 地址（本例为 169.254.147.228）→刷新页面，即可显示网站首页（图 4.18）。

图 4.18　成功显示网站首页

本章小结

旅游电子商务网站是旅游企业进行网上宣传与营销活动的舞台。本章着重讲述旅游电子商务网站的基本概况，开发网站的方法及常用的软硬件平台。同时还介绍了电子商务网站应用的基础设施以及虚拟旅游、虚拟社区和虚拟旅游企业等概念。

关键术语

系统规划（System Planning）
企业系统规划法（Business System Planning，BSP）
业务流程重组（Business Process Reengineering，BPR）
应用服务器（Application Server）
客户/服务器模式（Client/Server model）
Internet 信息服务器（Internet Information Server，IIS）
中间件（Middleware）
电子商务系统（E-commerce System）
业务外包（Business Outsourcing）
电子购物车（Electronic Shopping Chart）
网上聊天（Online Chatting）
在线论坛（Online Forum）
内容管理（Content Management）
网上广播（Webcast）
虚拟旅游（Virtual Tourism）
虚拟社区（Virtual Community）

习　题

一、问答题

1. 旅游网站有哪些服务功能？
2. 选择电子商务硬件平台的标准是什么？
3. 在考虑网站的逻辑结构时，为什么倾向于用三层结构模式代替两层结构模式？

4. 选择网页服务器时，应注意哪些问题？

5. 简述生命周期开发法。

6. 简述快速原型开发法。

7. 什么是虚拟旅游企业？虚拟旅游企业该如何运作及进行有效的协调管理？

8. 什么是业务外包？旅游企业使用业务外包有何好处？

二、论述题

1. 结合西藏旅游网的案例，谈谈电子商务网站如何从扩大客源和优化内部管理等方面帮助旅游企业做大做强。

2. 谈谈旅游企业如何通过虚拟旅游、虚拟社区、网上聊天和网上广播等方式，加强和目标旅客间的有效沟通。

3. 有人认为建立旅游虚拟企业是旅游企业未来发展的必经之路，请陈述你自己的看法。

三、实训练习

制作简单的HTML个人网站，在IIS中设置并发布。

参考文献

1. 季文雅．旅游企业虚拟学习型组织运作模式及其特点分析．http：//www. shangjie. com/0503/sbkj3. htm

2. 杜文才，等．国际互联网技术与旅游业企业过程重组．云南师范大学学报自然科学版，2003，23（1）

3. 王欣．中国旅游电子商务现状与路向．社会科学家，2004－9－3

4. 电子生财之道．张知一，译．个人电脑，Vol. 16，No. 12

5. 企业电子商务系统建设步骤．http：//www. bizing. cn/news/2004/5－12/101911. html

6. 虚拟企业的协调管理．http：//www. duozhao. com/lunwen/c97/lunwen_ 77141_ 2. html

7. 赵乃真．电子商务网站建设实例．北京：清华大学出版社，2003

8. 埃弗雷姆·特伯恩．电子商务管理新视角．王理平，等，译．北京：电子工业出版社，2003

9. 刘兰娟．电子商务网站开发．上海：上海财经大学出版社，2003

10. 刘军．电子商务系统的规划与设计．北京：人民邮电出版社，2001

11. 邓仲华．电子商务系统分析与设计．武汉：武汉大学出版社，2003

第五章

旅游电子商务支付系统

学习目标

- 概括传统支付系统的特点
- 电子支付系统的类型
- 网上电子支付系统的内容、特点和功能
- 概括 B2C 领域中几种主要的数字支付系统的特点和功能
- 概括 B2B 领域中几种主要的数字支付系统的特点和功能
- 概括电子账单展示与支付系统的特点和功能

开篇案例

深圳发展银行网上支付系统

深圳发展银行网上支付功能根据使用对象的不同，分为发展卡支付和发展网支付。对于发展卡支付，客户只需要在网上对已有的发展卡进行网上支付额度申请，申请成功后即可实现网上购物实时支付结算；对于发展网支付，客户首先通过网上或银行柜台注册成为发展网个人用户，再到银行柜台开立数字证书，然后便可利用注册的发展卡、活期一本通账户实现无限额网上购物实时支付结算。

深圳发展银行网上支付功能的特点：

（1）没有时间和地域范围的限制，只要游客拥有发展卡即可在全国范围内实现 24 小时网上购物的需要。

（2）采用符合国际标准的安全认证加密体系，全面提高了系统的安全性能。

(3) 客户支付信息直接传到银行，商户端不保留任何客户账户资料，从根本上防止商户泄露客户的账号和密码。

(4) 账户信息和交易信息完全不在游客的硬盘上存储，从根本上防止他人从客户的计算机中窃取信息。

(5) 网上支付额度由客户自由设置，既安全又方便。

(6) 无需另外申请支付卡，只需输入发展卡卡号、密码即可支付。

旅游产品如旅行社的旅游线路、机票等可以在线购买并在线付款，在线购买旅行产品能够避免因旅途携带现金而产生的不便和安全隐患。因此，在线支付是旅游电子商务的一个重要环节，是体现旅游电子商务优越性的基本条件。在技术方面，在线支付的安全已经得到保障，且越来越多的游客采取银行卡网上支付的方式进行网络购买旅游产品。中国互联网信息中心（CNNIC）2006 年 1 月 17 日公布的《中国互联网络发展状况统计报告》称，在网上购物的付款方式中，61.5% 的网民选择使用网上支付方式。电子支付指的是旅游电子商务交易的当事人，包括游客、旅游产品与服务的供应商和金融机构，使用电子支付手段通过网络进行的货币支付或资金流转。游客和旅游产品与服务的供应商、旅游产品与服务的供应商之间可采用多种电子支付方式，包括电子卡（如信用卡、记账卡、借记卡），电子钱包，电子支票，电子现金和电子结账（e-Billing）等，本章对这些概念和技术逐一介绍。

第一节　电子支付系统概述

一、传统支付方式简介

在传统旅游商务交易过程中，现金、支票转账、信用卡、储值支付以及余额累计是五种常用的传统支付方式。现金，从交易数量角度来说，是最常见的支付方式。现金便于携带，在使用时不需要身份验证，持有者可以获得即时购买力；而且现金的关键特性就是它不需要任何机构做中介就可以立即转换为其他价值形式。例如，免费航行里程数就不是现金，因为不能立即转换为其他价值形式，需要通过第三方（航空公司）作为中介来进行价值（一张飞机票）的转换（Laudon and Traver，2003）。支票转账，就是资金通过签名汇票或者支票直接从游客的支票账户转到商家或其他人的账户上，是第二种最常见的支付方式。支票是有一定时延、非匿名、有第三方参与的最常见的支付方式之一。信用卡是一种可以为游客提供信用，允许其在购买商品时延期支付，并可以在同一时间对多个卖家进行支付的方式。储值支付系统（Stored-value Payment System）通过存入资金建立账户，以后所需资金就从此账户中提取或者支付。储值支付系统包括借记卡、礼券、预付卡以及智能卡等。借记卡和信用卡看起来很相似，但借记卡不提供信用额度，而是立即借记到支票或者其他活期账户上。对于多数游客来说，使用借记卡免除了开纸面支票的需要。由于借记卡要依赖于游客银行账户上的可用资金数量，所以通常大额交易还是要通过信用卡来支付。余额累计支付系统（Accumulating Balance Payment System）指可以累计支出费用让游客定期付款的账户。传统的例子如公用事业费以及电话费账户都属于余额累计账户，这些账户通常累计一个特定的时期（一般为一个月），然后在期终时一次付清。

二、传统支付方式的局限性

传统支付方式的交易双方必须同时在某一地点出现，而且交易流程中必须有足够的延迟以保证能够发现欺诈、透支和其他问题等。然而这些假设对于电子商务是无效的。

另外，传统支付方式存在许多缺点，不能满足现在在线支付的需求（杜文才等，2006）。传统支付方式通常要求游客离开在线平台，以使用电话或寄送支票的方式付款，缺乏方便性。为了在 Internet 上完成传统支付，游客必须在线提供卡/账户的信息以及其他个人资料；通过电话或者邮寄方式所提供的卡/账户细节存在安全隐患，因此，传统支付方式缺乏安全性。信用卡只能在特约经销商处使用，一般不支持个人或企业之间的支付交易，因此，传统支付方式缺乏覆盖面。并不是所有的购买者都能达到合格的信用卡标准而拥有信用卡或支票账号，因此，传统支付方式缺乏适用性。

在电子商务的交易过程中，如果游客想采用传统的支付方法（例如支票）就不可能完成在线的实时支付。“实时”意味着当游客点击浏览器上的“付款”键时，整个交易便已被执行和完成。对于实时支付来说，游客通过 Web 浏览器传送支付指令给商家，商家把这些指令传送给银行，银行在验明其个人身份之后，再拨款给商家。在对游客认证基础上，商家再向游客提供其所购买的商品。

三、现有电子支付系统概述

（一）电子支付的概念

电子支付是指单位、个人直接或授权他人通过电子终端发出支付指令，实现货币支付与资金转移的行为。其中，“电子终端”是指客户可用以发起电子支付指令的计算机、电话、销售点终端、自动柜员机、移动通讯工具或其他电子设备。电子支付以金融网络为基础，以电子工具或各类交易卡为媒介，以计算机技术和通信技术为手段，将货币以电子数据的形式实现流通和支付。

（二）电子支付系统的类型

旅游电子商务网上支付行为中，游客经常使用的电子支付有三种主要的类型：电子货币类，如电子现金、电子钱包等；电子信用卡类，包括智能卡、借记卡、电话卡等；电子支票类，如电子支票、电子汇款（EFT）、电子划款等。不同电子商务类型要求使用不同电子商务数字支付系统。

现阶段，电子货币的形式多种多样，但基本形态是类似的，即电子货币的使用者以一定的现金或存款从发行者处兑换并获得等值的电子数据，并以可读写的电子信息方式储存起来，当使用者需要清偿债务时，可以通过某些电子化的方法将该电子数据直接转移给支付对象。

目前，旅游电子商务交易中，常用的电子货币形态有以下三种：

（1）电子现金型。即以电子化的数字信息块代表一定金额的货币。如 E-Cash 及英国研制的 Mondex 型电子货币。

（2）信用卡应用型。即在传统信用卡基础上实现了在互联网上通过信用卡进行支付的电子货币。

（3）存款电子化划拨型。通过计算机网络转移、划拨存款以完成结算的电子化支付方法，又可细分为通过金融机构的专用封闭式网络的资金划拨和通过互联网开放网络实现的资金划拨，如美国安全第一网上银行提供的电子支票、电子结账等。

四、电子支付的特征

与传统支付方式相比，电子支付的特征主要体现在如下方面：

（一）以信息流代替现金流

电子支付通过信息流的传输代替现金的交换，其各种支付方式都是通过数字化方式完成款项支付的。传统的支付方式则通过现金的流转、票据的转让及银行的汇兑等物理实体完成款项支付。

（二）支付方式便捷、高效

电子支付具有方便、快捷、高效的特征。客户只要在联网的终端上发出支付指令就可以足不出户完成全部支付过程，不仅支付过程短，而且支付成本低，仅相当于传统支付的几十分之一，甚至几百分之一。

（三）电子支付对信息的安全性要求高

电子支付方式不同于传统通过面对面或传统媒介来完成的支付方式。电子支付通过数字化方式完成款项支付，因此，对信息的安全性要求非常高。

（四）电子支付技术性强

电子支付需要多种技术的支持，比如要求网络速度快、网络安全性高以及电子支付工具方便可行等，而传统支付较少涉及这些技术问题。

五、电子支付的实现环境

网络交易平台——电子支付建立在网络平台之上，并依靠网上支付工具（如电子支票、信用卡、电子现金）的支持。

电子商务交易主体——电子支付系统的主体包括买（游客或用户）卖（商家或企业）双方。

安全协议——电子支付系统应具有保证电子交易安全进行的可靠环境，这种环境是由电子交易协议或安全套接层协议等安全控制协议来提供的。

网络银行——包括网络金融服务机构、商家银行和用户银行。

认证机构——公开安全的第三方认证体系，这一体系可以在商家与用户进行网上交易时为他们颁发电子证书，在交易行为发生时对电子证书和数字签名进行验证。

法律和诚信体系——属于网上交易与支付环境的外层，由国家及国际相关法律法规的支撑予以实现，另外还要依靠完善的社会诚信体系。

第二节　电子货币

一、电子货币的概念

电子货币是用一定金额的现金或存款从发行者处兑换并获得代表相同金额的数据，将现金价值预存在集成电路（IC）芯片或其他存储介质中，通过某些电子设备直接转移给支付对象，从而能够清偿债务。

电子货币具有迅速、简便、节省大量票据费用等优点，已被人们广泛使用。电子货币最大的问题就是安全问题，但各种保证电子货币安全的技术和法律法规也在不断完善。

二、电子货币的特征

电子货币作为现代金融业务与现代科学技术相结合的产物，和传统货币相比较，具有如下特征：

（1）电子货币的流通速度远远大于传统货币。

（2）电子货币比传统货币更难伪造。

（3）电子货币同传统货币一样具有流通手段、价值尺度、支付手段、储存手段和国际通货等基本职能。

（4）电子货币的安全性，不是靠普通的防伪技术，而是利用现代信息技术来实现。

如采用了用户密码、信息加解密系统、防火墙等安全防范措施。

三、电子货币的表现形式

（一）电子现金

电子现金（E-cash）又叫数字现金（Digital Cash），是为电子商务开发的最早的支付系统之一。电子现金泛指现有的可以进行价值存储和价值交换的数字形式，可以有限地转化为其他的价值形式，需要由中介机构来完成这一转化过程。它是在银行电子化技术高度发达的基础上出现的一种无形货币，是支票和纸币之外流通的钱，是让使用者通过把一个数字从一台计算机传送到另一台计算机的方式，为产品或服务付款的一连串经过加密处理的数据。与真正的纸币上的序号一样，电子现金的号码是各不相同的，每个号码分别由某家银行发行并表示某特定数目的真实货币。例如，利用电子现金服务，顾客可以通过他们的信用卡或银行账户购买电子现金，这些电子现金能替用户保护隐私，就像人们平时使用的纸币一样，电子现金信息里不包括使用者的姓名、年龄等个人信息。

1. 电子现金的特点

（1）安全性，能阻止伪造和拷贝货币。

（2）匿名性，电子现金数据里不包含使用者的姓名等个人信息。

（3）不可追踪性，任何人都不可追踪用户和其购买对象之间的关系。

2. 电子现金的存储形式

根据支付系统的不同，电子现金可以分为智能IC卡形式的电子现金和硬盘数据文件形式的电子现金。

（1）智能IC卡形式的电子现金。这种形式的电子现金是将货币金额数值存储在智能IC卡中，当从卡内支出货币或向卡内存入货币时，改写智能卡内的余额。其过程是启动浏览器，通过读卡器登录到开户银行，将卡上信息告知银行；用户从智能卡内下载电子现金到商家的账户上，或从银行账号下载现金存入卡中。除了与银行账户之间的资金转移外，IC卡的其余转移操作均可独立完成，不用与银行发生任何联系，从而保证了其分散匿名性和离线操作性。智能卡形式电子现金可应用于多种用途，并且容易携带，具有信息存储、安全密码锁等功能。智能卡上存放的证书使持卡人的身份得到认证，并直接在每一次网上购物时签上客户的数字签名。

（2）硬盘数据文件形式的电子现金。这是一种需要软件支持的电子现金支付方式。它用一系列加密序列数的电脑磁盘数据文件来代表现实中各种金额的纸币或辅币进行网上支付，具有多用途、使用灵活、匿名和快速简便等特点。基于安全使用的考虑，客户、商家和电子现金的发行机构之间交换金融申请都有自己不同类型的协议。每个协议由服务器软件——电子现金支付系统与客户端的“电子钱包”软件执行。因为硬盘数据文件电子现金容易被复制重复使用，所以要想保证电子现金的稀缺性和防伪性，电子现金的发行机构就必须采用安全技术措施使得任何其他个人或组织都无法制造（或复制）出这种数字信息文件。硬盘数据型电子现金的真伪识别和重复使用识别需要银行的在线参与，从而削弱了其离线处理特性。

3. 电子现金支付系统

(1) Mondex。Mondex 是英国最大的西敏银行和米德兰银行推出的智能卡型电子现金系统。在 Mondex 系统中，预先在智能卡中载入币值，然后可以在零售场合花费。利用芯片中的微处理器，卡本身能执行支付控制程序和芯片间的传输协议，从而实现币值从一张 Mondex 芯片向另一张芯片转移支付。

Mondex 系统的业务流程如下：

① 客户以银行存款申请兑换 Mondex 电子现金，发卡行受理后向客户发放载有等额币值的智能卡或向其智能卡中充等额币值。这一过程可利用 Mondex ATM 或专用的联网设备终端，并用卡片间的协议进行对话。

② 持卡人可持卡向自己开户行中的银行账户进行存款和取款，账户金额与卡内金额是此消彼长的关系。

③ 持卡人可持卡向商家支付货款，商家利用“币值转移终端”的设备与持卡人的 Mondex 卡建立通信，并造成币值的转移。其间完全不用银行的参与，由 Mondex 卡的读写设备自行检测卡的真伪。

④ 持卡人可持卡与另一持卡人进行币值的转移（网上网下皆可），通过“Mondex 钱包”这一设备来完成转移。若为网下，付款人可将卡插入“钱包”中，将卡内一定数额的币值移入电子钱包的存储器芯片中，然后再由收款人插入自己的 Mondex 卡，将电子钱包中保存的币值移入自己的卡中。若为网上支付，则通过双方专用的卡读写器，直接在双方的卡之间建立通信，将付款人卡中一定数额的币值转移到收款人的卡中。而接收到 Mondex 电子现金的任何一方，包括持卡人的开户行、商家和其他个人，以及持卡人自己，都可以向发卡行请求兑换 Mondex 卡内的余额，将电子现金又兑换为传统的实体现金。

Mondex 系统具有良好的匿名性、离线操作性，与实体现金的使用近似。1995 年 7 月，Mondex 系统在伦敦以西 120 公里、有着 18 万市民的斯温登小镇开始试行，从超级市场到大街小巷的杂货铺，从地铁、汽车站到停车场，从报亭到银行……，该镇的人们只要把 Mondex 智能卡片插入电子收款机，既不需要在收据单上签字，也不需要等待用电脑或电话来核准，就可以把存在卡里的“钱”从一个账户转到另一个账户。若要向 Mondex 卡中存款，只需要把 Mondex 卡插到带有插卡接口的电话里，然后拨通开户银行，输入卡片密码和存入钱数，存款就完成了。英国电信公司为方便市民，在斯温登安装了 300 部 Mondex 卡兼容电话，各参与试验的商店和超级市场也安装了 1 000 部，后来还投放了一部分有“电子现金”接口的移动电话。现在 Mondex 足迹已遍及欧美、澳洲以及亚洲的中国上海、香港和新加坡等地，越来越多的人体验到了电子现金的便利（图 5.1）。

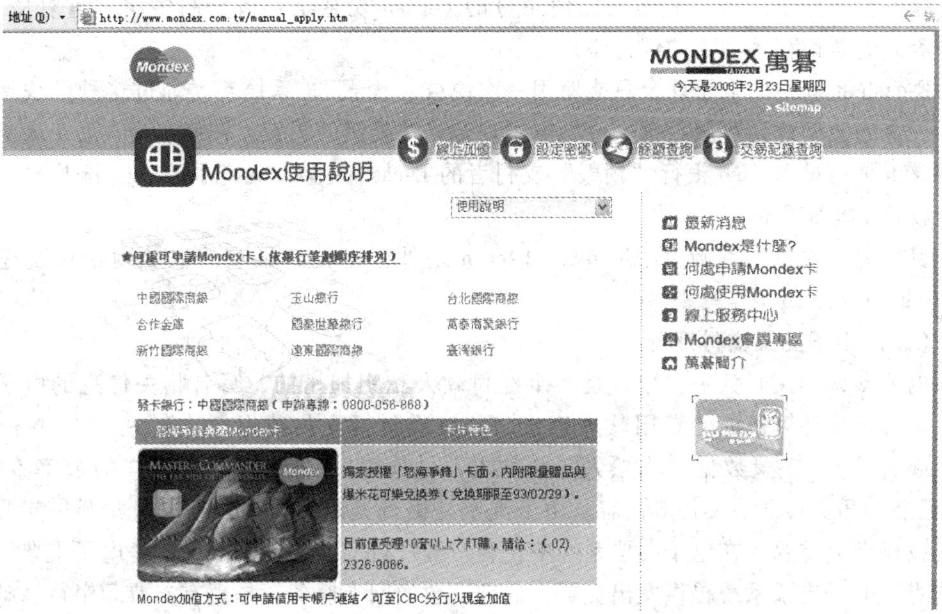

图 5.1　Mondex 香港中文网站首页

（2）E-cash。E-cash 是美国 DigiCash 公司于 1996 年开发的电子现金系统，采用的是硬盘数据文件的形式。其最大特点是只用软件便可实现电子货币交易。只要有与网络相连接的个人计算机，无需专门的卡，都可使用这种电子现金。

E-cash 电子现金支付系统流程如下：

① 顾客用现金或存款申请兑换 E-cash 现金，E-cash 银行为客户设立特殊账户，随后客户便可以通过联机方式从 E-cash 银行兑付 E-cash 现金，存入自己的计算机硬盘中，以便用于支付。在具体的操作中，首先由客户的一个专门用于创建电子现金的软件创建 E-cash，对每个电子现金产生一个顺序号，然后在使用前传送到 E-cash 银行以获得授权。E-cash 银行根据客户账户进行授权。这其中采用“盲签字”技术，即 E-cash 银行在完全不知其顺序号的情况下进行签字授权，而签字授权后的电子现金又能显现其顺序号，以便在使用中确定其惟一性。由此，E-cash 系统实现了电子现金的完全匿

名性。

② 客户用授权后的E-cash现金进行支付，电子现金便通过网络转移到商家。商家在收到E-cash现金之后，随即联机向E-cash银行验证真伪，以及是否复制过，在得到肯定回复之后，商家接受这次E-cash支付。

③ 商家将收到的E-cash现金向E-cash银行申请兑付，E-cash银行将E-cash现金收回，保留其顺序号以备以后检查已使用过的E-cash现金是否被复制多次并重复使用，再将等额的货币存入商家的银行账户中。

E-cash系统中的电子现金只能使用一次便被“销毁”，系统正是通过这种方法保证电子现金的防伪性，克服数据文件型电子现金易被复制的弱点，即使在个人对个人的支付中，也是通过E-cash银行“销毁”支付者的E-cash现金，又产生等量的新E-cash现金给收款人来实现的。

目前电子现金系统除了Mondex、E-cash之外，比较有影响的电子现金系统还有NetCash、CyberCoin等。

（二）电子支票支付系统

电子支票，又叫数字支票，是一个经付款人私钥加密的，写有相关信息的电子文件，它由客户计算机内的专用软件生成，一般应包括支付数据（支付人、支付金额、支付起因等），支票数据（出票人、收款人、付款人、到期日等），客户的数字签名，CA证书，开户行证明文件等内容。由于支票是银行见票即付的票据，因此开出支票的事先授权十分重要。在电子支票系统中，客户开户行的授权证明文件就是电子支票的重要内容。电子支票系统提供发出支票、处理支票的网上服务，是现有支票和银行基础设施的一个延续。付款人向收款人发出电子支票以抵付货款，收款人用此电子支票向银行背书以启动支付，经认证的合法电子支票在支付过程中就作为将存款从付款人账户转入收款人账户的确认依据。这是一种付款人启动支付的模式，大量的电子支票还可以经票据交换所进行清算，即通过票据交换组织，互相抵消各自应收应付的票据金额，然后只进行最终轧差金额的转账。

1. 电子支票支付系统的优点

电子支票支付系统是一种电子支票或数字支票支付系统。一些比较简单的数字支票系统主要用于个人的电子支付和拍卖网站的账户偿付。电子支票支付系统有很多优点：

（1）在处理拍卖业务时，不需要消费者把账户信息透露给他人。

（2）不需要消费者在网上不断发送敏感的财务信息。

（3）对于商家来说，使用成本比信用卡低。

（4）比传统纸质支票的处理速度快。一些应用非常广泛的电子支票支付系统见表5.1。

表 5.1　　常用的电子支票支付系统

系统名称	系统推出时间/介绍
eCheck	1998 年。由 15 家银行、政府机构和技术公司组成的联盟（Echeck. org），是一种安全的电子支票系统，需要使用数字钱包。
Achex Inc.	1999 年。一种简单的支票延伸系统，不需要使用数字钱包。
Bill Point Electronic Checks	2000 年。是 eBay 推出的在线数字支票产品，只能在 eBay 上使用，不需要数字钱包。

注：根据 Laudon and Traver，2003

eCheck 是一个较为复杂的系统。一个由银行、政府机构和技术企业组成的联盟从 1996 年起，开始制订一个有关电子支票的计划。这种电子支票使用公钥加密方式，而且不需要第三方来进行资金的划转。其目标就是要全部取代纸质支票，并把目前在大机构间已有的电子资金转账功能延伸到所有的商业企业甚至消费者之间。

Achex 是一种最简单的电子支票系统，这是一种在个人之间进行资金划转的小型对等网络支付机制。用户在 Achex 上开设一个账户，并提交一个自己用来偿付支票的传统支票账号。一旦该账户得到证实，Achex 的用户就可以付款给那些拥有电子邮件地址并有合法支票账户可以接受资金转入的人了。用户用登录名和密码或个人识别码访问自己的 Achex 账户，接收方会收到一封电子邮件，通知他资金已经到位，并要求他提供一个有效的支票账号来接收转入的资金。随后 Achex 会把资金划转到接收者的支票账户上。这项服务对消费者是免费的，不过商家需要支付处理费用，大约是信用卡处理价格的一半。

除此之外，目前无线设备的使用已呈爆发趋势，而且还不断地有新的产品和服务推出。从移动电话到寻呼机和个人数字助理（PDA），无线设备刺激了为其提供支持的新兴网站的发展。其中一个具有潜在利益的领域就是金融服务行业，包括股票交易和资金转账。

2. 电子支票交易的支付流程

电子支票交易的支付流程可分为以下步骤：

（1）消费者和商家达成购销协议并选择用电子支票支付。

（2）消费者通过网络向商家发出电子支票，同时向银行发出付款通知单。

（3）商家通过验证中心对消费者提供的电子支票进行验证，验证无误后将电子支票送交银行索付。

（4）银行在商家索付时通过验证中心对消费者提供的电子支票进行验证，验证无误后即向商家兑付或转账。

（三）数字信用卡支付系统

信用卡是网上支付方式中最被广泛采用的一种支付工具。

数字信用卡支付系统（Digital Credit Card Payment System）扩展了现有的信用卡功能，使其成为网上购物的支付工具。数字信用卡支付系统特别关注的是如何使信用卡为商家和消费者带来更多安全和便利，解决信用卡在进行网上支付时的一些缺陷，其中包括缺乏认证、拒绝付费以及信用卡欺诈等，以及努力消除消费者对于信用卡使用的担忧。国际通用的数字信用卡支付系统见表5.2。

表5.2　　国际通用的数字信用卡支付系统

系统名称	系统推出时间/介绍
eCharge Credit	1997年。eCharge系统可以让消费者使用信用卡账户为网上交易付费，使用时需要下载数字钱包。
Bill Point Online Payments	1995/1998年。是eBay、WellsFarzo和Visa进入对等网络支付系统的入口。Bill Point允许eBay卖方在没有商家账户的情况下接受买方的信用卡支付，不需要使用数字钱包。

eCharge是一个数字信用卡支付系统，它使用的是基于客户的数字钱包。第一步，消费者注册一个eCharge账户，通过用SSL加密的安全连接向eCharge发送个人和信用卡账户信息。第二步，eCharge在批准了消费者的申请之后，下载一个数字钱包到消费者的电脑。第三步，消费者只要选择eCharge支付选项，就可以在网上从接受eCharge的合作商家那里购买商品。第四步，eCharge通过审核商家和消费者的数字证书来验证双方的身份。第五步，eCharge再向消费者的开户行审核消费者的账户和余额情况。第六步，对交易授权。每个月消费者均可使用已有的信用卡或者借记卡账户、任意的银行账户或者eCharge Phone或任何电话公司的账单系统以电子方式支付账单。

从上述eCharge申请、认证等流程，可以总结出信用卡支付的一般流程。在网上信用卡购买过程中包括5个参与方：消费者、商家、清算所、商家银行（有时也叫“收单行”）以及消费者所持信用卡的发卡行。为了能够接受信用卡的支付，在线商家必须在银行或者金融机构开立一个商家账户。商家账户就是一个简单的银行账户，企业可以通过该账户处理信用卡支付并接受来自这些交易的资金。信用卡支付方法如下：

（1）购物者到信用卡发行处开户并申请账号。

（2）向商家服务器提供信用卡账号。

（3）商家服务器到业务服务器中认证信用卡信息。

（4）业务服务器确认后，到银行或金融机构进行扣款处理，并返回到商家服务器。

（5）商家服务器得到扣款通知书后，通知商家发货并交给顾客。

我国目前基于借记卡的在线支付体系，是结合我国信用卡自身特点发展起来的安全支付体系，从安全性、买卖双方的风险、管理制度上都是严格、有效而可靠的。由于我国居民储蓄卡及储蓄账户的高普及性，信用卡支付体系作为我国电子商务资金流解决方案的最基本层面，有着广阔的客户基础和市场接纳度，满足了最基本的在线交易需求。

我国目前基于借记卡的在线支付流程是：首先，游客从商家网站发出支付指令，通过商家、支付平台到达银行，在这一过程中，信息通过 SHTTP、SSL 安全协议加密，以此保证支付信息传输的安全；其次，游客被转到银行页面，游客在银行页面里输入敏感信息（账户及密码），从而完成网上支付操作。

第三节　数字钱包

一、概念

数字钱包（Digital Wallets），又称电子钱包（E-Wallct），是一个供使用者进行 SET 安全电子交易并储存交易记录的软件。使用者只要安装了数字钱包软件，就可以将电子现金、电子支票、信用卡等多个支付工具添加到电子钱包里，网上结算时，只要从电子钱包中选择某种支付工具就可以在 SET 安全电子交易协议的保护下完成支付行为。数字钱包的显著特点是利用数字证书或者其他加密手段来验证消费者的身份，存储和转移价值，并保障从消费者到商家的支付过程的安全。

二、功能

数字钱包是电子商务活动中顾客购物常用的一种支付工具，是在小额购物或购买小商品时常用的新式钱包。数字钱包的功能包括：利用数字证书或者其他加密手段来验证消费者的身份；存储和转移价值；保障从消费者到商家的支付过程的安全。数字钱包还可以对常规的信用卡、数字现金、数字信用卡以及电子支票等支付手段提供支持，给消费者提供便利并降低交易成本。

三、类型

目前，数字钱包主要有两种不同的类型，即基于客户的数字钱包和基于服务器的数字钱包。基于客户的数字钱包，如 Gator. com 和 Master Card Wallet，是一种可以安装在客户计算机上的应用软件，通过自动填写网上商店的表单来给消费者提供便利。商家在自己的服务器上安装了相应软件来接收来自基于客户的数字钱包的信息。当消费者点击了合作商家网站上的相应按钮时，商家服务器就从消费者的浏览器查询来自消费者数字钱包的信息。基于服务器的数字钱包（Server-based Digital Wallets），如微软公司的Passport，是基于软件的身份验证和支付服务产品，其销售对象是那些把系统直接卖给商家，或是把系统作为其向商家提供金融一揽子服务的一部分的金融机构。基于服务器的数字钱包的经销商可以提供技术服务（处理支付必需的基础设施）和数字钱包两种服务。一般来说，基于服务器的数字钱包为在线商家提供了一种产品或服务，使之可以处理网上消费者支付的所有工作，并能降低交易成本，降低吸引及留住客户的成本，建立起有一定品牌知名度的网上支付服务。

在 Internet 这样的公共网络平台上应用电子钱包进行网络支付，需要参与各方，包括客户、商家以及银行安装相应的数字钱包服务软件，中间还涉及第三方 CA 认证机构的参与。

四、使用准备工作

使用数字钱包前准备工作是：

（1）客户到数字钱包支持银行申请一张相应信用卡，且在银行网站通过网络下载得到对应的数字钱包软件；支持数字钱包的网上商家也申请并且安装对应的数字钱包服务器端软件。

（2）客户在客户端安装数字钱包软件，设置数字钱包的用户名与密码以保证数字钱包的授权使用。

（3）客户往自己的数字钱包里添加对应的信用卡（也可以是电子现金、电子支票等其他电子货币），申请并且安装信用卡的数字证书。

五、数字钱包支付流程

数字钱包支付流程如下：

（1）顾客使用计算机通过 Internet 连接商家网站；

（2）顾客确认订单后，利用数字钱包进行网络支付；

（3）如果经发卡银行确认后拒绝且不予授权，则说明客户从数字钱包中取出的这张信用卡余额不足，客户可以再从数字钱包里取出另一张信用卡或者使用另外一种电子货币进行支付；

（4）发卡行证明信用卡有效且经客户授权后，通过专用网络将资金从顾客信用卡转移至商家收单银行的账号，完成支付结算，并且回复商家与客户；

（5）顾客数字钱包记录整个交易过程中发生往来的数据。

第四节　移动支付

随着移动商务的出现，移动运营商和银行合作推出一项新业务：移动支付。手机用户只需要简单地发送短信或者直接用手机上网，就可以为购物、缴费、投注彩票等付款。

使用移动支付服务，需携带相关证件到移动运营商处申请注册，并在用户手机 SIM 卡与用户本人的银行卡账号之间建立一一对应的关系。银联的系统内建立起以手机号码为标识的手机钱包后，便可以使用移动支付的服务。在支持移动支付的网站中，每件商品都有一个编号，用户选购后，按照网站的购物提示，把相关信息（商品编号以及手机钱包密码）通过短信方式发送给指定的电话号码，即可支付。系统会自动从用户的手机钱包中扣除相应款项。

手机钱包内的金额，由用户从自己的银行卡中划入，用户只需拨打一个指定电话号码，选择手机钱包充值，就可按语音提示进行划账操作。每个手机钱包都有一个密码，用户进行消费时，需以此密码验证身份，由此保证手机消费的安全性。

使用手机支付业务的用户必须拥有支持银联的银行卡和特定电信运营商的手机服务，还要保证手机钱包内有一定余额。余额不足时，须充值方可顺利完成下一个交易。手机购物流程见图 5.2。

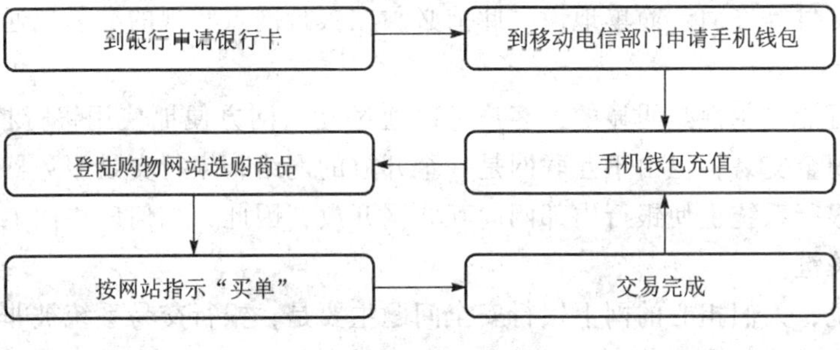

图 5.2　手机购物流程

第五节　网络银行

网络银行（Electronic Bank，E-Bank），又称网上银行、在线银行、电子银行或虚拟银行，是指银行通过互联网向客户提供开户、销户、查询、对账、行内转账、跨行转账、信贷、网上证券、投资理财等传统服务项目，使客户可以足不出户就能够安全便捷地管理活期和定期存款、支票、信用卡及个人投资等。可以说，网上银行是传统银行在互联网上的虚拟柜台，是实行电子支付至关重要的基础设施。在互联网高速发展的今天，网上银行影响和改变着传统银行的面貌和业务模式。1995 年，全球第一家虚拟银行——安全第一网络银行（Security First Network Bank，SFNB）诞生于美国。1997 年，我国招商银行推出了网上银行，随后，中国工商银行、中国建设银行、中国农业银行也纷纷推出网上银行。如今，在西方，85%以上的银行已经或正准备开通网上银行；我国全国性主要商业银行已经开通了网上银行，而且大多数银行均相当重视其网上银行业务。

一、网络银行的优势

（1）交易成本低。建立网上银行无需设立分支机构，不必建造大量固定房舍并雇用大批人力。实体银行网点每一笔交易所需的费用为 1.07 美元，电话银行为 0.45 美元，ATM 自助银行为 0.27 美元，而网上银行每笔交易的成本只有 0.01 美元。

（2）网上银行可以突破时间、空间限制，随时随地提供服务，提高银行工作效率。

（3）有利于金融产品的创新。由于网上银行节约了营运成本，提高了工作效率，可以使银行专心于新产品的设计，加速金融创新。

（4）方便客户。客户不必去银行办理业务，只要能够上网，无论在家里、办公室，还是在旅途中，都能够 24 小时安全便捷地管理自己的资产，或者办理查询、转账、缴费等银行业务。

从业务品种来看，各银行网上银行业务已覆盖账户查询、转账、理财、缴费、发放工资与购物支付等方面。简单地说，此前必须在银行网点实现的交易现通过网上银行基本都可实现。

网上银行的优越性是明显的，客户可以通过互联网方便地使用银行核心业务服务，完成各种非现金交易，但由于互联网是一个开放的网络，银行交易服务器是网上的公开站点，网上银行系统也使银行内部网向互联网开放，因此，如何解决网上银行的安全问题显得尤为关键。

一般来说，人们担心的网上银行安全问题主要是：银行交易系统被非法入侵；信息通过网络传输时被窃取或篡改；交易双方的身份真伪识别；银行账号被他人盗用。

二、网上银行的安全措施

为解决网上银行的安全问题，保障网上银行的安全运行，各个网上银行都采取了多种严密的安全措施。

（一）设立防火墙以隔离相关网络

一般采用多重防火墙方案。其作用为：分隔互联网与交易服务器，防止互联网用户的非法入侵；用于交易服务器与银行内部网的分隔，有效保护银行内部网，同时防止内部网对交易服务器的入侵。

（二）使用高安全级的 Web 应用服务器

服务器使用可信的专用操作系统，凭借其独特的体系结构和安全检查，保证只有合法用户的交易请求能通过特定的代理程序送至应用服务器进行后续处理。

（三）采用身份识别和 CA 认证机制

网上交易不是面对面的，客户可以在任何时间、任何地点发出请求，传统的身份识别方法通常是靠用户名和登录密码对用户的身份进行认证。但是，用户的密码在登录时以明文的方式在网络上传输，很容易被攻击者截获，进而可以假冒用户的身份，身份认证机制就会被攻破。在网上银行系统中，用户的身份认证依靠基于“RSA 公钥密码体制”的加密机制、数字签名机制和用户登录密码的多重保证。银行对用户的数字签名和登录密码进行检验，全部通过后才能确认该用户的身份。用户的惟一身份标识就是银行签发的“数字证书”。用户的登录密码以密文的方式进行传输，确保了身份认证的安全可靠性。数字证书的引入，同时实现了用户对银行交易网站的身份认证，以保证访问的是真实的银行网站，另外还确保了客户提交的交易指令的不可否认性。由于数字证书的惟一性和重要性，各家银行为开展网上业务都成立了 CA 认证机构，专门负责签发和管理数字证书，并进行网上身份审核。2000 年 6 月，由中国人民银行牵头，12 家商业银行联合共建的中国金融认证中心（CFCA）正式挂牌运营。这标志着中国电子商务进入了银行安全支付的新阶段。中国金融认证中心作为一个权威的、可信赖的、公正的第三方信任机构，为今后实现跨行交易提供了身份认证基础。

（四）加强网络通讯的安全性

由于互联网是一个开放的网络，客户在网上传输的敏感信息（如密码、交易指令等）在通讯过程中存在被截获、被破译、被篡改的可能，为了防止此种情况发生，网上银行系统一般都采用加密传输交易信息的措施，使用最广泛的是 SSL 数据加密协议。

SSL（安全套接层协议）是由 Netscape 首先研制开发出来的，其首要目的是在两个通信间提供秘密而可靠的连接，目前大部分 Web 服务器和浏览器都支持此协议。用户登录并通过身份认证之后，用户和服务方之间在网络上传输的所有数据全部用会话密钥加密，直到用户退出系统为止，而且每次会话所使用的加密密钥都是随机产生的。这样，攻击者就不可能从网络上的数据流中得到任何有用的信息。SSL 协议的加密密钥长度与其加密强度有直接关系，一般是 40 ~ 128 位。目前，中国建设银行等已经采用有效密钥长度 128 位的高强度加密。

（五）通过宣传增强客户的安全意识

银行卡持有人的安全意识也是影响网上银行安全性不可忽视的重要因素。

除此之外，近年出现了移动银行。移动银行也称为手机银行，是银行推出的个性化增值服务。它将客户的手机号码与银行卡账号进行绑定，用户可通过手机短信和语音的方式随时随地进行账户查询、转账及缴费等个人理财服务。中国工商银行手机银行业务申请页面（图 5.3）。

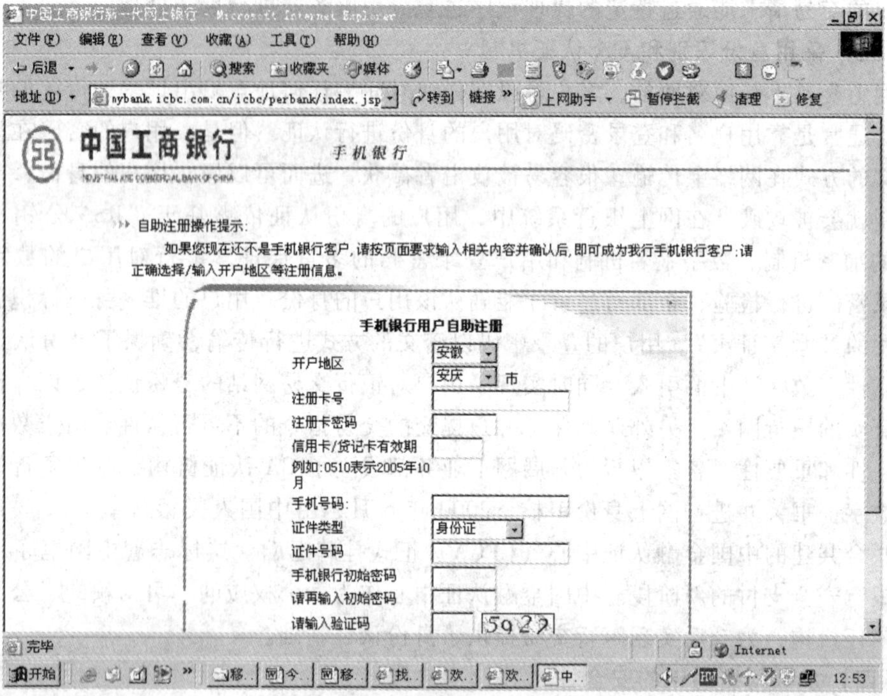

图 5.3　中国工商银行手机银行业务申请页面

第六节　实务演练

一、个人网上银行的使用

［第一步］登录中国工商银行个人网上银行（http：//mybank. icbc. com. cn）（图 5.4），在文本框中输入信用卡号等信息。

［第二步］用户可以查看账户余额、本卡的购物明细记录等信息（图 5.5）。

［第三步］用户选择“跨行汇款”，向中国建设银行的账户汇 101 元。填写相应的信息，确认无误后点击【下一步】（图 5.6）。

［第四步］生成汇款单，用户输入支付密码后，点击【确认】（图 5.7）。

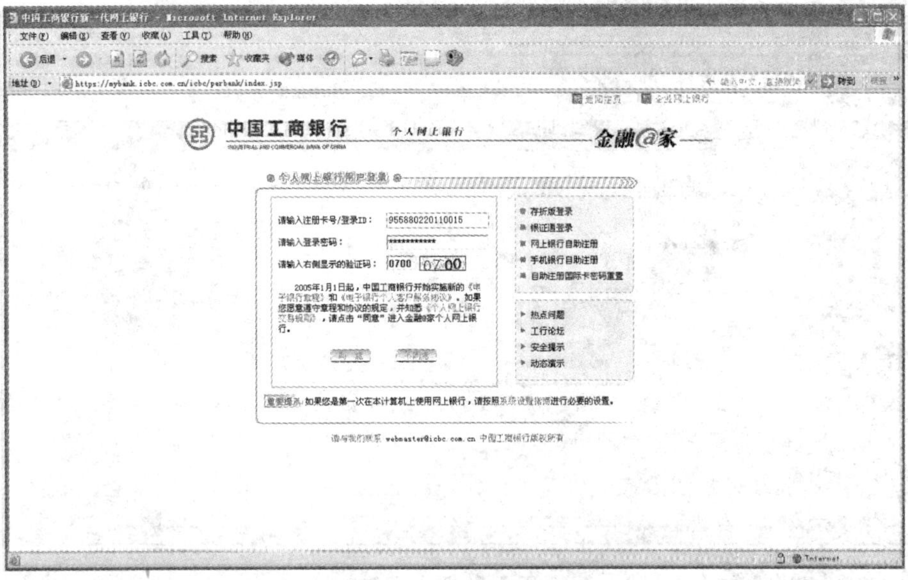

图 5.4　登录中国工商银行个人网上银行、输入信用卡号等信息

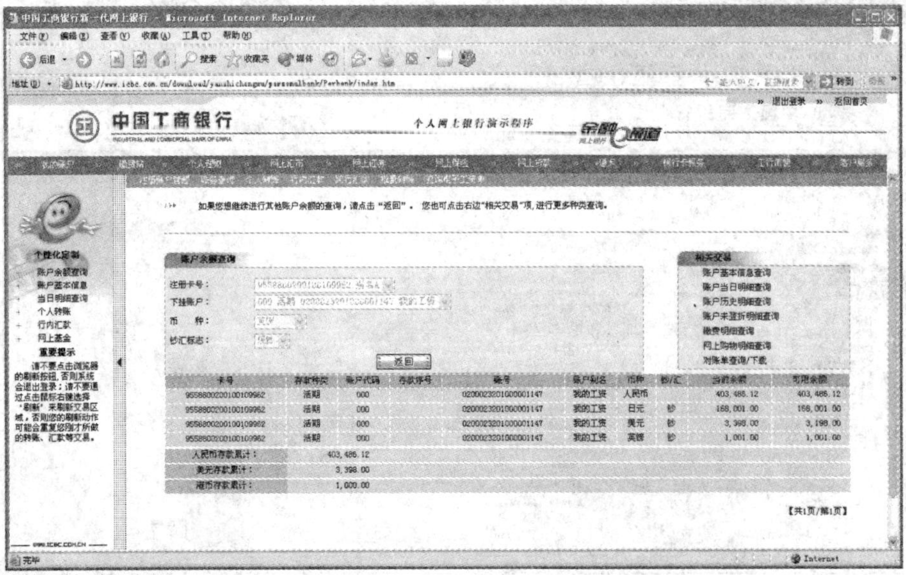

图 5.5　查看账户余额等信息

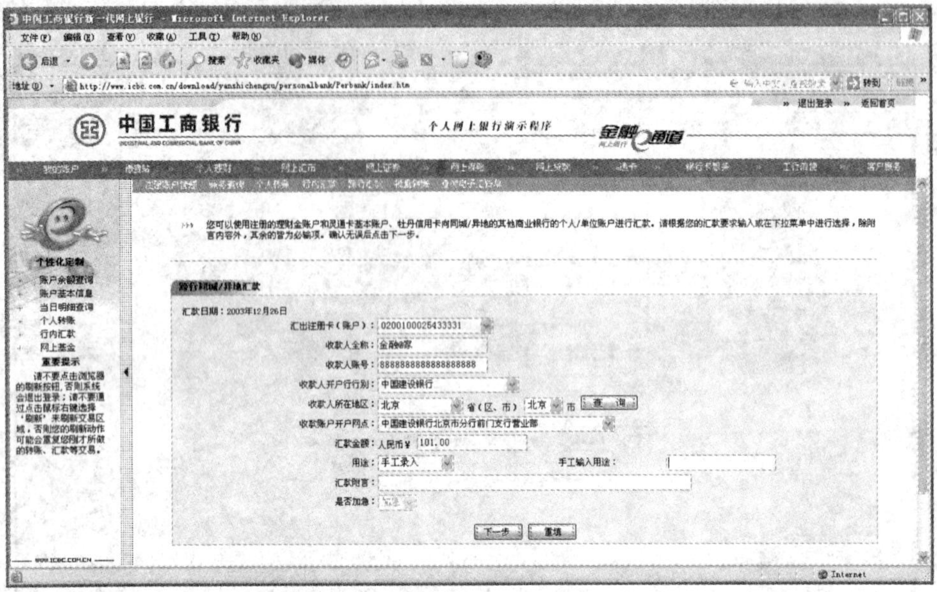

图 5.6 跨行汇款

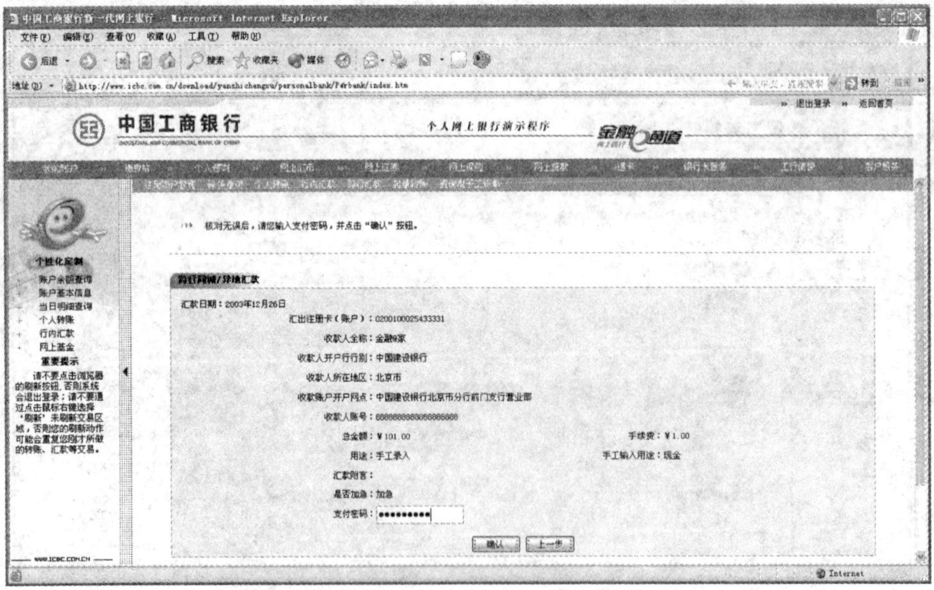

图 5.7 执行跨行汇款

[**第五步**] 得到汇款受理信息，跨行汇款操作完成（图 5.8）。

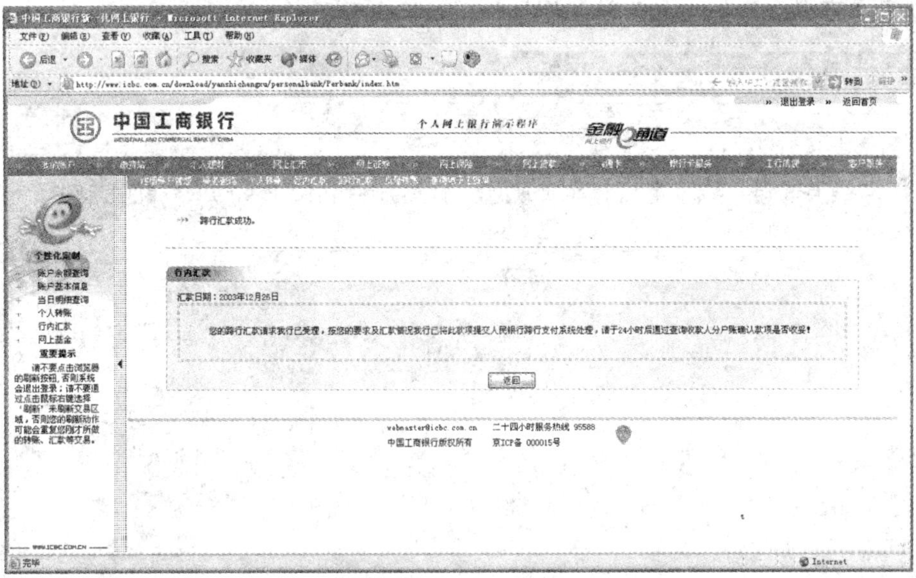

图 5.8　跨行汇款操作完成

二、电子钱包的使用

[**第一步**] 运行电子钱包软件，输入用户名和密码，点击【确定】（图 5.9）。

图 5.9　运行电子钱包软件

［第二步］这是一个空电子钱包，需要往电子钱包里添加信用卡才能使用。点击【添加】来添加一张信用卡（图 5.10）。

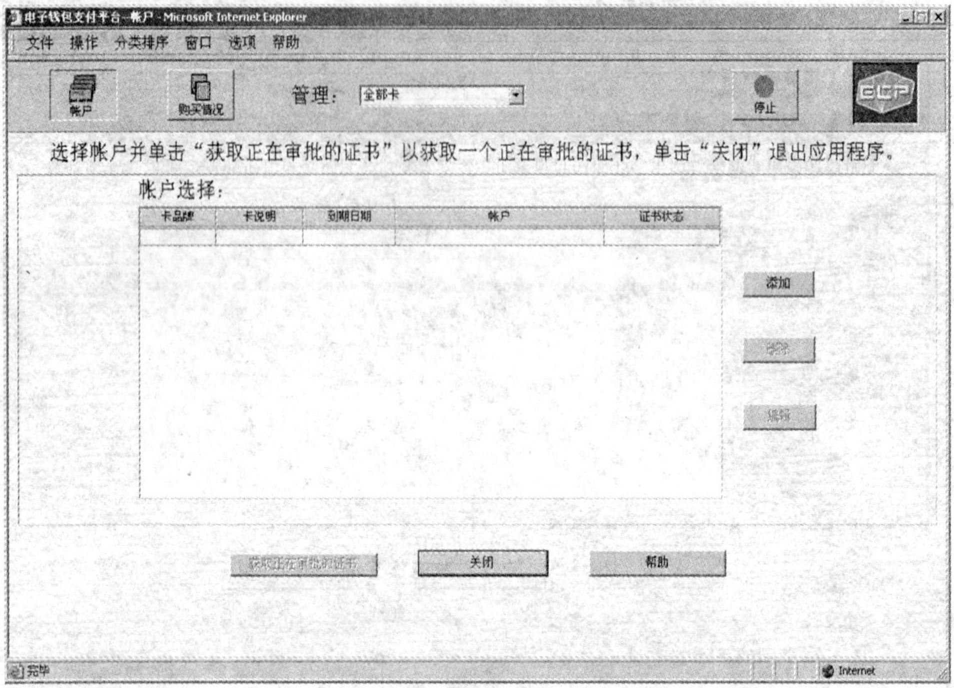

图 5.10　添加一张信用卡

［第三步］输入信用卡号等信息，点击【完成】（图 5.11）。

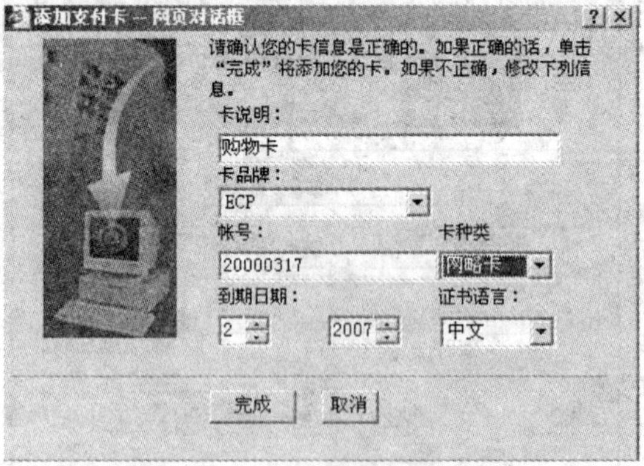

图 5.11　输入信用卡号等信息

[**第四步**] 信用卡已经添加到电子钱包里了，但要获取安全数字证书才能使用（图 5. 12）。

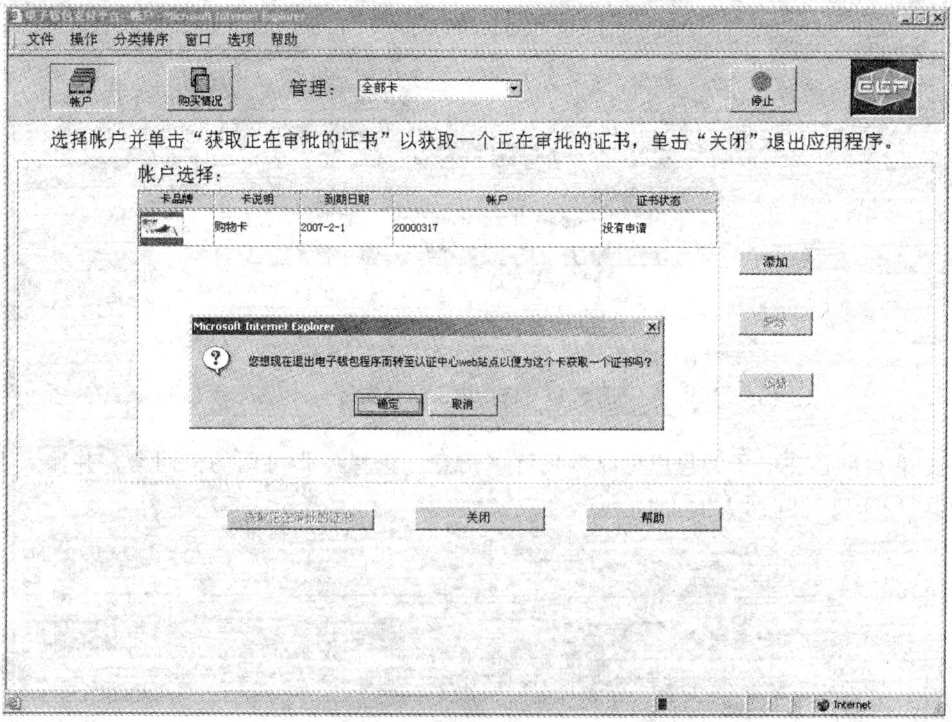

图 5. 12　获取安全数字证书

[**第五步**] 成功获取信用卡证书（图 5. 13）。

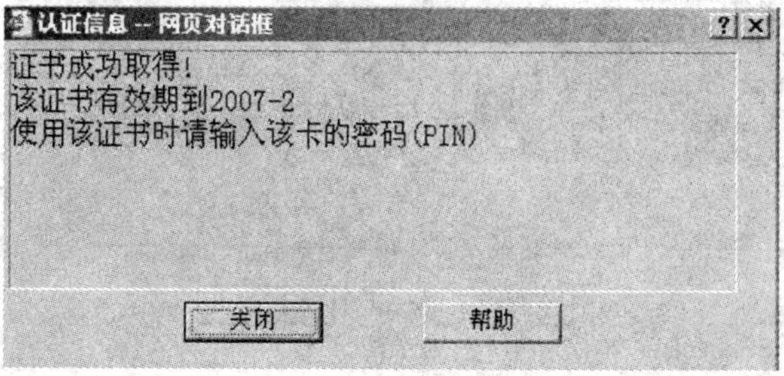

图 5. 13　成功获取信用卡证书

[**第六步**] 在购物订单里，选择【使用电子钱包支付】（图 5. 14）。

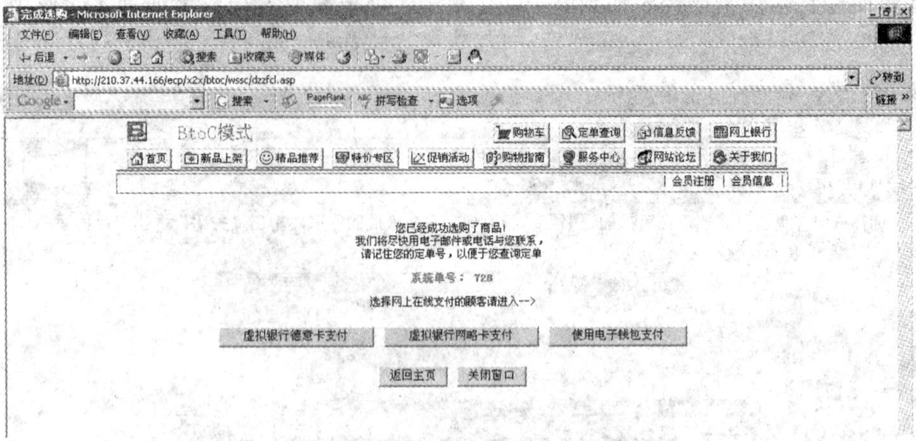

图 5.14　使用电子钱包支付

[**第七步**] 在电子钱包里可以看到订单信息，选择一张可用的信用卡，并输入 PIN 识别码发送支付（图 5.15）。

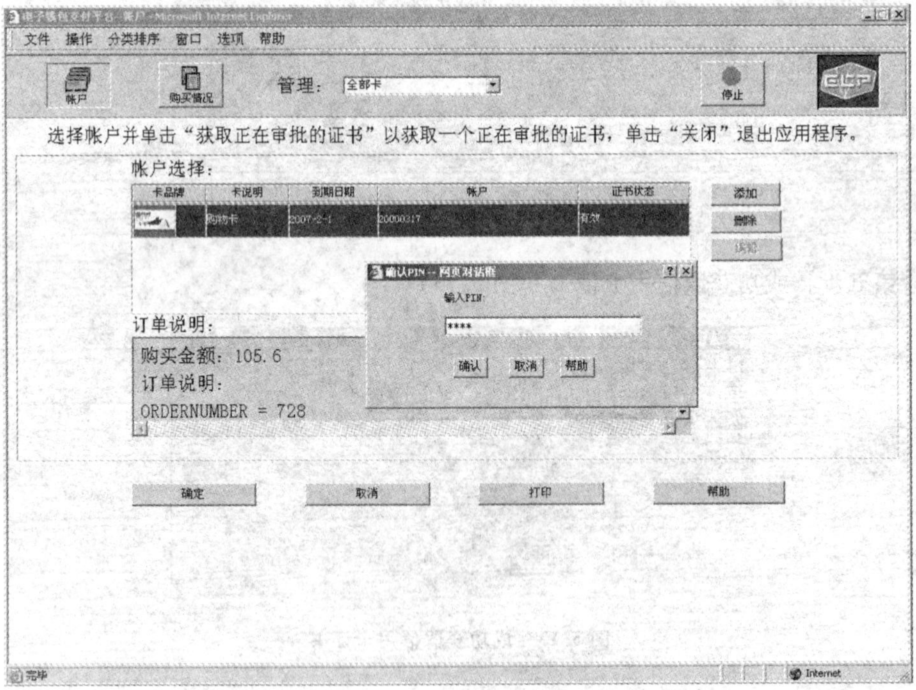

图 5.15　执行发送支付前事务处理

[第八步] 在真正支付前，还需要用户确认一下购物网站（图 5. 16）。

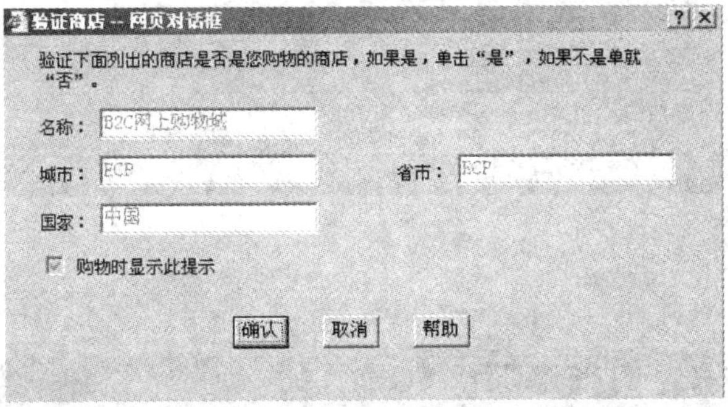

图 5. 16　确认购物网站

[第九步] 支付完成（图 5. 17）。

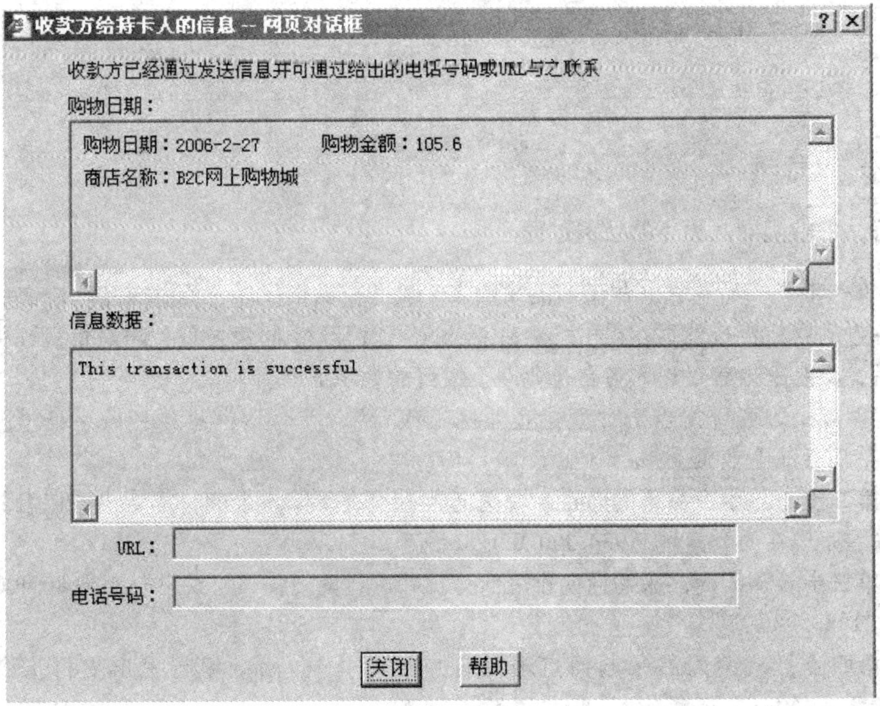

图 5. 17　支付完成

[第十步] 用户可以随时打开电子钱包，查看购物记录（图 5. 18）。

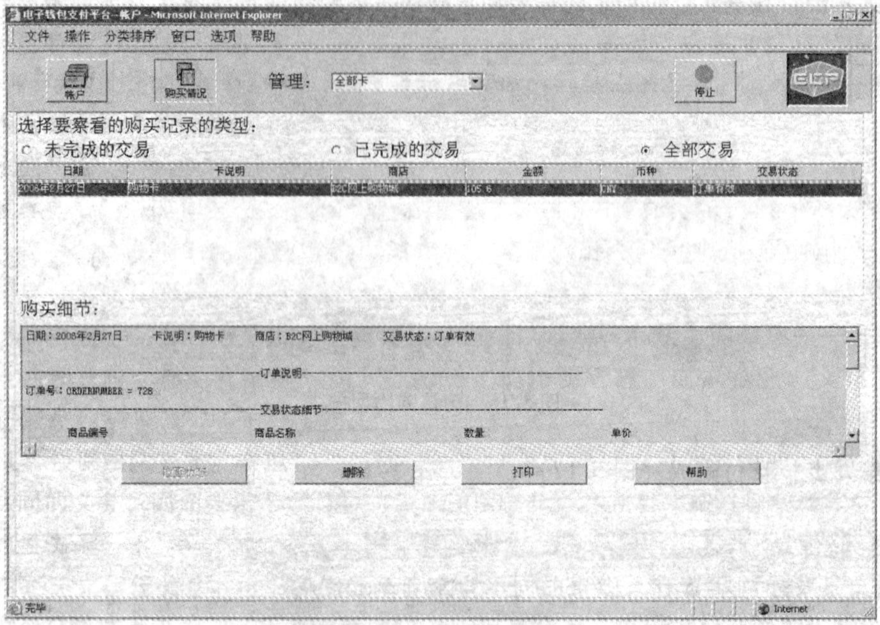

图 5.18　查看购物记录

三、企业间网上银行的业务过程

［第一步］交易三方（旅游商品采购商、旅游商品供应商、旅游商品物流商）分别进入各自的网络银行首页；点击“企业网上银行注册”，同意协议，填写信息，待银行审批后，交易三方获得进入各自企业网上银行的数字证书。

本例以采购商身份点击“登录企业网上银行”，在对话框里选择数字证书，点击【确定】后登录企业网上银行（图 5.19）。

［第二步］旅游商品采购商在企业网上银行里查看账户余额，本例中可以看到旅游商品采购商现在的余额是 5 934 360.0 元（图 5.20）。

［第三步］旅游商品采购商向供应商订货并进行网上支付，交易金额是 86 400.0 元（图 5.21）。

［第四步］旅游商品采购商点击【订单结算】，向网上银行发出支付指令（图 5.22）。

［第五步］旅游商品采购商结算后登录网上银行查询账户余额，本例可以看到旅游商品采购商结算后的账户余额为 5 847 960.0 元（图 5.23）。旅游商品采购商点击【电子支付查询】，可以看到每笔结算记录（图 5.24）。

图 5.19　企业通过数字证书登录网上银行

图 5.20　在企业网上银行里查看账户余额

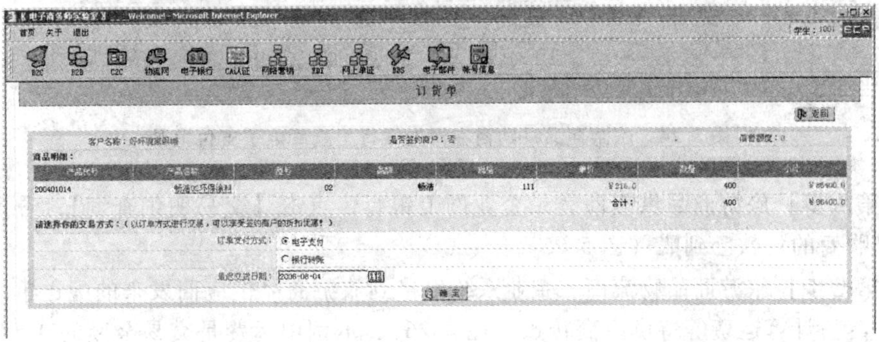

图 5.21　旅游商品采购商选择的支付方式

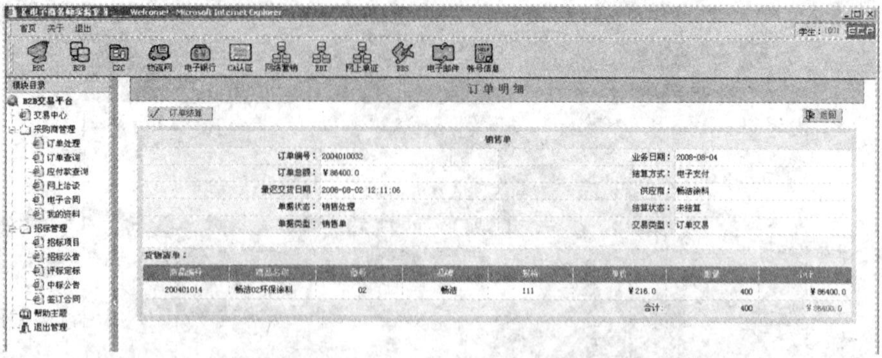

图 5.22　旅游商品采购商结算订单

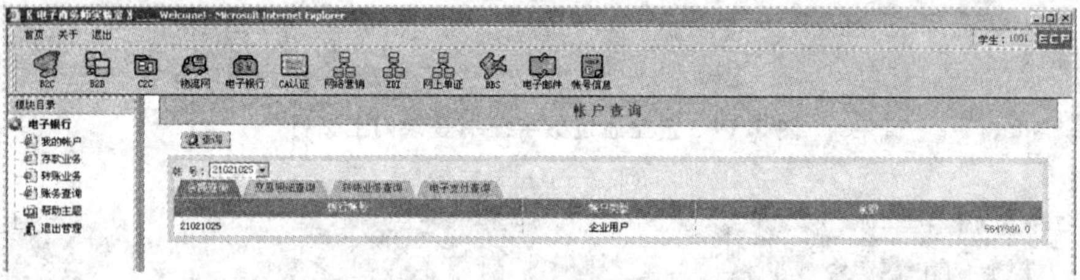

图 5.23　旅游商品采购商结算后在网上银行里查询账户余额

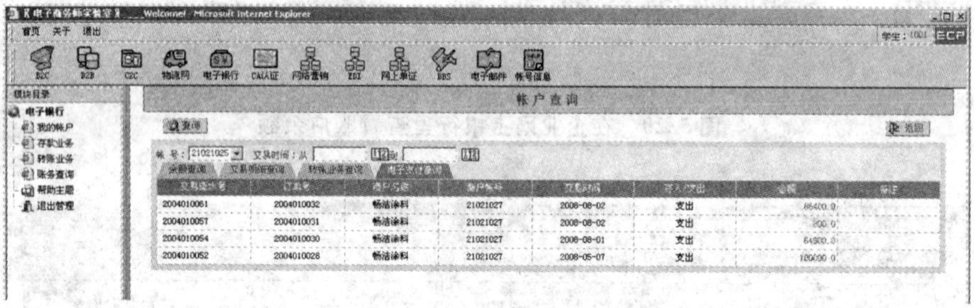

图 5.24　旅游商品采购商在网上银行里查看电子支付记录

［**第六步**］旅游商品供应商登录企业网上银行，点击【交易明细查询】，看到旅游商品采购商的付款已到账（图 5.25）。

［**第七步**］旅游商品物流商在企业系统里接到旅游商品供应商发来的配送单，旅游商品物流商计算运费等待供应商转账（图 5.26），本例中运费是交易金额的 0.5%，可以看到运费为 4 320.0 元。

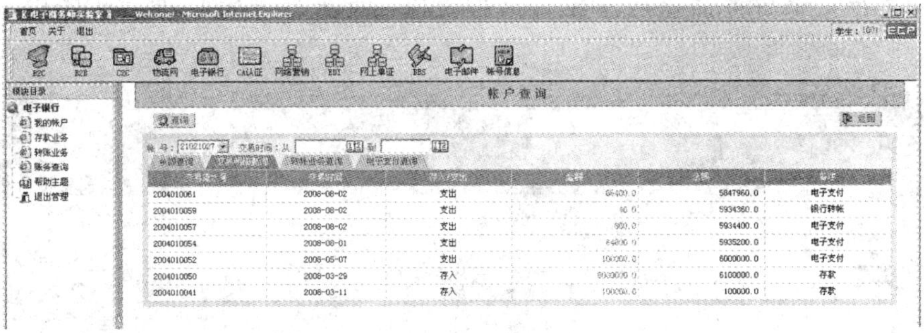

图 5.25　旅游商品供应商在企业网上银行里查看到账记录

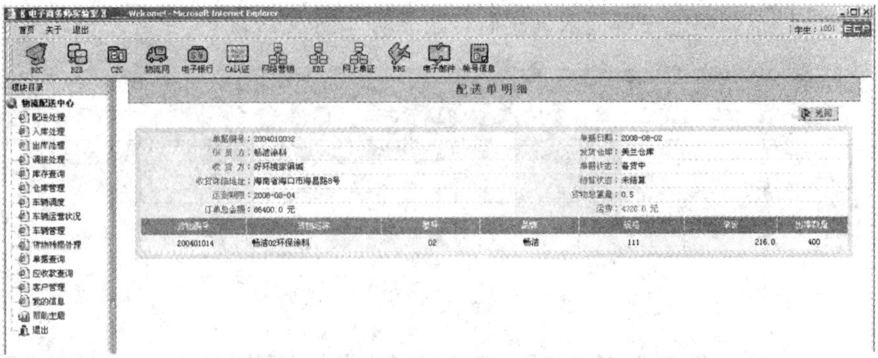

图 5.26　旅游商品物流商系统里的配送单

［第八步］旅游商品供应商登录企业网上银行给物流商转账。点击【转账业务】，填写转出金额、转入账号后点击【确定】（图 5.27）。

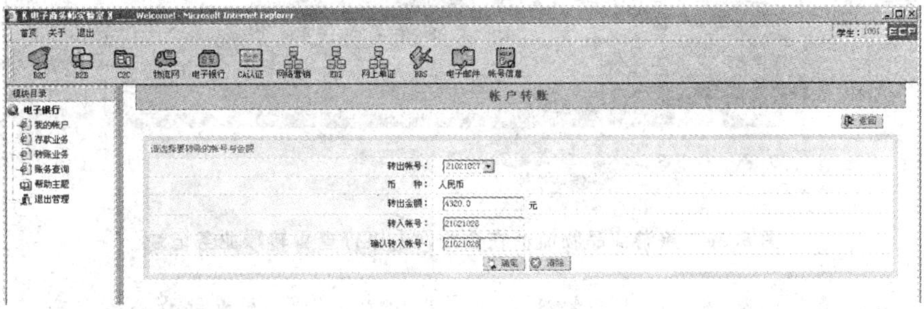

图 5.27　旅游商品供应商在企业网上银行里进行转账操作

[**第九步**] 旅游商品供应商输入支付密码，点击【确定】进行转账确认（图5.28）。

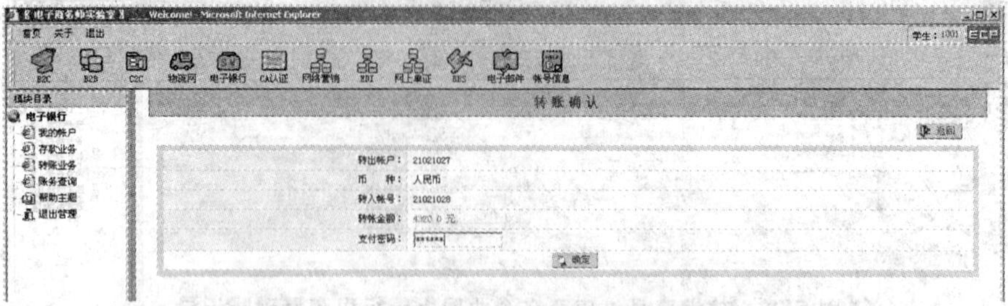

图 5.28　旅游商品供应商给物流商的转账确认操作

[**第十步**] 企业网上银行提示供应商转账成功（图5.29）。

图 5.29　旅游商品供应商通过企业网上银行转账成功

[**第十一步**] 旅游商品物流商登录企业网上银行，点击【转账业务查询】，看到供应商的运费已到账（图5.30）。

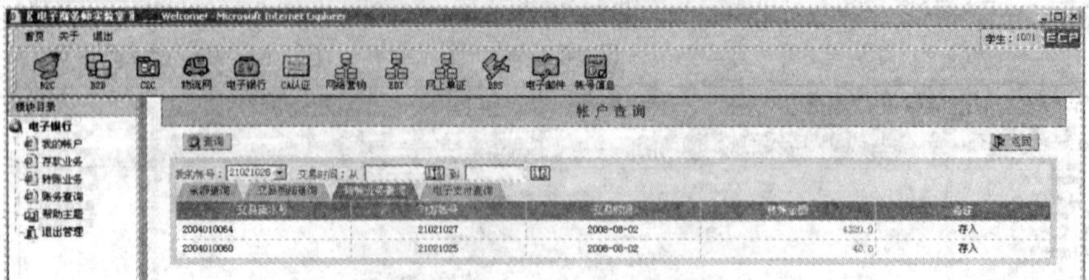

图 5.30　旅游商品物流商在企业网上银行查看转账业务记录

[**第十二步**] 旅游商品物流商确认收到运费，按照供应商的要求给旅游商品采购商发货。旅游商品物流商在企业系统中点击【出库确认】，则一笔完整的交易过程结束

(图 5.31)。

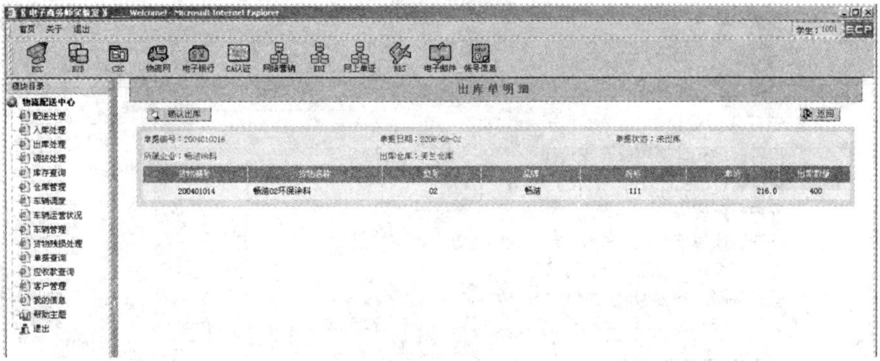

图 5.31 旅游商品物流商收到供应商的转账运费后确认出库

四、旅游商户通过第三方支付平台在线收款

[第一步] 商户注册申请成为第三方支付平台企业用户后登录商户管理区，填写商户的开户银行名称、银行账号，点击【添加】(图 5.32)。本任务以快钱第三方支付平台为例进行操作说明。

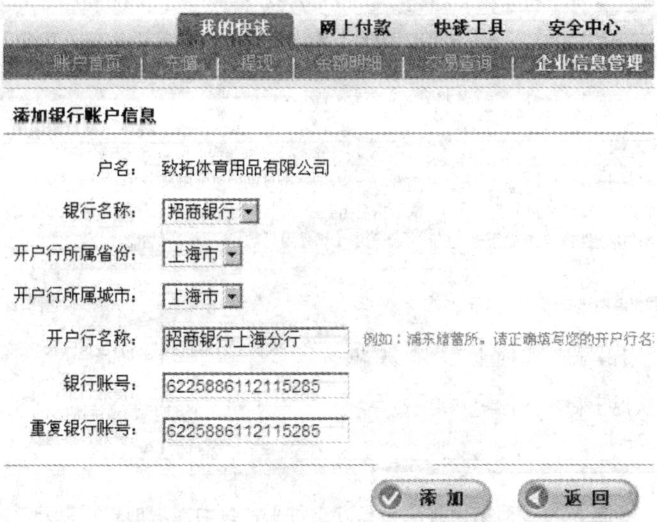

图 5.32 商户在第三方平台企业管理区添加收款银行和账户等信息

[第二步] 系统提示商户银行账户添加成功 (图 5.33)。商户可以点击“继续添加

银行账户”，添加多个商户银行账户以方便网上经营的收款。

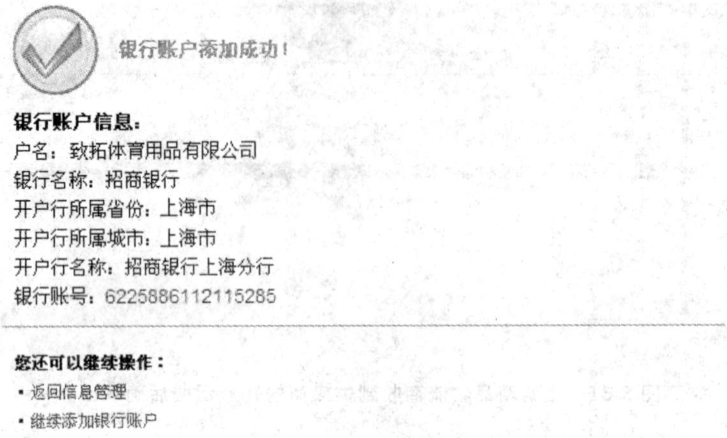

图 5.33　系统提示设置成功

［第三步］设置“自动提现”，将顾客支付给商家的付款从商家的第三方支付平台账户转到商户指定的银行账户中。商户在第三方支付平台商户管理区点击“设置自动提现”（图 5.34）。

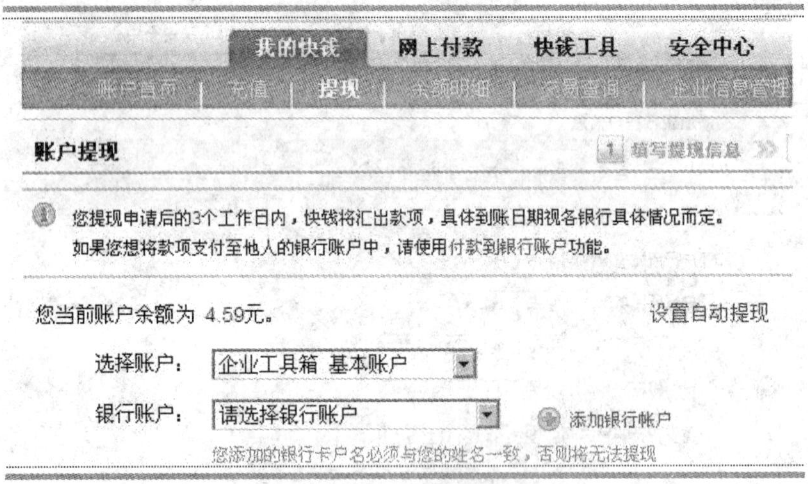

图 5.34　商家设置从第三方支付平台自动提现的银行账户

［第四步］商户阅读自动提现协议后，点击【下一步】（图 5.35）。

［第五步］商户设置定期自动提现的频度，点击【确定】（图 5.36）。

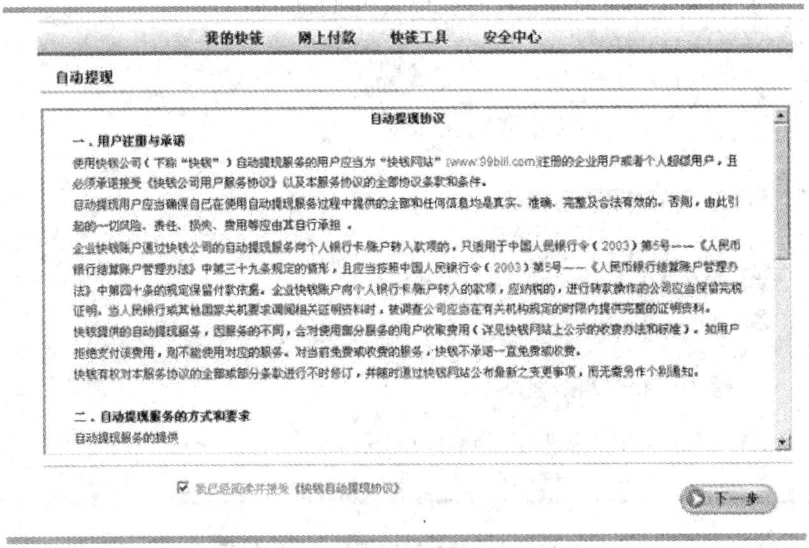

图 5.35　自动提现协议

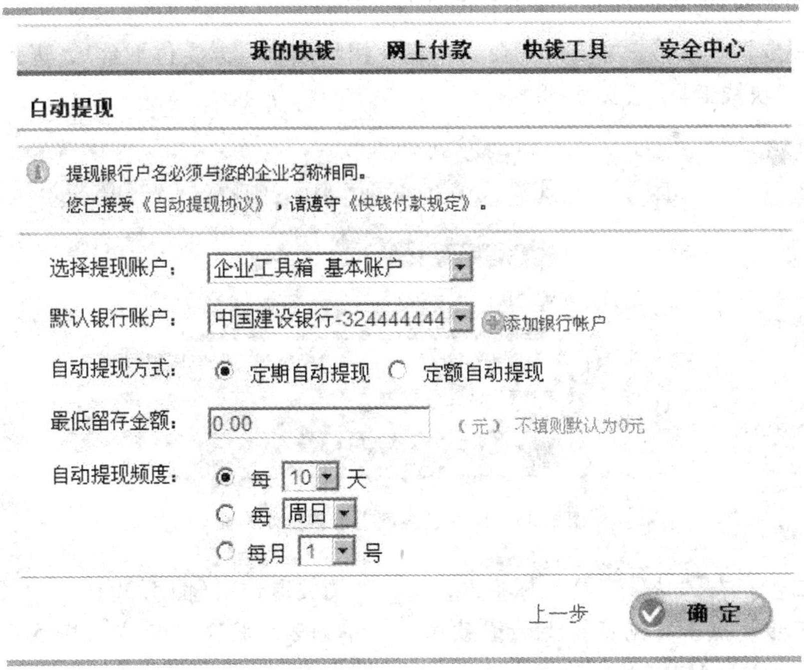

图 5.36　商户设置自动提现的银行账户和自动提现频度等信息

[第六步] 系统提示商户设置自动提现成功（图 5.37）。

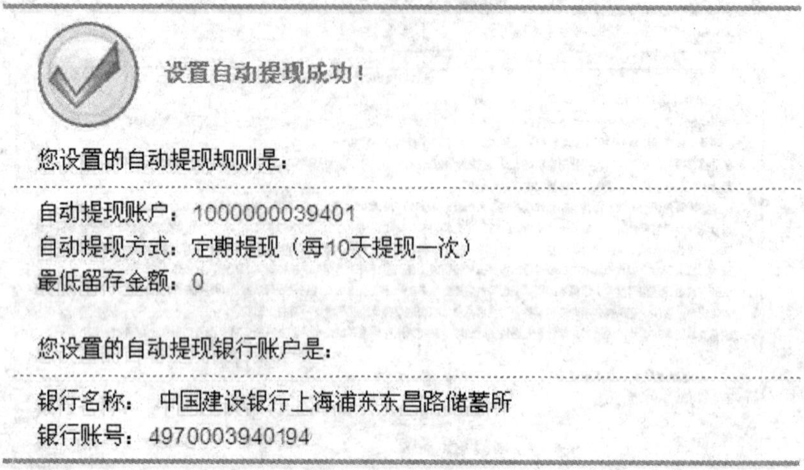

图 5.37　系统提示设置自动提现成功

五、旅游商家通过第三方支付平台向顾客退款

[第一步] 登录第三方支付平台（本例使用快钱第三方支付平台），进入企业管理区，点击“快钱工具”（图 5.38）。

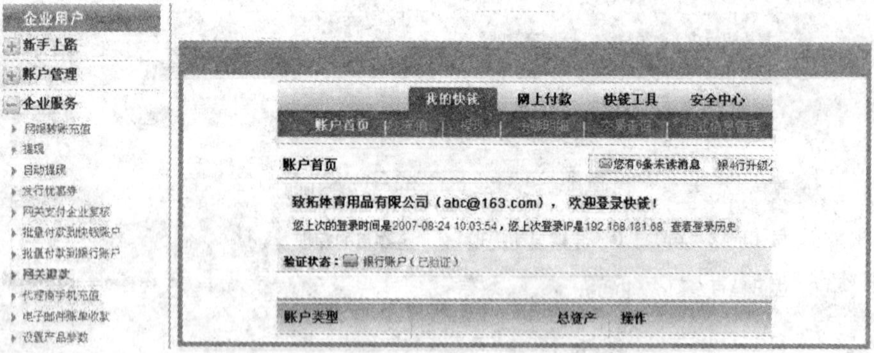

图 5.38　商户进入网上退款操作界面

[第二步] 在“快钱工具”标签里，选择“网关退款”（图 5.39）。

[第三步] 点击【浏览】上传退款用户订单列表，将文件导入（图 5.40），点击【下一步】（图 5.41）。

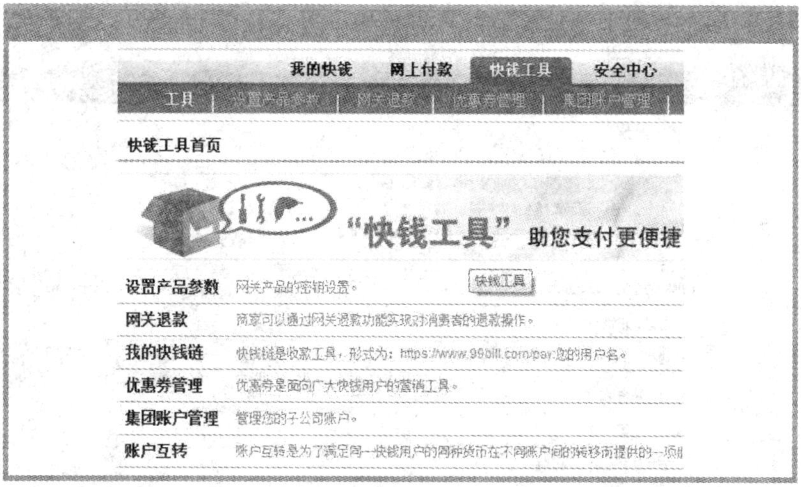

图 5.39　商家申请网关退款服务操作界面

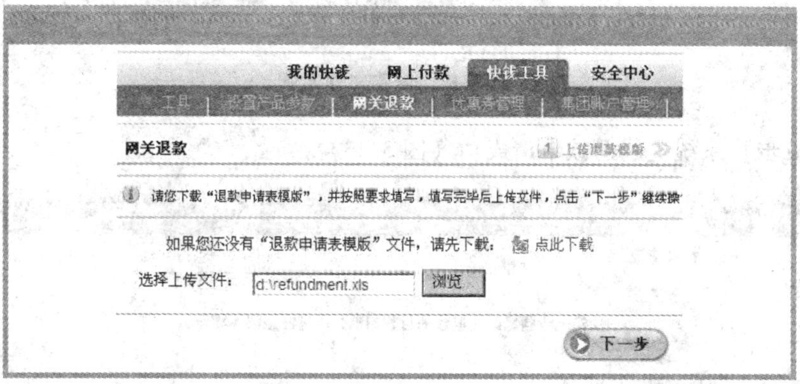

图 5.40　商户上传退款文件操作界面

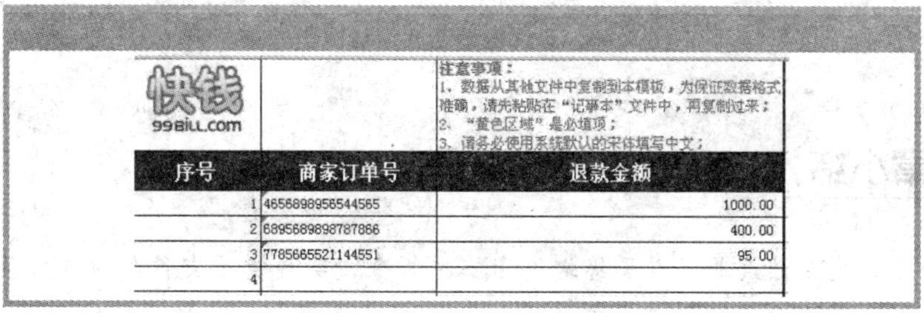

图 5.41　商户将要上传的文件内容

[第四步] 商户核对退款信息后，点击【确定付款】(图 5.42)。

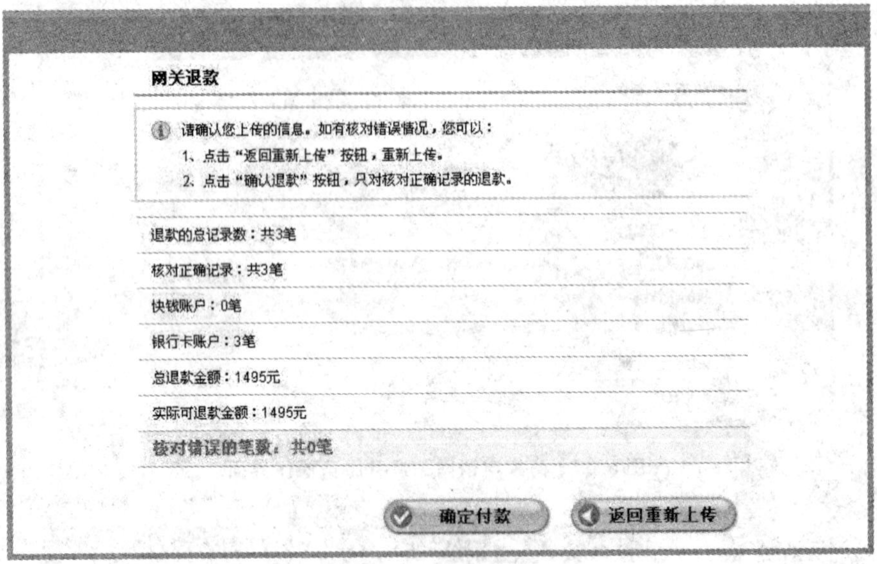

图 5.42　退款文件信息

[第五步] 系统提示退款申请成功 (图 5.43)。

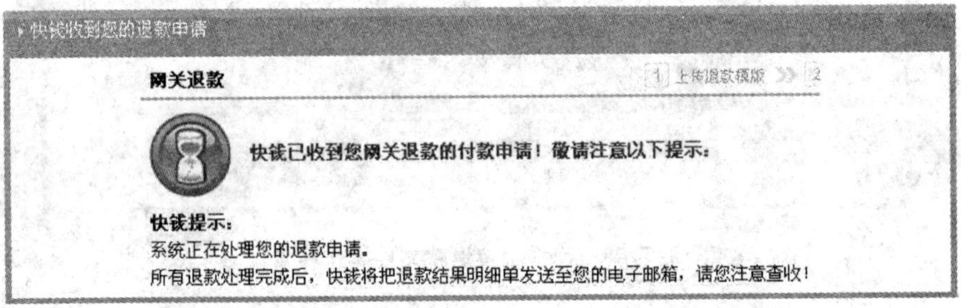

图 5.43　系统提示退款申请操作成功

本章小结

电子支付是支付人通过电子终端发出支付指令，实现货币支付与资金转移的行为。

电子支付系统的类型按电子支付指令发起方式分为网上支付系统、电话支付系统、移动支付系统、销售点终端交易系统、自动柜员机交易系统和其他电子支付系统。

网上电子支付系统内容包括网络交易平台、电子商务交易主体、安全协议、网络银行、认证机构、法律和诚信体系。

电子货币通过电子现金、电子支票、信用卡等方式表现。

电子现金具有安全性、匿名性、不可追踪性以及可离线支付等特点。

根据电子现金支付系统或存储形式的不同，电子现金可以分为智能IC卡形式的电子现金和硬盘数据文件形式的电子现金。

电子支票减少了处理纸质支票的时间成本与财务成本，对支票丢失或被盗的挂失处理方便有效，对轧差处理使得无论多大多小的交易额都能得到低成本的处理。

数字钱包是一个供使用者进行SET安全电子交易并储存交易记录的软件，数字钱包本身并不能用于支付，而是通过存放在数字钱包里面的电子现金、电子支票或信用卡进行结算。

网络银行的业务包括账户查询、转账、理财、缴费、发放工资与购物支付等多方面，大部分传统银行的业务都可以通过网上银行实现。

网上银行主要采取设立防火墙、隔离相关网络、使用高安全级的Web应用服务器、采用身份识别和CA认证机制、加强网络通讯的安全性以及通过宣传增强客户的安全意识等措施保证其安全运行。

关键术语

储值支付系统（Stored-value Payment System）

余额累计支付系统（Accumulating Balance Payment System）

电子结账（E-billing）

电子现金（E-cash）

数字现金（Digital Cash）

电子支票（eCheck）

数字信用卡支付系统（Digital Credit Card Payment System）

数字钱包（Digital Wallets）

基于服务器的数字钱包（Server-based Digital Wallets）

移动支付（Mobile Payment）

网络银行（Electronic Bank）

安全套接层协议（Secure Socket Layer，SSL）

安全电子交易（Secure Electronic Transaction，SET）

习　题

一、思考题

1. 电子支付系统的类型有哪些?
2. 电子货币有哪几种表现形式?
3. 电子现金的特点是什么?
4. 电子现金有哪些存储形式?
5. 如何解决电子现金被复制从而被反复使用的问题?
6. 常用的电子现金支付系统有哪些? 简述各系统流程。
7. 电子支票的优点是什么?
8. 电子支票系统有哪些?
9. 数字钱包有哪些功能?
10. 网络银行采取哪些措施来保障其运行安全?

参考文献

1. 杜文才．电子商务技术与应用．北京：劳动保障出版社，2006

2. Timmers, Paul. Business models for electronic markets, 1998, vol. 8, N0. 2

3. Rayport, Jeffrey and Jaworski, Bernard. e-Commerce. McGraw-Hill Companies, Inc. 2001

4. Turban, Efraim et a1. Electronic Commerce A managerial perspective (2nd Edition). Pearson Education, 2002

5. Choi S. Y. et a1. The Economics of Electronic Commerce. Indianapolis. Macmillan Technical Pub. , 1997

6. Laudon, K. and Traver, C. G. E-commerce: Business, technology, society. Pearson Education, 2003

第六章

旅游电子商务的安全

学习目标

- 旅游电子商务犯罪和安全问题所涉及的范围
- 电子商务安全的重要组成部分
- 认识电子商务环境中的主要安全威胁
- 利用不同类型的加密技术来保护 Internet 上所传递消息的安全
- 了解用来在 Internet 上建立安全通信信道的工具
- 了解用来保护网络、服务器和客户机的工具

开篇案例

商家在承担风险

Victor Stein 是纽约市的一个糖类经纪商，他兼营了一个做台球生意的电子商务网站。2000 年初，他很高兴地处理了一份自称名叫 Amina Hadir 的消费者的订单，这位消费者订购了一本价值 700 美元的台球百科全书。像处理其他网上客户的订单一样，经过 Visa 信用卡的购买授权，Stein 给这位消费者寄出了书。事实上从纽约到摩洛哥的运输过程没有任何问题，但是 Hadir 女士否认曾经购买过这本书，也不承认收到了书。结果，Stein 的银行履行了所谓的“退款”手续，将原本已经存入 Stein 的 Visa 账户上的 700 美元退还给了 Hadir 女士。Stein 不但损失了这笔交易款，而且还损失了货物。旅游网站 Expedia. com 也有过相似的经历，由于不法之徒使用盗窃来的信用卡购买飞机票而使其损失了 400 多万美元。窃贼们一收到机票，就将其卖出变成现金。而 Expedia 公司

则要因信用卡公司的退款请求而承担所有这些机票的零售成本。

在传统离线支付交易过程中，当信用卡被盗，并且被用来购买商品时，如果商家遵循了正确的程序（例如，由用户签名并与信用卡背面的签名核对无误），则相关的损失是由信用卡发行者承担的。但是，在电子商务离线支付过程中，信用卡的支付是在持卡人不必到场交易的情况下进行的，结果，通常就不存在一个可以检验并作为消费者实际下了订单的证据的有形签名。而Internet的高速传输又意味着在信用卡公司或者消费者意识到卡被盗之前，大笔的交易可能已经发生了。尽管信用卡公司对交易进行了授权，但是信用卡公司还是把电子商务中信用卡交易的大部分风险转嫁给了商家。

资料来源：Paul Greenberg. Expedia Stung by Major Credit Card Fraud. *E-Commerce Times*，March 2，2000

Julia Angwin. Credit-Card Scams Bedevil E-Stores. *Wall Street Journal*，September 19，2000

由于国内、国际有关电子商务问题的管理法律缺乏，就如“商家在承担风险”实例中所描述的那样，在网上做国际消费者生意的风险要比与本地消费者做生意的风险大得多。另外，对于消费者来说，电子商务中的风险实际上并不见得比普通商务形式中的风险大。虽然目前出现了一些涉及极少数公司的信用卡信息严重丢失情况，但由于各类法律的保护，消费者并没有因信用卡被盗和信用卡信息丢失而受到多大的影响。不过，随着电子商务交易量和交易额的持续增长，商家和消费者所面对的风险也在增大。

美国卡内基·梅隆大学的计算机紧急反应组（CERT）收集的数据同样表明计算机攻击事件的激增。根据统计，向CERT报案的数目从1996年的约2 600起上升到1999年的约10 000起，而2000年则增加到约22 000起。同样，计算机系统漏洞的报告数也从1996年的约350个上升到2000年的75个左右（CERT，2000）。Omni咨询集团（Geralds，2001）的一项类似调查表明，全世界3 000家企业估计其因安全漏洞带来的经济损失相当于销售额的6%。

总而言之，无论是经验还是调查数据均反映出安全是电子商务网站（B2C或B2B）和消费者关注的焦点。本章将讨论电子商务的安全问题，明确电子商务中所面临的主要风险，并介绍现有的各种安全解决方案。

第一节　旅游电子商务的安全概述

一、电子商务安全概述

安全问题不仅是那些大公司所普遍关注的，对于中小型旅游企业或个人游客来讲，这也是一个值得关心的问题。例如，当一名游客用户连接到一个旅行社网想获取一些产品信息时，就会被要求填写一份个人情况调查表。在这种情况下会出现什么样的安全问题呢？

就用户来说：用户怎样才能确保该网站的服务器是由合法公司拥有并运作的？用户如何才能知道该网页和表格不包含一些恶意或危险的代码或内容呢？用户如何才能知道自己提供的信息不被提供给别的机构或个人呢？

就公司来说：公司如何才能知道用户不会入侵服务器并更改网页或内容呢？公司如何才能知道用户不会破坏服务器，使它不能向其他用户提供服务呢？

从双方共同的角度来说：他们如何才能知道没有第三方在窃取网上的内容？他们如何才能知道在服务器和浏览器之间传递的内容没有被更改过？

这只是在电子商务交易中可能发生的安全问题的一些例子。当今基于web的电子商务安全问题挑战集中在如何确保web服务器及其上数据的安全、如何确保信息在web服务器与用户之间传输的安全、如何确保用户计算机以及接入Internet装备的安全（Garfinkel和Spafford，2002）。

首先，电子商务是一个非常复杂的系统，它涉及电子商务基础设施、网络服务提供商、个人购买者、企业、政府部门、银行及金融机构等。电子商务的基础设施是Internet，Internet是电子商务的保证，它提供了与世界各地的人们和企业进行物流活动接触的途径。而Internet由于在互联网络设计之初，只考虑方便性、开放性，使得互联网络非常脆弱，极易受到黑客的攻击或有组织的入侵，也会由于系统内部人员的不规范使用和恶意破坏，使得网络信息系统遭到破坏，信息泄露。在电子商务交易中，商家、客户和银行等各参与方是通过开放的互联网连接在一起的，相互之间的信息传递也要通过互联网来进行，这一特点使交易的风险性和不确定性加大，从而对网络传输过程中数据的安全和保密提出了更高的要求。

其次，电子支付是电子商务中的重要环节，涉及到用户与银行等金融部门的交互和接口，其安全性是整个电子商务安全中很重要的一个方面。它涉及到消费者、商家、企业、中介机构和银行等通过Internet或其他类型的网络为电子商务交易所进行的资金流转。电子支付通过开放的Internet来实现，支付信息也可能受到黑客的攻击和破坏，这些信息的泄露和受损直接威胁到企业和用户的切身利益，所以安全性也是电子支付实现所要考虑的最重要的问题之一。

再次，电子商务安全是一个复杂的技术问题。电子商务是通过计算机网络传输物流商务信息进行贸易的，如何保证与传统物流商业活动类似的票据传递和商业确认，这首先需要技术上的支持，如电子签名、电子识别等技术手段的采用（杜文才，2006）。实际上，每一次货物、资金或单证文件的交换都涉及到信息的保密安全问题，任何泄密事件都可能造成十分严重的后果。同时，它是一个法律问题，电子商务安全问题的真正解决需要通过法律的完善来加以保证。

二、电子商务的安全要素

根据 Pfleger（1997）和 Ford（1994）对信息安全研究成果，信息安全要达到四个主要目标：机密性、完整性、可获取性和授权使用。在电子商务的实际使用过程中，电子商务安全涉及以下六个方面的因素：

（一）保密性

保密性指信息在传输或存储过程中不被他人窃取，确保信息和数据只能被得到授权的人读取的能力（Laudon & Traver，2003）。在利用网络进行的交易中，必须保证发送者和接收者之间交换的信息的保密性。电子商务作为一种贸易手段，其信息直接代表着个人或企业或国家的商业机密；而电子商务系统是建立在一个较为开放的网络环境上的，维护商业机密是电子商务全面推广应用的重要保障。因此，要预防信息大量传输过程中被非法窃取，必须确保只有合法用户才能看到数据。从消费者角度来看，除了消费者指定的接收方外，确保其他人不能读取；从商家角度来看，信息或者机密数据不会被那些未经授权者读取。

（二）完整性

完整性指数据受到保护而不会在未经授权或偶然的情况下被更改或破坏的能力。数据在传输过程中或在被存储后可能被更改或破坏。预定支付数据就是需要保证完整性的一个例子。由于数据输入时的意外差错或欺诈行为，可能导致贸易各方信息的差异。从消费者角度来看，消费者发出或接收的信息被篡改；从商家角度来看，网站上的数据未经授权就被改变，而数据是来自合法的消费者。此外，数据传输过程中的信息丢失、信息重复或信息传送顺序差异也会导致贸易各方信息的不同。贸易各方信息的完整性将影响到贸易各方的交易和经营策略。包括：数据传输的完整性：在网络传输所使用的协议中，应具有信息投递的确认与通知功能，具有查错、纠错的功能，以保证数据传送无误，即数据的完整性。完整性检查（上下文检查）：对接收的电子商务报文数据进行扫描，按电子商务所规定的语法规则进行上下文检查，不符合语法规则的非法字符将从数据流中移走。同样，加密也是用于保证数据在传输过程中的完整性的一种手段。

（三）有效性

电子商务信息的有效性将直接关系到个人、企业或国家的经济利益和声誉，交易的有效性在其价格、期限、数量作为协议的一部分时尤为重要。信息接收方可以证实所接收的数据是原发方发出的，而原发方也可以证实只有指定的接收方才能接收。

（四）不可抵赖性

不可抵赖性又称不可否认，是指确保电子商务参与者无法抵赖（或否认）其网上行为的能力。在无纸化的电子商务方式下，通过手写签名或印章进行贸易各方的鉴别已经不可能了。因此，要求在交易信息的传递过程中为参与交易的个人、企业或国家提供可靠的标识，使原发方在发送数据后不能抵赖，接收方在接收数据后也不能抵赖。

（五）真实性

真实性指交易各方确实存在，不是假冒、虚拟的。网上交易的各方相隔很远、互不了解，要使交易成功，必须互相信任、确认对方是真实的，如商家要考虑客户是不是骗子；客户要考虑商店是不是黑店、是否有信誉。

（六）系统的可靠性

电子商务系统是计算机系统，其可靠性是指防止由于计算机失效、程序错误、传输错误、硬件故障、系统软件错误、计算机病毒和自然灾害等所产生的潜在威胁，并加以控制和预防，确保系统安全。

三、电子商务环境中的安全威胁

（一）旅游电子商务系统安全涉及的因素

虽然旅游电子商务系统的形式多种多样，涉及的安全问题也是方方面面，但应主要考虑以下因素：

1. 物理安全

物理安全是指保护计算机主机硬件和物理线路的安全，保证其自身的可靠性和为系统提供基本安全机制。影响物理安全的重要因素：火灾、自然灾害、辐射、硬件故障、搭线窃听、盗窃和超负荷。

2. 网络安全

网络安全是指网络层面的安全。计算机网络有许多不安全的因素，原因在于理论上网络上的计算机有可能被网上任何一台主机攻击或插入物理网络攻击；大部分的 Internet 协议没有进行安全性设计；网络服务器程序经常需要用超级用户特权来执行。

3. 系统软件安全

系统软件安全是指保护软件和资料不会被窜改、泄露、破坏、非法复制（包括有意或无意)。系统软件安全的目标是使计算机系统逻辑上安全,使系统中的信息存取、处理和传输满足系统安全策略的要求。系统软件安全可分为:操作系统安全、数据库安全、网络软件安全、应用软件安全。

4. 人员管理安全

人员管理安全主要是要防止内部人员的攻击。包括:雇员的素质、敏感岗位的身份识别、安全培训、安全检查等人员管理安全问题。

5. 旅游电子商务安全立法

通过健全法律制度和完善法律体系,来保证合法网上交易的权益,同时对破坏合法网上交易权益的行为依法严惩。旅游电子商务立法是对旅游电子商务犯罪的约束。

(二)电子商务安全威胁类型

旅游电子商务中最常见、也是最具破坏性的安全隐患可分为如下几类:恶意代码、黑客行为、信用卡诈骗与盗窃、电子欺骗、拒绝服务攻击、网络窃听、交易抵赖以及内部人行为。在旅游电子商务交易过程中最易攻击的三个薄弱环节是 Internet 通信信道、服务器端和客户机。

1. 恶意代码

恶意代码包括各种威胁,如病毒、蠕虫、特洛伊木马以及“恶意程序”。病毒指具有重复或者自我复制并传播到其他文件中的能力的计算机程序。蠕虫是一种可以在计算机间进行传播的宏病毒。宏病毒是针对应用程序的,当用户在某一应用程序中打开一个被感染的文件,宏病毒就把自己复制到文档模板上,这样当创建新文件时,新文件也就被宏病毒感染了;宏病毒还可以作为电子邮件的附件传播。特洛伊木马通常是指病毒或其他恶意代码感染计算机系统的一种途径。

2. 黑客行为

黑客行为指企图在未经授权的情况下进入计算机系统,故意破坏网站、损害企业名誉甚至摧毁网站的行为。黑客通常利用 Internet 作为开放系统便于使用的特点,通过寻找 Web 网站和计算机系统的安全程序上的薄弱环节,进行未经授权的访问,进行商品和信息的盗取、故意破坏和系统损害行为。

3. 信用卡诈骗与盗窃

信用卡数据的盗窃是 Internet 上最令人担心的现象之一,也是许多用户不敢进行网上购物的原因。旅游电子商务交易中,最大的威胁是客户在与商家进行交易时所使用的商家服务器可能会“丢失”信用卡信息。信用卡文件是黑客攻击 Web 网站的主要目标。

4. 电子欺骗

电子欺骗是指用虚假的电子邮件地址来虚构自己的身份或者伪装成其他人,威胁网站的完整性的方式。如果黑客引导消费者到了某个看起来很接近真实地址的虚假网站,他们就可能收集并处理客户所下订单，从而从真实的网站抢走交易。黑客们也可能会更改订单，如增加订单的数量或者修改订购的产品，然后再把经过篡改的订单发到真实的网站等待处理和发货。这样消费者就会对错误的订单运送物品不满，企业则可能因为拥有过多的库存变动而影响其正常运作。

5. 拒绝服务攻击

拒绝服务攻击泛指黑客向网站发送大量无用的通信流量从而淹没网络并使网络瘫痪。而分布式拒绝服务攻击指黑客使用大量的计算机从众多的发送节点来攻击目标网络，导致网络关闭，使用户无法进入网站。

6. 网络窃听

网络窃听是窃听程序的一种，可以监视通过网络传递的信息。黑客利用网络窃听，可以从网络上任何地方盗取企业的专有信息，包括电子邮件信息、企业文件以及机密报告。电子邮件窃听依靠隐藏在电子邮件信息中的代码，可以让某人监视其后所附带的原信息发送的消息。

7. 交易抵赖

交易抵赖包括多个方面，如发信者事后否认曾经发送过某条信息或内容；收信者事后否认曾经收到过某条消息或内容；购买者做了订货单不承认；商家卖出的商品因价格差而不承认原有的交易。

8. 内部人行为

人们通常认为旅游电子商务安全威胁来自于组织外部，而实际上，旅游电子商务安全威胁也可能来自内部。部分造成严重后果的服务中断，网站破坏以及消费者信用卡数据、信息的篡改，信息假冒和个人信息的泄露，都是内部人员所为，即那些曾经被信任的雇员。

上述网上犯罪行为说明，互联网络非常脆弱，内部人员的不规范使用和恶意破坏都会使物流企业和消费者付出很大代价，因为企业和消费者要采取价格更高的、额外的安全措施。

四、电子商务安全控制的技术手段

（一）实体安全技术

（1）电源防护技术。采用良好的屏蔽及避雷措施防止雷电和工业射电干扰；采用稳压电源防止电压波动；采用不间断电源 UPS 防止突然断电引起设备损坏和数据丢失等损失。

（2）防盗技术。安装报警器、各种监视系统及安全门锁等。

（3）环境保护。按计算机房安全要求采取防火、防水、防尘、防震、防静电等技术措施。

（4）电磁兼容性。采取电磁屏蔽及良好接地等手段，使系统中的设备既不因外界和其他设备的电磁干扰而影响其正常工作，也不因自身的电磁辐射影响周围其他设备的正常工作。

（二）存取控制

1. 身份认证

身份认证的目的是确定系统和网络的访问者是否是合法用户。主要采用密码、代表用户身份的物品（如磁卡、IC 卡等）或反映用户生理特征的标识（如指纹、手掌图案、语音、视网膜扫描等）鉴别访问者的身份。

2. 存取权限控制

存取权限控制的目的是防止合法用户越权访问系统和网络资源。因此，系统要确定用户对哪些资源（比如 CPU、内存、I/O 设备程序、文件等）享有使用权以及可进行何种类型的访问操作（比如读、写、运行等）。为此，系统要赋予用户不同的权限，比如普通用户或有特殊授权的计算机终端或工作站用户、超级用户、系统管理员等，用户的权限等级是在注册时赋予的。

3. 数据库存取控制

对数据库信息按存取属性划分的授权分：允许或禁止运行，允许或禁止阅读、检索，允许或禁止写入，允许或禁止修改，允许或禁止清除等。

（三）计算机安全控制制度

1. 安全管理制度

参与网络交易的个人或企业，都有维护网上交易系统安全的责任，对于在网上从事大量贸易活动的企业来说尤为重要。下面是针对企业的网上交易系统进行研究的安全管理制度，但其中的许多方法对于个人网络消费者也具有借鉴意义。网上交易系统安全管理制度是用文字形式对各项安全要求的规定，它是保证企业在网上经营管理取得成功的基础。安全管理制度应当包括人员管理制度、保密制度、跟踪审计制度、系统维护制度、数据备份制度、病毒定期清理制度等，其是否健全及是否实施关系到网上交易能否安全、顺利地运作。

2. 人员管理制度

参与网上交易的经营管理人员在很大程度上支配着企业的命运，他们面临着防范严重的网络犯罪的任务。而计算机网络犯罪同一般犯罪不同的是其具有智能型、隐蔽性、连续性、高效性的特点，因而，加强对有关人员的管理变得十分重要。首先，对有关人员进行上岗培训。其次，落实工作责任制，对违反网上交易安全规定的行为应坚决进行打击，对有关人员要进行及时的处理。第三，贯彻网上交易安全运作基本原则，包括：

双人负责原则，重要业务不要安排一个人单独管理，实行两人或多人相互制约的机制；任期有限原则，任何人不得长期担任与交易安全有关的职务；最小权限原则，明确规定只有网络管理员才可进行物理访问，只有网络管理员才可进行软件安装工作。

3. 保密制度

网上交易时涉及到企业的市场、生产、财务、供应等多方面的机密，必须实行严格的保密制度。保密制度需要很好地划分信息的安全级别，确定安全防范重点，并提出相应的保密措施。信息的安全级别一般可分为三级：第一，绝密级。如公司战略计划、公司内部财务报表等。此部分网址、密码不在 Internet 上公开，只限于公司高层人员掌握。第二，机密级。如公司的日常管理情况、会议通知等。此部分网址、密码不在 Internet 上公开，只限于公司中层管理者以上人员使用。第三，秘密级。如公司简介、新产品介绍及订货方式等。此部分网址、密码在 Internet 上公开，供消费者浏览，但必须有保护程序，防止黑客入侵。保密工作的另一个重要问题是对密钥的管理。大量的交易必然使用大量的密钥，密钥管理贯穿于密钥的产生、传递和销毁的全过程。密钥需要定期更换，否则可能使黑客通过积累密文增加破译机会。

4. 跟踪、审计、稽核制度

跟踪制度是要求企业建立网络交易系统日志机制，用来记录系统运行的全过程。系统日志文件是自动生成的，其内容包括操作日期、操作方式、登录次数、运行时间、交易内容等。它对系统的运行进行监督、维护分析、故障恢复，这对于防止案件的发生或在案件发生后为侦破工作提供监督数据，起着非常重要的作用。审计制度包括经常对系统日志的检查、审核，及时发现对系统故意入侵行为的记录和对系统安全功能违反的记录，监控和捕捉各种安全事件，保存、维护和管理系统日志。稽核制度是指工商管理、银行、税务人员利用计算机及网络系统，借助于稽核业务应用软件调阅、查询、审核、判断辖区内各电子商务参与单位业务经营活动的合理性、安全性，堵塞漏洞，保证网上交易安全，发出相应的警示或作出处理、处罚的有关决定的一系列措施。

5. 网络系统的日常维护制度

对于企业的电子商务系统来说，企业网络系统的日常维护就是针对内部网的日常管理和维护，是一件非常繁重的工作，因为计算机主机机型和其他网络设备较多。对网络系统的日常维护可以从以下方面进行：一是对于可管设备，通过安装网管软件进行系统故障诊断、显示及通告，网络流量与状态的监控、统计与分析，以及网络性能调优、负载平衡等。二是对于不可管设备，应通过手工操作来检查状态，做到定期检查与随机抽查相结合，以便及时准确地掌握网络的运行状况，一旦有故障发生能及时处理。三是定期进行数据备份与恢复，主要是利用多种介质，如磁介质、纸介质、光碟、微缩载体等，对信息系统数据进行存储、备份和恢复。这种保护措施还包括对系统设备的备份。

6. 病毒防范制度

病毒防范是保证网上交易很重要的一个方面。如果网上信息及交易活动遭到病毒袭击，将阻碍和破坏网上交易的顺利开展，因此必须建立病毒防范措施。目前主要通过采用防病毒软件进行防毒。应用于网络的防病毒软件有两种：一种是单机版防病毒产品；另一种是联机版防病毒产品。前者是以事后消毒为原理的，当系统被病毒感染之后才能发挥这种软件的作用，适合于个人用户；后者属于事前的防范，其原理是在网络端口设置一个病毒过滤器，即事前在系统上安装一个防病毒的网络软件，它能够在病毒入侵到系统之前，将其挡在系统外面。由于许多病毒都有一个潜伏期，因此有必要实行病毒定期清理制度以清除处于潜伏期的病毒，防止病毒的突然爆发，使计算机始终处于良好的工作状态，从而保证网上交易的正常进行。

第二节　电子商务的安全技术

一、密钥加密技术

密码技术，如加密和数字签名，是旅游电子商务的安全服务实施中重要的组成部分。密码技术中最基本的部分是加密系统或加密算法（Ford 和 Baum，2001）。加密算法定义了数据的一对转换过程，称为加密和解密。加密技术的原理是利用一定的加密算法，将明文转换成为无意义的密文（Schneier，1995），阻止非法用户理解原始数据，从而确保数据的保密性。明文变为密文的过程称为加密，由密文还原为明文的过程称为解密，加密和解密的规则称为密码算法。在加密和解密的过程中，由加密者和解密者使用的加解密可变参数叫做密钥。

目前，获得广泛应用的两种加密技术是对称密钥加密系统和非对称密钥加密系统。它们的主要区别在于所使用的加密和解密的密码是否相同。

（一）对称密钥加密系统

对称密钥加密，又称私钥加密，即信息的发送方和接收方用同一个密钥去加密和解密数据（图 6.1）。它的最大优势是加密、解密速度快，适合于对大量数据进行加密，但密钥管理困难。使用对称加密技术将简化加密的处理，每个参与方都不必彼此研究和交换专用设备的加密算法，而是采用相同的加密算法并只交换共享的专用密钥。如果进行通信的双方能够确保专用密钥在密钥交换阶段未曾泄露，那么机密性和报文完整性就可以通过使用对称加密方法对机密信息进行加密，以及通过随报文一起发送报文摘要或报文散列值来实现。

对称加密使用 DES（Data Encryption Standard）算法，该算法于 1977 年由美国国家

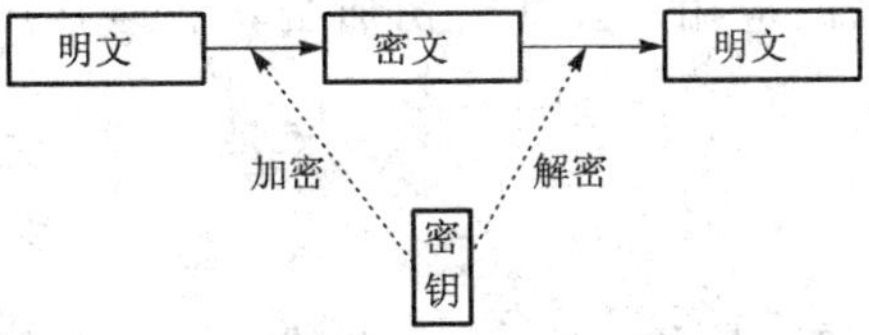

图 6.1　对称加密、解密示意图

标准局提出为联邦标准（USDC，1997），1981 年被采纳为金融业标准（ANSI，1981），是目前广泛采用的对称加密方式之一。

（二）非对称密钥加密系统

非对称密钥加密系统，又称公开密钥加密系统，是 1976 年由斯坦福大学的 Whitfield Diffie 和 Martin Hellman 提出来的。与对称密钥加密系统相比，公开密钥加密系统需要使用一对密钥来分别完成加密和解密操作，一个公开发布，即公开密钥；另一个由用户自己秘密保存，即私用密钥（图 6.2）。信息发送者用公开密钥去加密，而信息接收者则用私用密钥去解密。公钥机制灵活，但加密和解密速度却比对称密钥加密慢得多。

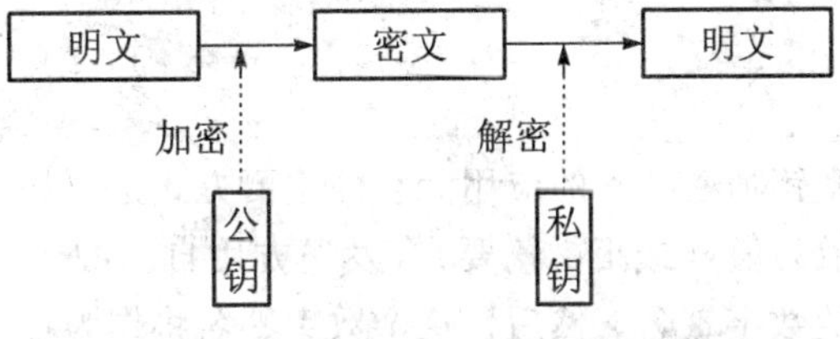

图 6.2　非对称密钥加密、解密示意图

在非对称加密体系中，密钥被分解为一对。这对密钥中的任何一把都可作为公开密钥（加密密钥）通过非保密方式向他人公开，而另一把则作为私用密钥（解密密钥）加以保存。私用密钥只能由生成密钥对的贸易方掌握，公开密钥可广泛发布。

公钥密钥加密实现信息交换的过程是：贸易方 A 生成一对密钥并将其中的一把作为公开密钥向其他贸易方公开；得到该公开密钥的贸易方 B 使用该密钥对信息进行加密后再发送给贸易方 A；贸易方 A 再用自己保存的另一把专用密钥对加密信息进行解密。

RSA 算法是一种可逆的公开密钥加密系统，它是用它的三位发明者——麻省理工学院（MIT）的 Ron Rivest、Adi Shamir 和 Len Adleman 的姓的第一个字母来命名的。该算法是非对称加密领域内最为著名的算法，但是它存在的主要问题是算法的运算速度较慢。因此，在实际的应用中通常不采用这一算法对信息量大的信息（如大的 EDI 交易）

进行加密。对于加密量大的应用，公开密钥加密算法通常用于对称加密方法密钥的加密。

二、数字指纹

数字指纹也称信息摘要，是 Ron Rivest 发明的一种单向加密算法，其加密结果是不能解密的，通常采用此加密技术来实现信息的完整性验证。该加密技术是从原文中通过 Hash 算法得到一个有固定长度（128 位）的散列值，不同的原文产生的摘要必不相同，相同的原文产生的摘要必定相同，因此信息摘要类似于人的“指纹”，可以通过“指纹”去鉴别原文的真伪（图 6.3）。

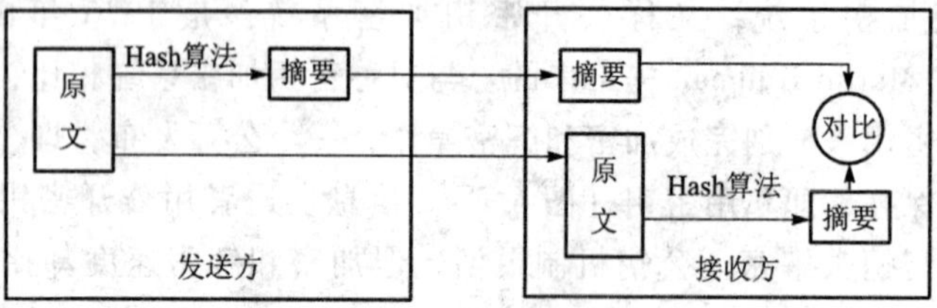

图 6.3　数字指纹的使用过程

三、数字签名

数字签名是公开密钥加密技术的应用。它的主要方式是：报文的发送方从报文文本中生成一个 128 位的散列值（或报文摘要）。发送方用自己的专用密钥对这个散列值进行加密来形成发送方的数字签名。然后，这个数字签名将作为报文的附件和报文一起发送给报文的接收方。报文的接收方首先从接收到的原始报文中计算出 128 位的散列值（或报文摘要），接着再用发送方的公开密钥来对报文附加的数字签名进行解密。如果两个散列值相同，那么接收方就能确认该数字签名是发送方的（图 6.4）。通过数字签名能够实现对原始报文的鉴别和不可抵赖性。

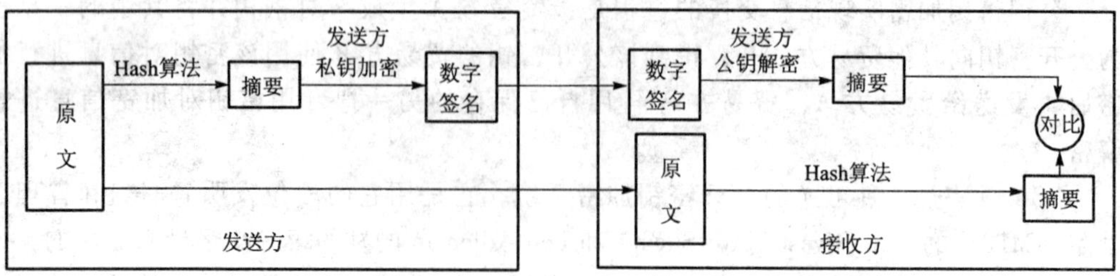

图 6.4　数字签名过程

从图6.4可见，数字签名的产生过程是将原文按双方约定的Hash算法计算得到一个固定位数的报文摘要（该算法在数学上保证只要改动报文中任何一位，重新计算出的报文摘要值就与原先的值不相符，这样就保证了报文的不可更改性），然后对所得的摘要用发送者的私钥进行加密，并将加密结果作为数字签名附在原文后发送给对方。

另外，检验数字签名的过程是接收者收到数字签名和原文后，用同样的Hash算法对正文计算形成摘要，再对所附数字签名用发送者的公钥进行解密。如果两者的结果相同，数字签名得到验证，说明报文确实来自所称的发送者；否则无法通过对数字签名的检验——因为相应的私钥只有该原文声明者拥有，而只有用该私钥加密才能获得可由相应公钥正确解密的结果。

（一）数字签名的作用

数字签名的作用是保证信息的完整性和不可否认性。

（1）数字签名解密后得到的摘要与用Hash函数处理原文后得到的摘要应该相同；否则，表示原文已被修改或有丢失。

（2）能够用公钥解密的数字签名只可能由发送者的私钥产生，所以签名者无法否认自己的签名；接收方也无法伪造发送方的签名。因此，数字签名可作为信息发/收双方对某些有争议信息的法律依据。

（二）数字签名与手书签名的区别

手书签名是模拟的，因人而异；数字签名是数字的（0和1的数字串），因消息而异。

（三）数字签名和数字加密的区别

数字签名和数字加密的过程虽然都使用公开密钥体系，但实现的过程正好相反，使用的密钥对也不同。数字签名使用的是发送方的密钥对，发送方用自己的私有密钥进行加密，接收方用发送方的公开密钥进行解密，这是一个一对多的关系，任何拥有发送方公开密钥的人都可以验证数字签名的正确性。数字加密使用的则是接收方的密钥对，这是多对一的关系，任何知道接收方公开密钥的人都可以向接收方发送加密信息，只有惟一拥有接收方私有密钥的人才能对信息解密。另外，数字签名只采用了非对称密钥加密算法，它能保证发送信息的完整性、身份认证和不可否认性，而数字加密采用了对称密钥加密算法和非对称密钥加密算法相结合的方法，它能保证发送信息的保密性。

四、数字信封

数字信封结合非对称密钥技术的灵活性和对称密钥技术的高效性，实现信息传输的保密性。在数字信封中，信息发送方采用对称密钥来加密原文信息，然后将此对称密钥用接收方的公开密钥来加密（这部分称为数字信封）之后，将它和密文信息一起发送给接收方，接收方先用相应的私有密钥打开数字信封，得到对称密钥，然后使用对称密钥解开密文信息（图 6.5）。

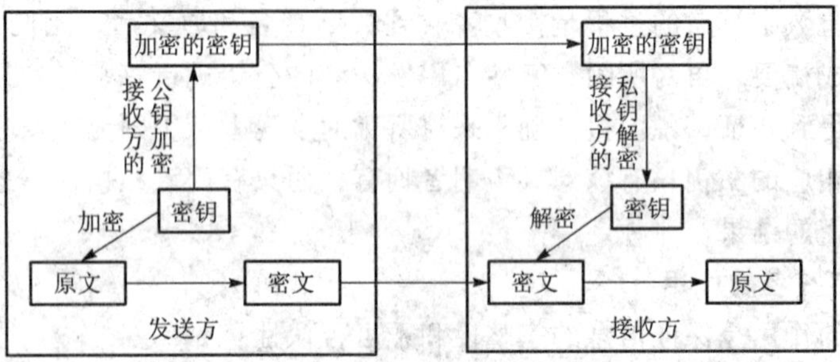

图 6.5　数字信封技术示意图

五、数字时间戳

数字时间戳（DTS，Digital Time-stamp）服务是网络安全服务项目，由专门的机构提供。在书面合同中，文件签署的日期和签名一样均是防止文件被伪造和篡改的关键性内容。而在电子交易中，同样需对交易文件的日期和时间信息采取安全措施，数字时间戳就是用于证明电子文件发表时间的。数字时间戳的获得过程（图 6.6）。

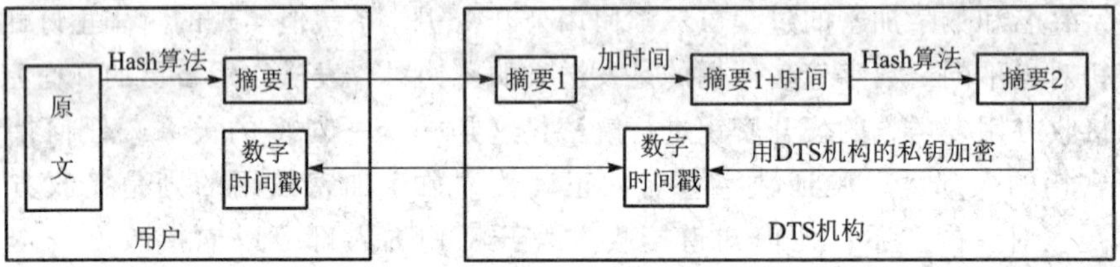

图 6.6　获得数字时间戳的过程

需要数字时间戳的用户首先将文件用 Hash 算法加密得到摘要，然后将摘要发送到提供数字时间戳服务的专门机构，DTS 机构时间戳是一个经加密后形成的凭证文档，它包括三个部分：需加时间戳的文件的摘要、DTS 收到文件的日期和时间、DTS 的数字签名。获得数字时间戳的用户可以将数字时间戳发送给自己的商业伙伴以证明信息的发送时间。

六、数字证书和认证中心（CA）

（一）数字证书（Digital Certificate 或 Digital ID）

数字证书是一段包含用户身份信息、用户公钥信息以及身份验证机构数字签名的一系列数据，用来在网络应用中识别通讯各方的身份，其作用类似现实生活中的身份证。数字在数字证书所包含的数据中，身份验证机构的数字签名可以确保证书信息的真实性，用户公钥信息可以保证数字信息传输的完整性，用户的数字签名可以保证数字信息的不可否认性。

数字证书由信任度高的授权机构颁发，是各类终端实体和最终用户在网上进行信息交流及商务活动的身份证明。在电子交易的各个环节，交易各方都需验证对方数字证书的有效性，从而解决相互间的信任问题。

数字证书采用公开密码密钥体系，即利用一对互相匹配的密钥进行加密、解密。每个用户自己设定一把特定的、仅为本人所知的私有密钥，用它进行解密和签名。当发送一份保密文件时，发送方使用接收方的公钥对数据加密，而接收方则使用自己的私钥解密，这样信息就可以安全无误地到达目的地了。

如中国工商银行的数字证书（图 6.7）。一个标准的 X. 509 数字证书包含以下内容：

（1）证书的版本信息；

（2）证书的序列号，每个证书都有一个惟一的证书序列号；

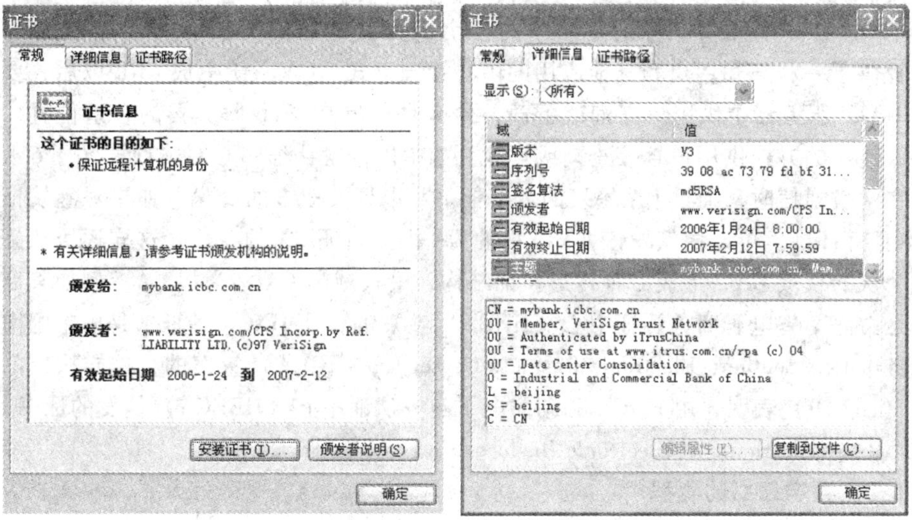

图 6.7 中国工商银行数字证书及证书内容

(3) 证书所使用的签名算法;

(4) 证书的发行机构名称，命名规则一般采用 X.500 格式;

(5) 证书的有效期，现在通用的证书一般采用 UTC 时间格式，它的计时范围为 1950~2049 年;

(6) 证书拥有者的名称，命名规则一般采用 X.500 格式;

(7) 证书拥有者的公开密钥;

(8) 证书发行者对证书的签名。

(二) 认证中心 (CA)

在电子交易中，无论是数字时间戳服务还是数字证书的发放，都不是靠交易双方自己能完成的，而需要有一个具有权威性和公正性的第三方来完成，此第三方就是人们称之为“认证中心 CA (Certificate Authority)”的机构，该机构提供网上安全交易认证服务，能受理数字证书的申请、签发数字证书、对数字证书管理和确认用户身份。

顾客向 CA 申请证书时，可提交自己的驾驶执照、身份证或护照，CA 经验证后，颁发证书给顾客。CA 在创建证书的时候，CA 系统首先获取用户的请求信息，其中包括用户公钥（公钥一般由用户端产生，如电子邮件程序或浏览器等），CA 将根据用户的请求信息产生证书，并用自己的私钥对证书进行签名。其他用户、应用程序或实体将使用 CA 的公钥对证书进行验证。如果一个 CA 系统是可信的，则验证证书的用户可以确信，他所验证的证书中的公钥属于证书所代表的那个实体。

CA 还负责维护和发布证书废除列表 CRL (Certificate Revocation Lists，又称为证书黑名单)。当一个证书，特别是其中的公钥因为其他原因无效时（不是因为到期），CRL 提供了一种通知用户和其他应用的中心管理方式。CA 系统生成 CRL 以后，要么是放到 LDAP 服务器中供用户查询或下载，要么是放置在 Web 服务器的合适位置，以页面超级链接的方式供用户直接查询或下载。如中国金融认证中心网站首页（图 6.8）。

在网络通信时，通过 CA 签发的数字证书可以证实双方的身份，如果对签发证书的 CA 本身有怀疑，可以由签发该 CA 证书的 CA 机构验证 CA 的身份，这样逐级认证，一直到公认的权威 CA，形成一种树形验证结构，最权威的 CA 称为根 CA。例如某商家的证书是由海南省电子商务认证中心（HNCA）签发的，而 HNCA 的证书是由中国南方电子商务中心（Southern Electronic Business Center Class B CA）签发的，这样构成的树形结构（图 6.9）表明，由 HNCA 和湖北电子商务认证中心（HBECA）签发的证书 1~证书 4，最终都由 Southern Electronic Business Center Class B CA 认证。

(三) 数字证书的类型

从数字证书使用对象的角度分，目前的数字证书类型主要包括：个人身份证书、企业或机构身份证书、支付网关证书、服务器证书、企业或机构代码签名证书、安全电子

图 6.8　中国金融认证中心网站首页

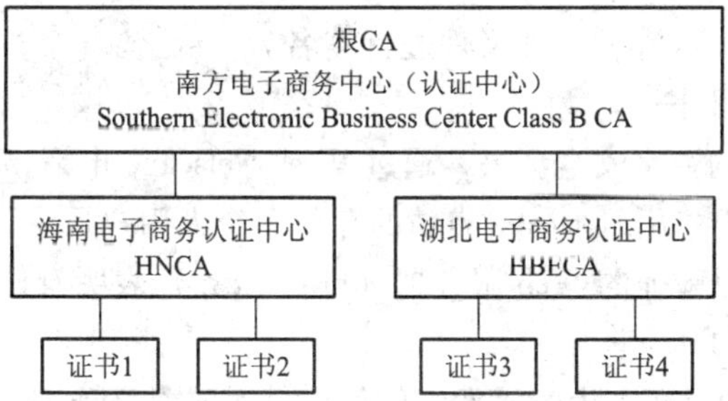

图 6.9　CA 树形结构

邮件证书、个人代码签名证书。

1. 个人身份证书

符合 X. 509 标准的数字安全证书，证书中包含个人身份信息和个人的公钥，用于标识证书持有人的个人身份。数字安全证书和对应的私钥存储于 E-key 中，用于个人在网上进行合同签定、订单、录入审核、操作权限、支付信息等活动中表明身份。

2. 企业或机构身份证书

符合 X. 509 标准的数字安全证书，证书中包含企业信息和企业的公钥，用于标识证书持有企业的身份。数字安全证书和对应的私钥存储于 E-key 或 IC 卡中，可以用于企业在电子商务方面的对外活动，如合同签定、网上证券交易、交易支付信息等方面。

3. 支付网关证书

支付网关证书是证书签发中心针对支付网关签发的数字证书，是支付网关实现数据加解密的主要工具，用于数字签名和信息加密。支付网关证书仅用于支付网关提供的服务（Internet 上各种安全协议与银行现有网络数据格式的转换）。支付网关证书只能在有效状态下使用，不可被申请者转让。

4. 服务器证书

符合 X. 509 标准的数字安全证书，证书中包含服务器信息和服务器的公钥，在网络通讯中用于标识和验证服务器的身份。数字安全证书和对应的私钥存储于 E-key 中。服务器软件利用证书机制保证与其他服务器或客户端通信时双方身份的真实性、安全性、可信任度等。

5. 企业或机构代码签名证书

代码签名证书是 CA 中心签发给软件提供商的数字证书，包含软件提供商的身份信息、公钥及 CWCA 的签名。软件提供商使用代码签名证书对软件进行签名后放到 Internet 上，当用户在 Internet 上下载该软件时，将会得到提示，从而可以确信：软件的来源；软件自签名后到下载前没有遭到修改或破坏。代码签名证书可以对 . 32 - bit、. exe、. cab、. ocx、. class 等程序和文件进行签名。

6. 安全电子邮件证书

符合 X. 509 标准的数字安全证书，通过 IE 或 Netscape 申请，用 IE 申请的证书存储于 Windows 的注册表中，用 Netscape 申请的存储于个人用户目录下的文件中。用于安全电子邮件或向需要客户验证的 Web 服务器（https 服务）表明身份。

7. 个人代码签名证书

个人代码签名证书是 CA 中心签发给软件提供人的数字证书，包含软件提供个人的身份信息、公钥及 CWCA 的签名。软件提供人使用代码签名证书对软件进行签名后放到 Internet 上，当用户在 Internet 上下载该软件时，将会得到提示，从而可以确信：软件的来源；软件自签名后到下载前没有遭到修改或破坏。代码签名证书可以对 . 32 - bit、. exe、. cab、. ocx、. class 等程序和文件进行签名。

（四）数据加密、身份认证流程

上文指出，在数字证书所包含的数据中，身份验证机构的数字签名可以确保证书信息的真实性，用户公钥信息可以保证数字信息传输的完整性，用户的数字签名可以保证数字信息的不可否认性。下文说明数字证书如何实现电子商务的保密性、完整性、不可否认性、真实身份的确定性（图 6. 10）。把数据加密技术和认证中心的身份认证技术结合起来，就解决了电子商务的安全性问题。

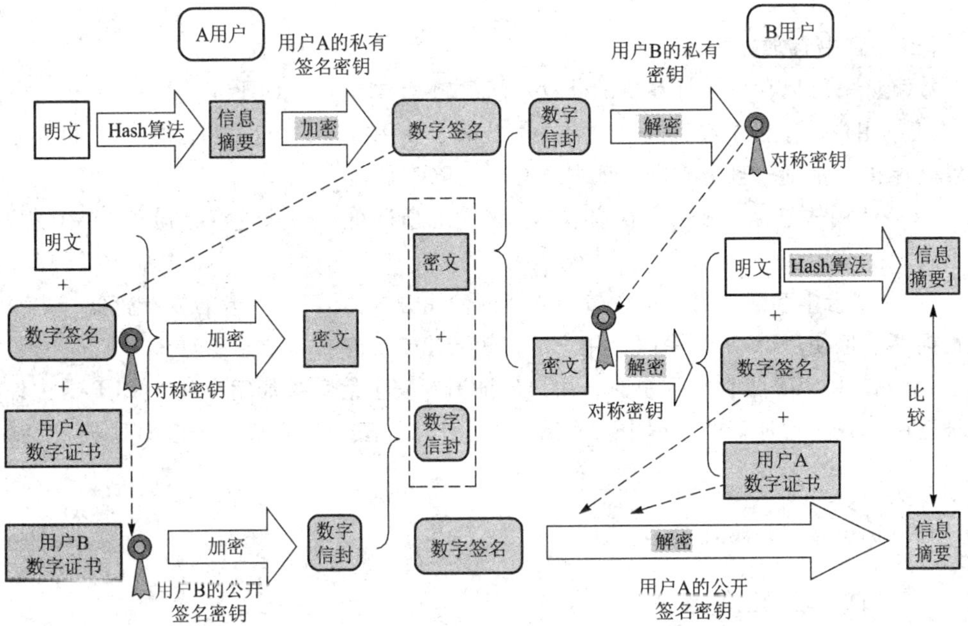

图 6.10 数据加密、身份认证流程图

数据加密解密、身份认证流程为：

(1) A 用户先用 Hash 算法对发送方信息（即“明文”）进行运算，形成“信息摘要”，并用自己的私人密钥对其加密，从而形成数字签名。

(2) A 用户再把数字签名及自己的数字证书附在明文后面。

(3) A 用户随机产生的对称密钥（DES 密钥）对明文进行加密，形成密文。

(4) 为了安全地把 A 用户随机产生的对称密钥送达 B 用户，A 用户用 B 用户的公开密钥对其进行加密，形成了数字信封。这样，A 用户最后把密文和数字信封一起发送给 B 用户。

(5) B 用户收到 A 用户传来的密文与数字信封后，先用自己的私有密钥对数字信封进行解密，从而获得 A 用户的 DES 密钥，再用该密钥对密文进行解密，继而得到明文、A 用户的数字签名及用户的数字证书。

(6) 为了确保明文的完整性，B 用户用 Hash 算法对明文进行运算，形成“信息摘要”。

(7) B 用户把 A 用户的数字签名用 A 用户的公开密钥进行解密，从而形成“信息摘要 1”。

(8) B 用户把“信息摘要”与“信息摘要 1”进行比较，若一致，说明收到的明文没有被修改过。

（五）证书存放方式

数字证书可以存放在计算机的硬盘、随身软盘、IC 卡或 CUP 卡中。

（1）用户数字证书在计算机硬盘中存放时，使用方便，但存放证书的 PC 机必须受到安全保护，否则一旦被攻击，证书就有可能被盗用。

（2）使用软盘保存证书，被窃取的可能性有所降低，但软盘容易损坏。一旦损坏，证书将无法使用。

（3）IC 卡中存放证书是一种较为广泛的使用方式。因为 IC 卡的成本较低，本身不易被损坏。但使用 IC 卡加密时，用户的密钥会出卡，存在安全隐患。

（4）使用 CUP 卡存放证书时，用户的证书等安全信息被加密存放在 CUP 卡中，无法被盗用。在进行加密的过程中，密钥可以不出卡，安全级别最高，但相对来说，成本较高。

七、防火墙（Firewall）技术

（一）防火墙的基本概念

企业内部网 Intranet 是企业电子商务系统的一个重要组成部分。Intranet 与 Internet 连接后，方便了企业内部与外部的信息交流，工作效率得到提高。但同时也产生了不安全因素。为了达到既要与外界沟通，又要保护信息和网络平台安全的目的，就要在被保护的内部网与外部网之间设置一道屏障，以防止发生不可预测的、潜在破坏性的侵入。所有内部网和外部网之间的链接都要经过这一保护层，这一保护屏障就称为防火墙。确切的讲，防火墙是指一个由软件和硬件设备组合而成，在 Intranet 和 Internet 之间的界面上构筑的一道保护屏障（图 6.11），是用于加强内部网络和公共网络之间安全防范的系统。

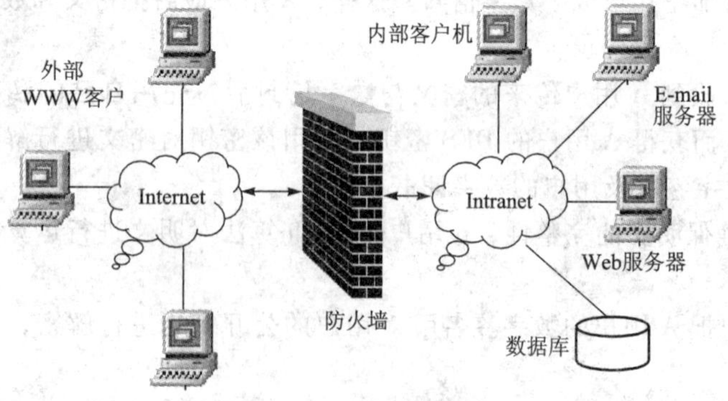

图 6.11　防火墙构造图

（二）防火墙的作用及安全控制策略

防火墙的作用就是限制Internet用户对内部网络的访问以及管理内部用户访问外界的权限。防火墙的安全控制策略就是在网络之间执行访问控制策略。实现防火墙的实际方式各不相同，但是在原则上，防火墙可以被认为是这样一对机制：一种机制是拦阻传输流通行，另一种机制是允许传输流通过。即凡是没有被列为允许访问的服务都是被禁止的；凡是没有被列为禁止访问的服务都是被允许的。

（三）防火墙的功能

（1）过滤不安全服务。防火墙只允许特定的服务通过，其余信息流一概不许通过，从而保护网络免受除特定服务攻击之外的任何攻击，确保电子商务系统平台不受到入侵。防火墙封锁所有信息流，然后对希望提供的服务逐项开放（如HTTP、POP3、FTP等服务），对不安全的服务或可能有安全隐患的服务一律关闭。这是一种非常有效实用的方法，可以形成一种十分安全的环境，因为只有经过仔细挑选的服务才能允许用户使用。

（2）过滤非法用户和访问特殊站点。确保所有电子商务应用都是授权访问。保护关键部门不受到来自内部或外部的攻击。防火墙应先允许所有的用户和站点对内部网络的访问，然后网络管理员按照IP地址对未授权的用户或不信任的站点进行逐项屏蔽。这种方法构成了一种更为灵活的应用环境，网络管理员可以针对不同的服务，面向不同的用户开放，也就是能自由地设置各个用户的不同访问权限。

（3）设置安全和审计检查。对所有商业事务处理进行审计，以便安全管理和责任追究。防火墙可以发挥一种有效的“电话监听”（Phone tap）和跟踪工具的作用。防火墙提供一种重要的记录和审计功能，可以向管理员提供一些情况概要，如有关通过防火墙的传输流的类型和数量以及有多少次试图闯入防火墙的企图等信息。

（4）数据源控制。使用过滤模块来检查数据包的来源和目的地址，根据管理员的规定来决定接收还是拒绝该数据包。

（5）数据包控制。扫描数据包的内容，查找与应用相关的数据，在网络层对数据包进行模式检查。

（6）对私有数据的加密支持。保证通过Internet进行的VPN和商务活动不受损坏。

（7）使用授权控制。客户端认证只允许指定的用户访问内部网或选择服务。

（8）反欺骗。欺骗是从外部获取网络访问权的常用手段，它使数据包看似来自网络内部，电子商务系统的防火墙应监视这样的数据包并扔掉它们。

（四）防火墙的局限性

防火墙的失灵包括以下方面：不能防范来自内部的攻击；不能真正防止人为因素的攻击，如口令泄露、用户错误操作；不能有效地防范受病毒感染的软件或文件的传输，在网络上传输二进制文件的编码方式太多，并且有太多不同的结构和病毒，因此不可能查找所有的病毒；不能防止数据驱动式的攻击，即通过将某些表面看来无害的数据邮寄或拷贝到内部主机中，然后再在内部主机中运行而造成的攻击。

第三节　电子商务的安全协议与标准

一、安全套接层协议 SSL（Secure Sockets Layer）

SSL 最初由 Netscape 公司设计开发，随后将其提交给 IETF 进行标准化，形成了 IETF 的规范。SSL 是目前应用最广泛、最普遍的安全协议。尽管 SSL 主要被认为是一种安全协议，但从技术上来讲，它实际上是插入在 Internet TCP 协议栈中的一个全新的协议层（Dierks 和 Allen，1999）。它主要用于保护任何位于 TCP 之上的应用协议的通信。SSL 协议的概念可以被概括为：它是一个保证任何安装了安全套接层的客户和服务器间事务安全的协议，该协议向基于 TCP/IP 的客户/服务器应用程序提供了客户端和服务器的鉴别、数据完整性及信息机密性等安全措施。目的是为用户提供 Internet 和企业内联网的安全通信服务，SSL 在内部网和公共 Internet 上广泛运用，被许多先进厂商的客户机/服务器所支持，其中包括 Netscape、Microsoft、IBM、Spyglass 和 Open Market。SSL 还被一些公共域产品所支持，如 Apache-SSL。

SSL 采用了公开密钥和专有密钥两种加密类型：在建立连接过程中采用公开密钥；在会话过程中使用专有密钥。加密的类型和强度则在两端之间建立连接的过程中判断决定，它保证了客户和服务器间事务的安全性。

安全套接层也是一个工业标准协议，对应（七层）网络模型的会话层，它使公共密钥技术发挥了重要作用，该协议层包含了两个协议子层：SSL 记录协议与 SSL 握手协议。SSL 提供三种基本的安全服务，每一种都包含了公共密钥技术。这三种服务是：

报文保密——报文保密是通过公共密钥和均衡密钥加密的组合实现的。在一个 SSL 服务器和一个 SSL 客户机之间的所有通信量都通过一个密钥和一个协商好的加密算法被加密，都是在 SSL 握手期间完成的。加密可以成功地阻止一些网络窃听者，这些人通过使用类似于 IP 包嗅探器的设备可以捕获 TCP/IP 对话。加密使得这些窃听者即使可以使用 IP 包嗅探器一直捕获服务器与客户机之间的通信，也无法读懂得来的信息。

报文完整性——报文完整性服务可以确保 SSL 的对话通信内容在传递途中没有任何改变地送达目的地。如果 Internet 要在电子商业中起一个有效平台的作用，首先必须保证服务器与客户机之间流动的信息内容不被非法者所篡改。SSL 使用称为摘要函数的一种被共享的秘密与特殊的数学函数组合来提供报文的完整性服务。

互相证明——互相证明是服务器设法让客户机信服它的身份，客户机设法让服务器信服它的身份的过程。它们以公共密钥凭证的形式编码，并在 SSL 握手过程中相互交换。

为证明某实体出示的凭证是来自一个合法的凭证所有者（而不是冒名顶替者），SSL 要求在握手期中，凭证出示者必须对要交换的数据进行数字签名。被交换的握手数据包括完整的凭证。各实体对协议数据（包括他们的凭证）进行签署的目的是为了证明他们是合法的凭证所有者。这可有效防止某人通过出示其他人的凭证来冒充。靠凭证本身不能证明身份，还必须加上正确的私人密钥。SSL 工作过程示意图（图 6.12）。

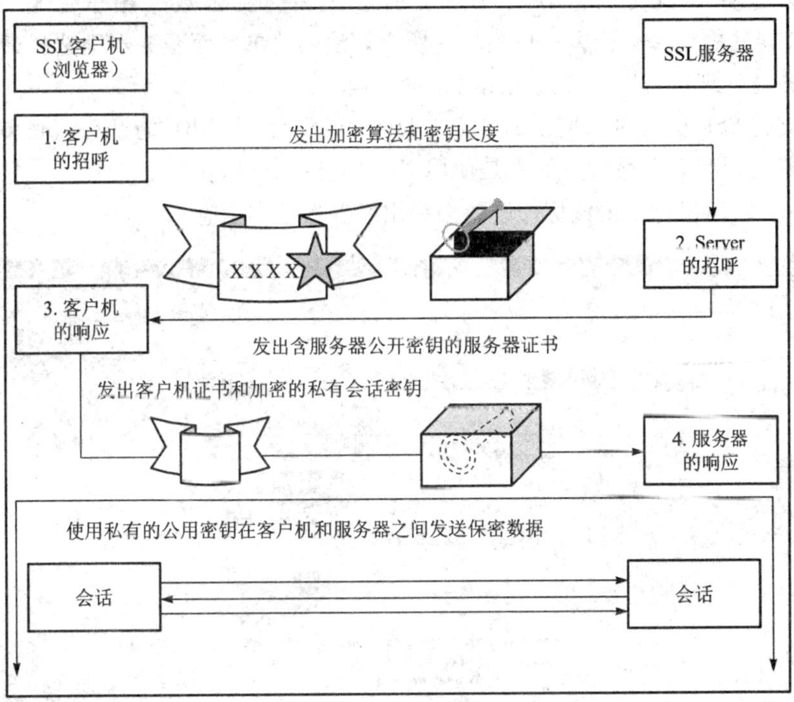

图 6.12　SSL 工作过程示意图

建立 SSL 连接事先需要经过一个握手过程。SSL 所提供的安全服务对终端用户是透明的，通常用户只需用鼠标点击某页上的按钮或指定线段，以此提出与具有 SSL 功能的服务器连接的请求。服务器一般在一个指定的端口（缺省为 443）接收 SSL 连接请求，这个端口与用来接收标准 HTTP 请求的端口（缺少为 80）不同。

当客户机连接到那个端口上时，便开始进行 SSL 握手过程，之后开始执行通信加密和报文完整性检查，一直到 SSL 对话有效期结束。在 SSL 对话建立阶段，握手过程只需一次，不致造成性能下降。

下面是在一次 SSL 握手期间在高层所发生的事件：

（1）客户机和服务器交换 X.509 凭证以互相验明身份。这种交换的内容可以包括一个完整的凭证链，一直到某种根凭证。凭证验证包括检查凭证有效日期并验明凭证是否具有一个可信的认证机构的数字签名。

（2）客户机随机生成一组密钥，并将它用于对 MAC 的加密和计算。这些密钥将以服务器的公共密钥加密，并被安全地送到服务器上。被用于客户机到服务器和服务器到客户机之间通信的独立密钥组一共有四组。

（3）商定一个报文加密算法（用于加密）和摘要函数（用于完整性）。比如 Netscape 公司的做法是，让客户机列出它所有算法的清单，而服务器则选择最强的有效密码。服务器管理员可以打开或关闭特定的密码。

凡是支持 SSL 协议的网页，都会以“https：//”作为 URL 的开头（图 6.13）。客户与服务器进行 SSL 会话时，如果是使用 IE 浏览器，可以在状态栏看到一只锁形标志“ Internet ”，用鼠标双击该标志，就会弹出服务器证书信息。

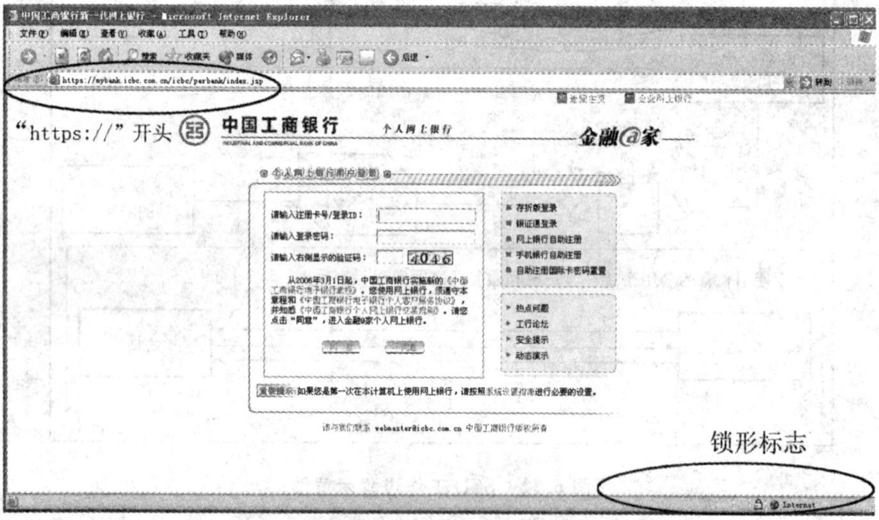

图 6.13　支持 SSL 协议的网页

二、安全电子交易协议 SET（Secure Electronic Transaction）

SET 向基于信用卡进行电子化交易的应用提供了实现安全措施的规则。它是由 Visa 国际组织和万事达组织共同制定的一个能保证通过开放网络（包括 Internet）进行安全资金支付的技术标准。参与该标准研究的还有微软公司、IBM 公司、Netscape 公司、RSA 公司等。

SET 提供对消费者、商户和收单行的认证，确保交易数据的安全性、完整性和交易的不可否认性，特别是保证不会将持卡人的信用卡号泄露给商户。

SET 支持了电子商务的特殊安全需要，如购物信息和支付信息的私密性；使用数字签名确保支付信息的完整性；使用数字签名和持卡人证书，对持卡人的信用卡进行认证；使用数字签名和商户证书，对商户进行认证；保证各方对有关事项的不可否认性。

证书作为网上身份证明的依据，主要包含申请者的个人信息和其公共密钥。在 SET 中，主要的证书有持卡人证书、商户证书和支付网关证书。SET 协议的参与对象见图 6.14。

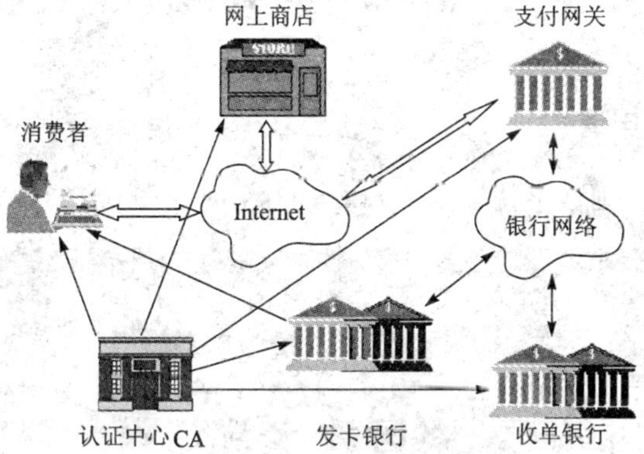

图 6.14　SET 协议的参与对象

SET 协议的工作流程分为下面七个步骤：

(1) 消费者利用自己的 PC 机通过互联网选购物品，并在计算机上输入订货单。订货单上需包括在线商店、购买物品名称及数量、交货时间及地点等相关信息。

(2) 通过电子商务服务器与有关在线商店联系，在线商店作出应答，告诉消费者所填订货单的货物单价、应付款数、交货方式等信息是否准确，是否有变化。

(3) 消费者选择付款方式，确认订单，签发付款指令。此时 SET 开始介入。

(4) 在 SET 中，消费者必须对订单和付款指令进行数字签名，同时利用双重签名技术保证商家看不到消费者的账号信息。

(5) 在线商店接受订单后，向消费者所在银行请求支付认可。信息通过支付网关到收单银行，再到电子货币发行公司确认。批准交易后，返回确认信息给在线商店。

(6) 在线商店发送订单确认信息给消费者。消费者端软件可记录交易日志，以备查询。

（7）在线商店发送货物或提供服务，并通知收单银行将钱从消费者的账号转移到商店账号，或通知发卡银行请求支付。

在认证操作和支付操作中间一般会有一个时间间隔，例如在每天的下班前请求银行结一天的账。前两步与 SET 无关，从第三步开始 SET 起作用，一直到第七步。在处理过程中，通信协议、请求信息的格式、数据类型的定义等，SET 都有明确的规定。在操作的每一步，消费者、在线商店、支付网关都通过 CA 来验证通信主体的身份，以确保通信的对方不是冒名顶替。所以，也可以简单地认为，SET 规范充分发挥了认证中心的作用，以维护在任何开放网络上的电子商务参与者所提供信息的真实性和保密性。

第四节　实务演练

一、数字证书的申请

［第一步］登录中国数字认证网 www. ca366. com（图 6. 15）。

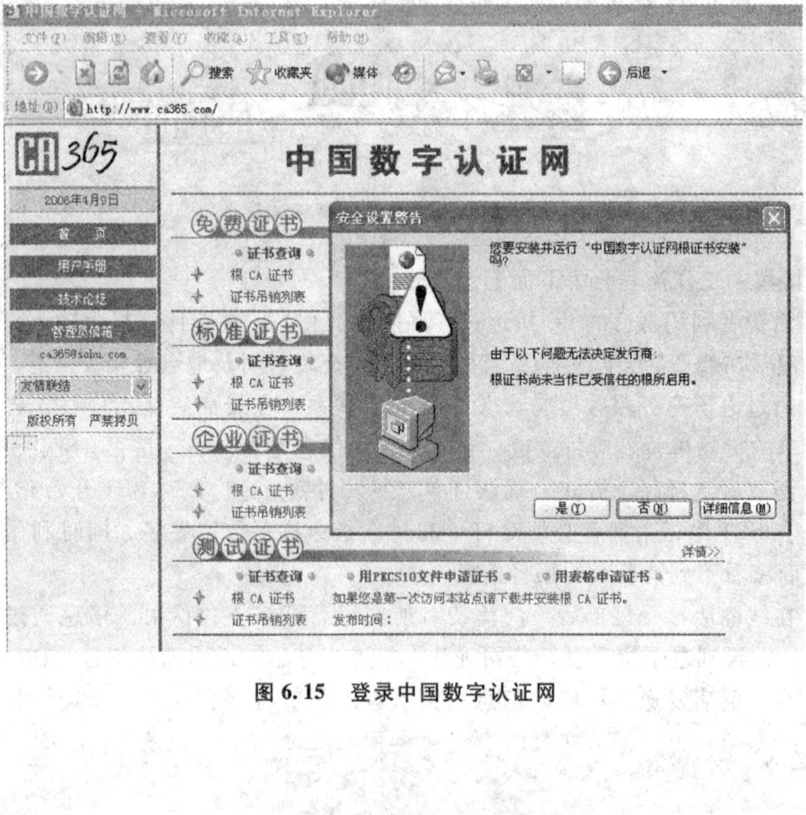

图 6.15　登录中国数字认证网

[第二步] 登录中国数字认证网 www. ca366. com，安装测试证书的根证书（图6. 16）。

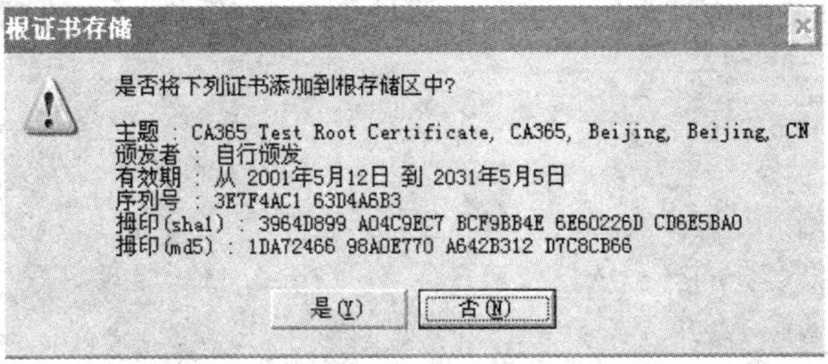

图 6. 16　安装测试证书的根证书

[第三步] 安装好根证书后的常规页面（图 6. 17）。

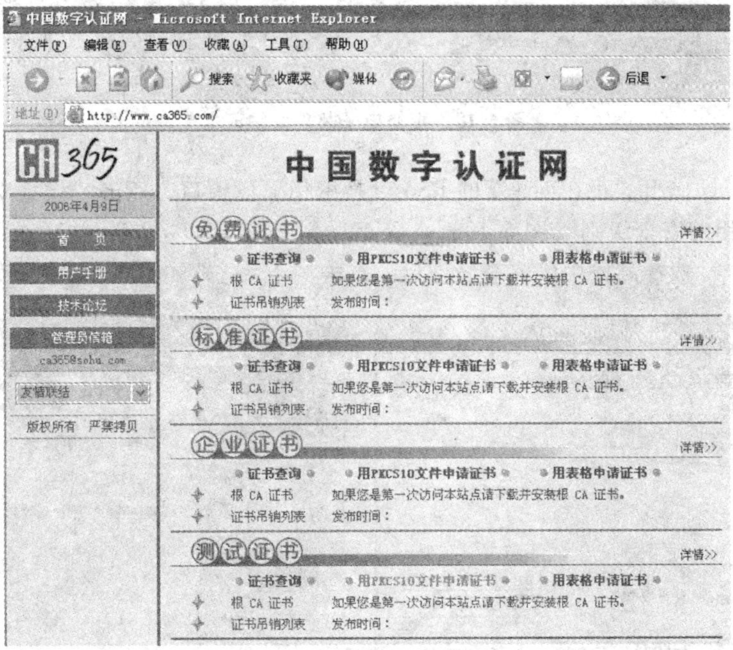

图 6. 17　安装好根证书后的常规页面

[第四步] 在“测试证书”区，点击“用表格申请证书”后，认真填写表格。在“证书用途”中，选择“电子邮件保护证书”。相应信息填好之后，点击“提交”按钮（图 6. 18）。

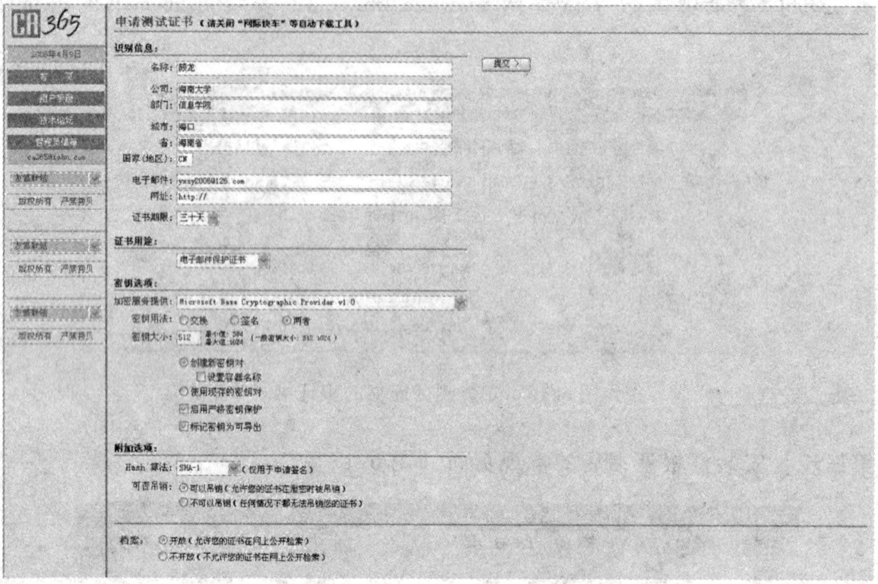

图 6.18　提交电子邮件保护证书

[第五步] 弹出“正在创建新的 RSA 交换密钥”的窗口，点击“设置安全级别…”，设置交换密钥的安全级别（图 6.19）。

[第六步] 选择高或中的安全级别后，点击“下一步”（图 6.20）。

图 6.19　设置交换密钥的安全级别

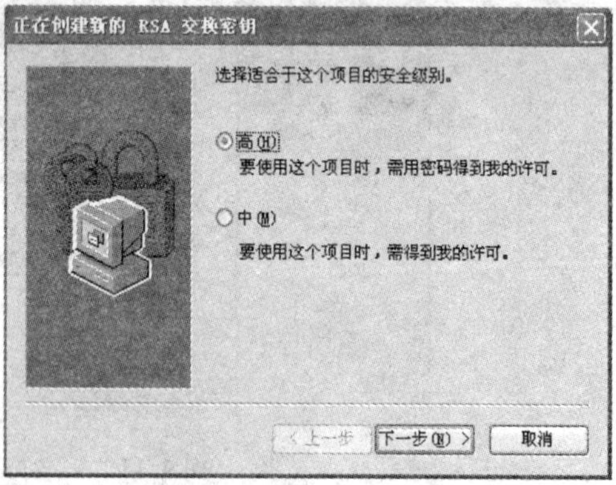

图 6.20　选择安全级别

[第七步] 输入密码以创建私钥。点击“完成”（图 6.21）。

[第八步] 返回设置窗口，提示注明了“将安全级别被设成高级”，点击“确定”

（图 6. 22）。

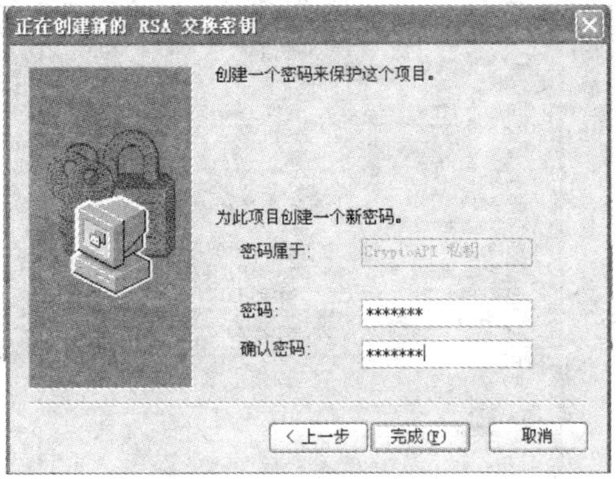

图 6. 21　创建私钥

图 6. 22　设定安全级别

［第九步］ 网页里显示了被分配的测试证书序列号，点击“下载并安装证书”（图 6. 23）。

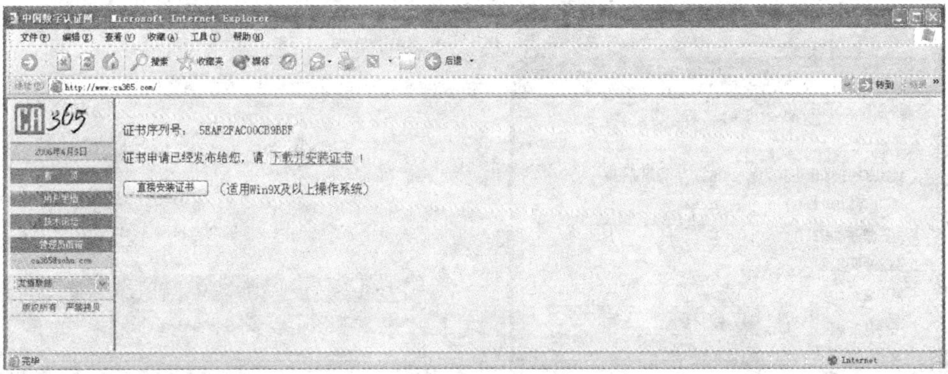

图 6. 23　下载并安装证书

［第十步］ 打开下载的数字证书，可以查看证书信息（图 6. 24）。点击“安装证书”后（图 6. 25），数字证书就可以使用了。

二、电子邮件数字证书的使用

［第一步］ 打开 Outlook Express，做好邮箱等内容的设置（图 6. 26）。

［第二步］ 使用“工具” - “账户”命令查看账户属性，在属性窗口里选择“内容”标签。可以在列表中看到下载的数字证书，选中该证书后，点击“确定”（图

6.27）。

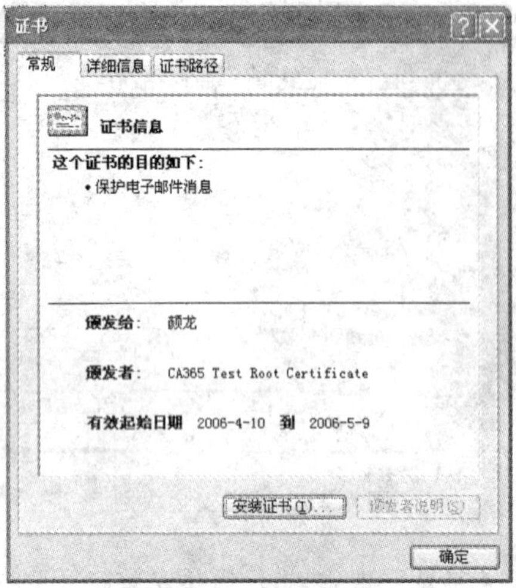

图 6.24 查看证书信息

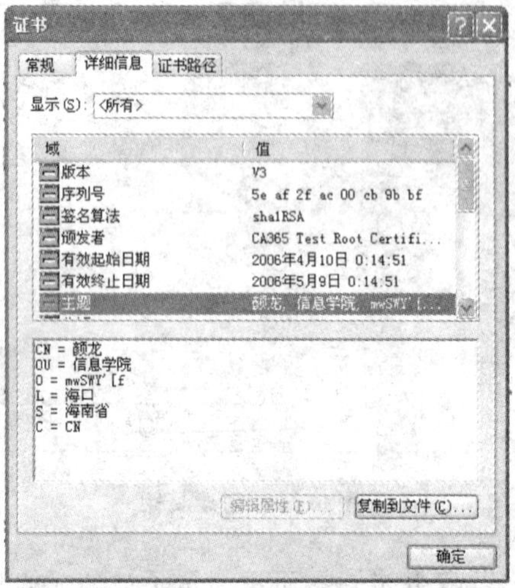

图 6.25 安装证书

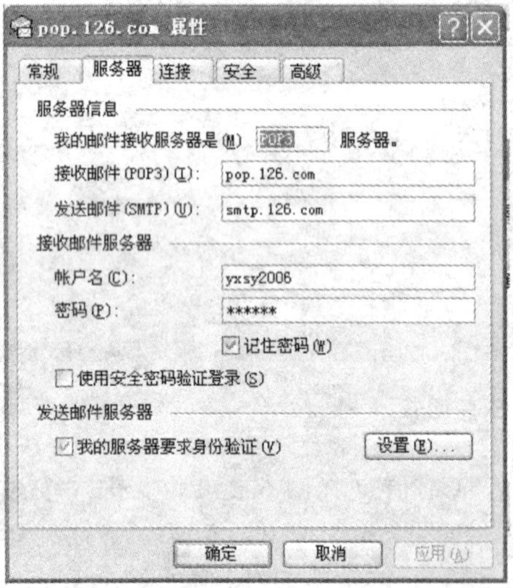

图 6.26 设置邮箱等内容

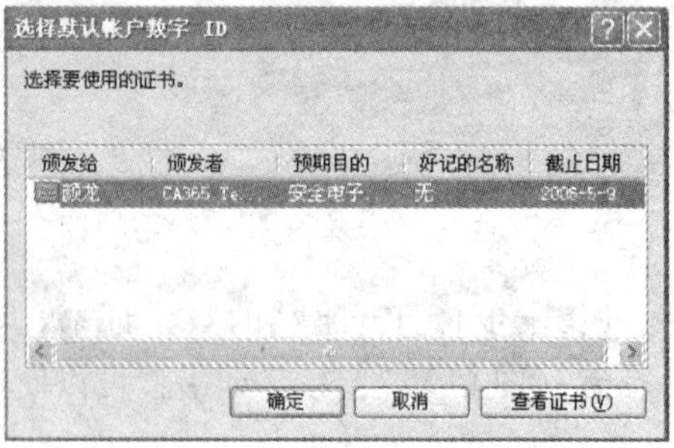

图 6.27 查看账户属性

［第三步］返回到账户属性窗口的“安全”标签，可以看到证书所有人的名称已被显示（图 6.28）。

［第四步］创建一封新邮件，点击“签名”和“加密”按钮，就给邮件附上了数字证书并用数字证书的公钥加密了邮件。写好邮件后点击“发送”按钮。

［第五步］发送之前输入私钥以签名。点击“确定”后，电子邮件保护数字证书的使用完毕（图 6.29、图 6.30）。

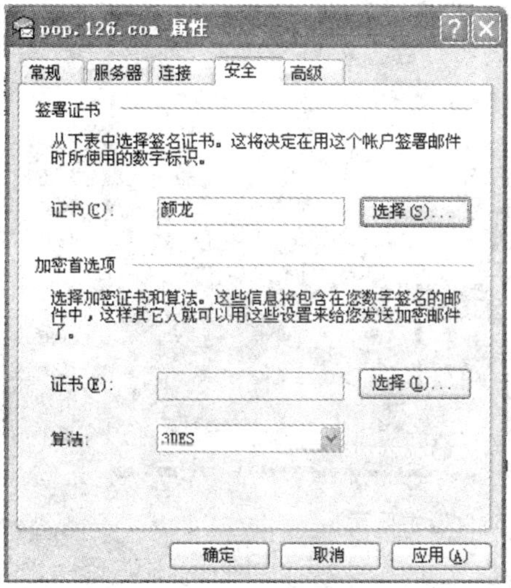

图 6.28　显示证书所有人的名称

图 6.29　使用电子邮件保护数字证书

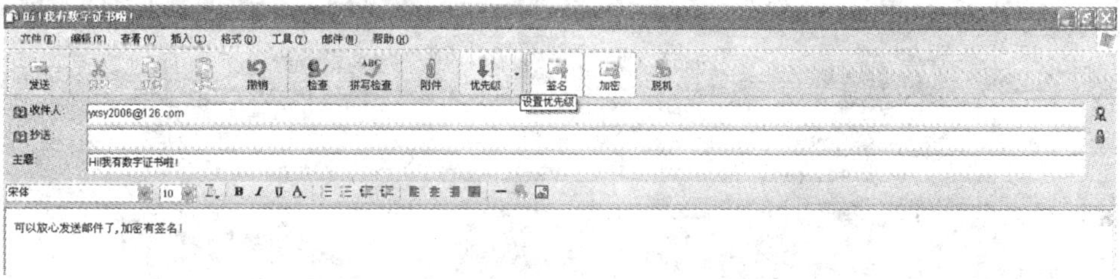

图 6.30　成功使用电子邮件保护数字证书

三、使用查毒软件保护计算机系统

［第一步］启动杀毒软件，本例以瑞星杀毒软件为例。选择“设置”菜单，进入详细设置界面（图 6.31）。

［第二步］在详细设置界面中选择“普通”目录，选择相关规则和设置，点击【保存设置】（图 6.32）。

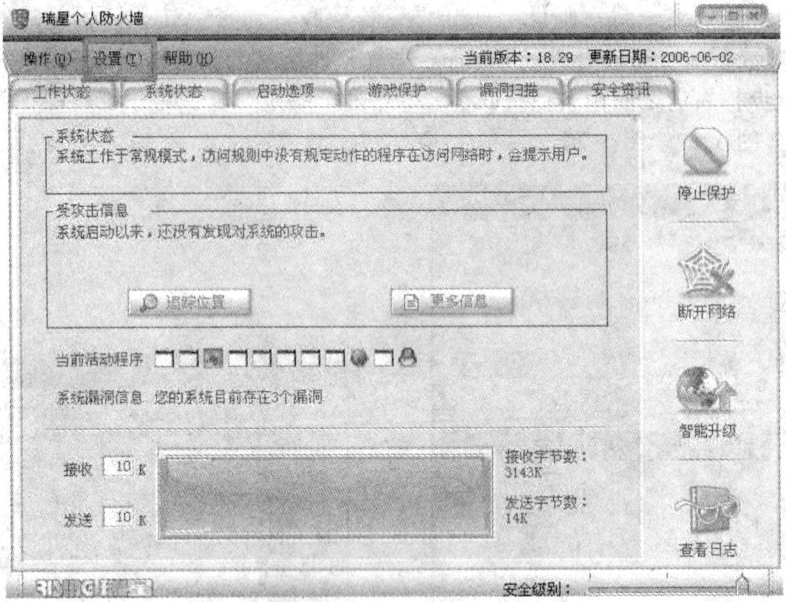

图 6.31　杀毒软件的防火墙主界面

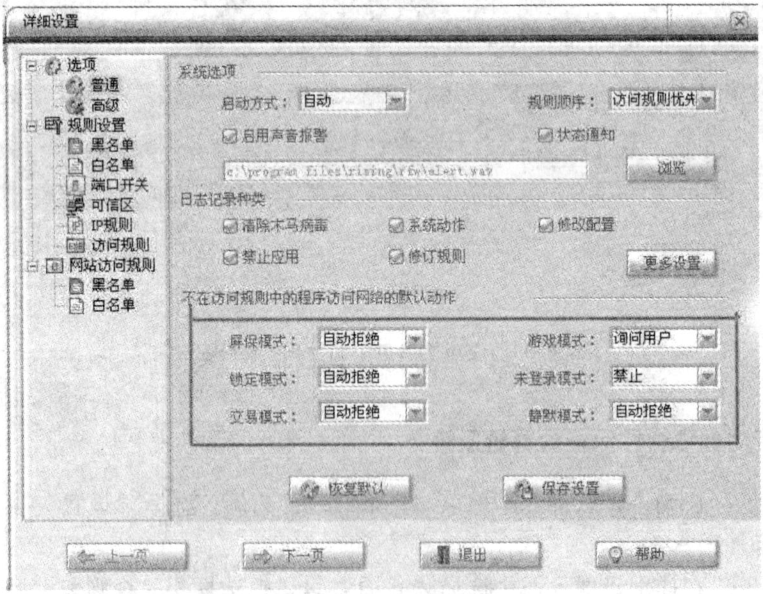

图 6.32　杀毒软件的防火墙详细设置界面

[第三步] 选择目录中的“黑名单”，设置禁止的 IP 地址（图 6.33）。

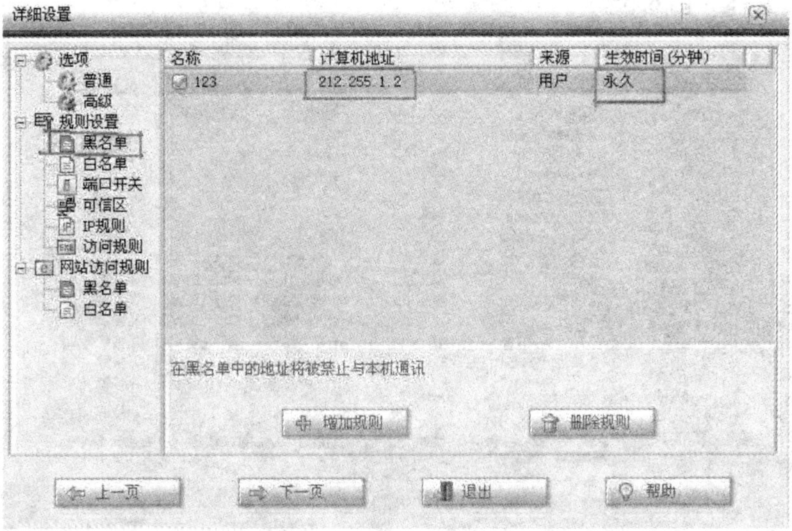

图 6.33　设置禁止的 IP 地址

[第四步] 在“网站访问规则”→“黑名单”目录里设置禁止网页的 URL，禁止已知带木马病毒的网页被打开（图 6.34）。

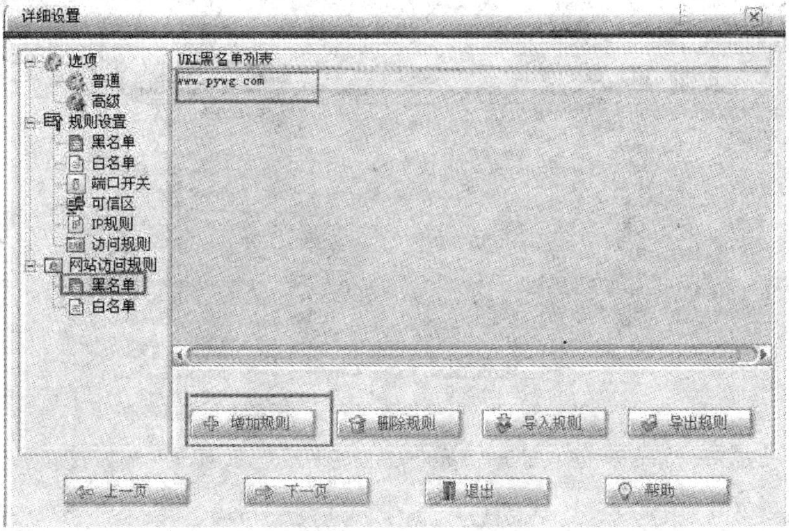

图 6.34　设置禁止打开的网页

[**第五步**] 在“IP 规则”目录里，勾选“禁止 ping 入”，以禁止外人 ping 入计算机进行非法破坏（图 6.35）。

图 6.35　设置“禁止 ping 入”操作界面

[**第六步**] 禁止程序发送邮件，以防止在本机被盗取的信息通过电子邮件发送回非法入侵者（图 6.36）。

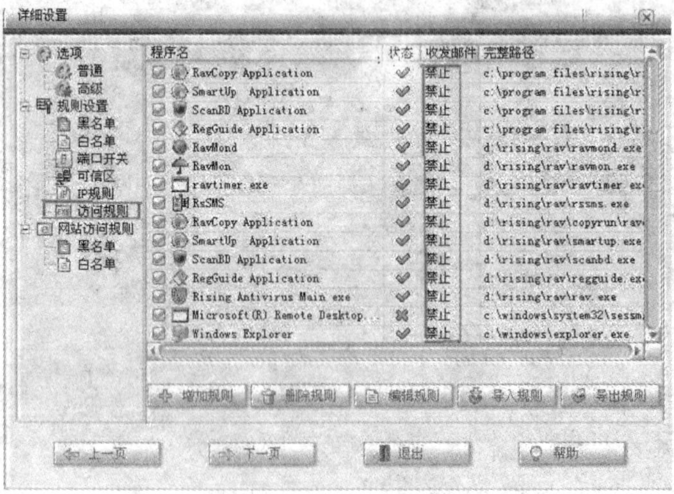

图 6.36　禁止程序发送邮件设置

四、网络安全管理

(一) 创建用户账户、组账户和计算机账户

[第一步] 在配置了域控制器的 Windows Server 2003 系统中，用户账户默认是位于“Active Directory 用户和计算机”控制台窗口的 Users 容器中，在 Users 容器中点击鼠标右键，选择“新建用户“命令，在出现的对话框中将用户姓名等信息录入，点击【下一步】(图 6.37)。

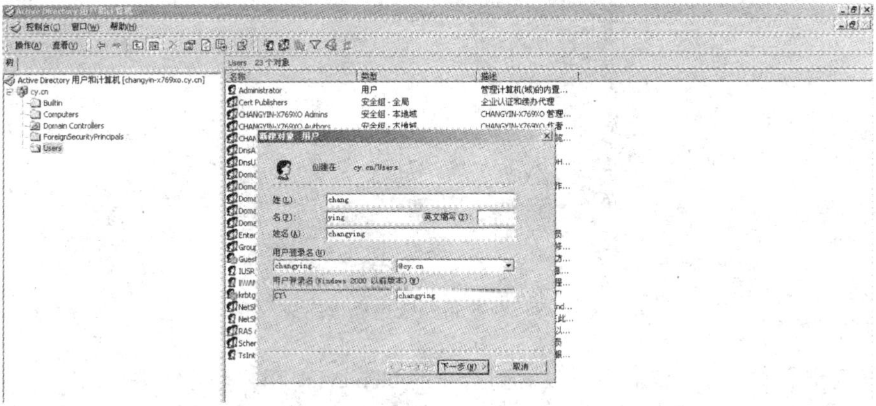

图 6.37　新建用户账户操作

[第二步] 输入新建用户账户的密码，勾选“用户下次登录时须更改密码”，点击【下一步】(图 6.38)。

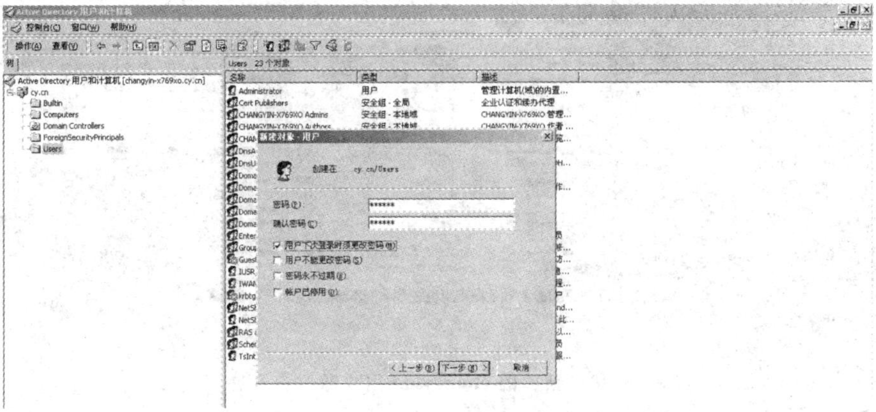

图 6.38　输入新建用户密码操作

［第三步］新建用户账户操作完成，点击【完成】（图 6.39）。

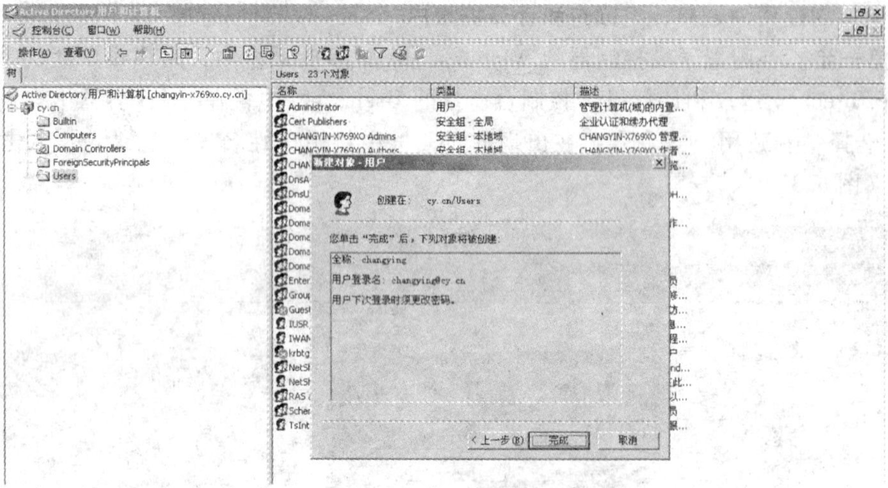

图 6.39　新建用户账户操作完成

［第四步］在 Users 容器中可以看到新建的 changying 用户账户（图 6.40）。

图 6.40　新建的 changying 用户账户已存在

［第五步］在 Users 容器中点击鼠标右键，选择“新建用户”命令，在出现的对话

框中将组名等信息录入，点击【确定】(图 6.41)。

图 6.41　创建组账户操作界面

[第六步] 在 Computers 容器中点击鼠标右键，选择“新建”→“计算机”命令，出现对话框（图 6.42）。

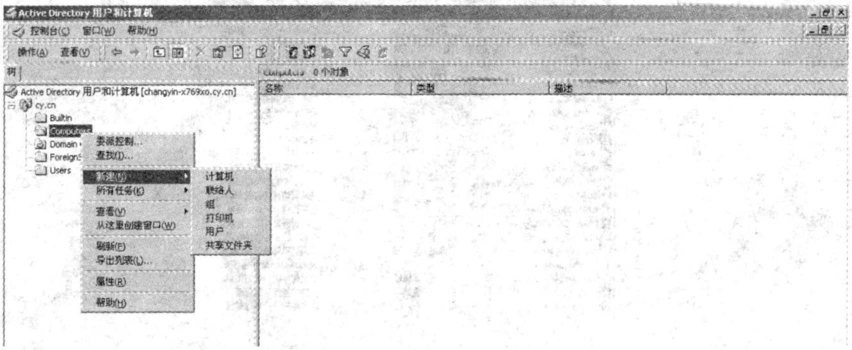

图 6.42　新建计算机账户命令

[第七步] 在出现的对话框中将计算机名等信息录入，点击【确定】(图 6.43)。

(二) 账户的基本配置

[第一步] 用户账户的基本配置。在 Users 容器中，选择新建的 changying 用户账户，并在其上点击鼠标右键，在出现的菜单中有“复制…”、“停用账户”、“重设密

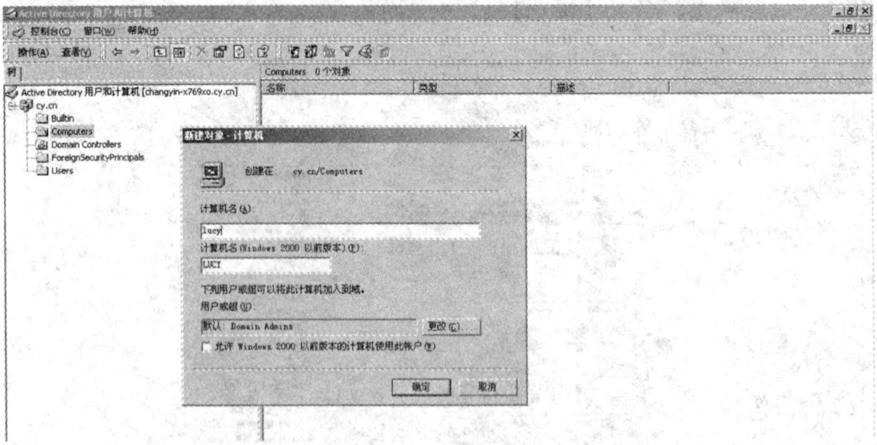

图 6.43　录入计算机账户信息操作界面

码”、“属性”等命令，根据管理要求选择相应的命令（图 6.44）。

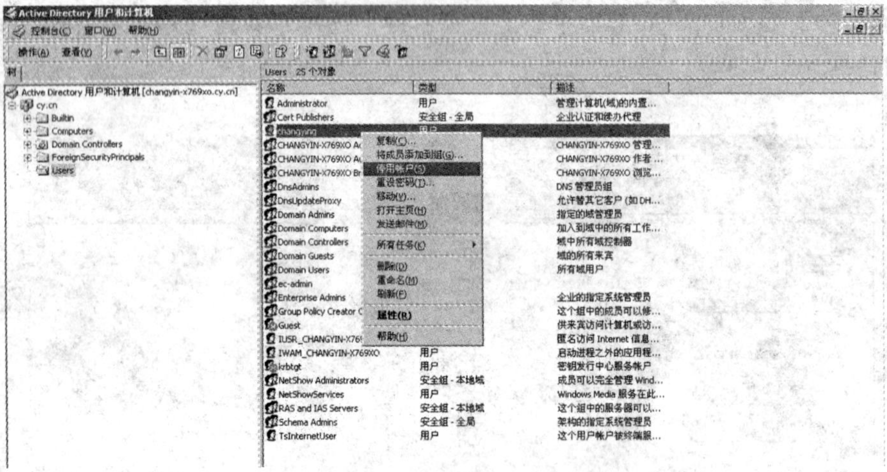

图 6.44　用户账户的右键快捷菜单

［第二步］组账户的基本配置。在 Users 容器中，选择新建的 ec-admin 计算机账户，并在其上点击鼠标右键，在出现的菜单中有“移动…”、“发送邮件”、“删除”、“重命名”等命令，根据管理要求选择相应的命令（图 6.45）。

［第三步］计算机账户的基本配置。在 Computers 容器中，选择新建的 lucy 计算机

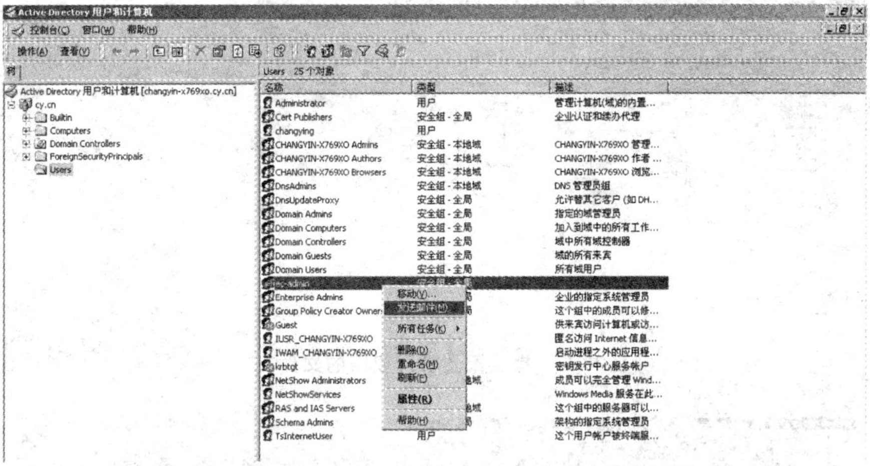

图 6.45　组账户的右键快捷菜单

账户，并在其上点击鼠标右键，在出现的菜单中有“停用账户”、“重设账户”、“属性”等命令，根据管理要求选择相应的命令（图 6.46）。

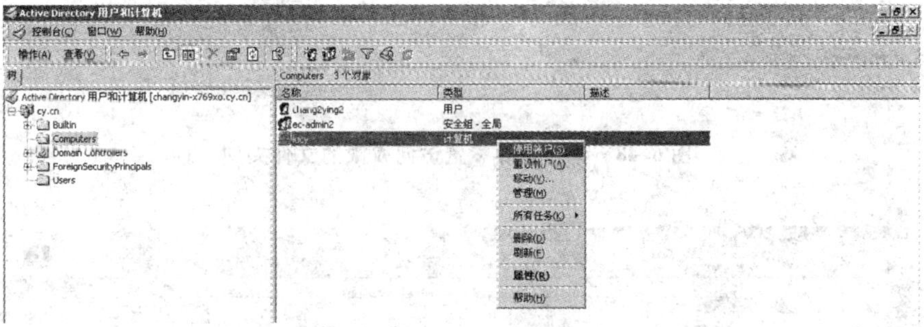

图 6.46　计算机账户的右键快捷菜单

（三）用户、计算机和组账户的权限配置

［第一步］选择需要配置访问权限的文件夹（图 6.47）。

［第二步］在文件夹上点击鼠标右键，选择“属性”（图 6.48）。

［第三步］在出现的对话框中选择“安全”标签，点击【添加】按钮（图 6.49）。

［第四步］在出现的组账户列表中选择 ec-admin 组账户并点击【添加】（图 6.50）。

［第五步］给 ec-admin 组账户指派修改、读取、写入等权限，点击【应用】（图 6.51）。

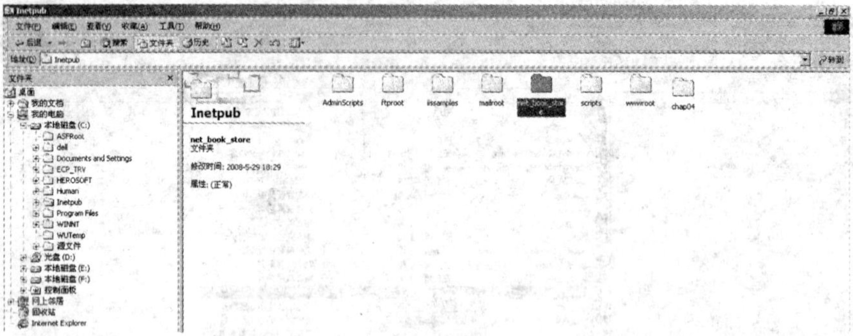

图 6.47　需要配置访问权限的文件夹

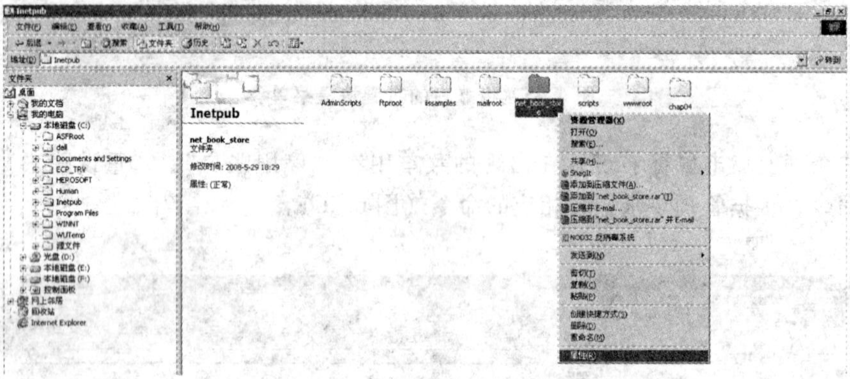

图 6.48　选择需要设置访问权限的文件夹

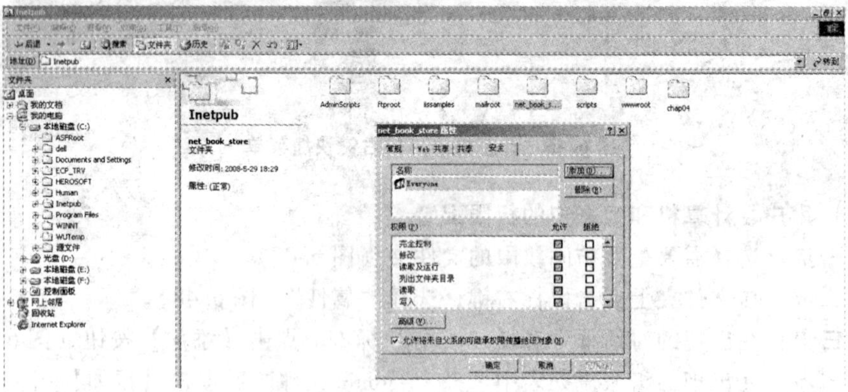

图 6.49　文件属性设置窗口

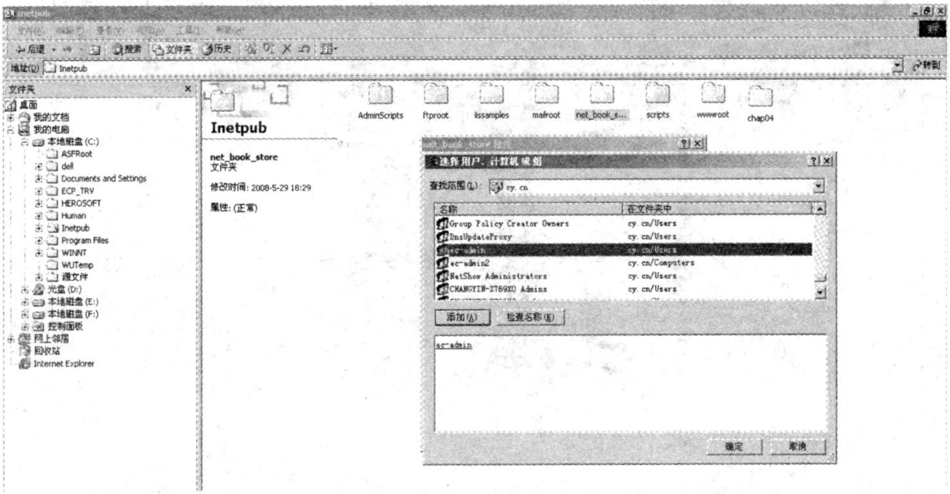

图 6.50 添加组账户操作界面

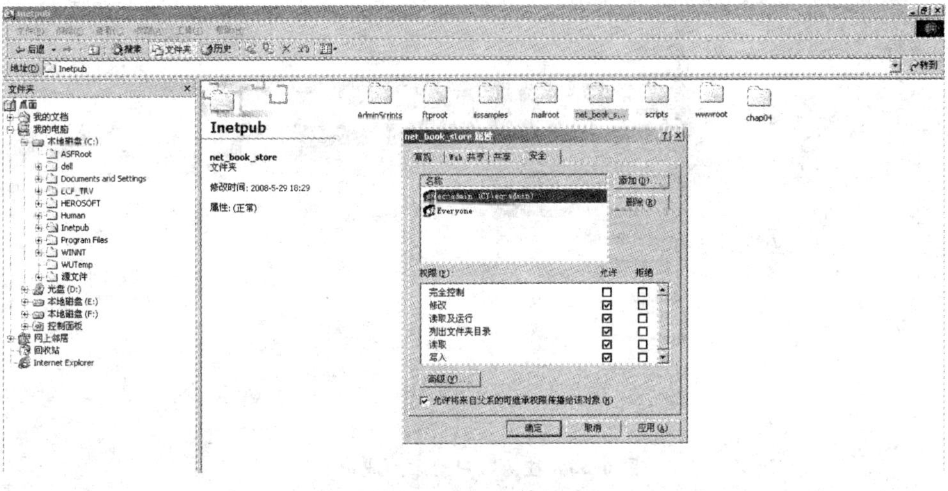

图 6.51 给 ec-admin 组账户指派权限操作界面

[**第六步**] 往 ec-admin 组账户里添加用户账户，使被添加进去的用户账户拥有该组账户的权限。在 Users 容器中选择组账户名称，并在其上点击鼠标右键，在出现的菜单中，选择“属性”命令（图 6.52）。

[**第七步**] 点击【添加】按钮，往该组账户里添加用户账户（图 6.53）。

图 6.52　组账户的属性命令

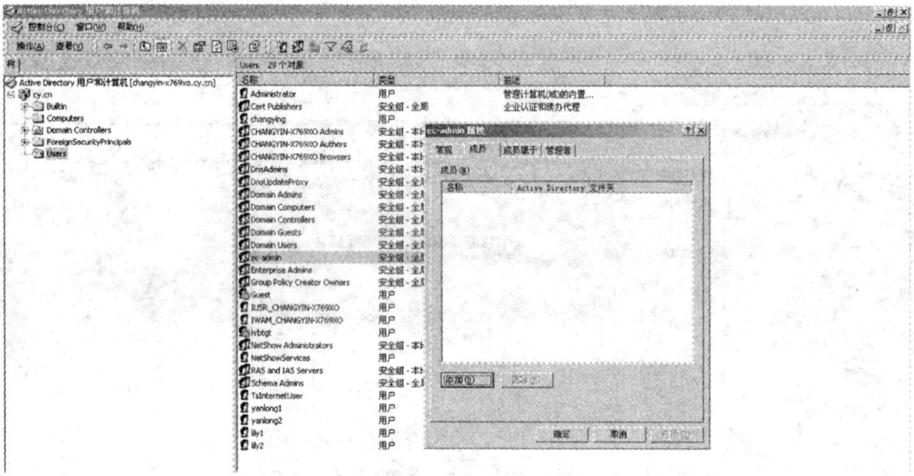

图 6.53　往组账户里添加成员操作

［第八步］在列表中选择用户账户点击【添加】，可以添加多个成员，点击【确定】（图 6.54）。

［第九步］添加的成员都享有 ec-admin 组的读取和运行、修改等权限，也就是说使用列表中用户账户姓名和密码的用户可以对名为“net_book_store”的文件夹进行访问、修改等操作。点击【确定】，操作完毕（图 6.55）。

图 6.54　选择要添加到组账户的成员操作

图 6.55　已添加到 ec-admin 组账户里的成员列表

（四）创建用户

［第一步］打开“Active Directory 用户和计算机”控制窗口（图 6.56）。

［第二步］在域控制器上点击鼠标右键，在弹出的菜单中选择“属性”命令（图 6.57）。

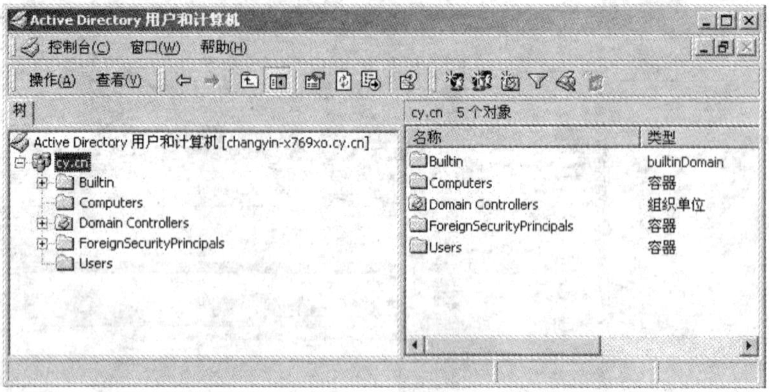

图 6.56　“Active Directory 用户和计算机”控制窗口

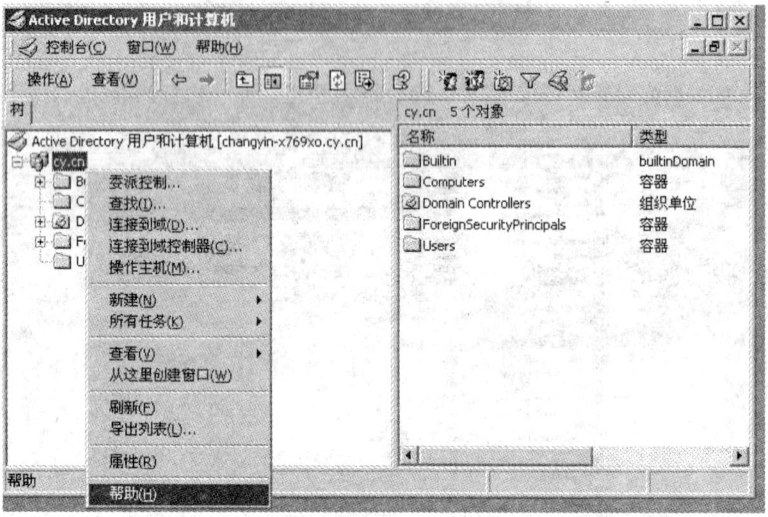

图 6.57　域控制器的右键菜单

［**第三步**］在打开的对话框中选择“组策略”选项卡，选择 Default Domain Controlers Policy 组策略对象链接，然后点击【编辑】按钮，打开域组策略控制台窗口(图 6.58)。

［**第四步**］按“计算机配置”→“Windows 设置”→“安全设置”→“账户策略”→“密码策略”的顺序展开相应的窗口（图 6.59），在右边窗口即列出可以配置的密码策略选项，利用这些选项就可以全面地为用户配置相应密码策略。

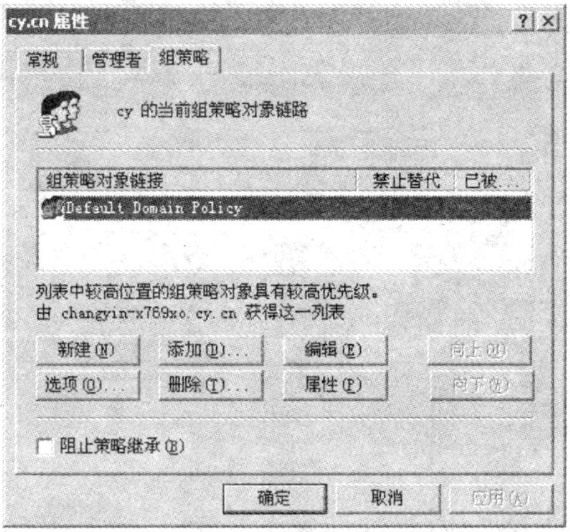

图 6.58　组策略控制窗口

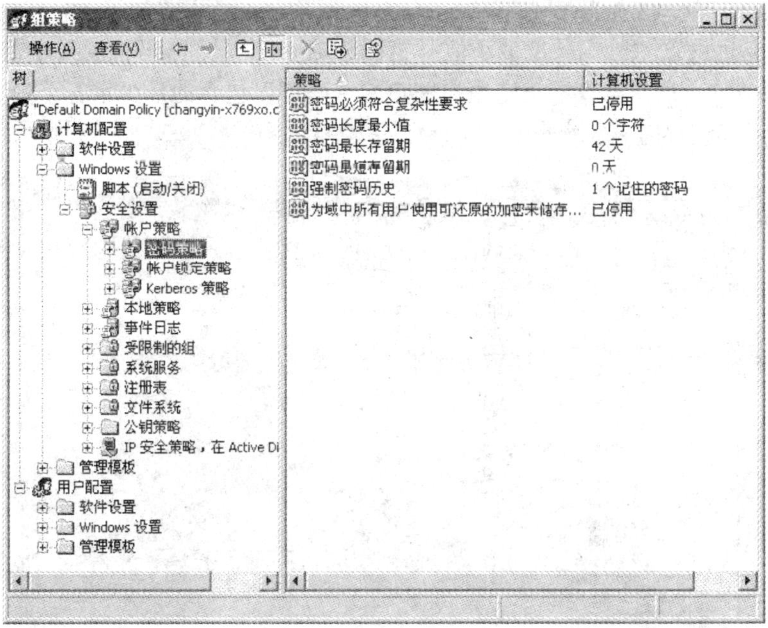

图 6.59　组策略选项窗口

[第五步] 双击“密码必须符合复杂性要求”选项，打开对话框（图 6.60），启用该策略，点击【确定】。

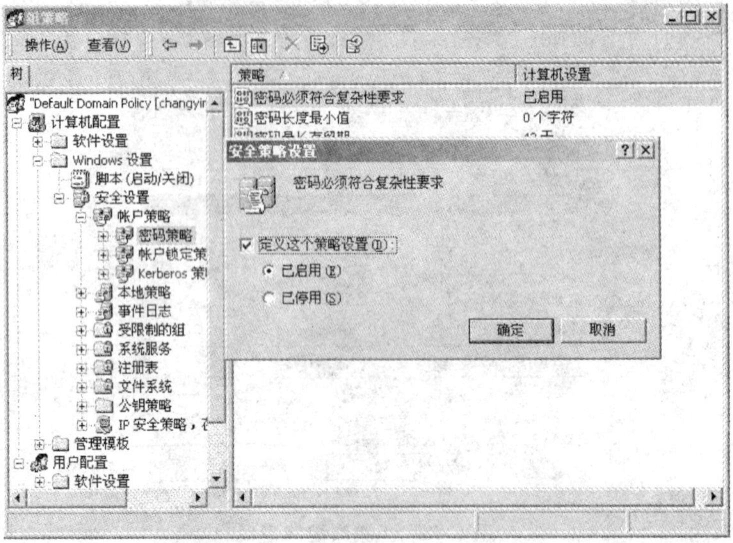

图 6.60　启用"密码必须符合复杂性要求"策略对话框

［第六步］设置"密码长度最小值"密码策略，双击"密码长度最小值"，出现对话框（图 6.61），该安全设置确定用户账户的密码可以包含的最少字符个数，本例设置密码最少为 8 个字符。

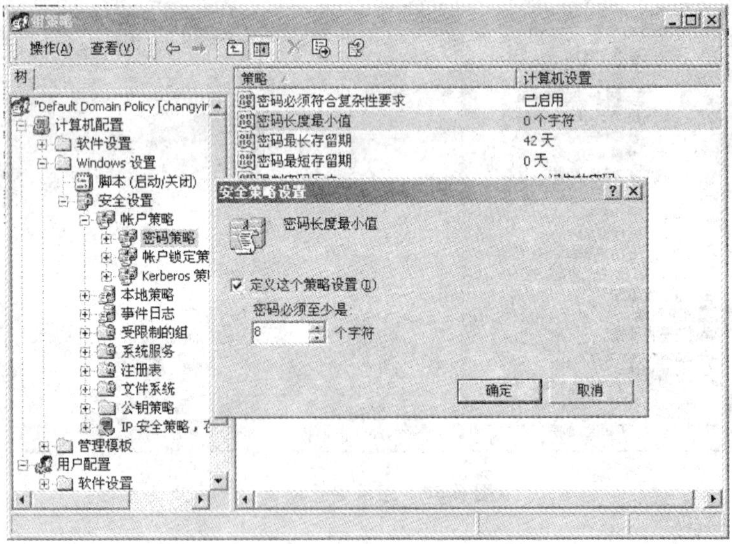

图 6.61　密码长度最小值设置操作界面

［**第七步**］设置密码最长使用期限。双击“密码最长存留期”，填写期限，点击【确定】（图6.62）。

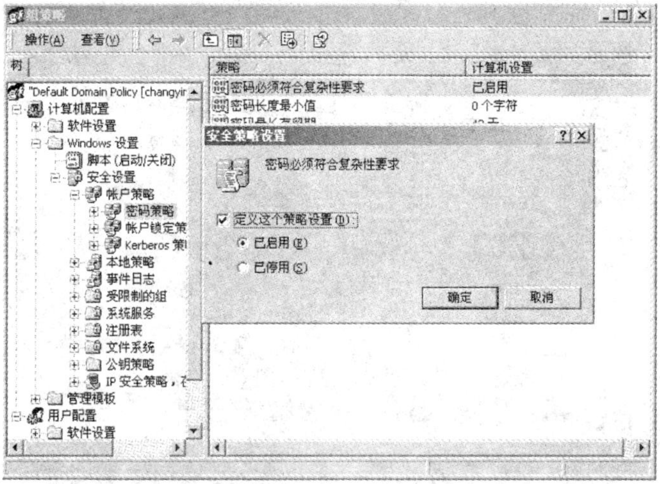

图6.62　设置密码最长存留期限

［**第八步**］设置密码最短使用期限，该安全策略设置确定用户可以更改密码之前必须使用该密码的时间，配置对话框（图6.63）。双击“密码最短存留期”，填写期限，点击【确定】。密码最短使用期限必须小于密码最长使用期限，除非密码最长使用期限设置为0（表明密码永不过期）。

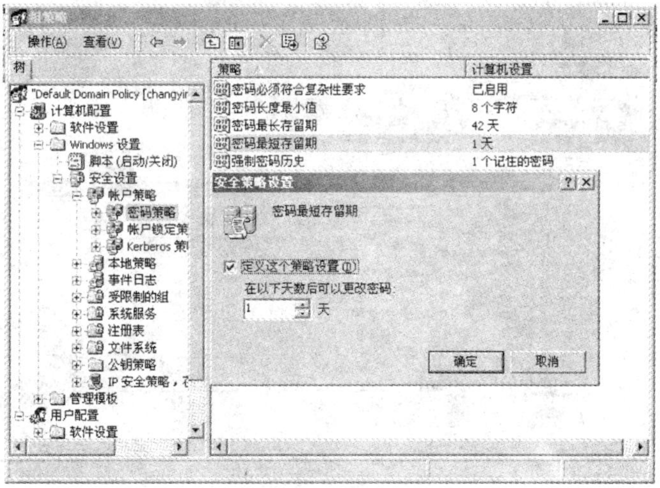

图6.63　设置密码最短存留期限

［**第九步**］强制密码历史。在重新使用旧密码之前，该安全设置确定与某个用户账户相关的惟一新密码数量，配置对话框（图 6.64）。该策略通过确保旧密码不能继续使用，从而使管理员能够增强安全性。

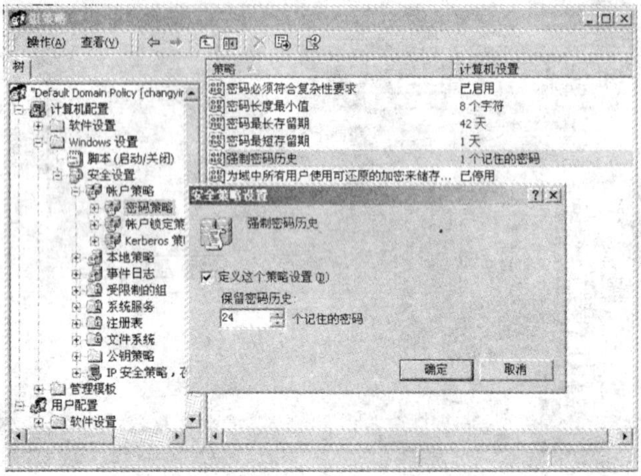

图 6.64　设置强制密码历史操作界面

［**第十步**］为域中所有用户使用可还原的加密来存储密码。该策略选项设置确定操作系统是否使用可还原的加密来存储密码，配置对话框（图 6.65）。如果应用程序使用了要求知道用户密码才能进行身份验证的协议，则该策略可对它提供支持。在 IIS 中使用摘要式验证时要求采用该策略。

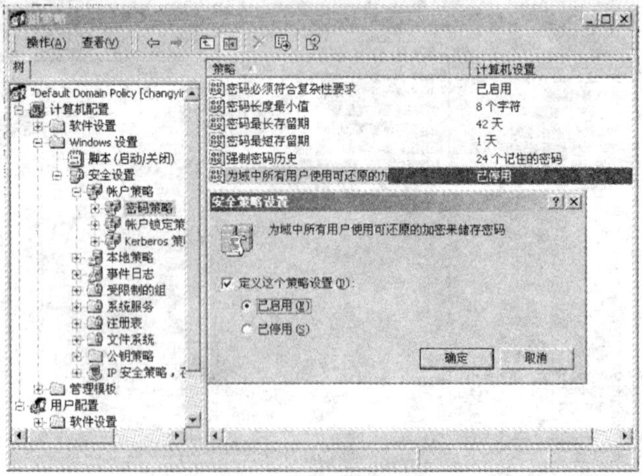

图 6.65　为域中所有用户使用可还原的加密来存储密码

（五）数据备份的基本选项设置

[第一步] 按照顺序选择“开始”→“程序”→“附件”→“系统工具”→“备份”，打开备份工具主界面（图 6.66）。

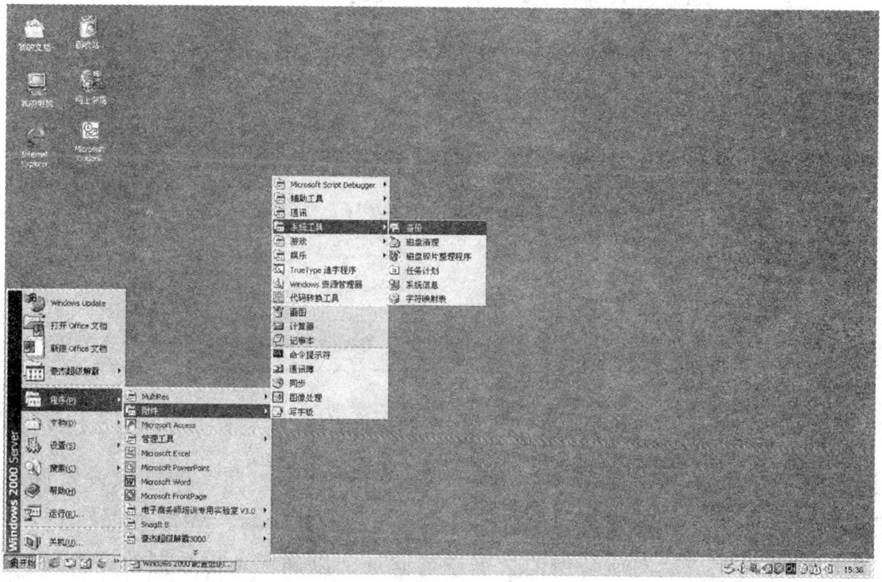

图 6.66　启用备份工具

[第二步] 在备份工具主菜单上选择“工具”→“选项…”命令（图 6.67）。

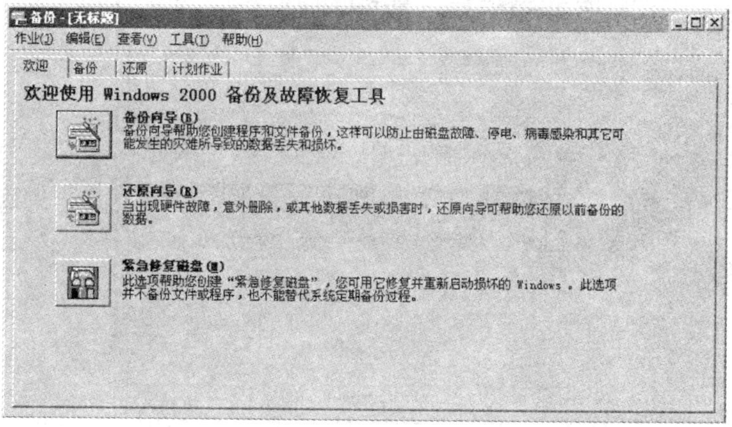

图 6.67　备份工具主界面

[**第三步**] 在“选项”对话框中选择“备份类型”选项卡，设置备份类型（图 6.68）。

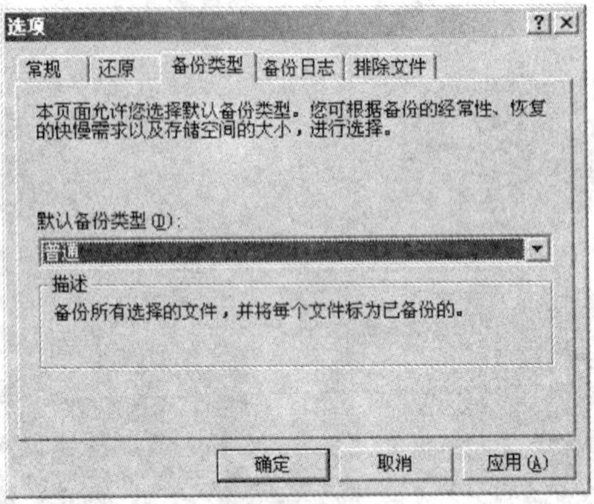

图 6.68　设置备份类型

[**第四步**] 在“选项”对话框中选择“常规”选项卡，在其中可以设置许多选项，一般按系统默认即可。在系统默认选项中设有“完成备份后，验证数据”选项，它可以确定在数据备份完成后对所备份的数据进行验证，以确保备份数据的完整性。但如果选中了这一复选框，则需要花较长时间进行验证（图 6.69）。

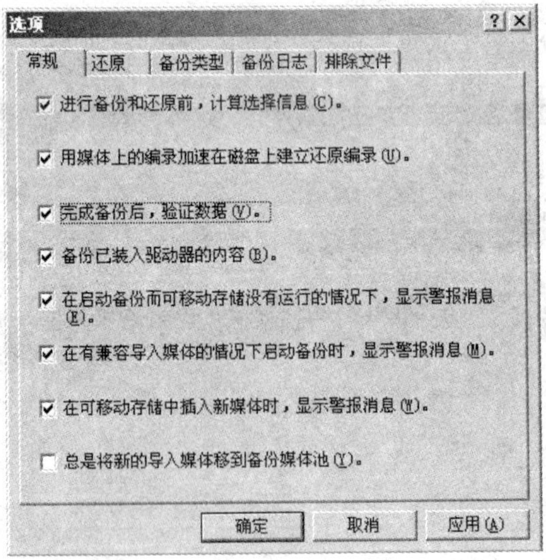

图 6.69　“常规”选项卡

[**第五步**]“选项”对话框中选择“备份日志”选项卡，在这里可以选择日志记录的详细程度。如果选择“详细数据”单选按钮，则记录所有备份信息，其中包括所备份的文件和文件夹名称、备份开始和结束时间、所有备份设备等，这类日志最详细，但需要占用较大的磁盘空间；如果选择“摘要”单选按钮，则只记录主要操作；如果选择“无”单选按钮，则不记录备份日志。建议选择“详细数据”(图 6.70)。

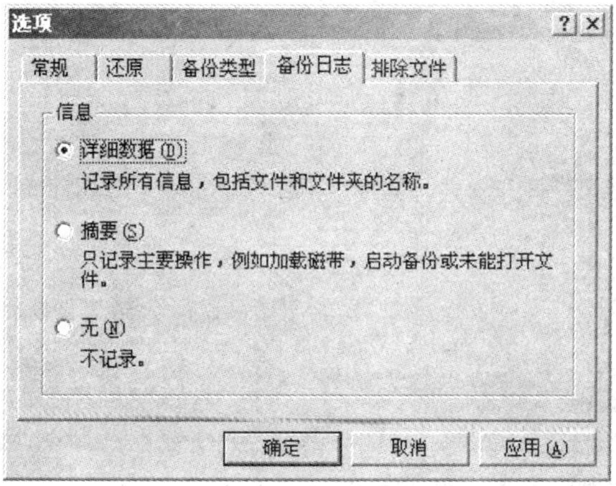

图 6.70　“备份日志”选项卡

[**第六步**]“选项”对话框中选择“排除文件”选项卡，在这个选项卡中可以排除一些不能备份的文件和文件夹，点击【新加】按钮（图 6.71）。

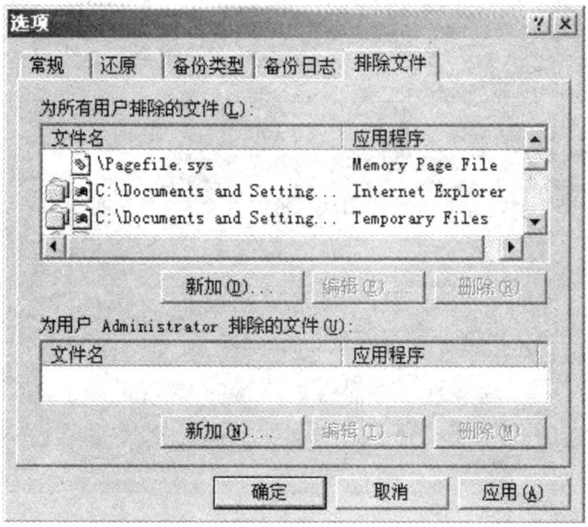

图 6.71　“排除文件”选项卡

(六) 手动备份数据

管理员可以利用备份向导进行备份，也可以直接在备份选项卡界面通过手工操作进行。

[**第一步**] 在备份工具主界面选择“备份”选项卡（图 6.72），在界面中选择要备份的数据文件，如果要备份整个系统则只需要选择所有磁盘分区即可。

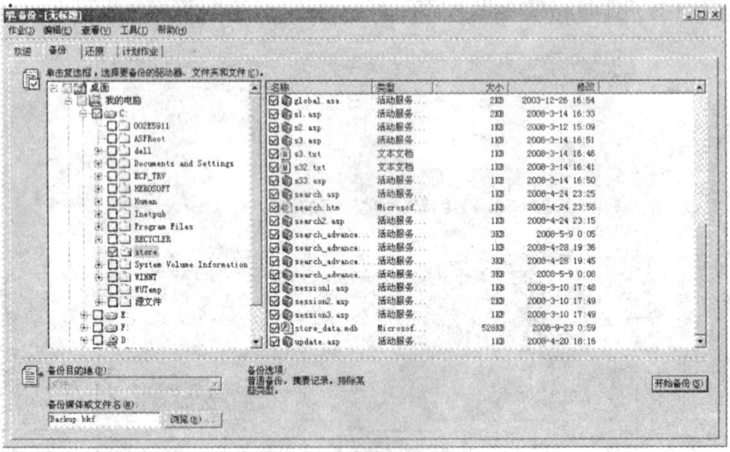

图 6.72　备份工具主界面

[**第二步**] 在“备份媒体或文件名”文本框中输入备份数据保存的磁盘路径和文件名，或者通过【浏览】按钮，在打开的对话框中选择路径。设置好后点击【开始备份】按钮（图 6.73）。

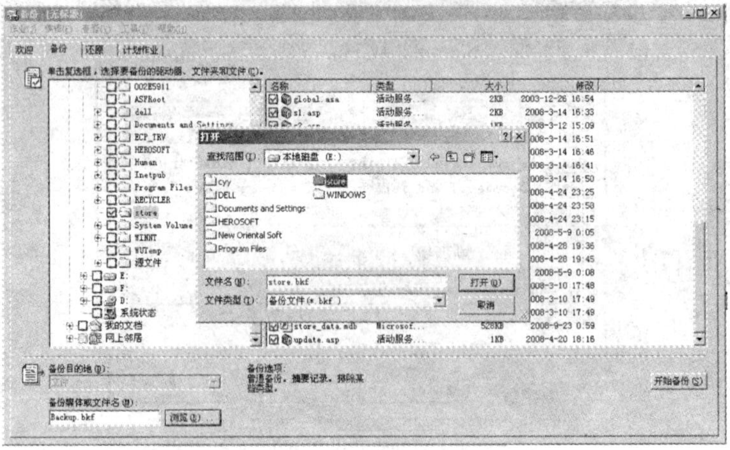

图 6.73　备份媒体文件名和路径

［第三步］在出现的“备份作业信息”对话框中设置备份文件的描述、备份时数据的覆盖方式等。选择好后，点击【开始备份】按钮即可开始备份（图 6.74）。

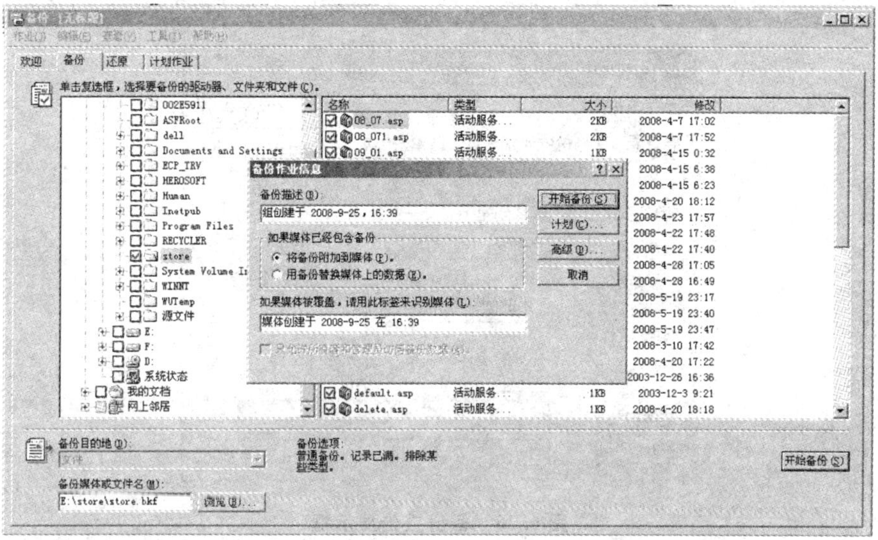

图 6.74　在正式开始备份前显示的“备份作业信息”对话框

［第四步］备份进度的显示（图 6.75）。

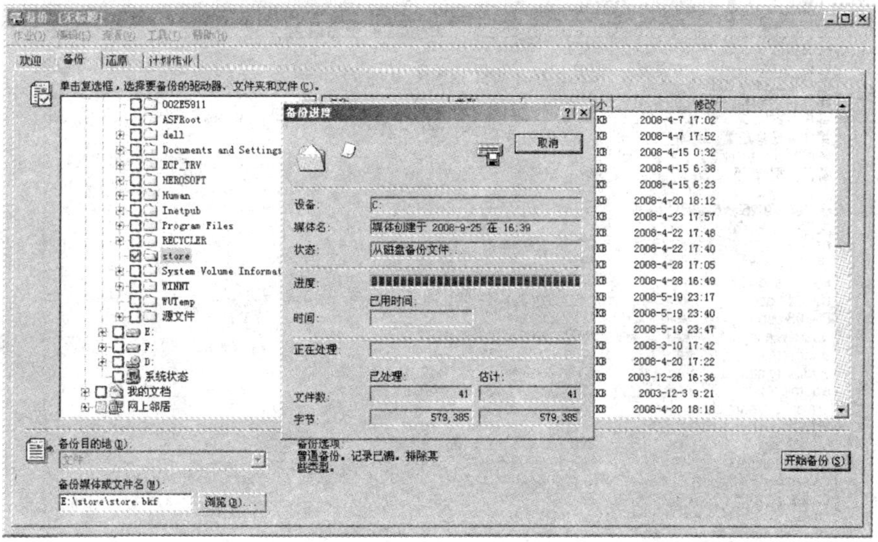

图 6.75　正在备份数据的界面

［**第五步**］备份完成后显示备份报告，该报告显示的是摘要信息，如所备份的文件数、容量和利用时间等。如果要查看更加详细的信息，则点击【报表】按钮（图6.76）。

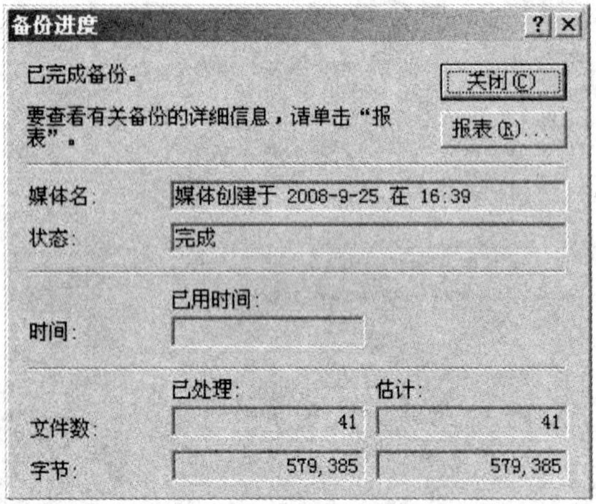

图6.76　备份报告显示框

［**第六步**］备份的详细报告以记事本的格式显示。这里记录的信息更加详细（图6.77）。

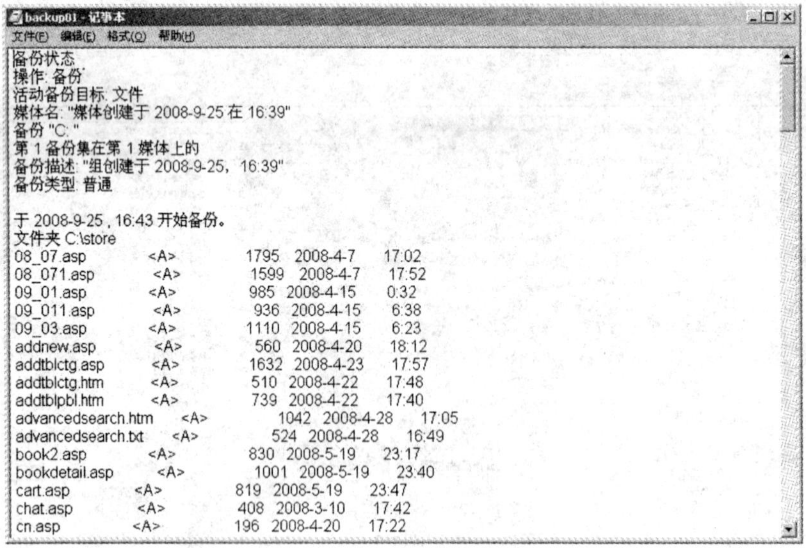
backup01 - 记事本
文件(F) 编辑(E) 格式(O) 帮助(H)

备份状态
操作: 备份
活动备份目标: 文件
媒体名: "媒体创建于 2008-9-25 在 16:39"
备份 "C: "
第 1 备份集在第 1 媒体上的
备份描述: "组创建于 2008-9-25, 16:39"
备份类型: 普通

于 2008-9-25 , 16:43 开始备份。
文件夹 C:\store

08_07.asp	<A>	1795	2008-4-7	17:02
08_071.asp	<A>	1599	2008-4-7	17:52
09_01.asp	<A>	985	2008-4-15	0:32
09_011.asp	<A>	936	2008-4-15	6:38
09_03.asp	<A>	1110	2008-4-15	6:23
addnew.asp	<A>	560	2008-4-20	18:12
addtblctg.asp	<A>	1632	2008-4-23	17:57
addtblctg.htm	<A>	510	2008-4-22	17:48
addtblpbl.htm	<A>	739	2008-4-22	17:40
advancedsearch.htm	<A>	1042	2008-4-28	17:05
advancedsearch.txt	<A>	524	2008-4-28	16:49
book2.asp	<A>	830	2008-5-19	23:17
bookdetail.asp	<A>	1001	2008-5-19	23:40
cart.asp	<A>	819	2008-5-19	23:47
chat.asp	<A>	408	2008-3-10	17:42
cn.asp	<A>	196	2008-4-20	17:22

图6.77　以记事本格式显示的报告详细信息

五、以向导方式还原数据

［第一步］在“欢迎”选项卡中点击“还原向导”按钮（图 6.78）。

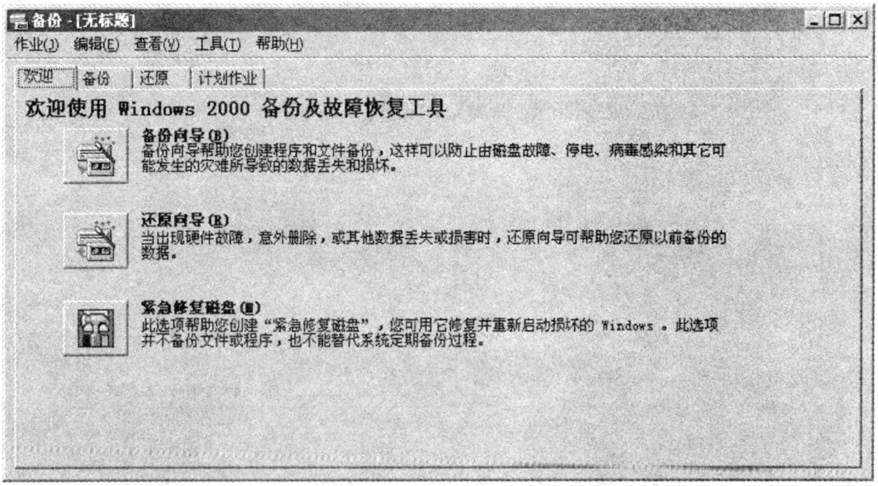

图 6.78　“还原向导”操作界面

［第二步］在对话框中点击【下一步】（图 6.79）。

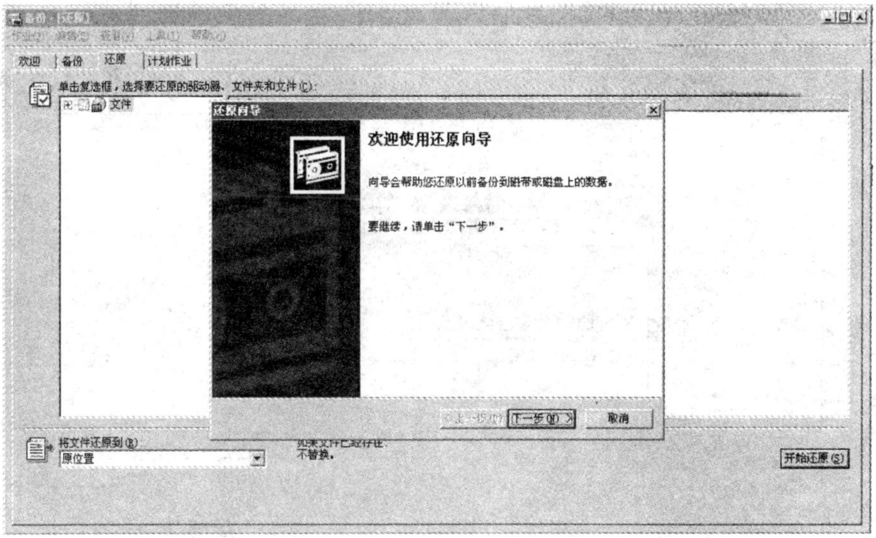

图 6.79　开始使用还原向导操作界面

[第三步] 在对话框中选择恢复所需的备份文件，也就是说进行恢复操作前必须先准备好相应的备份文件，否则恢复将无法进行。本例中点击【导入文件】按钮选择备份文件（图 6.80）。

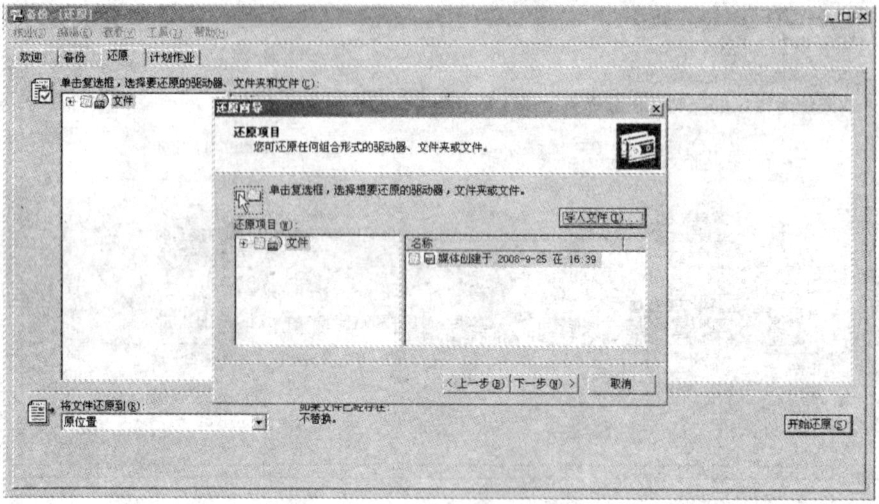

图 6.80　选择还原项目对话框

[第四步] 选择备份文件，单击【确定】（图 6.81）。

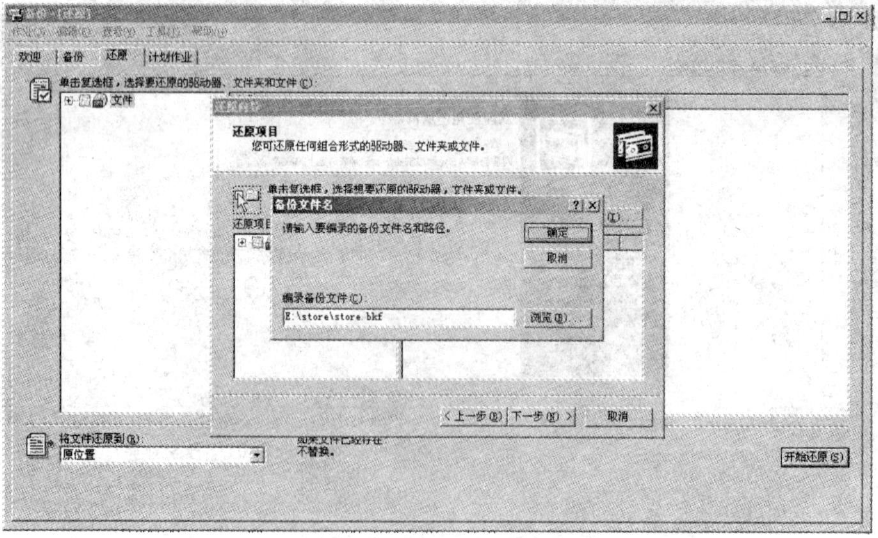

图 6.81　选择备份文件名对话框

［第五步］选择还原项目，点击【下一步】（图 6.82）。

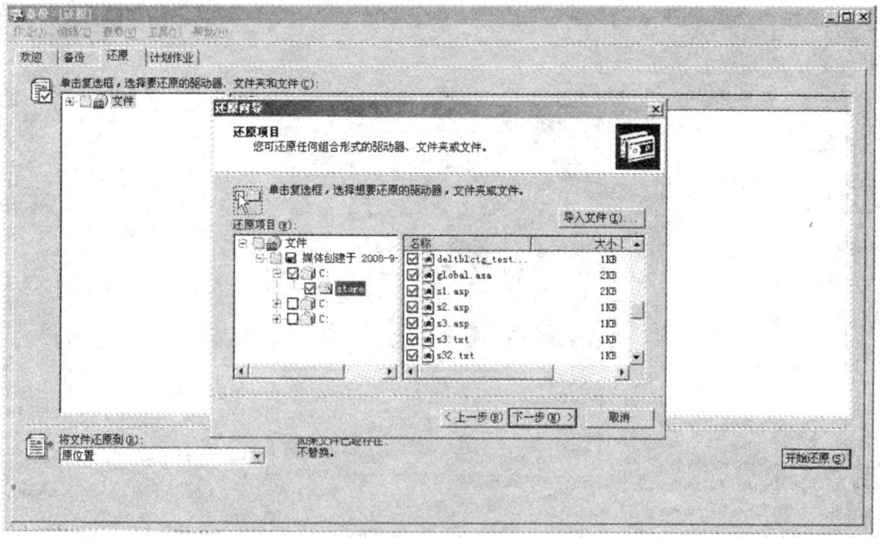

图 6.82　选择还原项目

［第六步］完成还原向导对话框，点击【完成】（图 6.83）。

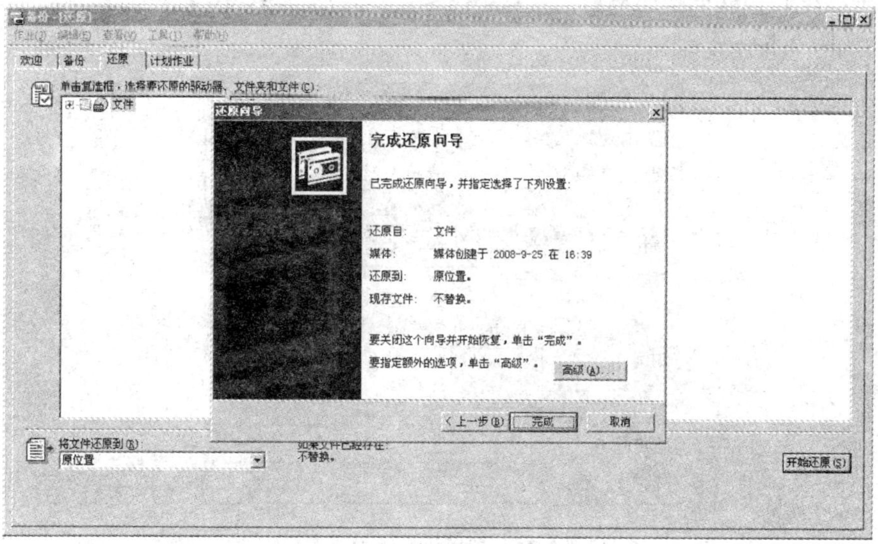

图 6.83　完成还原向导对话框

[第七步] 显示还原进度对话框（图 6.84）。

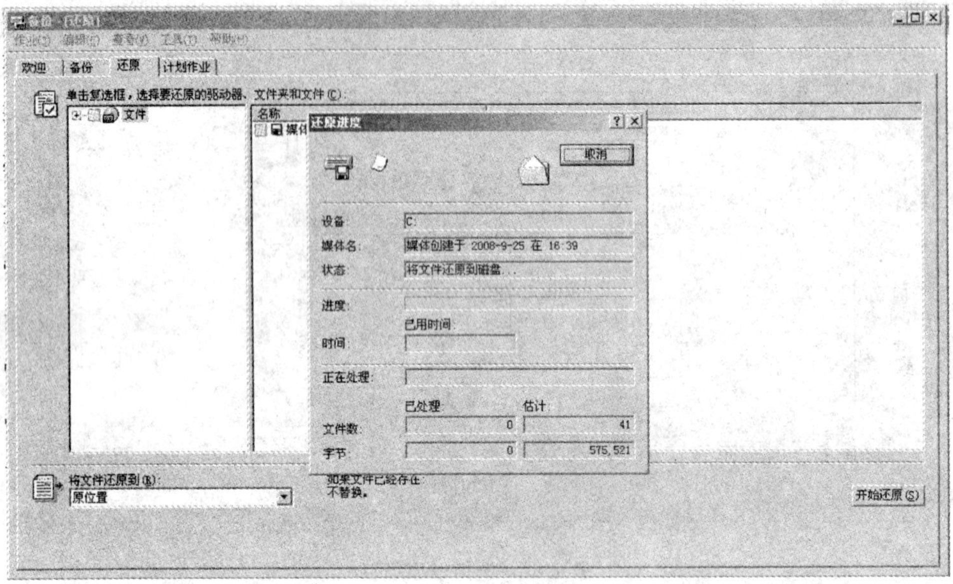

图 6.84　还原进度对话框

[第八步] 已完成还原对话框，显示摘要信息，点击【报表】可以查看还原报告详细信息（图 6.85）。

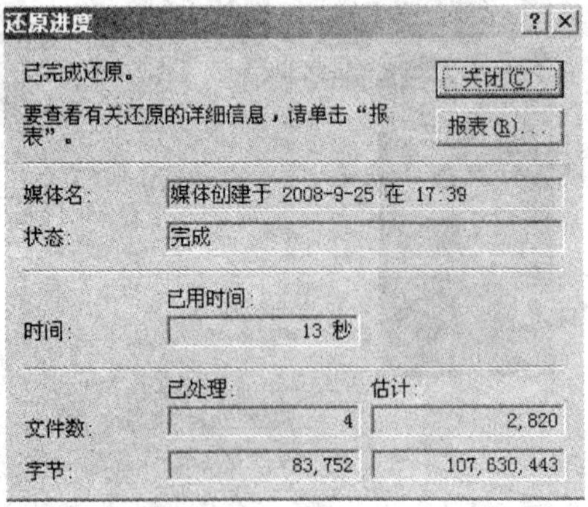

图 6.85　完成还原的摘要信息

[第九步] 以记事本格式显示的还原报告详细信息（图 6.86）。

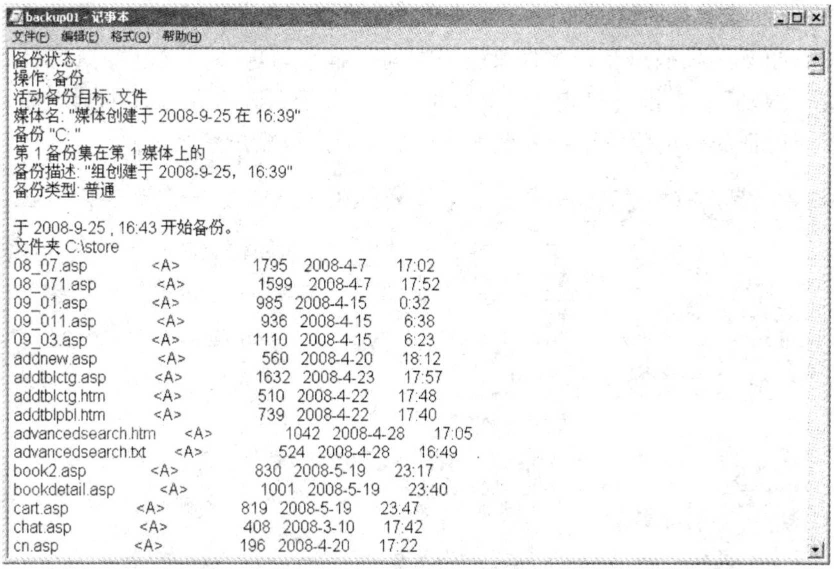
backup01 - 记事本
文件(F) 编辑(E) 格式(O) 帮助(H)

备份状态
操作: 备份
活动备份目标: 文件
媒体名: "媒体创建于 2008-9-25 在 16:39"
备份 "C: "
第 1 备份集在第 1 媒体上的
备份描述: "组创建于 2008-9-25，16:39"
备份类型: 普通

于 2008-9-25 , 16:43 开始备份。
文件夹 C:\store

08_07.asp	<A>	1795	2008-4-7	17:02
08_071.asp	<A>	1599	2008-4-7	17:52
09_01.asp	<A>	985	2008-4-15	0:32
09_011.asp	<A>	936	2008-4-15	6:38
09_03.asp	<A>	1110	2008-4-15	6:23
addnew.asp	<A>	560	2008-4-20	18:12
addtblctg.asp	<A>	1632	2008-4-23	17:57
addtblctg.htm	<A>	510	2008-4-22	17:48
addtblpbl.htm	<A>	739	2008-4-22	17:40
advancedsearch.htm	<A>	1042	2008-4-28	17:05
advancedsearch.txt	<A>	524	2008-4-28	16:49
book2.asp	<A>	830	2008-5-19	23:17
bookdetail.asp	<A>	1001	2008-5-19	23:40
cart.asp	<A>	819	2008-5-19	23:47
chat.asp	<A>	408	2008-3-10	17:42
cn.asp	<A>	196	2008-4-20	17:22

图 6.86　还原报告详细信息

六、设置审核策略

[第一步] 审核账户登录事件。按顺序选择“开始”→“控制面板”→“管理工具”→“域安全策略”，打开“域安全策略”编辑器，在“本地策略”中选择“审核策略”选项（图 6.87）。

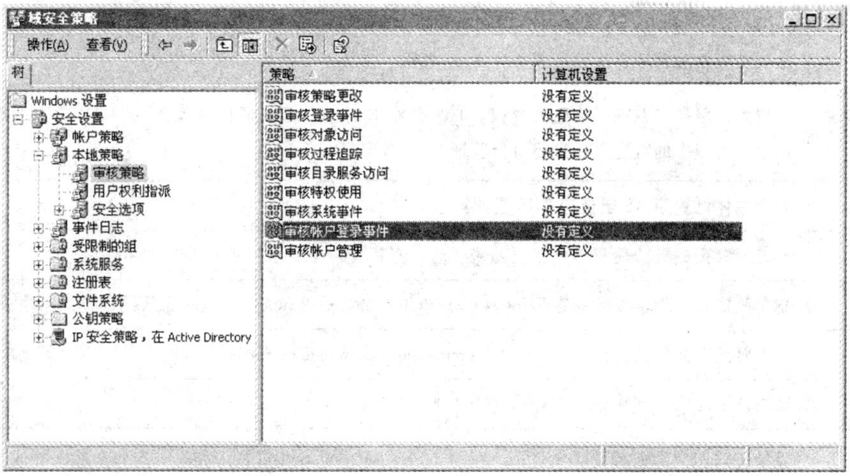

图 6.87　域安全策略中的“审核策略”选项窗口

[第二步] 审核账户登录事件。双击“审核策略”选项窗口中的“审核账户登录事件”策略，出现审核账户登录事件策略设置对话框，勾选“定义这些策略设置”复选框，勾选“成功”，点击【确定】（图 6.88）。启动了账户登录事件的成功审核，将为域控制器所验证的每位用户记录一个条目。主要的用户账户登录事件（表 6.1）。

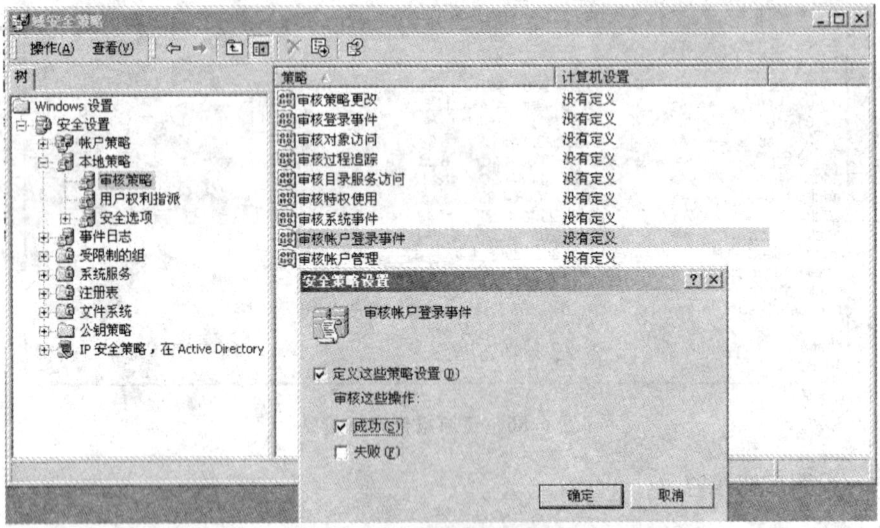

图 6.88 “审核账户登录事件”设置对话框

表 6.1 账户登录事件

事件 ID	事件描述
672	已成功颁发和验证身份验证服务（AS）票证。
673	授权票证服务（TGS）票证已授权。TGS 是由 Kerberos v5 票证授权服务（TGS）颁发的票证，允许用户对域中的特定服务进行身份验证。
674	安全主体已更新 AS 票证或 TGS 票证。
675	预身份验证失败。用户键入错误的密码时，密钥发行中心（KDC）生成此事件。
676	身份验证票证请求失败。在 Windows XP Professional 或 Windows Server 家族的成员中不生成此事件。
677	TGS 票证未被授权。在 Windows XP Professional 或 Windows Server 家族的成员中不生成此事件。
678	账户已成功映射到域账户。
681	登录失败。尝试进行域账户登录。在 Windows XP Professional 或 Windows Server 家族的成员中不生成此事件。

续表 6.1

事件 ID	事件描述
682	用户已重新连接至已断开的终端服务器会话。
683	用户未注销就断开终端服务器会话。

［**第三步**］审核账户管理。在“审核策略”选项窗口，双击“审核账户管理”，在出现的对话框中勾选“定义这些策略设置”复选框，再勾选“成功”复选框，点击【确定】（图 6.89）。

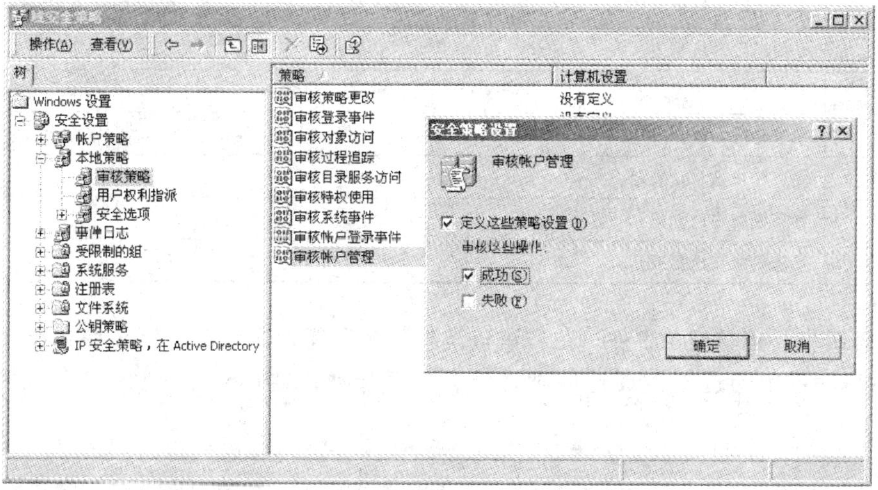

图 6.89　“审核账户管理”设置对话框

通过这里的事件审核，可以发现许多非法用户的创建和用户的非法更改隶属组、用户密码、重命名等操作。账户管理事件如表 6.2 所示。

表 6.2　　账户管理事件

事件 ID	事件描述
624	用户账户已创建。
627	用户密码已更改。
628	用户密码已设置。
630	用户账户已删除。
631	全局组已创建。
632	成员已添加至全局组。

续表 6.2

事件 ID	事件描述
633	成员已从全局组删除。
634	全局组已删除。
635	已新建本地组。
636	成员已添加至本地组。
637	成员已从本地组删除。
638	本地组已删除。
639	本地组账户已更改。
641	全局组账户已更改。
642	用户账户已更改。
643	域策略已修改。
644	用户账户被自动锁定。
645	计算机账户已创建。
646	计算机账户已更改。

[第四步] 审核登录事件。在“审核策略”选项窗口，双击“审核登录事件”，在出现的对话框中勾选“定义这些策略设置”复选框，再勾选“成功”复选框，点击【确定】（图 6.90）。

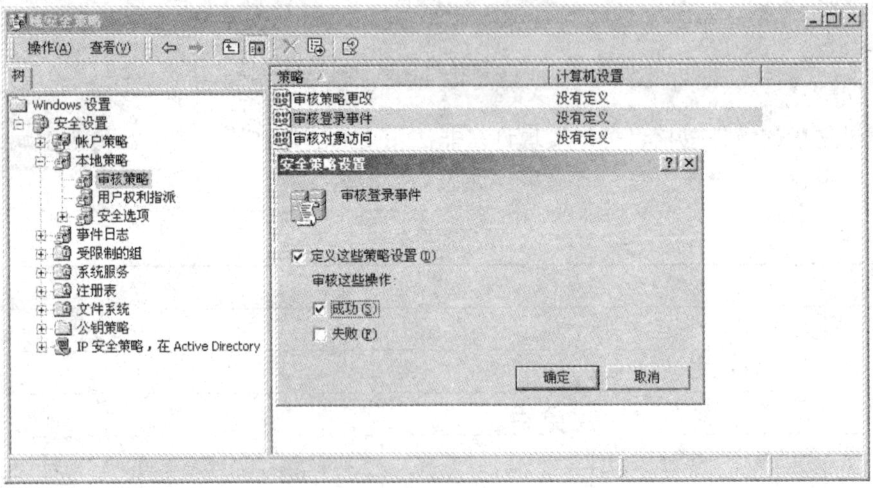

图 6.90 “审核登录事件”设置对话框

在域控制器上将生成域账户活动的账户登录事件，并在本地计算机上生成本地账户活动的账户登录事件。如果同时启用账户登录和账户审核策略类别，那么使用域账户登录时将生成登录或注销工作站或服务器的事件，而且将在域控制器上生成一个账户登录事件。此外，在用户登录而检索登录脚本和策略时，使用域账户的成员服务器或工作站的交互式登录在域控制器上生成登录事件。登录事件如表 6.3 所示。

表 6.3　　登录事件

事件 ID	审核登录事件
528	用户成功登录到计算机。
529	登录失败。试图使用未知的用户名或已知用户名但错误密码进行登录。
530	登录失败。试图在允许的时间外登录。
531	登录失败。试图使用已过期的账户登录。
532	登录失败。试图使用已过期人账户登录。
533	登录失败。不允许登录到指定计算机的用户试图登录。
534	登录失败。用户试图使用不允许的密码类型登录。
535	登录失败。指定账户的密码已过期。
536	登录失败。Net Logon 服务没有启动。
537	登录失败。由于其他原因登录尝试失败。 注意：在某些情况下，登录失败的原因可能是未知的。
538	用户的注销过程已完成。
539	登录失败。试图登录时，该账户已锁定。
540	用户成功登录到网络。
541	本地计算机与列出的对等客户端身份（已建立安全关联）之间的主要模式 Internet 密钥交换（IKE）身份验证已完成，或者快速模式已建立了数据频道。
542	数据频道已终止。
543	主要模式已终止。 注意：如果安全关联的时间限制（默认为 8 小时）过期、策略更改或对等终止，则会发生此情况。
544	由于对等客户端没有提供有效的证书或者签名无效，造成主要模式身份验证失败。
545	由于 Kerberos 失败或者密码无效，造成主要模式身份验证失败。

[**第五步**] 审核对象访问。该安全设置确定是否审核用户访问某个对象的事件，例如文件、文件夹、注册表项、打印机等，它们都有自己特定的系统访问控制列表(SACL)。

在“审核策略”选项窗口，双击“审核对象”，在出现的对话框中勾选“定义这些策略设置”复选框，再勾选“成功”复选框，点击【确定】(图6.91)。对象访问事件如表6.4所示。

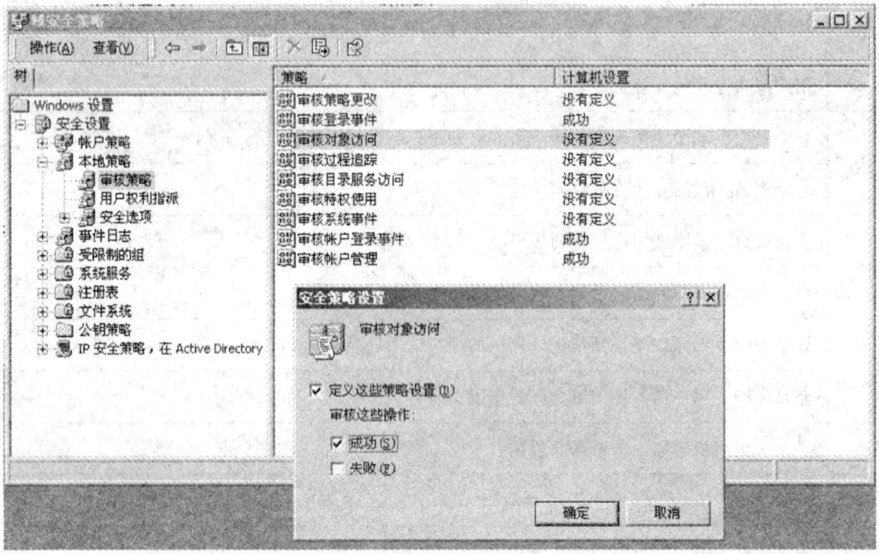

图6.91 “审核对象访问”设置对话框

表6.4 对象访问事件

事件 ID	事件描述
560	访问权限已授予现有的对象。
562	指向对象的句柄已关闭。
563	试图打开一个对象并打算将其删除。 注意：当在 Createfile( ) 中指定了 FILE_DELETE_ON_CLOSE 标记时，此事件可以用于文件系统。
564	受保护对象已删除。
565	访问权限已授予现有的对象类型。
567	使用了与句柄关联的权限。 注意：创建句柄时，已授予其具体权限，如读取、写入等。使用句柄时，最多为每个使用的权限生成一个审核。

续表 6.4

事件 ID	事件描述
568	试图创建与正在审核的文件的硬链接。
569	授权管理器中的资源管理器试图创建客户端上下文。
570	客户端试图访问对象。 注意：在此对象上发生的每个尝试操作都将生成一个事件。
571	客户端上下文由授权管理器应用程序删除。
572	Administrato Manager（管理员管理器）初始化此应用程序。
772	证书管理器已拒绝挂起的证书申请。
773	证书服务已收到重新提交的证书申请。
774	证书服务已吊销证书。
775	证书服务已收到发行证书吊销列表（CRL）的请求。
776	证书服务已发行 CRL。
777	已制定证书申请扩展。
778	已更改多个证书申请属性。

本章小结

电子商务的安全性要求包括六个方面，即信息的保密性、信息的完整性、信息的有效性、信息的不可抵赖性、交易身份的真实性、系统的可靠性。

密钥加密技术包括对称密钥加密系统和非对称密钥加密系统。对称加密使用 DES 算法，非对称加密使用 RSA 算法。对称密钥加密系统的加密、解密速度快，适合于对大数据量进行加密，但密钥管理困难；非对称密钥加密系统公钥机制灵活，但加密和解密速度比对称密钥加密慢。

数字指纹技术实现信息的完整性验证；数字签名技术实现对原始报文的鉴别和不可抵赖性；数字信封实现信息传输的保密性；数字时间戳用于证明电子文件发表时间；数字证书可以证明用户或服务器或软件的合法身份，在数字证书所包含的数据中，身份验证机构的数字签名可以确保证书信息的真实性，用户公钥信息可以保证数字信息传输的完整性，用户的数字签名可以保证数字信息的不可否认性，数字证书的常用格式是 X. 509；认证中心 CA，能受理数字证书的申请、签发数字证书、对数字证书管理和确认用户身份等业务。

使用最广的电子商务的安全协议与标准是 SSL 与 SET。SSL 在内部网和公共 Internet

上广泛运用，被许多企业的客户机/服务器所支持，其中包括 Netscape、Microsoft、IBM、Spyglass 和 Open Market。SET 提供对消费者、商户和收单行的认证，确保交易数据的安全性、完整性和交易的不可否认性，特别是保证了不会将持卡人的信用卡号泄露给商户。

关键术语

保密性（Confidentiality）
完整性（Integrity）
不可抵赖性（Nonrepudiation）
真实性（Authenticity）
恶意代码（Malicious Code，Malware）
病毒（Virus）
蠕虫（Worm）
黑客（Backer）
电子欺骗（Spoof）
拒绝服务攻击（Denial of Service Attack，DoS）
网络窃听（Sniffer）
内部人行为（Insider Jobs）
密码（Encryption）
密钥（Key）
DES（Data Encryption Standard）
对称密钥加密（Symmetric Key Encryption）
私钥加密（Secret Key Encryption）
公钥加密（Public Key Encryption）
数字签名（Digital Signature，E-signature）
数字信封（Digital Envelope）
数字时间戳（DTS，Digital Time-stamp）
数字证书（Digital Certificate 或 Digital ID）
认证中心（Certificate Authority）
防火墙（Firewall）

习　题

一、正误判断题

1. Intel 公司推出的奔腾固处理器的序列号功能不能关闭。（　　）
2. 利用局域网进行的电子商务活动可以不考虑在电子商务立法所涉及的技术范围。（　　）
3. 计算机病毒按其表现性质可分为良性的和恶性的。（　　）
4. 病毒程序大多夹在正常程序之中，很容易被发现。（　　）
5. 电信、银行部门使用 PIII 处理器不必关序列号功能。（　　）
6. 数字证书就是网络通信中标志通讯各方身份信息的一系列数据。（　　）
7. 调整对象揭示了立法调整的因特定主体所产生的特定社会关系。（　　）
8. SET 标准为网上信息及资金的安全流通提供了充分的保障。（　　）
9. 封堵某些禁止的访问行为不属于防火墙的功能。（　　）

二、单项选择题

1. 数字证书采用公钥体制，即利用一对互相匹配的密钥进行（　　）。

   A. 加密　　B. 加密、解密　　C. 解密　　D. 安全认证

2. 数字证书的作用是证明证书中列出的用户合法拥有证书中列出的（　　）。

   A. 私人密钥　　B. 加密密钥　　C. 解密密钥　　D. 公开密钥

3. 在社会经济领域，网络安全主要是（　　）。

   A. 党政机关网络安全问题　　B. 国家经济领域内网络安全问题

   C. 国防计算机网络安全问题　　D. 军队计算机网络安全问题

4. SET 协议通过（　　）技术保证数据的一致性和完整性。

   A. 公共密钥　　B. 数字信封　　C. 数字签名　　D. 对称密钥

5. SSL 协议是属于网络（　　）的标准协议。

   A. 对话层　　B. 网络层　　C. 应用层　　D. 传输层

6. SET 协议又称为（　　）。

   A. 安全套接层协议　　B. 安全电子交易协议

   C. 信息传输安全协议　　D. 网上购物协议

7. 电子商务法的调整对象是（　　）。

   A. 电子商务的参与者

   B. 电子商务交易活动中发生的各种社会关系

   C. 认证中心与被认证者之间的关系

D. 虚拟银行与交易参与者之间的关系

8. 以下哪一个是用来保证硬件和软件本身安全的？(　　)

A. 实体安全　　B. 运行安全　　C. 信息安全　　D. 管理安全

9. 网络安全主要涉及的领域总共有几个？(　　)

A. 2个　　B. 3个　　C. 4个　　D. 5个

10. 电子商务法需要涵盖电子商务环境下合同、支付、商品配送的演变形式和操作规则，联合国在哪部法中对“电子商务”中的“商务”一词作了广义解释？(　　)

A.《电子商务示范法》　　B.《电子商业示范法》

C.《贸易法委员会电子签字示范法》　　D.《电子签字统一规则》

11. SSL协议层包括两个协议子层：记录协议和（　　）。

A. 握手协议　　B. 牵手协议　　C. 拍手协议　　D. 拉手协议

12. 效率最高、最保险的杀毒方式是（　　）。

A. 手工杀毒　　B. 自动杀毒　　C. 杀毒软件　　D. 磁盘格式化

13.《电子商务示范法》是（　　）于1996年通过的，这将促进协调和统一国际贸易法。

A. 国际贸易法委员会　　B. 国际商会

C. 欧盟贸易法委员会　　D. 美国贸易法委员会

14. 防火墙是一种计算机硬件和软件的结合，使互联网与内部网之间建立起一个（　　），从而保护内部网免受非法用户的侵入。

A. 安全等级保护制度　　B. 安全信息系统

C. 安全网关　　D. 安全保护

15. 用来对两个或多个网络之间的互相访问实行强制性管理的安全系统是（　　）。

A. 隔离系统　　B. 防火墙　　C. 屏蔽系统　　D. 安全网关系统

16. 以下哪一个可以用来保证计算机能在良好的环境里持续工作？(　　)

A. 环境安全　　B. 实体安全　　C. 运行安全　　D. 信息安全

17. 计算机病毒按其入侵方式可分为：操作系统型病毒、(　　)、外壳病毒、入侵病毒。

A. 定时病毒　　B. 随机病毒　　C. 源码病毒　　D. 圆点病毒

18. 数字签名为保证其不可更改性，双方约定使用（　　）。

A. Hash算法　　B. RSA算法　　C. CAP算法　　D. ACR算法

19. 在公开密钥密码体制中，加密密钥即（　　）。

A. 解密密钥　　B. 私密密钥　　C. 公开密钥　　D. 私有密钥

20. 下列关于防火墙的说法正确的是（　　）。

A. 防火墙的安全性能是根据系统安全的要求而设置的

B. 防火墙的安全性能是一致的，一般没有级别之分

C. 防火墙不能把内部网络隔离为可信任网络

D. 一个防火墙只能用来对两个网络之间的互相访问实行强制性管理的安全系统

三、多项选择题

1. 在社会经济领域，网络安全主要考虑的内容有（　　）。

A. 党政机关网络安全问题　　B. 市民上网的网络安全问题

C. 国家经济领域内网络安全问题　　D. 国防和军队网络安全问题

2. 对电子商务立法范围的理解，应从哪些方面进行考虑？（　　）

A. 商务　　B. 网络交易客户

C. 网络交易中心　　D. 电子商务所包含的通讯手段

3. 关于电子商务法的调整对象的说法正确的是（　　）。

A. 电子商务法的调整对象应当是电子商务交易活动中发生的各种社会关系

B. 这类社会关系是在广泛采用新型信息技术并将这些应用技术商业领域后才形成的特殊的社会关系

C. 这类社会关系交叉存在于虚拟社会和实体社会之间

D. 这类社会关系有别于实体社会中的各种社会关系，且完全独立于现行法律的调整范围

4. 以下哪些属于防火墙应有的功能？（　　）

A. 过滤进出网络的数据包　　B. 对密码进行加密

C. 封堵某些禁止的访问行为　　D. 管理进出网络的访问行为

5. 所谓对称加密是指（　　）。

A. 使用相同的密钥加密和解密　　B. 一把钥匙开一把锁

C. 发送者和接收者使用相同的密钥

D. 每个交易方都不必彼此研究和交换专用的加密算法

6. 数字证书的类型有（　　）。

A. 个人数字证书　B. 企业数字证书　C. 软件数字证书　D. 硬件数字证书

7. 网络安全主要涉及的领域有（　　）。

A. 社会经济领域　B. 教育领域　C. 电子商务领域　D. 技术领域

8.《中华人民共和国计算机网络国际联网管理暂行规定》规定了从事因特网经营活动和从事非经营活动的接入单位必须具备的条件是（　　）。

A. 依法设立的企业法人或者事业单位

B. 具备相应的计算机信息网络、装备以及相应的技术人员和管理人员
C. 具备健全的安全保密管理制度和技术保护措施
D. 符合法律和国务院规定的其他条件

9. 自1994年以来，国务院及其有关部委相继出台了一系列涉及网络安全的行政法规，具体包括（　　）。
A.《中华人民共和国计算机信息系统安全保护条例》
B.《中华人民共和国计算机信息网络国际联网管理暂行规定》
C.《中国互联网络域名注册暂行管理办法》
D.《计算机信息网络国际联网安全保护管理办法》
E.《计算机信息系统网络国际联网出入口信道管理办法》
F.《中国公用计算机互联网国际联网管理办法》

10. 我国的新《刑法》确定了计算机犯罪的主要形式为（　　）。
A. 违反国家规定，侵入国家事务、国防建设、尖端科学技术领域的计算机信息系统
B. 对计算机信息系统功能进行删除、修改、增加、干扰，造成计算机信息系统不能正常运行
C. 对计算机信息系统中存储、处理或传输的数据和应用程序进行删除、修改、增加的操作
D. 故意制作、传播计算机病毒等破坏性程序，影响计算机系统的正常运行
E. 利用计算机实施金融诈骗、盗窃、贪污、挪用公款、窃取国家秘密或其他犯罪行为等

参考答案

一、正误判断题

1. F　2. F　3. T　4. F　5. F　6. F　7. T　8. T　9. F

二、单项选择题

1. B　2. D　3. A　4. C　5. A　6. B　7. B　8. A　9. B　10. A
11. A　12. D　13. A　14. A　16. B　16. C　17. C　18. A　19. C　20. A

三、多项选择题

1. ACD　2. AD　3. ABCD　4. ABCD　5. ABCD
6. AB　7. ACD　8. ABCD　9. ABCDEF　10. ABCDE

参考文献

1. 杜文才．电子物流技术．北京：劳动保障出版社，2006

2. CERT Coordination Center. *CERT/CC Statistics* 1998 – 2001. http：Cert. org/stats/cert_stats. html

3. Geralds, J. *Hackers Cost Firms billions of Dollars*, http：vernet. com/news/(Nov. 2000)

4. Pfleger, C. *Security in Computing* (2nd ed). Prentice Hall, Upper Saddle River, NJ, 1997

5. Ford, W. *Computer Communications Security: principles, standard protocols, and Technology*, Prentice Hall, Upper Saddle River, NJ. 1994

6. Garfinkel S., Pafford, G., *Web Security, Privacy, and Commerce*, 2nd, O'Reilly & Association, Inc 2002

7. Ford, W., and Baum, M. *Secure Electronic Commerce: Building the Infrastructure for Digital Signatures and Encryptions*, 2nd Prentice Hall, 2001

8. Schneier, S., *Applied Cryptography*, 2nd ed. Wiley, New York, 1995

9. USDC (U. S Department of Commerce). *Data Encryption Standard.* Federal Information Processing Standards Publication FIPS PUB 46, 1997

10. ANSI (American National Standards Institute). ANSI X3. 92: *American National Standard. Data Encryption Algorithm*, 1981

11. Whitfield Diffie & Martin Hellman. "New Directions in Cryptography". *IEEE Transactions on Information Theory IT* – 22, 1976, no. 6: 644 – 54

12. R. A. Rivest、A. Shamir& L. Adleman, "A Method for Obtaining Digital Signatures and Public-Key Cryptosystems." *Communications of the ACM*21, Feb., 1978 no. 2: 120 – 26

13. Dierks, D and D. Allen, 1999. *The TLS Protocol Version* 1.0, RFC 2246

14. Rayport, Jeffrey and Jaworski, Bernard. e-Commerce. McGraw-Hill Companies, Inc. 2001

15. Turban, Efraim et a1. Electronic Commerce A managerial perspective (2nd Edition). Pearson Education, 2002

16. Laudon, K. and Traver, C. G. E-commerce: Business, technology, society. *Pearson Education*, 2003

第七章

旅游产品与服务网上零售

学习目标

- 电子零售商业模式
- 网上旅游产品与服务零售市场
- 了解直销和旅游产品与网上服务零售的关键成功因素
- 了解传统旅游产品与服务零售商“鼠标加水泥”战略的要点
- 网上旅游产品与服务零售业中的非中介化、再中介化和渠道冲突问题

开篇案例

携程旅行网

携程旅行网创立于1999年初，是一家吸纳海外风险投资组建的旅行服务公司，主要投资者有美国Carlyle Group、日本软银、美国IDG、上海实业、美国Orchid及中国香港晨兴集团等，总部设在中国上海，下有北京、广州、深圳、香港四个分公司，并在全国二十多个大中城市设有分支机构，现有员工一千余人，是国内最大的旅游电子商务网站之一，提供酒店、机票、度假产品的预订服务，以及国内、国际旅游实用信息的查询(图7.1)。

携程于1999年10月接受IDG的第一轮投资。次年3月接受以软银集团为首的第二轮投资。2000年11月收购国内最早、最大的传统订房中心——现代运通，成为中国最大的宾馆分销商，并在同月接受以凯雷集团为首的第三轮投资。三次共计吸纳海外风险投资近1 800万美元。2001年10月携程实现盈利；2002年4月收购了北京最大的散客

图 7.1　携程旅行网首页

票务公司——北京海岸航空服务公司，并建立了全国统一的机票预订服务中心，在 35 个商旅城市提供送票上门服务。

携程旅行网旨在利用高效的互联网技术和先进的电子资讯手段，为会员提供更快速、更灵活、更周到和个性化的服务。其在充分借鉴美国 Priceline、Travlocity 和 Preview Travel 等成功的旅游服务网站的基础上，推出了适合中国国情的 3C 旅游电子商务模式（内容，Content；社区，Community；商务，Commerce）。即通过以旅行者为中心，将旅行指南等内容、网友交流的社区和预订服务有机的结合，以预订获取收入，以旅行指南、优惠价格和旅游社区吸引上网者。该网站现已拥有 2 000 多个自然人文景观的旅游信息，并涉及旅游衣、食、住、行、娱、购等各方面的预订服务。

携程旅行网主要通过互联网、呼叫中心订购飞机票、住宿和旅游线路 3 个主导产品来获取利润。其中，网上预订客房是其发展的生命线，它使携程成为目前国内最大的旅游服务网站和订房中心。公司的交易额、毛利、会员数以及宾馆业务连年呈直线快速上升。数据显示：携程在 30 个月内实现了盈利，2002 年 10 月的交易额突破 1 亿元人民币，其中酒店预订量达到了 18 万间。2002 年全年的交易额超过 10 亿元人民币。到

2003 年 10 月底，携程拥有注册会员超过 700 万人，其中使用过携程服务及产品的常用客户约 50 万人。

携程旅行网的案例充分显示了试图成为强大的旅游电子商务零售企业的传统旅行社所具备的各种优势。携程、中青以及 e 龙这样的商家都已拥有知名的品牌和忠实的客户群。本章对网上旅游产品与服务网上零售的经验进行了总结，并对网上旅游产品与服务网上零售企业进行分析。

第一节　旅游产品与服务网上零售概述

一、互联网零售的发展历程

互联网快速的扩张、普及和应用，使其演变成为商业交易环境，导致产生了崭新的商务模式，以及新的产品与服务，成为消费者接受的全新的零售渠道。

1994 年，美国的 Flowers Direct 公司首次为消费者提供了借助 Internet 网在线订购鲜花的机会（Chaffey et al，2003）。在欧洲，Blackwell 书店和 Victoria 酒业公司率先借助 Internet 网向消费者提供在线购买的机会。Doherty 等人（1999）引入了网上零售渠道这个名词用以描述企业应用 Internet 的多重目的。在 B2C 市场中，网上零售渠道起到沟通渠道和交易渠道的作用，形成交互式的零售渠道（Interactive Channel），双向的零售商—消费者的关系拉近了消费者与零售商的距离。网上零售渠道使得消费者拥有更大的权力（Hagel and Armstrog，1997）。此后，越来越多的零售商借助于互联网向消费者提供更多的产品和服务。2001 年，据估计约有 7 500 万个人互联网用户参与了某种形式的在线购物（emarketer. com，2001 年 7 月）。根据 eMarketer 2001 年 5 月的报告，2000 年全球 B2C 交易的总收入为 530 亿 ~2 380 亿美元。电子零售业的成功主要来自于以优惠的价格和出色的服务提供优质产品。

二、旅游产品与服务网上零售的功能

简要的说，互联网在线零售具有信息功能和交互功能。互联网在线零售信息功能是指零售商使用网站向顾客提供各类信息。许多旅游在线企业把网站用作低成本信息传播工具以及扩展顾客服务的工具，向顾客提供各种与公司相关的信息。最常见的包括以下几种：

（1）产品信息。采用各种形式发布包括产品描述、产品价值、促销信息、网络广告、酒店图片、线路及景点图片等产品信息。

（2）公司信息。包括公司的历史、员工以及战略发展的详细信息。

（3）新闻发布。采用各种形式发布旅游、旅行等新闻，以提升品牌的总体形象或改善顾客促销质量。

（4）交互功能。互联网的交互应用不仅包括旅游产品促销信息的提供，还包括鼓励游客、旅行者提供市场研究数据的免费礼物以及产品的订购和在线支付。

第二节　网上旅游服务

一、网上旅游服务发展概述

近年来在全世界范围内，网上旅游服务的收入持续快速增长。网上旅游服务构成了B2C电子商务中最成功的一部分，这是因为它所吸引的客户人数最多，同时其收入也超过了PC软硬件及外围设备的收入总和。Internet已成为消费者查找旅游去处、查找最合适的价格、预订机票、预约租车、预订旅馆、预订游程和预订观光行程时最常用的一种工具。2008年，我国网上旅游预订的收入出现增长（表7.1），这说明网上旅游服务的收入在整个旅游服务费收入市场中的份额在增加。

表7.1　　我国2007～2008年电子商务类应用用户对比

对比项目	2007年底		2008年底		变化	
	使用率	网民规模（万人）	使用率	网民规模（万人）	增长量（万人）	增长率
网络购物	22.1%	4 600	24.8%	7 400	2 800	60.9%
网络销售	—	—	3.7%	1 100	—	—
网上支付	15.8%	3 300	17.6%	5 200	1 900	57.6%
旅行预订	—	—	5.6%	1 700	—	—

数据来源：2009年1月中国互联网络调查报告

在欧洲，自2001年到2002年，在线旅游服务产值增长了61%，在欧洲市场达到了76亿欧元，并且占市场总额的3.6%。欧洲市场2002年获利1 000万欧元。自2004年到2005年，欧洲在线旅游服务销售增长了34%，达到了252亿欧元，并且占市场总额的10.3%。

值得注意的是，Jupiter，Forrester，Phocuswright等著名咨询公司的研究结果都一致表明欧洲在线旅游服务迅速增长的趋势。

尽管旅游服务是B2C商务中最大的收入来源，但一般当消费者首次在网上购物时，他们只会买一些小商品，只有在积累了更多的经验之后，才会购买像旅游这样的高价商品或服务。例如，2001 年 2 月的一项调查发现，美国 29% 的网上用户曾经在网上购买过旅游服务，还有 29% 的用户仅仅使用网络来查询旅游产品信息，而余下的 42% 的网上消费者从来没有尝试过在网上查询旅游信息或购买旅游服务（Jupiter Media Metrix，2000）。因此，随着 Internet 用户人数的增加，网上旅游服务还有很大的市场潜力。

二、网上旅游服务的特征

旅游服务网站向消费者提供了一站式的、方便的休闲旅游和商务旅行感受。这些网站提供了旅游内容介绍（关于度假情况和设施情况的介绍）、旅游社区（包括聊天室和 BBS）、商务服务（提供所有差旅相关服务）和消费者服务（通常是通过呼叫中心）。网上旅游网站所提供的旅游信息和旅游项目要比传统旅游代理丰富的多。对于旅游的提供商（旅馆、汽车出租公司、航空公司）来说，通过网站推出广告和促销活动，不仅可以有效地影响消费者，还可以创造一个更有效的市场，让消费者和供应商在一个交易成本较低的环境中进行交易。

对 Internet 来说，旅游服务是一种非常理想的产品和服务，因此电子商务商业模式应该在旅游产品中发挥很好的作用。旅游业是信息敏感型产业，旅游信息在互联网上表现或呈现的形式对消费者购买决策的制定产生重大影响（杜文才，2003）。基于 Internet 的旅游网站为旅游市场的供应商（旅行社、民航、餐馆、银行、购物中心等）提供了向消费者推介旅游商品和服务信息的方便、成本低廉的平台，计划出游者通过获取、分析和比较旅游供应商提供的有关旅游目的地和设施相关信息，最后作出去何处旅游的计划和安排。

网络技术使基于 Internet 的旅游网站可能把带有动态影像、动画或声音等形式的信息呈现在互联网上，甚至可能利用虚拟现实系统给消费者以直接体验旅游产业和服务的方式。它同时可提供鼓励消费者购买旅行产品或服务的刺激因素。

旅游也可以说是一种电子化的产品，因为绝大部分的工作（制定计划、进行调查、比较购物、进行预订、资金支付）都是在网络这一数字环境中完成的。从旅游产品的实际履行来说，它不需要任何“库存”，不存在通过传统零售商店以实物形态销售，可以从网上直接出售给消费者。旅游产品的供应商是高度分离的，而且常常供过于求。因此，为了让自己空闲的客房和汽车能够租出去，供应商往往愿意降低价格，也愿意在网站上做广告以吸引大量的客户。以 Travelocity. com、Expedia. com 以及其他一些网上旅游公司为例，这些网上旅游代理商不需要在全国各地部署上千个实际的营业场所，只要通过统一的界面与全国的消费者联系就可以了。与网上金融服务不同，网上旅游服务不需要实施有固定营业网点支撑的、昂贵的多渠道战略。因此，旅游服务可以较好地扩大其规模，使收益的增加能够赶上成本增加的速度。

三、网上旅游服务的组成

在美国市场上，网上旅游服务销售主要由机票、旅馆预订、观光线路预订和汽车预订组成，其中机票预订占主导地位。网上旅游服务的预期增长对旅游服务各个不同部分的影响不同。

相对于其他旅游服务项目而言，网上机票预订的规模很大，且继续以强劲的速度增长，这主要是由下面两个因素造成的。机票预订很大程度上就像是日用品的买卖，机票很容易在网上描述清楚。同样，租车业务也是如此，通过电话或网络，绝大多数人一定能够租到自己希望预订的车。但是对旅馆的要求就比较难以在网上描述清楚，各旅馆的收费不同，对不同的旅游团队有不同的折扣，旅馆的级别类型不同（商务旅馆、普通旅馆、豪华旅馆），各旅馆的设施和环境也不同，如此复杂的信息很难在网上描述清楚。游程和观光行程的选择也面临着同样的问题。因此，网上游程和观光行程的预订，以及一定程度上的旅馆预订，理所当然要比网上机票预订和汽车预订的增长速度慢。

在欧洲市场上，网上旅游服务销售主要由飞机票预订、旅馆预订、观光线路预订、火车票预订和汽车预订组成。他们各自所占市场份额分别是：飞机票预订占 56%、旅馆预订占 16%、观光线路预订占 16%、火车票预订占 10%、汽车预订占 2%。

近年随着商务旅游的快速发展，出现了专门为商务旅游服务的“一站式”网上一揽子服务项目以及网上休闲旅游市场（包括不受限定的商务旅行）。越来越多的企业将自己负责安排差旅的部门外包给那些提供基于网络的、优质低价的旅游安排服务公司。一些网上旅游公司向企业推出了一种名叫“企业网上订票方案”的服务，可以在一个单一的网站上提供机票预订、旅馆预订、会议中心预订、汽车租赁预订等一揽子服务。但是，有数据显示，有限定的商务旅行市场的发展速度将更快。

第三节　非中介化与再中介化

一、直销

在传统商务交易中，直销（Direct Marketing）一词是指直销商绕过了传统零售商店，直接从消费者那里获得订单。另外，直销商可能从产品生产商那里直接购买产品，从而绕过了传统批发商。Internet 技术为直销商和顾客提供了另一种交互方式，为旅游产品提供商提供了在线销售方面独特的优势，因为通过使用互联网，旅游产品提供商可以向顾客直接销售产品和在线提供支持服务。使用互联网，游客可以打破地区、国界的限制，实现旅游产品的全球购买。互联网使购买过程便利、快捷，大大缩短了交易时间；可以为顾客提供充分的商品信息，从而扩大了旅游产品选择的余地。

二、非中介化

从某种意义上说，直销使得传统交易过程中的某些中介过程被取消了。因此，非中介化（Disintermediation）是指在一个给定的价值链中去除负责特定中介环节的组织或业务流程。在传统销售渠道中，在旅游产品提供商或生产商和消费者之间存在着中介层，如旅行社和旅行代理商。网上旅游产品零售最重要的特点就是能够绕过中介（如旅行社、旅行代理商）建立与客户的直接关系，从而在向客户传递价值的同时使销售额和利润最大化。例如一间酒店的客房，经过酒店本身、当地协议旅行社、委托旅行社、专人服务上门等中介，使客房价格上升了200%以上。而通过使用互联网，酒店可以向顾客直接销售产品和在线提供支持服务，实现“鼠标加水泥”的零售模式，取消了传统的中介。

消费者直接从旅游产品提供商或生产商处预定产品使得销售链缩短，解决了传统商务交易的低效问题。电子机票的应用使得送票时间缩短为零。非中介化过程使旅游产品提供商与消费者建立更密切的关系。旅游产品提供商或生产商与客户的直接关系，使销售链、供应链上成员间能够共享信息，同时使公司更加容易获取更新、更可靠的信息，避免由于缺乏信息或信息误导造成决策失误，因此发生错误的可能性和造成的损失被减少。另外，当互联网能够充当从消费者返回旅游产品的信息渠道，获取的信息可用作市场分析，预测未来的市场需求。例如，当互联网能为旅游产品生产商提供机会直接接触消费者，向他们提供产品信息或订单信息时，对传统中介的需求程度就降低。

三、再中介化

狭义上，旅游业主要的职能是为游客的旅游活动提供旅游产品和服务，它有一套与之相关联、相适应的商务体系，其中包括目的地、旅游公司、连锁旅馆、航空公司、基础设施、旅游经营商、旅行社、娱乐和休闲设施的供应商。从市场结构和作用来看，旅游者（即消费者）、中间媒介、服务供应商构成一个三层网络市场结构（杜文才，2003）。因此，旅游行业的价值链要比其他一般行业复杂得多（图7.2）。一般来说，大型的全国性航空公司、国际性的连锁旅馆、租车公司以及旅游观光地的经营者等旅游服务提供商必须通过像全球分销系统（GDS）和旅游代理商等中介团体来经营业务，而不是直接与消费者联系。GDS是指批发商从供应商那里预订旅游产品，然后将这些订购的旅游产品转售给代理商，代理商将这些旅游产品再零售给消费者或将其加工成“度假套餐”销售给零售代理商。

GDS和旅游代理商处于供应商和消费者的双重压力之下，航空公司、旅馆、汽车出租公司等供应商希望绕过像GDS和代理商这样的中间人，与消费者建立直接的联系。

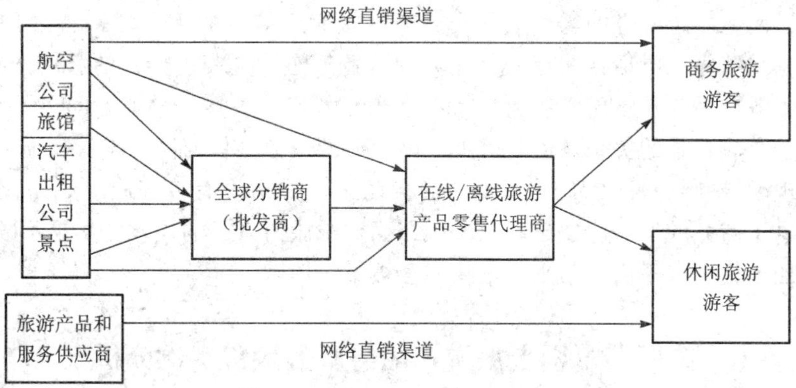

图 7.2　旅游服务业的价值链

例如，一些航空公司已经组建了自己的网上订票系统，目的是为了与企业及休闲旅游者直接进行业务联系。一些大型汽车出租公司也已经建立了直接面向消费者的网站，这在一定程度上减少了代理费，提高了空闲汽车的出租价格，如 Alamo. com、budget. com、hertz. com。同时，一些旅游目的地营销系统平台提供了直接面向旅游者的直销平台(参见第十一章内容)。

GDS 是应用于民用航空运输及整个旅游业的大型计算机信息服务系统。通过 GDS，遍及全球的旅游销售机构可以及时地从航空公司、旅馆、租车公司、旅游公司获取大量的、与旅游相关的信息，从而为顾客提供快捷、便利、可靠的服务。从 CDS 的发展过程看，GDS 是由于旅游业的迅猛发展而从航空公司订座系统中分流出来的面向旅行服务的系统。如今，GDS 已经发展成为服务于整个旅游业的一个产业，除了原有的航空运输业，旅馆、租车、旅游公司、铁路公司等也纷纷加入。经过技术与商务的不断发展，GDS 已经能够为旅行者提供及时、准确、全面的信息服务，并且可以满足消费者旅行中包括交通、住宿、娱乐、支付及其他后继服务的全方位需求。

旅游电子商务使得致力扩大直销、弱化中间商的同时，又创建了新的中间商。第二章中讨论过的团体采购方式就是再中介化的例子。

从营销渠道上来看，似乎是直销与再中介化可能发生渠道冲突。渠道冲突(Channel Conflict）是指销售渠道成员因为实际存在的或感觉到的回报、政策或支持上的差异而相互敌对（Turban，et al.，2006)。传统旅游产品的生产商、代理商及零售商，在利用基于 Internet 的旅游电子中介时，实际上已经建立一条区别于传统商家的营销渠道，可能发生渠道冲突。从媒体的信息中可以看出，很多人认为网上旅游服务的零售是零售业的创新，对传统零售业将会造成很大的冲击，对常见的营销渠道大有取而代之的趋势。

其实，网上旅游服务的零售在形式上与零售业中传统的无店铺销售（例如商品邮寄销售、电视销售、电话订购等）是相同的营业形态，是一项类似的替代选择。因此，网上旅游服务交易与传统旅游服务交易不是相互替代的关系，渠道之间也不存在冲突，而是相互融合、互补的关系。由此可见，网上旅游服务零售与网下零售、虚拟零售与现实零售呈现融合的趋势。B2C 旅游电子商务的发展如果没有传统旅游产品代理商的加盟，旅游电子商务的发展将缺乏应用基础；而传统旅游产品的代理商如果不顺应新经济的潮流，加入旅游电子商务中来，很快就会被市场淘汰。

第四节　网上旅游产品与服务零售实例分析

一、虚拟旅游商家

电子旅游技术给旅游业的企业过程重组带来了手段与技术。企业过程重组就是重新创建企业组织内部的过程。旅游业的企业过程重组是一种应用创新战略，采用电子数字信息技术在游客服务、目的地营销方面作出重大改进的根本性变革。企业过程重组的目的是增强生产力、降低生产经营成本、提高企业利润。企业过程重组的一个有效模式是采用电子商务手段组建旅游虚拟公司或企业（图 7.3）。因为电子旅游商务支持“虚拟

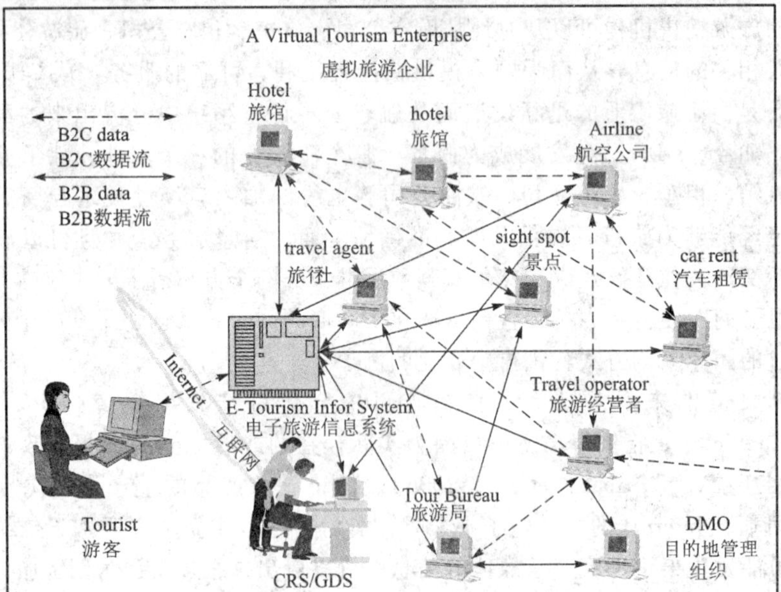

图 7.3　旅游虚拟公司模式

市场”，旅游产品和服务提供商、旅行社、旅游公司、旅游目的地管理组织和游客可聚集在这一市场中进行交易。旅游虚拟公司就是相互独立的旅游组织或企业通过外部互联网、公共互联网技术将它们连接起来，使它们共享技术、成本以及市场销售渠道而共同开发旅游市场机会（杜文才，2003）。

旅游虚拟公司可以作为永久性公司进行经营。旅游企业成员加入到一个电子旅游信息网络中，建立生产旅游产品和服务的永久关系。成员公司，如旅行社、景点景区，在旅游虚拟公司组织以外仍然保持着独立性，并且进行着自主经营。在长期的协约下，成员公司同时生产、经营，扩展市场范围，创造出共享的组织速度。游客可以从旅游虚拟市场中 24 小时订购产品和服务。如九州旅游文化网虚拟旅游系统网站就是这种模式的一种类别（图 7.4）。

图 7.4　九州旅游文化网虚拟旅游系统网站

九州旅游文化网虚拟旅游系统网站提供了虚拟旅游、查询预定、广告宣传等功能。进入虚拟旅游区，可直接进入虚拟旅游系统，可以进一步查看全国区域的省市级旅游景点，并配有声控引导，图文、视频并茂。现以华中区湖北省为例（图 7.5）。

图 7.5　虚拟旅游版块

点击查询预定模块，可进入国内列车和全球机场信息的查询，同时还可以进入机票、酒店预定等子功能模块查询所需信息（图 7.6）。

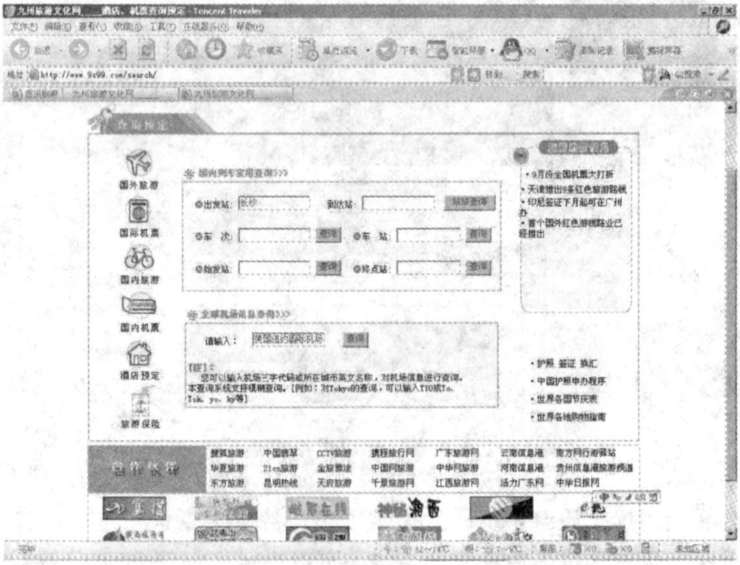

图 7.6　国内列车和全球机场信息查询系统

二、“鼠标加水泥”型零售商

旅游企业要想获得真正的收益，必须充分利用来自于对实体业务（“砖块加水泥”商店）和在线业务（网站）所带来的优势。旅游网站向游客提供更低的价格和更多的选择，而实体商店向游客提供值得信赖的店员和在购买前评估商品的机会。对于拥有成熟旅游网站的传统“砖块加水泥”型旅游企业来说，可以采取以下方式使用“鼠标加水泥”的混合战略。

提供一致完整的信息和服务。首先，传统“砖块加水泥”型旅游企业充分使用“中间件”软件将所有后台数据库与一个“面向顾客的系统”进行无缝相连，充分发挥数据库营销技术，从而创造完整的顾客体验。无论游客是通过与店员的面对面接触、按键电话、网页、客户服务代表或销售人员的电话，还是通过其他方式，如无线设备或触摸屏，他们所得到的信息和服务应该是完全一致的。

授权给游客。通过使用各种技术来保证游客获得足够信息，以及给游客提供机会使用交互式在线技术执行各种功能，销售商可以建立一个强大的“24 小时/7 天”的服务和信息提供渠道。

利用各种渠道。创新型的“砖块加水泥”旅游企业将为来自每一渠道的游客提供所有渠道的营销优势。无论是在线还是离线，游客将同时得到两种渠道的好处。下文以上海春秋旅行社为例进行分析。

上海春秋旅行社在国内旅游经营中已连续 7 年荣膺国家旅游局评定的国内旅游百强之首。上海春秋旅行社的核心经营理念是以市场为中心的 4 个特色经营：散客的市场定位、优质的服务、网络化的经营和艰苦奋斗的企业文化。其中，春秋旅行社的网络化经营尤为引人关注，它将传统旅行社业务和现代销售方法紧密结合，使用网络信息手段统筹全国分社的运行，并实现了个性化服务和规范化经营的良好结合。

春秋旅行社将春秋旅游网从简单的信息发布网站改造成为能够运行旅游电子商务活动的网站，规划了与之相适应的网站结构和网页形式。新的春秋旅游网提供详细的、实时更新的旅游线路信息，包括价格、开班日期、游程安排、供应标准等等，同时也经营商务订房、订票以及自助旅游产品，这些产品都能从网上预订。春秋旅游网把信息的准确、预订的方便、网下的服务质量和预订的成功率作为考核的主要指标。

春秋旅游网将前台业务受理与系统后台功能进行有效的整合，使得前台业务受理具有仿真可视化购票界面，符合客户需求的旅游资源（旅游目的地、会展、节事、酒店、飞机航班、火车和汽车租赁等）查询，顺畅的订购流程，个性化的客户定制服务和与目前主流在线支付平台完美对接等功能性特点，使得后台业务受理具有智能的可视化订购前台生成系统、人工实现的各类旅游信息的维护、完善的接口系统，实现与各主流商家的系统对接、销售情况的分析统计、全面的客户信息支持系统以及完善的销售策略体系等功能性特征。

三、网上客房直销

总部设于广东深圳，全国各地主要城市均有代理商及合作伙伴的长乐订房网（www. i2hotel. bak. cn）创立于 2004 年。目前是国内功能较齐全的酒店客房直销、专业酒店预订的电子商务平台，经营在线旅行服务业务。现拥有 8 种语言、界面统一的互联网酒店预订平台。包括商务酒店、休闲度假酒店、小旅馆、酒店式物业等国内外信息达 6 000 多家，并且收集了提供给会员搜索的酒店信息，加盟酒店的数量迅速增长，网络直销的酒店数量，建立网站预订系统的酒店数量，以及购买整个客房直销预订系统的酒店数量出现阶梯式增长，目标是实现中国 20 000 多家酒店通过长乐订房网平台来直接面向客户预订（图 7.7）。

图 7.7　长乐订房网首页

长乐订房网是一家安全可靠的电子商务网站，有网络安全认证，数据中间应用安全防护技术，保障数据的实时、有效、安全可靠，保障客户的资料、酒店的订房数据的安全。酒店的内部管理系统、酒店网站、酒店预订系统无缝的集成在酒店预订客房直销的平台。

图 7.8 海南三亚五星级酒店查询网页

该平台具有强大搜索引擎功能，可对酒店资料进行精确或模糊查询。例如，本文以中国—海南—三亚—五星级酒店进行模糊查询，就可得出所有的相关酒店资料（图 7.8）。这样客户就可以对酒店的地址、房型、房价、折扣等具体情况进行选择，从而预订酒店房间。具体流程为：搜索酒店—选好客房预订—提交预订相关信息—客服人员与您联系确认—办理入住手续—发短信通知客户成功预订—客人可查询预订的情况。

四、全包服务

由于旅游服务产品具有不可储存性，因此，旅游产品销售商把很多不同的产品打包在一起以一个较低价格来销售，行业中形成了一系列相关和互补的服务组合，即全包服务（All-inclusive Package）。一般而言，包括项目包装（Packaging）和活动策划（Programming）两部分，其实也就是为个体顾客度身定制的产品。

旅游服务业中一般有两种类型的全包服务：

（1）旅游中间商开发的全包服务。许多旅游中间商，包括旅游经销商、批发商、旅游策划机构、旅游代理商和会议旅游策划机构开发的全包服务。

(2) 其他部门开发的全包服务。如供应商、运输商、目的地营销组织、各种俱乐部和其他特殊兴趣爱好者协会等开放的全包服务。

从全包服务概念诞生至今六十余年间，旅游全包服务以方便、经济、服务后果的一致性和能满足特殊兴趣等特性，越来越受到全球旅游业的重视，网上旅游产品的浏览、查询、预订及量身定制更体现了其服务的优越性（图 7.9）。

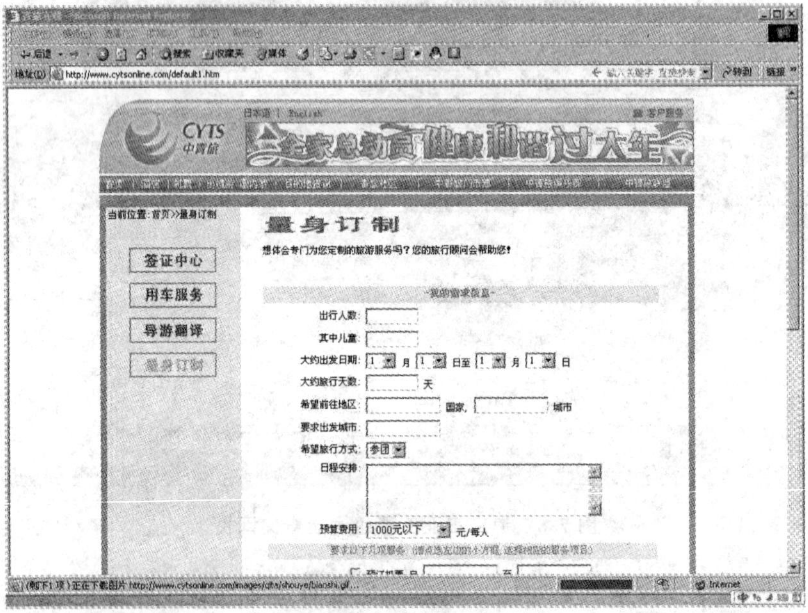

图 7.9　青旅在线的定制网页

第五节　实务演练

一、企业网站域名和虚拟主机的申请

[第一步] 申请企业网站域名。域名的名称也就是网站的名字，可以是顶级国际域名，也可以是国内域名。当然，根据企业网站内容或类型的不同也可以注册其他后缀的域名，. com 代表公司、. net 代表网络机构、. org 代表组织。国内域名除了 . com. cn、. net. cn 以外，如果符合要求的话还可以注册 . org. cn（非营利性组织）、. gov. cn（政府部门）、. edu. cn（大学），域名的名称由数字、英文字母及“-”组成。域名可到 CNNIC 的网站上查询并注册，这个过程需要一、二天左右（图 7.10）。

图 7.10　域名注册管理机构 CNNIC 首页

［第二步］在虚拟主机服务商的网站上选择一款虚拟主机，点击【购买】（图7.11）。

图 7.11　虚拟主机产品展示

［第三步］填写用户资料，点击【立即申请】（图 7.12）。

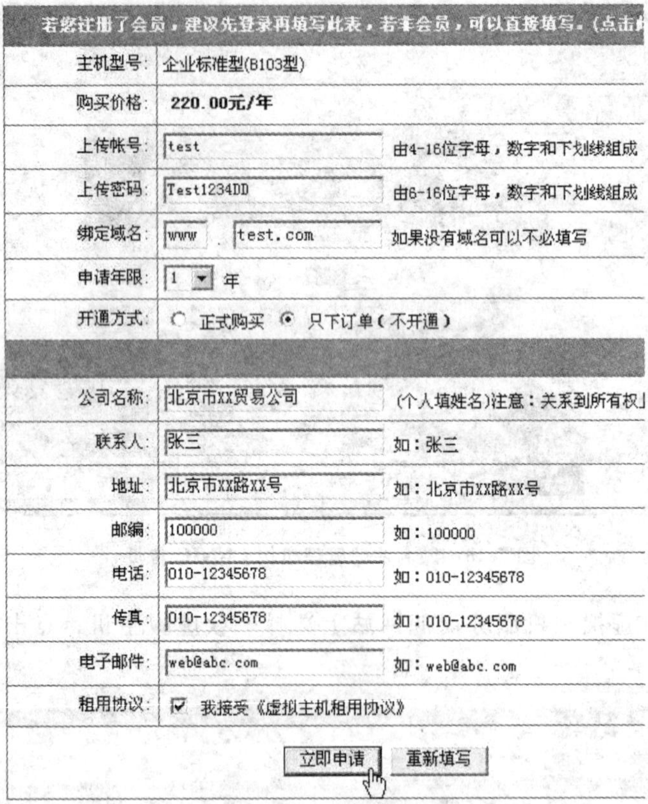

图 7.12　填写用户资料

[**第四步**] 再次点击【确定】，确认提交申请（图 7.13）。

图 7.13　确定购买

[**第五步**] 此时用户将看到订单提交的结果，如果用户的账户上有足够款项，并且选择的注册方式是“正式购买”，那么空间将马上开通成功并扣除购买款项，如果选择的开通方式是“只交订单”，那么空间并没有真正开通，只是提交了申请，这时，用户需要按“汇款方式”办理汇款，并通知虚拟主机服务商，虚拟主机服务商将为用户办

理后续事宜（图 7.14）。

虚拟主机购买结果	
主机种类:	企业标准型（B103）
主机名称:	test
免费网址:	http://test.xmab.365idc.cn
上传地址:	218.5.74.62（建议使用域名作为地址，便于记忆）
上传帐号:	test
上传密码:	Test1234DD（本系统独有的各项管理也基于此密码）
管理地址:	http://www.okidc.com/host/（注册会员可以在本系统直接管理）
购买方式:	先下订单待汇款后再正式开通
购买期限:	1 年
购买结果:	提交成功！
付款方式:	点击此处查看付款方式 《在线支付》

图 7.14　虚拟主机订单信息

二、管理虚拟主机

（一）设置虚拟主机上传密码

[第一步] 登录虚拟主机服务商网站，进入用户管理区，选择“虚拟主机管理”（图 7.15）。

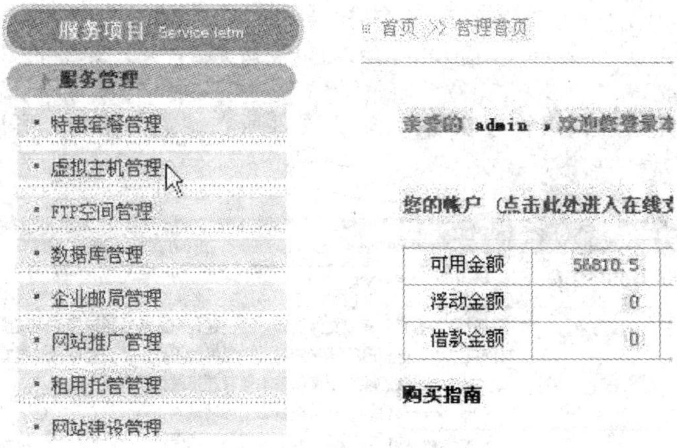

图 7.15　虚拟主机管理界面

[第二步] 此时进入了虚拟主机列表里，选择要管理的主机，点击“主机名”（图7.16）。

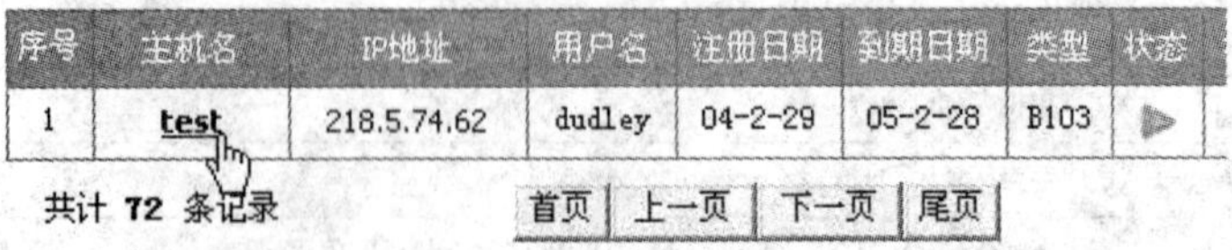

图 7.16 选择主机名称操作界面

[第三步] 选择“基本管理功能”（图7.17）。

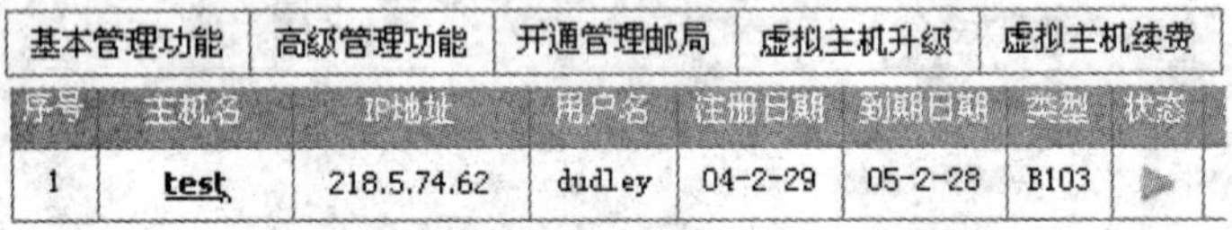

图 7.17 基本管理操作界面

[第四步] 输入上传文件用的FTP密码，点击【修改】（图7.18）。

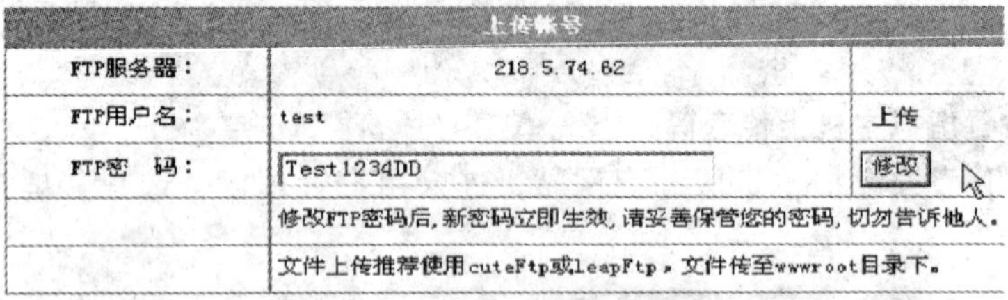

图 7.18 输入上传密码页面

[第五步] 点击“高级管理功能”，输入文件所在站点的路径，可以删除网站的文件（图7.19）。

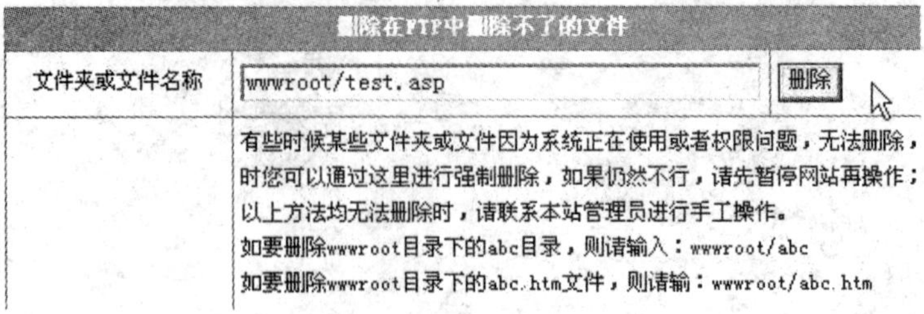

图 7.19 虚拟主机里过期网页文件的删除

（二）向虚拟主机上传网页文件

［**第一步**］先下载并安装 LeapFTP 软件。

［**第二步**］运行 LeapFTP，点击 1 处的“站点”→“站点管理器”，弹出“站点管理器”窗口；在 2 处选择“My Servers”项；然后在 3 处点击【添加站点】按钮；在弹出的窗口 4 处输入用户起的站点名称（如 mysite），点击【确定】（图 7.20）。

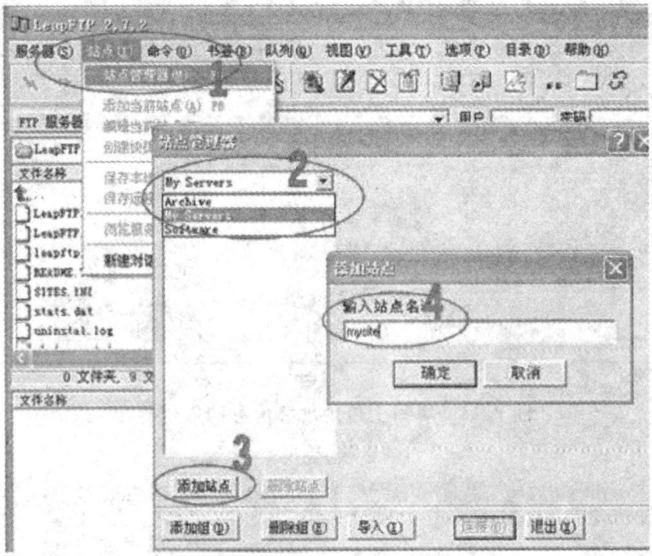

图 7.20　运行 LeapFTP 上传软件

［**第三步**］在 1 处输入用户申请的域名，即站点地址（如 abc. com），将 2 处“匿名”前的选钩去掉，在 3 处输入 FTP 用户名（如 abc），在 4 处输入 FTP 密码（将保存密码前的选钩打上），点击 5 处【应用】按钮，再点击 6 处的“高级”标签（图 7.21）。

［**第四步**］在 1 处选中刚建立的站点名称（mysite），将 2 处的选钩去掉，在 3 处的“传送模式”选择二进制，点击 4 处【应用】。至此 FTP 站点已经建立成功，点击【连接】（图 7.22）。

［**第五步**］连接成功后的界面（图 7.23）。左上框为本地目录，用户可以通过 1 处的下拉菜单选择要上传文件的目录，选择后，该目录下的所有文件都会显示在这个框里。选择要上传的文件，并点击鼠标右键选择“上传”，这时在队列栏里会显示正在上传及未上传的文件。当文件上传成功完成后，在命令栏里会出现“传送完成”的提示，此时在过程目录栏里就可以看到上传的文件。

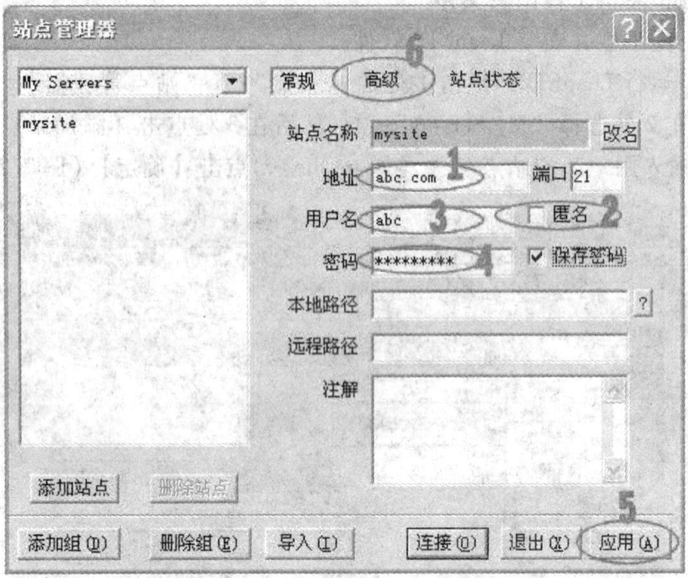

图 7.21 填写上传地址等信息的操作界面

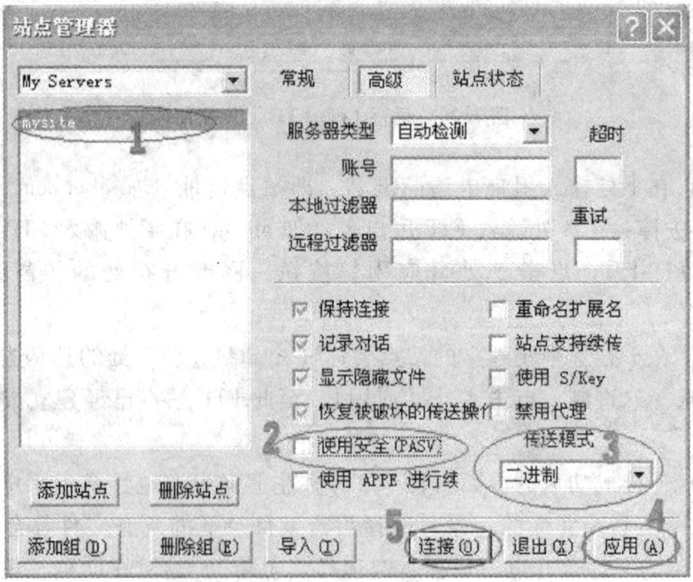

图 7.22 FTP 站点设置窗口

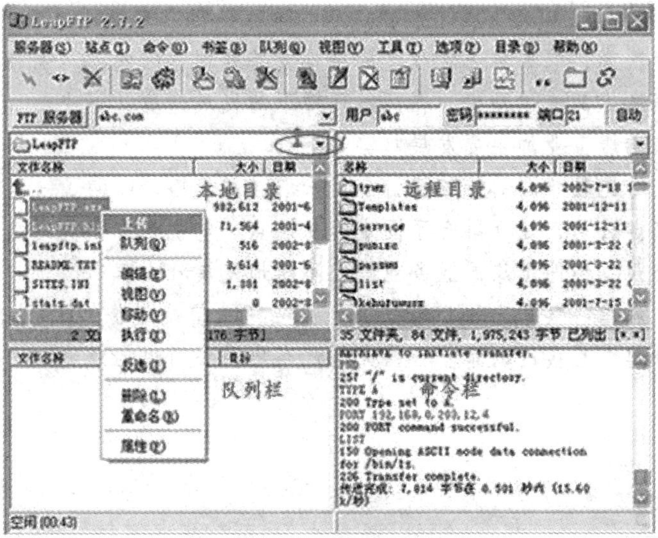

图 7.23　开始向虚拟主机上传文件

本章小结

电子零售商业模式可以被分为完全电子零售商以及用在线销售渠道来补充传统渠道的“鼠标加水泥”型零售商。

生产商的直销将导致移去批发商和零售商的非中介化，而在线再中介化可以帮助消费者在众多生产商间作出选择。

网上旅游服务所吸引的客户人数最多，其收入是 B2C 电子商务收入中最大的一部分。Internet 已成为消费者用来查找旅游去处，查找最合适的价格，预订机票、预约租车、预订旅馆、预订游程和预订观光行程时最常用的一种工具。

网上旅游服务之所以能够取得成功，主要有以下几个原因：

旅游服务网站向消费者提供了一站式的、方便的休闲旅游和商务旅行。这些网站上提供了旅游内容介绍、旅游社区、商务服务和消费者服务。旅游网站还可以让消费者和供应商在一个交易成本较低的环境中进行交易。

旅游属于一种信息密集型产品，也是一种电子化的产品，因为绝大部分的工作都是在网络这一数字环境中完成的。网上旅游服务不需要实施有固定营业网点支撑的昂贵的多渠道战略，因此，旅游服务似乎特别适合于网络市场环境。

旅游业的各个不同部门适合网络市场环境的程度是不同的。例如，机票预订、汽车出租适合的程度最高，其次是预订旅馆。而不同游程和观光行程服务的质量大不相同，信息的复杂程度很高，它要求一定程度的决策支持处理，因此，网上游程和观光行程的预订以及一定程度上的旅馆预订，在网络环境下的发展速度并不快。

当今网上旅游服务业的主要发展趋势如下：

随着一些实力比较雄厚的传统旅游公司采取合并策略，收购了一些比较弱小的、相对便宜的电子旅游公司，建立融合了固定营业网点、电视销售以及网站在内的强大的多渠道旅游服务公司，纯网上旅游服务业也在不断地发展壮大。

航空公司、旅馆、汽车出租公司等这些供应商希望绕过像 GDS 和代理商这样的中间人，与消费者建立直接的联系。一些大型汽车出租公司也已经建立了直接面向消费者的网站。

关键术语

电子零售（E-retailing）
直销（Direct Marketing）
非中介化（Disintermediation）
电子分销商（E-distributor）
中介商（Matchmaker）
渠道冲突（Channel Conflict）
全包服务（All-inclusive Package）

习　题

一、思考题

1. 在线旅游产品服务零售市场当前和未来预期的规模有多大？在回答时请比较 B2C 旅游产品服务和 B2B 旅游产品服务销售。哪些行业将取得成功？

2. 携程旅行网站的成功因素是什么？

3. 讨论在线旅游产品服务零售的主要商业模式。

4. 旅游服务供应商是如何从消费者对旅游网站的使用中获得收益的？

5. 旅游业主要由哪两部分组成？哪一部分的增长最快？为什么？

6. 解释全球分销系统（GDS）的功能。

二、讨论题

1. 讨论“量身定制”给买方和卖方带来的好处。是否存在不利之处？

2. 以携程网为例，讨论“鼠标加水泥”型旅游公司的优势所在。

3. 为什么携程网采取多样化的战略？

4. 讨论渠道冲突的问题，并找出一些旅游公司为解决该问题而采取的战略。

三、实训题

1. 访问E龙和携程网站，比较这两家公司提供的服务，并评价它们的成功机会。

2. 访问E龙、Expedia和携程网站，比较这三家公司提供的服务的差异性，并评价它们在中国的成功机会。

3. 访问青旅在线网站并提交一份根据旅游兴趣定制的旅游线路订单。下订单的过程是怎样的？你是否认为由此可以得到更满足旅游需求与体验的旅游线路？你是否认为这种定制化特色将为青旅在线带来更高的销量？

4. 找到3家五星级旅游酒店预订的网站，比较这3家网站提供信息的能力。

参考文献

1. Doherty, N. F., Eills-Chadwick, N. F., and Hart, C. A. Cyber retailing in the UK: the potential of the Internet as retail channel, *International Journal of Retail and Distribution Management*, 1999, 27 (1): 22－36

2. Chaffey, C., Mayer, R., Johnson, K., and Eills-Chadwick, F, Internet Marketing: Strategy, implementation and practice (2nd Edition). Pearson Education Limited, 2003

3. Hagel, J. and Armstrog, A. G. Net Gain-expanding markets through virtual communities. Boston . Harvard Business School press, 1997

4. Marcussen, C. *Trends in European Internet Distribution of Travel and Tourism Services*, *http: crt. dk*

5. 杜文才. 国际互联网技术与旅游业企业过程重组. 云南师范大学学报自然科学版，2003，23（1）

6. Efraim Turban, et al. Electronic Commerce: A Managerial Perspective. Prentice Hall, 2006

第八章

旅游产品与服务的网络营销

学习目标

- 旅游产品与服务网络营销概念
- 互联网技术与网络营销
- 旅游产品与服务网络营销潜力
- 旅游产品与服务网络营销战略
- 在线/离线旅游产品与服务营销组合
- 旅游产品网络营销沟通
- 旅游产品与服务网络关系营销

开篇案例

Google 品牌的建立

对 Google 来说，甚至于对所有的新兴企业来说，成功的关键在于品牌的建立。但是 Google 推广品牌的方式与众不同，他们并没有像大多数企业那样在电视或广播里大肆做广告，或者兴师动众地进行公司上市宣传，或者把邮件发得铺天盖地。Google 在短短几年间便造就了其举足轻重的顶级品牌形象，而这一目标的实现却往往需要耗费许多成功企业几十年的时间。Google 实行的策略包括以下几点：确定用户范围，了解客户需求，诚实履行职责，坚持实现目标。

1998 年，斯坦福大学的博士生 Larry Page 和 Sergey Brin 采用了一种全新的计算方法进行网络搜索，这种方法解决了在迅速膨胀的网络中搜索信息的困难。这种新的方法扩大了检索对象，它不仅对某一个站点的关键字进行检索，同时也会检索该站点链接的关键词。这项技术的应用非常成功，于是很快就成为数字文人的热门话题，越来越多的人对Google交口称赞，这使Google的日访问量在半年内由10 000人次升至50 000人次。不过，Google所获得的这些成功并没有依靠任何传统意义上的营销手段或是广告宣传。

是什么使得Google脱颖而出？Google明确指出它以提供精确快捷的信息搜索为要旨。链接到它朴实无华、整齐有序的主页，可以看出Google的成功秘诀就在于它在提供信息方面的专业素质以及卓越能力。常言道，“品牌就是对体验的保证”，Google可以保证让信息准确地送到你面前，使你在进行信息搜索的时候，既快速准确又怡然自得。这些信息可能是一些妙趣横生的名字，也可能是小巧玲珑的图片，或者是别出心裁的节日标识等等。对于Google来说，要成为互联网上的一流品牌，不是进行华而不实的广告宣传，而是诚实地履行职责并设法引起用户的共鸣。

案例来源：Payport等.2004

第一节　旅游产品与服务网络营销概述

一、旅游产品与服务网络营销的概念

旅游产品与服务网络营销与传统旅游产品与服务营销有许多相似之处，但也存在差别。与传统旅游产品与服务营销一样，旅游产品与服务网络营销的目的就是要与客户建立密切关系以使企业能够获得良好的回报。

通常，网络营销或者基于互联网的营销，可以定义为运用互联网和相关的数字技术来实现营销目标与支持现代营销观念。相关的数字技术包括了互联网媒介和其他数字媒介，例如通信系统、移动电话等等。对于企业层面而言，网络营销可看作是公司的网站与在线促销技术的有效整合。使用搜索引擎、横幅广告、电子邮件获得新的、潜在客户和向现存的客户提供服务，从而有助于建立良好的客户关系。旅游业网络营销从属于网络营销范畴，它是利用电子网络这一载体的营销活动。

二、互联网技术与网络营销

使用互联网进行营销的主要原因是互联网可以替代传统营销和分销渠道，互联网技术在营销战略中起重要作用。下文从旅游产品市场渗透、市场开发、产品开发、多元化四个方面作简单讨论。

在旅游产品市场渗透方面，网络技术可以将更多的旅游产品销售给现存市场，并且将市场渗透到具有上网能力的所有人群、所有地域。因此，可以使用网络在线广告功

能，提高现有旅游产品市场中潜在客户对旅游产品和提供旅游产品的公司、服务商概况的认知度来实现。

在旅游产品市场开发方面，网络技术被用于在新市场中进行销售，利用低成本的国际性广告而不需要顾客所在地用于支持销售的基础设施。

在旅游产品开发方面，许多通过网络传递的产品与服务被研发出来，尤其像电子机票、酒店客房预订，可以通过旅游电子商务进行购买。

在旅游产品多元化方面，新的产品被开发出来并卖到新的市场。

另外，从旅游产品与服务的开发商、供应商的角度来看，他们应用网络营销的主要动机是：成本/效率动机，包括减少销售成本和降低运营成本；竞争动机，包括最大限度地满足旅游客户的需求与期望、提高服务的范围与质量以及避免基于旅游电子商务的公司抢走市场份额。

除了增加销售额和降低运营成本外，网络技术还有助于旅游产品的营销，例如：通过提高旅游产品与服务的认知度，支持购买决策和保证在线购买来促进销售；运用旅游产品与服务的开发商、供应商的网站进行营销沟通；通过可用在线信息和其他技术来补充呼叫中心服务；网络技术可以向公共关系营销提供新的渠道，提供发布最新旅游产品与服务、市场和人员信息的机会；通过搜索引擎，基于web的网络技术使更多、更有效的营销调研方法用来寻找一定范围的在线信息，比如在线问卷调查。

三、旅游产品与服务网络营销潜力

央视调查咨询中心针对北京中青年网民的旅游消费行为和使用旅游网站的行为进行了调查，这项“互联网网民旅游消费”调查结果显示，被调查网民了解旅游信息的最主要途径是：媒体栏目介绍及广告（71.5%）；上网查询（25.6%）；亲朋好友介绍（20.8%）。因此，可以看到，约有1/4的网民通过上网进行旅游信息的查询，网上查询已经成为网民了解旅游信息的一种主要方式。

在了解旅游网站的相关信息和网址的方式上，被调查网民选择的主要方式为：媒体栏目介绍/广告（48.1%）；搜索引擎（42.0%）；网站连接（29.8%）；朋友/同事介绍（25.2%）。从此数据中可以看出，网上查询的方式已经开始接近传统媒体的信息渠道优势。

调查在问及未登陆过旅游网站的网民时，有55.2%的网民表示将会登陆旅游网站；有30.2%的网民表示不一定会登陆旅游网站；有14.6%的网民表示不会登陆旅游网站。

从总体上看，在被调查的网民中，已经有21.8%的网民登陆过旅游网站；有43.2%的网民表示将会登陆旅游网站；有24.0%的网民不确定是否会登陆旅游网站；有11.4%的网民表示将不会登陆旅游网站。在未来将会有超过60%的网民登陆旅游网站进行信息查询，这也从另一个方面反映出，旅游网站将会逐渐成为旅游信息查询的主要渠道。

在对旅游网站作为新的旅游业务交易方式及网上旅游业务交易情况的调查分析中可以看出：在已经登陆过旅游网站的网民中，有11.4%的人尝试过网上预订，但这一比例只占到被调查网民总数的2.5%；而在未来，在已经登陆和将会登陆旅游网站的网民中，有超过半数（54.2%）的人表示会尝试网上预订。

综合起来看，在已经登陆和将会登陆旅游网站的网民中，有3.8%的网民已经进行过与旅游相关的网上预订；有54.2%的网民表示将会尝试网上预订；有29.0%的网民不确定是否会尝试网上预订；而有13.0%的网民明确表示不会尝试网上预订。可以预见，未来与旅游相关的网上预订业务有着较大的发展空间。

在"选择旅游网站时考虑的主要因素"这一项调查中，登陆旅游网站和将会登陆旅游网站的网民表示，在选择旅游网站时首先会考虑以下影响因素：信息量大（54.2%）；知名度高（45.0%）；频道清晰/查询方便（24.1%）；网上预订便捷（19.9%）。旅游企业在调整网站内容、形式或进行网上宣传时，应该注意到网民在这些方面的选择倾向。

可见，旅游网站作为新的旅游信息渠道，对旅游业网络营销具有重要的现实意义。

第二节　旅游产品与服务网络营销战略

旅游产品与服务网络营销战略与传统旅游产品与服务营销战略有许多相似之处。因为，旅游产品与服务网络营销战略为旅游产品与服务网络营销活动指明未来的方向；支持旅游产品与服务营销的目标；进行网络营销战略决策选择，以完成网络营销的目标和创造持续、具有鲜明特色的竞争优势；引入网络营销战略规划，例如目标市场定位和营销组合的规划。

一、旅游产品与服务整合网络营销战略

对于许多旅游企业来说，把网络营销战略整合到经营和营销战略中是个巨大的挑战。部分原因是许多旅游企业没有意识到一个行业层面的改变对他们的深远意义。网络营销战略与企业目标和市场营销战略紧密相关。对于内部来说，网络营销在一定程度上直接受到企业战略的影响。对于外部来说，网络营销战略受到市场结构与需求、竞争者的战略以及未来的机会与威胁的影响。

一般认为，网络营销战略应该属于营销规划层次，它是一个详细的战略，是范围更宽广的战略营销规划过程的一部分。网络营销战略作为企业独特的战略，它给出了详细

的电子营销计划。

二、通用的网络营销战略方法

网络营销战略模型提供了一个完整的过程框架，它简明地表示了网络营销战略的逻辑顺序图，确保战略开发与实施的所有活动都被包含（图 8.1）。

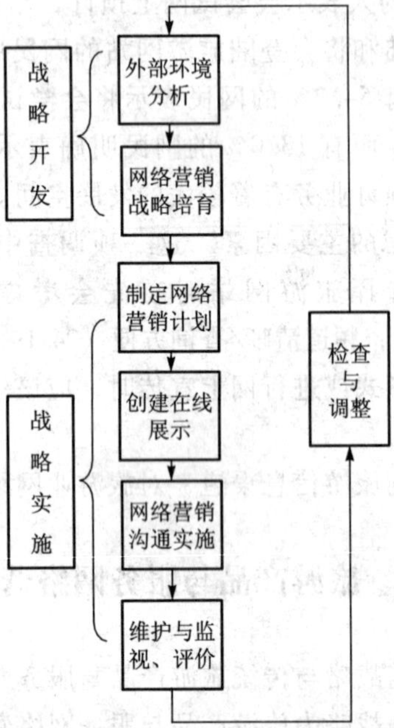

图 8.1　网络营销战略开发结构框架图

简单的说，网络营销战略由战略开发与战略实施两部分构成。但是，一个良好的战略开发方案建立在良好的战略分析之上。网络营销战略由环境分析以及营销计划的目标与战略决定。在战略分析方面，从事旅游电子商务的企业网络营销战略第一步应明确企业的使命及战略目标。第二步，进行环境分析，包括营销审计、SWOT 分析。第三步，在上述分析的基础上，制定网络营销战略，也就是说，开发网络营销战略，包括制定营销计划、确定网络营销目标、估计预期效果、确定备选计划与组合等反复过程。第四步，实践战略，包括创建在线展示、网络营销沟通实施和维护与监视、评价网络营销战略。

（一）形势分析

(1) 企业内部资源、企业运营过程以及企业在市场中的表现，直接的竞争环境

（微观环境）包括顾客需求、顾客行为和竞争。

（2）对手行为、市场结构、与供应商和合作伙伴之间的关系等。

（3）企业运营宏观环境，包括经济发展、政府以法律和税收的方式进行管制，以及社会和道德方面的限制，例如对于隐私的要求。

下文以顾客需求为例，介绍上述分析的内容。驱动电子营销和电子商务战略目标的关键因素就是在各个细分市场上，顾客对电子商务需求的当前水平和未来预测。这会影响到产品的在线需求，反过来也决定了分配给各在线渠道的资源。以从事电子商务的旅行社为例，在各个目标市场里，可以通过询问每个市场以下问题，掌握顾客的行为：

（1）旅行社客户业务中有多少是通过网站实现的？

（2）在旅行社业务中作出购买决策的客户人员中有多少是上网的？顾客中有多大比例准备好了在线购买旅行社的特定产品？

（3）上网的顾客中有多大比例不打算在线购买旅行社的产品或服务，但会直接到旅行社购买或者受网站信息的影响会到旅行社购买？

（4）旅行社业务采取在线交易的主要障碍是什么？是什么推动了顾客实施在线购买，如何鼓励他们实施在线交易？

（5）当前在线用户与那些线下顾客之间的心理差别是什么？

这样，电子营销中的形势分析显示了企业进入互联网的程度以及顾客受网络影响在线购买或线下购买的倾向性。

（二）制定战略目标

从理论上讲，任何营销战略都应该建立在明确的公司目标基础之上。但是，事实上，目前旅游企业网络营销并未与企业其他营销目标联系起来。这是因为互联网还没有被整合到企业文化或管理中去，只是被看作是从营销中分离出来的一部分。然而，网络营销战略应与公司旅游业务和营销目标一致，并支持它们的运作。例如，公司的目标，如旅行社计划增加海外市场份额或者向市场中引入一条新的旅游线路，旅行社能够并且应该得到网络沟通渠道的支持。

互联网的目标设定应该以管理层如何看待互联网与他们行业之间的相关性为基础。在目标设定之前，旅游企业的现有基础分析是非常有效的方法。以旅行社为例，其现有基础分析包括：

（1）旅行社行业中的某家旅行社通过应用互联网而成为旅行社行业中的霸主。

（2）主要客户并不采用电子商务，因为组织形式上存在障碍。

（3）旅游行业里出现了大规模的直接预订，大量的去中介化。

（4）B2B 市场在旅行社的行业中成为或没有成为主宰。

（5）新进入者或替代产品改变了旅行社这个行业。

在分析一家旅行社网络营销战略时，目标在网络营销计划中应该得到明确的阐述，可能的例子包括：在特定时间内，营业总收入中在线收入应达到多少百分比；在特定时间内，营销沟通成本降低应达到多少百分比；重复购买顾客增加应达到多少百分比。

在确定网络营销的目的时，这些都要明确数字目标以及限制时间。随着目标的量化和完成期限的确定，朝着目标完成所取得的进步就很容易被看到。当发现目标可能无法完成时，就可以采取适当的方式进行调整。

与此同时，旅游公司应该对能够产生的所有利益进行综合考虑，主要包括以下内容：交易速度提升；信息管理水平的提高；提高对顾客的服务水平；服务时限的取消；进入全球市场；空间限制的消除；用电子方式完成全部交易的能力；进入充满竞争力的市场；新的营业增长/服务机会；成本效用；成本效用与业务伙伴之间更有效、更紧密的关系；提高对顾客需求的了解。

在制定战略目标时，要充分认识网络营销的潜在利益，包括那些可以用货币来衡量成本节约或收入量度的有形利益和难以计算节约的成本的无形利益（表 8.1）。要将这些利益看作重要的成功因素放到营销计划中去，计划实施的成功必须以此为基础。

表 8.1　　网络营销的有形利益和无形利益

有形利益	无形利益
销售增长从以下方面导致收入增加	企业形象沟通
新客户，新市场	提升品牌知名度
老客户、老市场重复销售	更具针对性的、包括公共关系的营销沟通
老客户、老市场跨地区销售	提高服务质量
成本减少导致收入增加	通过网站满足游客的期望
减少客户服务时间	发现、结识新伙伴，更好地支持现有伙伴
在线销售	更好地管理营销信息和客户信息
减少营销沟通中的印刷和分析成本	获得客户对产品的反馈信息

史密斯和查菲（2001）提出了电子营销有五个广义的利益、原因或目标，查菲等（2003）称此为电子营销目标的 5S。

（1）销售（Sell）。通过更加广泛的渠道、更宽的产品线或更好的价格增加销售额。

（2）服务（Serve）。通过在线向顾客提供额外的利益，或通过在线聊天和在线反馈将产品开发通知他们，最终增加价值。

（3）交谈（Speak）。通过追踪客户、进行在线采访、向客户学习等方式拉近与客户的距离。

(4) 节约 (Save)。节约服务、交易和管理、打印和邮寄成本。公司降低交易成本使得在线销售获利更多，或者使用成本节约方案使公司降低价格。

(5) 有声有色 (Sizzle)。网站作为创造品牌知晓度和认知度的媒介，公司能够有声有色进行在线品牌扩展，并强化品牌价值。

(三) 制定营销战略

战略制定包括可选择战略的确定，对它们进行研究并选择其中最好的战略。战略制定必须考虑以下几个关键决策要素：

关键决策要素 1：目标营销战略。

关键决策要素 2：产品差异化与市场定位。

关键决策要素 3：网络营销优先战略。

关键决策要素 4：聚焦客户关系管理战略。

关键决策要素 5：市场与产品开发战略。

关键决策要素 6：业务与营业收入模型，包括产品开发和定价战略。

关键决策要素 7：组织结构的调整。

关键决策要素 8：渠道结构的调整。

1. 目标营销战略

决定以哪个市场为目标，对于旅游产品与服务网络营销战略来说与传统企业营销战略一样，都是重要的考虑内容。确定目标市场的目的是识别旅游产品与服务客户需求和细分市场。细分包括了解目标市场中客户群体的现实需求和潜在需求，使得旅游企业能够开发出满足这些细分市场，同时使收入最大化的战略。

确定目标市场所需信息的获得途径是市场调查。市场调查的目的是收集描述游客、旅游产品、旅游产品营销手段和旅游产品与服务提供商之间关系的信息，从而发现市场机会，制定营销计划，更好地理解购买过程和评估营销成果。市场调查包括收集与经济、行业、公司、产品、价格、分销、促销和游客购买行为有关的信息。

一般的市场调查过程（图 8.2），包括四个阶段：第一阶段是定义要调查的问题（例如，为什么网上旅行线路销售比网上票务、酒店客房销售发展得慢）和调查目标（例如，找出主要原因，并把它们按重要性排序）；第二阶段是确定调查方法（如抽样统计）和数据收集计划；第三阶段是数据收集和数据分析；第四阶段是结果、建议和执行。

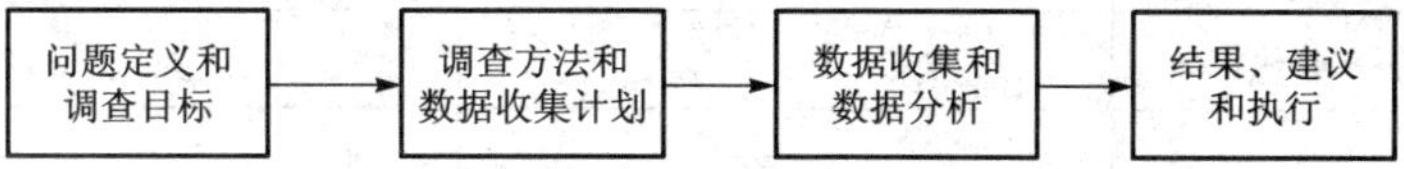

图 8.2　市场调查过程

迪布等（Dibb et a1，2001）强调市场细分是强大营销战略开发的关键，市场细分不仅仅是把顾客分组到细分中去，而且还确定设定目标、相对于竞争对手进行定位和开发差异化的优势等等，这些都是营销战略的基础。市场细分的一个重要任务是分析游客和旅游产品间的关系。旅游产品与服务提供商、销售商、旅游目的地营销组织、中介商都需要调查旅游产品的概念，考虑哪些类型的游客会购买这种产品与服务，以及他们与那些不大会购买和使用该产品的游客的不同之处。

市场调查，包括电子商务市场调查，可以按传统的方法进行，也可以借助互联网来完成。互联网是一种对游客消费行为开展市场调查、发现新市场、检验游客对新产品兴趣的有效而成本低廉的工具。在线市场调查通常更有效、更快和更便宜，而且还可以得到比传统离线调查更加广泛的调查对象。另外，市场调查设计的关键因素是样本的大小。样本越大，结果的精确性和预见性就越高。在网上可以进行范围很大的调查，而费用却比其他手段低得多。表 8.2 列举了在线市场调查过程。

表 8.2　　在线市场调查过程

收集市场调查数据的步骤	调查手段	目标受众调查
确定调查的目的和目标市场	在讨论组有目的地张贴问卷，对参与者进行奖励	比较目标受众
找出要调查的新群体和网上社区	在自己的网站上张贴调查问卷	决定调查主题
确定讨论的话题	在自己的网站上有目的地张贴问题	决定调查内容
加入该群体，在社区注册	在讨论组张贴有关文章，并留下到自己网站的链接	决定为各类受众提供哪些互联网服务
搜索讨论组的话题和内容列表以找到目标市场	以特别电子邮件的方式发送详细的调查问卷	
搜索电子邮件讨论组的列表	建立聊天室来培养游客的网上社区	
申请过滤服务来监视该群体		
阅读常见问题解答和其他指导		
一有可能就加入聊天室		

资料来源：Efraim Turban 等，2006

为了避免提供虚假信息的问题，也可以通过观察游客的消费行为来了解他们，而不是与他们交流或向他们提问。许多商家利用附加在浏览器上的 Cookie 文件来跟踪游客在网上的行动。通过客户机/服务器日志文件来收集数据，并定期提供包括人口统计分布数据在内的报告（如游客从哪里来，有多少游客直接到旅游服务提供商、运营商主页上订购）。

2. 产品差异化与市场定位

产品定位应考虑产品质量、服务质量、价格以及实现时间等因素。这些因素相互作用，共同影响顾客对品牌和价值的感知。综合影响结果可表示为：顾客价值(品牌认知)=(产品质量×服务质量)/(价格×实现时间)。

旅游产品与服务差异化战略应该研究产品质量与服务质量的增加和价格与实现时间减少之间的匹配范围。在线市场中定位旅游产品与服务提供商或销售商、旅游目的地营销组织以及中介商企业的战略中心应该集中在已有产品性能优异、价格表现良好、交易的优点等优势上。同时，借助计算机网络实现旅游产品与服务差异化以及使用在线设施来改进定位。产品性能优异是指通过提供在线产品定制来提升服务质量；价格表现良好是指使用互联网工具向忠实游客提供诱人的价格或者在需求下降时降低价格；交易的优点是指销售软件和硬件的网站通过把定价信息与动态的产品可获得性信息组合在一起，列出票务、酒店客房存货的数量、订单的数量以及订单上的时间等，向游客提供了优质的交易服务。

3. 网络营销优先战略

相对于其他营销渠道，应优先推荐、评估互联网的战略重要性。古拉蒂和格里鲁(2000)把网络营销优先总结为对“砖头加水泥”公司进行正确的组合。“砖头加水泥”公司用以描述那些传统的、很少使用互联网进行在线沟通的企业。目前，还有数量可观的旅游企业仍然属于“砖头加水泥”企业，原因在于我国旅游企业的大部分是中、小型企业，企业数字化、信息化的发展水平较低。这些企业网络营销战略关键是要实施网络营销优先战略。

4. 聚焦客户关系管理战略

旅游产品与服务网站失败的案例的大多数都是与低下的客户关系管理水平有关。如果网站设计、服务质量以及营销沟通不能有效地把网站浏览者转换成潜在游客或购买者的话，战略就是失败的。了解顾客，尤其是了解顾客需要什么和怎样满足这些需要，这是以游客为中心的营销方式最关键的部分。为了满足顾客的需要，旅游产品与服务提供商、销售商、旅游目的地营销组织、中介商都必须使他们满意并留住他们，管理者必须监控营销、维护和后续服务的全过程。

5. 市场与产品开发战略

旅游电子商务战略的管理者必须决定是否使用新技术以把业务领域扩展到新市场和新产品中去。在评估市场与产品开发战略这个备选方案时，为了能够成功开发新市场，旅游产品与服务提供商、销售商、旅游目的地营销组织、中介商都须考虑实施目标。这个目标能否实现，可以通过以下问题进行分析：现存的基础设施是否适合方案的实施？对已有的渠道冲击是什么？旅游产品与服务标准化使产品更适于从网上购买吗？

6. 业务与营业收入模型（包括产品开发和定价战略）

网络战略构成的另一方面是对业务与收入模式中机遇的分析。旅游电子商务的业务模型与盈利模型已在第二章讨论过。对新模式进行评估非常重要，因为如果企业不进行革新，那么竞争对手以及新进入者便会乘虚而入，企业将发现要重新获得以前的优势很难。同样，如果选择不恰当的业务或分销模式，企业可能遭受巨大损失。

如德格列夫的旅行社是法国最大的没有门市的旅行社。然而，没有门市并没有影响到这家旅行社骄人的业绩。仅仅依赖于网络营销，这家旅行社的营业额和知名度都居法国第二位，仅次于法国新边界旅行社。世界上绝大多数旅行社都是通过门市直接销售旅游和度假产品，而今这一传统的销售方式仍被广大旅行者所接受并占据主导地位。如法国新边界旅行社的门市遍布法国全境，通过门市销售，其知名度和营业额一直名列法国旅行社之首。由此可见，门市销售仍具有强大的生命力。

7. 组织结构的调整

组织结构决策需解决以下问题：如何调整内部结构以开展旅游电子营销？如何改变与其他组织链接在一起的结构以使企业实现电子商务的目标？决策应该权衡由于组织结构的调整变化带来的收益变化对企业经营造成的负面影响。一旦制定了结构方面的决策，企业就应该把注意力集中到变革管理上来。不少旅游电子商务创业失败的原因并非理念不正确，而是理念的实施不充分。

8. 渠道结构的调整

旅游企业应该开发利用市场结构变化的战略，可以通过市场的非中介化与再中介化整合建立这些选项。为了实现网络营销战略目标，B2B 组织必须计划与顾客系统和供应商系统进行整合。

第三节　旅游产品与服务网络营销组合

营销组合广义上是指 4P——产品（Product）、价格（Price）、渠道（Place）和促销（Promotion）。在市场营销中，营销组合方法经常与以顾客为导向的 4C——顾客（Customer）、成本（Cost）、便利（Convenience）、沟通（Communication）整合使用。

因为它为企业产品的各个构成要素提供了一个简单框架，可以影响目标市场对产品的需求。例如，如果目标是增加某种产品的销售额，那么可供选择的方案有降价、改变促销方式或是这些方案的组合。由于广义营销组合起源于20世纪60年代，所以它倾向于把市场方案推给营销，而不是为了了解顾客的需求。结果，营销组合导致了产品导向而非顾客导向——市场导向的核心概念，也是网络营销概念的核心。旅游电子商务为旅游产品与服务营销人员多样化地运用营销组合提供了许多新的机遇。旅游电子商务还对组合各要素在众多市场上有着深远的影响，不论旅游企业是否直接运营电子商务。

营销组合的选择是以通过市场研究对旅游产品与服务购买者行为的详细了解为基础的。进一步说，营销组合需要经常根据不同的目标市场或细分进行调整，以更好地适应游客群体的需求。

一、产品

旅游产品与服务营销组合中的产品要素指的是旅游产品与服务或品牌的特征。旅游产品与服务决策主要通过市场研究来制定。在市场研究中，要对游客的需求进行评估，通过反馈对已有旅游产品与服务进行调整或开发新的产品。当旅游企业开发了在线战略后，在网络环境中实行产品多样化会有许多选择。与互联网相关的产品决策可以分成影响核心产品的决策和影响延伸产品的决策。旅游核心产品是指游客购买以满足其需求的主要产品，而延伸产品或添加产品是指围绕核心产品建立起来的额外的服务和利益。

在旅游产品与服务营销组合中，互联网对于营销组合中产品方面的主要启示有：核心产品进行多样化的选择方案；延伸产品进行多样化的选择方案；进行在线市场研究；新产品开发的速度；新产品传播的速度。

1. 核心产品进行多样化的选择方案

对一些旅游企业来说，在新数字旅游产品与服务上有可供选择的方案，这些旅游产品与服务数字产品是典型的信息产品，可以通过网络发送。旅游企业在进行新产品开发或为游客添加数字价值时，应该考虑下列问题并且给出有效的解决方案：

（1）企业能否向已有的游客提供额外信息或交易服务？

（2）企业能否通过重新包装当前的信息资产满足新游客细分的需求，或者使用互联网建立一个新的业务模型？

（3）企业能否使用自己的能力吸引游客创造新的收入来源，如广告或补缺产品的销售？

（4）企业当前的业务是否会因为其他公司提供了同样的价值受到严重伤害？

2. 延伸产品进行多样化的选择方案

当一位游客订购了一间酒店客房时，他购买的不仅是有形的一间酒店客房，还有酒店客房销售员提供的关于酒店的饮食信息、旅游目的地信息以及客户服务信息等。这些就是延伸产品的构成。旅游企业应该提供免费的数字价值以吸引浏览者，而这些浏览者可以被转化成潜在的游客。

3. 进行在线市场研究

互联网为旅游产品研究提供了许多方案。它是进行营销研究的一个相对廉价的方法，尤其是研究游客对产品和服务的感知。在线研究的方案包括：

（1）在线焦点小组。可以组织一个适当的焦点小组对游客的旅游产品体验进行比较。

（2）在线问卷调查。这个方案主要看重的是浏览者的个人经历，也可以包括与旅游产品相关的问题。

（3）顾客反馈或顾客支持论坛。网站评论可以为未来旅游产品的革新提供信息。

（4）网站日志。从网站自身也能够得到丰富的营销研究信息，因为用户每次点击链接都会被记录在日志文件中，它能够反映出旅游消费者对网站上的什么信息最有兴趣。旅游企业可以使用这类信息直接对消费者的产品偏好进行评估。

4. 新产品开发的速度

应用互联网可以加快旅游新产品的开发。比如，互联网的网络效应可以使各家旅行社结成伙伴关系，这样能够更快地推出新旅游产品与服务。

5. 新产品传播的速度

互联网和随之而来的全球化对旅游企业的影响是使其保持了竞争力，因为旅游企业必须更快地向国际市场推出新的旅游产品与服务。

二、价格

营销组合的价格变量是指旅游企业组织的定价政策，组织用它来定义为旅游产品和服务设定价格的定价模式。互联网对营销组合价格方面的影响包括增加价格透明度、降低价格的压力、新的定价模式以及可供选择的定价结构或政策。

1. 增加价格透明度

增加价格透明度对差异化定价的影响加大，旅游企业应对价格透明度增加的战略就是强调品牌的其他特征，降低成本作为区分的重要性。

2. 降低价格的压力

价格透明度是产生降价压力的一个原因。互联网也会降低价格，因为只在互联网上经营的销售商没有物理上的展示，不需要开设商店和建立分销网络。这意味着在线公司可以提供比线下竞争对手低的价格。竞争的两个方面影响了企业的定价。一个方面是市场的结构竞争者越多，价格越透明，那么这个市场越接近完全竞争市场。完全竞争市场就意味着组织缺少对价格的控制能力，必须响应竞争对手的价格战略。互联网是一种全球现象，它增加了价格透明度，导致了全球市场朝着完全竞争市场的方向发展。另一方面是产品的认知价值。如果一个品牌具有某种方式的差异化，那么这个品牌就会面对较少的降价压力。随着价格越来越透明，互联网为描述产品的信息差异化或提供附加值服务创造了机会。

3. 新的定价模式

新的定价模式包括动态定价和拍卖。电子市场允许在不同的市场中采用新型的价格发现机制。例如，一些航空公司将起飞前尚未售出的座位卖给出价最高的竞标者。Priceline. com 等中介商允许买方指定想要买的产品特点和数量，然后向参与交易的卖方提出购买要求，这与零售市场的传统功能完全相反（Turban 等，2006）。

三、渠道

互联网对营销组合中的渠道有着巨大的影响，因为互联网能触及全球的每个角落。创新性的营销组合旅游产品零售商将为来自每一渠道的游客提供所有渠道的营销优势。无论是在线还是离线购买旅游产品，游客将同时得到两种渠道的好处。例如许多传统旅行社在将其网站转变成完全交易化的旅游电子商务网站时，实际上旅行社正在建立一条新的营销渠道；其中一些旅行社以前不仅经营实体旅行社，还开设了电话直销订票业务部；有的旅行社现在同时经营着 3 个或更多的独立营销渠道。在这样的情况下有可能发生渠道冲突。渠道冲突（Channel Conflict）是指销售渠道成员因为实际存在的或感觉到的回报、政策或支持上的差异而相互敌对，对此旅行社需要进行细致的管理。

四、促销

营销组合中的促销要素是指如何使用营销沟通，把旅游企业和它的产品通知给顾客和其他的经营伙伴，它主要是关注把现有产品和服务与目标市场进行沟通。菲尔（2000）认为，促销或沟通组合的主要构成是广告、销售促进、个人销售、公共关系和直接营销。互联网提供了一个全新的营销沟通渠道，它把旅游产品的利益通知给旅游消费者并帮助他们作出购买决策。

第四节　旅游产品与服务网络营销沟通

一、旅游产品网络营销沟通的定义与主要形式

（一）定义

旅游产品网络营销沟通（Online Marketing Communications）是网上旅游企业用来与

游客沟通并创建强大品牌期望的方法。网络营销沟通是一个旅游企业与其游客所进行的各种方式的接触与交流。营销沟通可以通过传统媒体来进行，比如电视广告、促销活动和上门推销等等。随着互联网的介入，网络广告也成为进行营销沟通的重要手段。需要特别指出的是，在网络经济活动中，进行营销沟通一定是在线和离线的恰当融合。

旅游产品营销沟通有双重目的，即创建品牌和销售。创建品牌的目的是通过让游客了解企业产品和服务与众不同的特征，来树立和加强公司的品牌形象。销售目的是通过鼓励游客购买产品，将营销沟通直接用于商品的促销。以创建品牌为目的的沟通与以销售为目的的沟通，两者间的差异虽然很小但却很重要，因为为创建品牌而进行的沟通不同于为促销而进行的沟通。促销沟通几乎总是建议游客“现在就买”，并且所提供的价格也是鼓励游客即刻购买；品牌沟通则很少鼓励游客立即购买，而是大力吹捧消费该产品或服务可以获得的与众不同的收益。

网络营销沟通有以下要求：

(1) 营销沟通的连贯性（Coherence）。不同的沟通是相互关联的。

(2) 营销沟通的一致性（Consistency）。各类旅游产品与服务信息互相支持、强化，而不互相矛盾。

(3) 营销沟通的连续性（Continuity）。各类沟通是相互关联并且时间上是连续的。

(4) 营销沟通的互补性（Complementary）。各类沟通相互促进，比如在线营销沟通与离线营销沟通互相促进、相互补充。

（二）主要形式

网络营销沟通策略可以归纳为以下四种：普通在线沟通（General Online Communications）、个性化在线沟通（Personalized Online Communications）、传统大众营销沟通（Traditional Mass Marketing）、直接沟通（Direct Communications）。旅游电子商务企业就是通过这四种营销沟通策略来吸引新客户。

实施普通在线沟通策略常用方法有：旗帜广告（Banner Advertisements）、电子邮件、许可营销、病毒式营销、会员项目、合作以及客户信息。实施个性化在线沟通策略常用方法有：个性化的许可的电子邮件；个性化的建议；个性化的广告；个性化的网页；个性化的电子商店。传统大众营销沟通常用方法主要是传统的大众媒体（比如广播、报纸和电视等）。直接沟通策略常用方法包含销售代表、直销以及远程营销。以下将进一步讨论网络营销沟通的主要方式。

1. 网络广告

网络广告（Online Advertising），网站上的付费信息、在线服务或其他的互动媒体。广告是人们最熟悉的，也是最常用的营销沟通工具。与电视、广播、出版物（杂志和报纸）等传统媒体相比，网络广告既有优点也有缺点。网络广告的最大好处是能够针对更小的细分市场做广告，并且能够几乎实时地追踪广告效果。网络广告也提供了更多的进行互动的机会——广告主与潜在客户之间的双向沟通。网络广告的主要缺点是成本收益问题，以及如何来准确衡量广告的效果。因此，网络广告在整个广告中只占了很小部分——2001 年大约为 3%。

目前，在网络广告客户中，占据百分比最大的是计算机硬件公司和媒体公司，紧随其后的是金融服务公司。Internet 能够传输大容量信息的能力使得网络广告在高价值的、信息密集型产品中的应用很广泛（也就是顾客在购买之前一般要查询信息的产品）。除非能够发布多媒体广告的宽带网和可供选择的广告平台能够普及，否则包装消费品（购买者一般根据商品的品牌来购买，而不去搜索大量的商品信息）的广告在整个网络广告中还是只占很小一部分。一些具有较大网上商务潜力的商品（如金融和旅游服务）或一些与 Internet 有着天然联系的商品（媒体）则在网络广告中占据很大一部分份额。

网络广告有多种不同的形式：横幅广告和多媒体广告；付费的搜索引擎置入和排名；赞助；会员制关系。

（1）横幅广告和多媒体广告。横幅广告是最早出现在 Internet 上的广告，是在屏幕的顶部或底部显示的长方形的促销信息框。它与传统出版物上的广告很相似，但又优于传统广告。如果点击横幅广告，它会把潜在客户直接链接到广告主的网站上。此外，网络广告的动态特性要远远强于印刷媒体广告，它能够显示多种图片信息或使广告的外观不断变化。

横幅广告一般是动态的 GIF 格式的图片，可以快速地、连续不断地显示不同的图片，创建动态效果。美国交互广告局是广告业的行业组织，负责发布横幅广告的行业标准。全横幅式广告是最常用的一种横幅广告，当分辨率为 72dpi（每英寸的点数）时，它的宽为 468 个像素、高为 60 个像素，文件最大为 13K。

IAB（Internet Architecture Board，互联网结构委员会）的最初标准规定了四种类型的横幅广告（全幅、半幅、直幅以及微型按钮）和三种类型的按钮广告（按钮广告本质上是一种永久的横幅广告）。2001 年 2 月，IAB 又增加了几种新的广告类型，包括规格不一的摩天大楼型（又高又窄的横幅式广告，其高度几乎是传统直幅广告高度的 3 倍）和正方形弹出式广告（打开一个正方形的窗口），借助这些新的类型，广告商可以设计出更具交互性和创造性的广告。设计新类型广告（包括下面要讨论的多媒体广告）的目的，是要帮助广告主防止由于用户一天中所接触的横幅广告增多而造成的广告印象混乱问题。

（2）付费的搜索引擎置入和排名。搜索引擎网站是从所收录的大量网页资源中进行搜索的。最初，搜索引擎的搜索结果是比较公正的，搜索引擎网站的绝大多数收入均来自于广告费。但从 1998 年开始，搜索引擎网站渐渐地转变为数字黄页，企业需要支付一定的费用才能将自己的网页收录到搜索引擎中——支付置入费；若要确保企业的链接一定出现在相关搜索结果的显著位置，则还要支付排名费。例如，向 Lycos、AltaVista 及其他门户网站搜索结果的网站搜索引擎公司 Overture. com，对于在其搜索结果中包含的所有企业，都要收取一定的置入费和排名费。对于那些希望将自己企业网站的链接出现在搜索结果较前面位置的厂商来说，自己愿意为每一次用户点击链接所支付的费用决定了企业的链接在搜索结果中的位置，所支付的费用越高，则排名越靠前。只要用户是通过链接来访问厂商的网站，Overture 就要收费。

(3) 赞助。赞助式广告会尽力将广告主的公司名称与特定的信息、事件、场所联系起来以提升企业品牌的知名度，虽然企业要支付一定的费用，但它并不完全是商业行为。赞助的目的通常是建立品牌而不是促销。最常用的一种赞助是社论式广告（将网站的社论或内容与广告信息结合起来，增加广告信息的价值，使它更能引起受众的兴趣），如 Crayola 就在一家以父母养育子女内容为核心的网站上为一个艺术和小制作栏目提供赞助。

(4) 会员制关系。会员制关系允许一个企业把它的标识或横幅广告发布在另一个企业的网站上，该网站的用户可以通过广告来访问做广告的会员企业网站。这种关系通常被称为“租赁待遇”，因为它允许一个企业成为其他网站的免费租户。从本质上来说，会员制关系是一种战略伙伴关系，它增加了双方的利益又不存在直接的金钱交易。有些会员制关系是很常见的，如母公司和投资集团为了提高下属所有网站的经营业绩，就会在其子公司的网站上创建子公司之间的链接。如果两个网站销售的是互补的产品，他们也会建立会员制关系以方便顾客购买产品。

2. 直接电子邮件营销

将电子邮件营销信息直接发送给对其感兴趣的用户（直接电子邮件营销），已被证明是最有效的营销沟通方式之一。电子邮件作为一种营销工具，由于它成本低、使用简单而备受电子商务企业青睐。2001 年，通过电子邮件进行营销的费用大约为 10 亿美元（其中有大约 5.8 亿美元用于联系老客户）。用户对发送营销信息的邮件感兴趣是直接电子邮件营销产生效果的关键。直接电子邮件营销不等于垃圾邮件。垃圾邮件是指给大量对产品不感兴趣的 Internet 用户发送未经他们同意的电子邮件；直接电子邮件营销信息只发给那些“选择加入”邮寄名单的网络用户，他们曾经对广告商所发送的信息感兴趣。通过给那些“选择加入”邮寄名单的用户发送电子邮件，广告商可以把目标锁定在那些对产品感兴趣的用户身上。电子邮件营销的回复率一般在 3% ~10% 之间，具体要取决于所针对的目标顾客的情况。因为具有相对较高的回复率而成本又较低，所以直接电子邮件营销是发展最快的一种网络营销方式。

3. 病毒式营销

病毒式营销（Viral Marketing）这一术语是在1996年被引入到商业词典中的。当时Mountain Dew公司开创了一种通过口口相传的直销模式，把一些廉价的呼机送给年轻的客户，然后每周把一些销售信息发送给他们。正如它的名字一样，病毒式营销是通过人与人之间传达信息来进行销售的（所以有时也被称为口口相传的营销模式）。一般说来，尝试了一种产品或服务的用户总会将其相关信息传给他人。Hotmail网站的成长就是早期"病毒式营销"的一个成功例子。这家以免费提供电子邮件服务起家的小企业开始时给用户邮件中发送广告信息，告诉人们如何申请并拥有Hotmail账户，就这样公司很快成为电子邮件服务的巨头。

美国的环球影城（Universal Studios）主题公园开创了一种新的病毒式营销模式，它设立了三个用户可以使用的网络摄像机，参观者可以从公园的各个最佳景点拍照，然后送给朋友。使用者一般会给亲朋好友送四张电子卡片，结果上百万的公园景点图片发送给了潜在的游客。这种策略是一种不同寻常的病毒式营销模式，对公园、游客和他们的朋友都有帮助。参观者在游览环球影城主题公园的同时可以很轻易地把他们自己的照片发送出去，主题公园的形象也就附带着传递出去了。人们乐意收到朋友寄来的电子图片，公园里的各种景象就这样深深地印在了人们的心中。

4. 客户信息

许多旅游网站都向其消费者提供即时信息，并把这种信息作为营销和产品特异性介绍的一种形式。面向旅游业的电子商务市场是一个竞争很激烈的市场（比如航空业、宾馆业等），这些旅游信息是分门别类的，有面向高端消费者的豪华饭店、宾馆的信息，也有面向追求经济实惠的休闲旅游者的分时段旅游信息（如一日特价游、当日特价航空票等）。用户会评价他们所收到的信息的价值，并与能最大地满足他们需求的网站建立关系。

5. 个性化网上交流

利用面对个体游客进行的个性化营销，在线旅游企业有机会减少面向大众的营销成本，提高客户的反馈率。由于是在网上交易，所以在线旅游企业能够拥有很详细的客户信息。这些信息为在线旅游企业创造了一个与用户一对一营销的机会。另外，很多旅游企业利用网站与客户建立双向交流关系，这种交流可以提供更多产品需求和产品渠道的信息。网上个性化的交流可分为以下五种主要形式：个性化的许可的电子邮件；个性化的建议；个性化的广告；个性化的网页；个性化的电子商店。

很多用户在向在线旅游企业注册电子邮件账号时，这些旅游企业都会要求他们提供详细的个人信息。这些信息可以指导旅游企业发送更多的为用户定制的电子邮件，目标锁定在旅游企业客户群中的某一个细分市场。一些客户喜欢这种有针对性的电子邮件。

根据游客以前的购买信息、网页的浏览情况和对他们进行的调查信息，很多旅游电子商务网站会向游客提出个性化旅游产品与服务购买建议。

不少旅游网站渐渐地开始利用个性化技术软件来决定让哪些网页广告呈现在哪些浏览者的眼前。这样的决策是实时的、动态的。

许多旅游门户网站和旅游电子商务网站允许用户建立自己的个性化网页，以鼓励用户经常回访，增加他们对网站的熟悉程度。这样，用户会在网站上逗留更多的时间，从而也增加了接触广告的机会。由于个性化网页的用户显示了很多个人信息，支撑个性化网页的网站就可以提供更多的目标客户给广告商。其结果是广告可以面向具体的客户群，网站也可以提高向广告商的收费。

网上旅游电子商务服务提供商经常利用互联网技术和消费者个人信息为客户度身定制产品和服务，也就是个性化电子商务商店。

6. 传统大众传播媒体

在线和离线企业的广告费用主要花费在传统的大众媒体（比如广播、报纸和电视等）上。电视广告虽然成本高昂，但是它却可以迅速地将营销信息传播到广大的观众中。此外，在很多情况下，旅游企业需要利用离线媒体广告把新客户带到网上去，或者让已有的网上用户了解自己的品牌。

7. 直接沟通

直接交流可以以很多种形式存在，可以利用传统的 B2B 销售代表、零售业务员、电话客户销售代表进行交流，也可以依靠直接营销和远程营销进行沟通。

二、网络营销沟通的成本和收益

目前，网络营销沟通仍然只占营销沟通的很少一部分。这是由几个方面的原因造成的，其中最主要的两个原因是：网络广告是否真正起作用？如何准确衡量网络广告的成本和收益？以下探讨这两个问题。

（一）网络广告的效果

表 8.3 列出了不同类型的网络营销沟通工具的点击率。很多人指出，低点击率表明网络营销不起作用。但是，点击率仅仅是网络广告效果的一种衡量方法，单单只靠点击率说明不了什么问题。事实上，甚至许多网站信息的发布者都已经不再向广告主公布点击率了，因为它是一个容易产生误导作用的统计数据，也说明不了网络广告对购买的真实影响（Saunders，2001）。

1996 年由 Minward Brown Interactive 公司代表 Hotwired 所进行的横幅广告影响研究，是最早的横幅广告影响力研究之一。该研究发现，甚至在用户不点击广告的情况下也发生了广告沟通（Briggs and Hollis，1997）。这项实验重复了多次，并应用到其他的网络营销沟通工具中，每次试验的结果均发现，不同形式的网络广告都能够提高品牌知名度和增加人们对品牌的印象，创建品牌的正面效应，刺激购买欲望（Briggs，1999）。IAB/Millward Brown Interactive 的研究发现，点击广告的游客通常确信他们通过浏览广告能够满足即刻的需要，但是，没有点击广告并不一定说明它对游客没有影响。

表 8.3　　网络营销沟通工具的点击率

网络营销沟通的工具	通常的点击率
广告	
横幅广告	0.5% ~1%
插播式广告	2%
超级插播式广告	最高到 10%
付费的搜索引擎置入和排名	10% ~30%
赞助	1.5%
会员制关系	不定
直接电子邮件营销	3% ~10%
公共关系	不定

如果横幅广告能够针对特定的场合（基于场合的营销）、特定的搜索关键字或有明确资料的用户，并在合适的时间投放的话，那么其广告效果将会更好。要准确发布这种广告，通常需要广告网公司提供服务，如 Double Click 或 24/7 Media。例如，IBM 公司已经成功地使用了高针对性、基于场合营销的横幅广告。1999 年，当 IBM 在波士顿招聘入门级职位的求职者时，为了引起当地大学生的注意，它在自己的网站上插入了为上网学生所在的大学量身定做的横幅广告。例如，波士顿大学的学生将会看到这样的广告，“波士顿大学的学生，请点击这里”。IBM 公司这一广告策略的效果很好，回复率达到 25%——远远高于大多数横幅广告通常不到 1% 的回复率（Miles，2001）。

（二）网络广告的成本

如果不分析广告的成本，将无法探讨广告的有效性问题。最初，绝大多数的网络广告都是以商品交换的形式或者以每千次印象成本（CPM）（M 在拉丁语中表示千）来计价的，即广告客户以 1000 次印象为单位来购买广告。现在，还出现了一些按其他方式来定价的广告模式，包括每次点击成本（CPC）、每次行动成本（CPA）以及混合定价模式。CPC 是指广告客户根据事先商定好的每次广告被点击的费率来支付费用；CPA 是指只有当用户完成特定行动之后，如注册或购买之后，广告客户才付费；而混合定价模式，则是综合采用这些计价方式中的两种或多种（表 8.4）。

表 8.4　　网络广告的不同定价模式

定价模式	描　述
易货	以等价物交换广告位。
每千次印象成本（CPM）	广告客户以 1 000 次印象为单位来购买广告。
每次点击成本（CPC）	广告客户根据事先商定好的每次广告被点击的费率来支付费用。
每次行动成本（CPA）	只有当用户完成特定行动之后，如注册或购买之后，广告客户才付费。
混合定价	综合以上两种或两种以上的定价模式来定价。
赞助	按项目收费；广告客户支付固定费用。

电子商务网站为获得一个新客户而花费的营销和广告成本平均为 250 美元。网站所获得的新客户在网站的消费额是，第一季度每人平均 24.5 美元，此后该客户若仍旧留在网站上则每个季度为 52.5 美元。但不幸的是，在所有的网站访问者中，最终会转换为顾客的比率不超过 5%（Mowrey，2000）。这些数字表明，所有网站的核心营销工作和业务挑战就是盈利。

不过，除了促进产品的销售外，企业还可以从网络营销中获得其他收益，如提高产品品牌知名度和企业的知名度。虽然增加品牌资产可能不会直接产生销售收入，但它最终会转化为销售收入和利润。

网络营销的一个优势是能够直接观察到它对网上销售的影响。企业能够准确地知道特定的横幅广告或向潜在顾客发送特定的电子邮件能产生多少收入。衡量网络营销绩效的一种方式是用增加的收入除以营销活动的成本（收入/成本）。任何大于 1 的结果都表明该营销活动是值得的。

当网上和网下的销售收入都受到了网络营销的影响时，问题就比较复杂了。40% 的网络用户使用 Internet 来“逛商店”，但他们并不真正在网上购买商品，而是在传统商店购买。此外，在第二代电子商务时期，像 Sears 和 Wal-Mart 这类商家将采用电子邮件来通知他们的注册用户有关网上或网下传统商店的特价促销信息。但遗憾的是，传统商店的销售量很难与网上的电子邮件促销活动建立起准确的关系。在这种情况下，商家不得不采用不太精确的度量方式，如在传统商店里进行客户调查，以此来估计网上营销活动的有效性。

在任何时候，衡量网络营销沟通的有效性，以及准确划分营销沟通的目的（是建立品牌还是促进销售），对企业利润的分析都是至关重要的。要衡量营销的有效性，就需要了解通过不同媒体进行营销的成本，还要了解将网上潜在顾客转化为顾客的过程。

三、网络营销沟通与传统营销沟通的区别

（一）网络的应用，特别是互联网的应用

网络的本质在于沟通。互联网可以支持所有的营销职能，有助于降低成本和改善顾客服务，并压缩了物理时空，便于组织内部和组织间的沟通。它为促进公司与全球市场的沟通提供了可能，也为向国际市场销售产品提供了良机。

在过去，企业较少与游客对话。这除了由于企业加强供需双方间交流的观念淡漠外，高昂的对话成本是一大障碍。今天的网络营销沟通完全可使企业以低成本实现与游客及行业基础结构的沟通。此外，网络包含的信息丰富，可为游客提供快捷且便宜的信息支持，这也是传统营销沟通所无法比拟的。

（二）从推到拉

传统的沟通媒介都是推式媒介，如报刊、电视和广播等。公司通过它们将营销信息推送给顾客和利益相关者。在沟通过程中，尽管在某些情况下公司与顾客之间有互动，但他们之间的互动通常很有限。信息主要是单向流动：从企业到游客。在网络营销沟通中，通常是由顾客在网站上搜索信息发起联系，故网络是一种拉式媒介，与传统沟通相比，营销者没有那么多控制权。

（三）从独白到对话

网络营销沟通是廉价的双向沟通：营销者和游客可基于互联网交互。如果一个注册用户需要某一信息，或者需订购某一特定产品，供应商就有可能采用电子邮件这一方式与用户双向沟通，提供与用户兴趣相关的详细信息。网络交互增加了“心理时空”，易于营销者同游客建立长期合作关系。

网络营销沟通使生产者和游客的关系发生了变革。采用传统模式沟通时，企业在了解游客的需求及发现潜在游客方面通常有很大难度。网络营销沟通可使供需双方在互动沟通过程中，更趋向于信息对称，从而实现供方和需方一对一的深层次双向沟通。

（四）从一对多到一对某些和一对一

传统的推式沟通具有一对多的特点。从一个公司流出来的信息被传递给众多游客，该类信息于各游客而言缺乏针对性。网络营销沟通可以基于大宗定制，向各细分顾客群提供定制信息，甚至可以根据游客的偏好传送个性化的信息或服务。

（五）改变了传统营销沟通工具的本质

随着网络营销沟通的发展，来自传统营销沟通的信息已经变得不再像以前重要，客户通常能够从互联网上搜寻到满足需要的更为详细的信息。

四、网络营销沟通的应用

（一）整合网络营销沟通与传统营销沟通

现代营销沟通强调从产品的具体识别走向企业的整体识别，以品牌、形象、市场定位等构成全方位的差异识别，以解决游客面临的判断信息不足和信息干扰问题，实现与游客的有效沟通；强调以感情沟通引导商业沟通，要求在沟通的各个层面上展现企业“使顾客满意”的最高宗旨；从单一手段的信息传递走向混合式沟通，各种沟通手段有机结合成捆，使目标顾客处于多元化的信息包围中，以强化沟通效果。

尽管互联网与传统媒介相比，有其独特的优点，但这并不意味着应把所有的沟通都集中于互联网上。应基于互联网与传统媒介各自的优点进行整合，选出最佳的沟通组合，从而得到“整体营销效果大于各部分营销效果之和”的协同效果，以顺应现代营销沟通的发展潮流。

通过在线技术和线下技术的组合使用以给出一致的营销信息时，营销工作更有效。当今，大多数人在现实世界中度过的时间仍然比在虚拟世界中度过的时间要长，因此，线下推介企业网站仍然很重要。

以下是整合网络营销沟通与传统营销沟通的实例：

（1）互联网作为顾客直接回应的工具，顾客以互联网为媒介，对企业在其他媒体上发布的促销信息作出回应。

（2）顾客在企业网页中填入他们的姓名、电话号码和所希望的回话时间后，顾客服务代理人会按时通过电话与顾客联系。

（3）互联网促成顾客的购买决策，虽然购买可能并没有在网上发生。例如，戴尔公司的网站上有一个显而易见的呼叫中心代理人的电话号码，戴尔公司鼓励顾客拨打这一电话进行有关咨询。这样做的好处是，戴尔公司不会失去对在线订购的安全性有顾虑的顾客，并可以根据这条电话线路的呼叫数量追踪来自网站的销售额。

（4）整合互联网上传递过来的顾客信息、订购信息和来自其他渠道的顾客信息，对顾客进行360度的全方位观察。

（5）搜索引擎注册和标题广告等在线推广技术，通常被认为是提高网页顾客访问量的有效方法，但网页的顾客访问量的提高工作常从线下开始。可通过电视、广播和印刷品等传统媒介作宣传，以吸引潜在顾客，使其成为在线游客。

（二）网络营销沟通渠道的设计

在设计网络营销沟通渠道时，应重视以下几点：

（1）从游客角度设计渠道。只有采用游客放心且容易接受的沟通方式，才能有效克服网上购物“虚”的感觉，吸引游客网上购物。

（2）设计的网上订货系统应简单明了，不应要求游客填写太多信息。譬如，可采用“购物车”方式模拟超市，它能让游客一边看物品比较选择，一边选购。

（3）设计网络营销结算系统时，应考虑到目前实际状况，尽量提供更多的结算方式供游客选择；要考虑到网上结算的安全性问题，尽量将较不安全的直接结算方式转换成较安全的间接结算方式。

（4）建立完善的网络营销配送系统。配送服务应快速，客户通常是在看到所购买的商品送达后，才感到踏实。

（5）网站的设计及管理。为了使本企业的网站在众多网站中脱颖而出，应重视以下三点：第一是抢占优良的网址并加强网址宣传。网址的名称应简单明了、方便记忆。第二是精心策划网站结构。网站结构应建立便捷的路径索引以方便访问。第三是重视网站的维护。譬如，应及时更新产品目录和价格等信息。

（6）产品策略。第一是通过分析网上游客的总体特征，确定最适合在网上销售的产品。第二是充分利用在网络上与顾客直接交流所得的信息，为顾客提供定制化产品服务。同时，企业应及时了解游客对产品的评价，以改进新产品的研究和加快新产品的开发。

（7）价格策略。第一是企业应对网上报价这一运作模式易受到同行业竞争的冲击予以重视。企业可以开发一个自动调价系统——可根据季节变动、市场供需情况、竞争产品价格变动、促销活动、最低盈利目标等因素，对价格进行调整。企业甚至可以开发出能与游客直接在网上协商议价的智慧型议价系统。第二是由于网上价格公开化，游客很容易全面掌握同类产品的价格。企业可开诚布公地向游客介绍其价格制定程序，并可在网上比较本企业产品与其他同类产品的性能及价格，以引导游客购买本企业的产品。

（三）网络营销沟通在实践中的具体应用

（1）提升网站的客户访问量。公司应确保其网站被尽可能靠前地排列在最流行的搜索引擎上；与其他相关网站链接——多个公司彼此推广网站的互惠链接是一种廉价的在线广告形式。此外，公司应确保网页内容丰富。

（2）互联网可以作为收集市场信息的一个相对低成本的方法，特别是在收集顾客对产品或服务的感知信息这一方面。每当用户点击一个链接时，在交易日志文件中就有记录，点击流分析文件能分析游客的喜好，把游客列入各个细分，就能得到更为详尽的描述图形，可概括出哪些是顾客感兴趣的网站信息，使公司能对购买者行为作出快速回应。如果顾客对某种产品不回应，公司就应改变主页上提供的这一产品。

（3）在企业网站上设立虚拟商铺，创建网上优良的购物环境：基于三维多媒体设计描述产品，店面布置个性化且随一定时期、季节、促销活动、游客类型变化而变化，并 24 小时为客户提供各种服务，以吸引更多的潜在客户。

(4) 网络营销与银行结算联网，开发网络结算系统。将网上销售的结算与银行转账系统联网，使游客能够轻松地在网上购物、网上结算。

(5) 企业可结合相关产业的公司，共同在网络上设点销售系列产品。采用这种方式可提升游客的上网意愿和消费动机，同时也为游客提供了较大便利，提高了网络营销沟通渠道的吸引力。例如，计算机生产商同软件商、网络服务商等可联合设计和开发网页以促销。

(6) 考察产品的特性。有些产品易于数字化，可以直接通过互联网传输，如软件、音像产品、文字产品等；有些产品则只能借助于传统的物流渠道传送。

第五节　旅游产品与服务网络关系营销

关系营销、直销和数据库营销三者整合，创造出一种强有力的新型营销工具，即客户关系管理（CRM)。其中一种相关的方式是建立在企业与个人的关系基础上的一对一营销。考虑到与个体游客建立关系的成本较高，很多旅游企业更愿意运用客户关系管理与某个特定的客户细分市场或客户群，而不是个体游客建立联系，为他们提供量身定制的服务。这就需要公司与每一位个体游客建立一种长期关系，以便了解每一个体游客的个性化需求并为之提供个性化服务。企业运用 E-mail 等网络手段与游客互动交流，网络为旅游企业维持与个体游客的一对一关系创造了一个理想的环境，同时，游客数据库储存了大量的游客信息和交易信息，使公司为每一位游客提供优质的、个性化服务的能力大大加强。考虑到目前条件下，一对一营销还只能作为愿景而不能马上实现，所以多数公司采用的一种较为有效的方式是，运用相似的手段与同一个客户细分市场建立关系，并发展适合该细分市场的客户关系维护技术，以有效地锁定每个细分市场。

基于互联网的客户关系管理与直销、关系营销、数据库营销以及一对一营销关系密切。直销提供了与个体游客交流信息和为游客提供产品的策略。关系营销理论为 CRM 提供了概念基础，因为它强调通过更有效的认知客户来改善客户服务，并将交易细分至个体游客水平。数据库营销则提供了技术支撑，使大数量的客户相关数据储存成为可能，为企业实行战略战术营销创造机会。

一、关系营销

从 20 世纪末期以来，随着关系营销方式被日益重视，适合与整体市场的 4P 营销模型的局限性日益暴露出来。4P 营销模型强调的是以产品为中心而非以顾客为中心，它过分强调了广告和竞争，而忽视了企业与顾客的互动关系和合作。随着市场竞争的加剧，市场营销者越来越重视满足顾客的需求，最终目标是掌握每位顾客的细节，为每位顾客生产个性化的产品，提高客户的忠诚度。因此，关系营销方式就更加凸显它的优点。

利用网络进行关系营销，需要通过网页整合客户数据库，以保证关系明确化和个性化。通过做到以下几点，市场营销会更加有效。

（1）更有效地确定目标受众。传统的确定目标受众手段，比如直接邮递，并非所有接触到的顾客都是目标受众。但互联网有这样一个好处，接触到的顾客名单都是顾客自我登录的或者企业事先现选的，企业只需要联系那些访问过公司网页，表示对公司产品感兴趣并登录过自己的地址和姓名的顾客。单单访问网页和浏览就能显示这是一个目标顾客。

（2）获取大量按单定制的市场和产品信息。按单定制被誉为未来的产品生产模式，技术进步使得可以向小规模的顾客群和细分市场发送个人化的电子邮件和提供个性化的网页。

（3）与客户建立更深、更广和更多种类的联系。通过互联网能够为客户提供更多所需信息。举例来说，当游客或潜在游客访问旅游目的地管理组织的网页或旅游目的地营销组织给游客或潜在游客发送电子邮件时，目的地营销组织就可以与游客或潜在游客保持持续稳定的联系。

（4）通过运用各种工具，企业与顾客可以建立一种学习型关系，这种关系能够贯穿整个顾客生命周期。举例来说，网络工具可以搜索出旅游目的地营销组织网上所有旅游产品与服务信息。旅行社还可以通过 E-mail 向游客或潜在游客对其提供的产品征求意见，在线调查问卷能够了解到游客对现存产品的兴趣或体验和对竞争者的看法。

（5）低成本。通过 E-mail 和网页与顾客保持联系的成本低于用传统邮件，更重要的是，信息将只被投送给那些明确表达出信息接受意愿的顾客，这样就能降低误投率。只要顾客定制个性化信息，定位和沟通工作就会自动进行。

二、在线客户关系管理

（一）CRM 在市场营销中的作用

实施客户关系管理中技术的运用对于旅游电子商务来说是一项关键因素。一个 CRM 系统在以下方面能够为市场营销提供支持：

（1）销售人员自我控制。销售代表运用工具安排和记录客户拜访和进行财务管理。

（2）客户服务管理。呼叫中心的营业代表可以通过网络连接到客户记录、产品资料和存放客户意见或疑问的数据库系统，迅速响应客户信息需求。

（3）管理销售进程。通过电子商务网页或者在线交易记录整个销售进程，以支持销售代表的销售活动。

(4) 活动管理。管理广告、直邮、E-mail 和其他活动。

(5) 分析。利用数据库技术和数据挖掘方式，可以对顾客特征、购买行为和活动进行分析，以优化营销组合。

(二) 基于 Web 的 CRM 技术和数据管理

数据库技术是 CRM 的核心。公司可以分别为员工、客户和合作伙伴提供链接到整个客户关系管理系统的界面。电子邮件通常被用来管理 CRM 系统需要的大量登入的、登出的和网间的交流，这通常被称为基于 Web 的 CRM。业务流程系统常常用来进行 CRM 进程的自动化管理。CRM 客户数据库中通常存放以下三种主要的客户数据类型：

(1) 个人基本数据。其中包括交易细节、包含性别和年龄在内的客户概况、交易规模、在购买决策中产业部门和个人的角色等。

(2) 交易信息。每一笔交易的记录，包括产品类型、数量、种类、位置、日期和时间、渠道。

(3) 沟通信息。对于销售活动的目标受众及受众的反应，还有顾客提出的询问、销售代表的访问客户记录和报告等。

从营销管理应用来看，客户关系管理搜集的数据类型包括：顾客基本信息、活动历史记录、购买模式（销售历史记录）、市场信息以及竞争对手信息。这些数据在市场营销活动中主要应用于市场定位、市场细分、保持正确的顾客、趋势分析、提高顾客忠诚度、定制化服务以及提高顾客份额。举例来说，如果一家星级酒店的客户关系管理搜集、记录和整理了房客的基本信息、房客的消费习惯及消费行为，那么这家酒店就会将上述信息应用于保持有价值的房客、酒店客房趋势分析、提高顾客忠诚度、定制化服务以及提高顾客份额。

三、许可营销

许可营销是支撑在线客户关系管理的重要概念。许可营销是指在与顾客建立关系并交换信息之前，首先要取得顾客的同意（Godin，1999）。举一个电子商务的实际例子，当顾客点击网页上的一个选项，表明自己愿意进一步接收公司的信息时，表明该顾客愿意建立联系。这种方式被称作“选择参与”；反之，如果一个顾客拒绝进一步接收信息，这种情况称为“选择退出”。

四、个性化与大规模定制

个性化可通过顾客在网页上定制信息的目录，通过嵌入的 E-mail 发送这些信息，并顺便提醒顾客关于某项产品的信息。个性化是指根据网页浏览者的要求为个人提供个性化的信息，而大规模定制则指为具有相同兴趣的个人和群体提供个性化的信息，可以利用信息技术非常经济地达到目的。

如果没有任何顾客信息，也没有任何网页可以结合，就不能进行顾客定制。若想进行大规模定制或个性化，组织必须拥有充足的顾客信息。对有限的顾客群定制，应该获得必要的基本信息，如年龄、性别、社会地位、对不同种类产品的兴趣等。这些信息必须被包含在一个数据库系统中，这一系统直接连接到支持网页目录展示的系统。要把个性化做到一对一水平，就要获得更详尽的信息，如可以从购买历史记录中发现顾客特殊的兴趣等等。

第六节　实务演练

一、网站推广

[**第一步**] 登录搜索引擎的网站推广购买页面，选择某种推广方案后点击【购买】(图 8.3)。

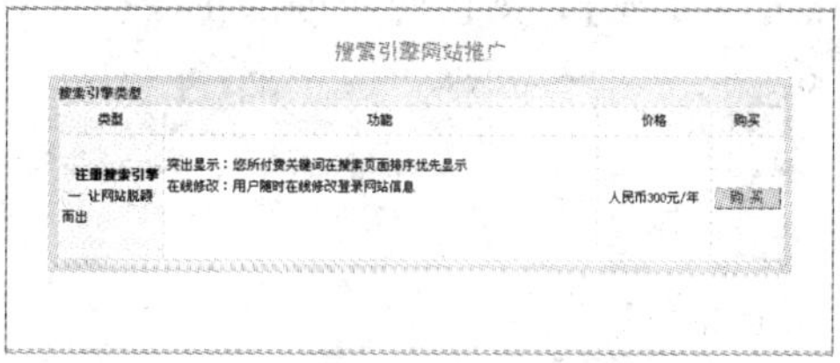

图 8.3　登录到搜索引擎

[**第二步**] 阅读并同意该网站推广方案的协议，点击【我同意】(图 8.4)。

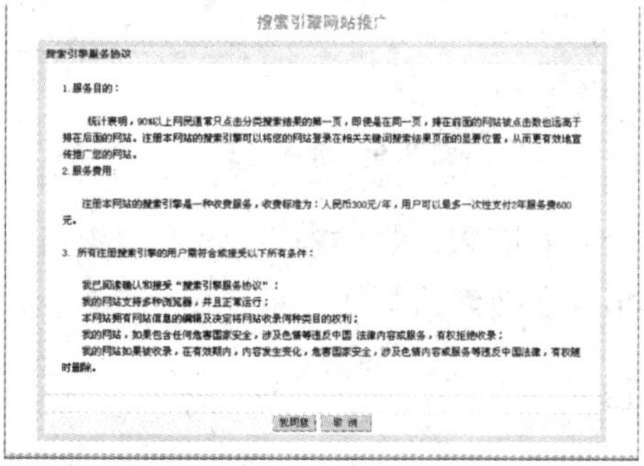

图 8.4　搜索引擎网站推广协议

[**第三步**] 填写企业网站的域名、搜索关键词、网站描述等内容，点击【继续】(图8.5)。

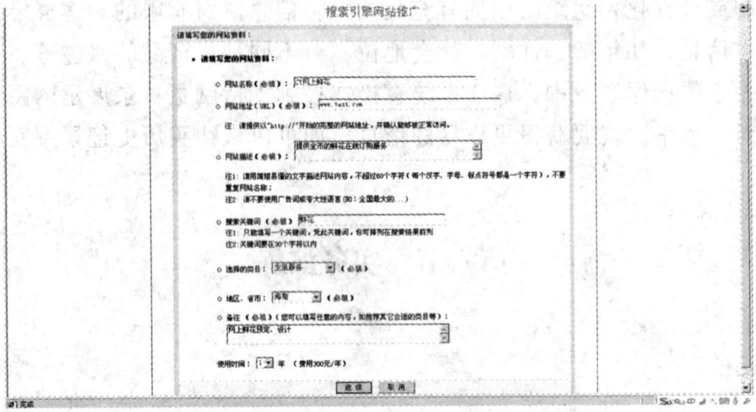

图8.5　填写网站的关键词等信息的操作界面

[**第四步**] 缴费后点击【完成】，则访问者可以在该搜索引擎里输入关键字检索到企业网站的链接（图8.6)。

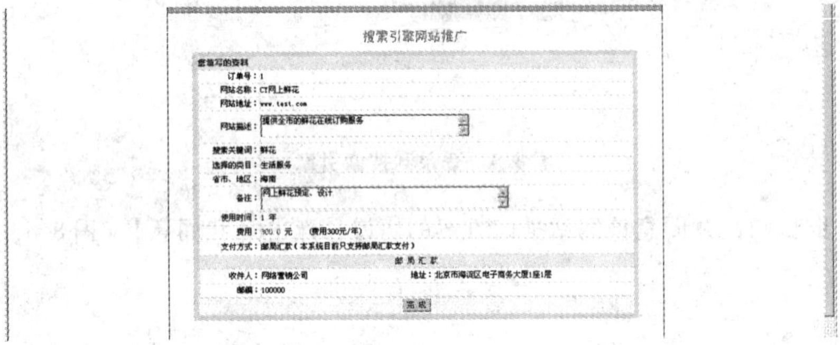

图8.6　录入完成

[**第五步**] 来到搜索引擎首页，输入关键词，检查搜索引擎的检索情况，可以看到企业登录的网站推广信息出现在搜索结果列表里（图8.7)。

二、发布文字链接广告

[**第一步**] 登录网络营销管理后台，选择目录左侧的“文字广告”，点击【新增】按钮（图8.8)。

图 8.7　前台搜索登录的网站

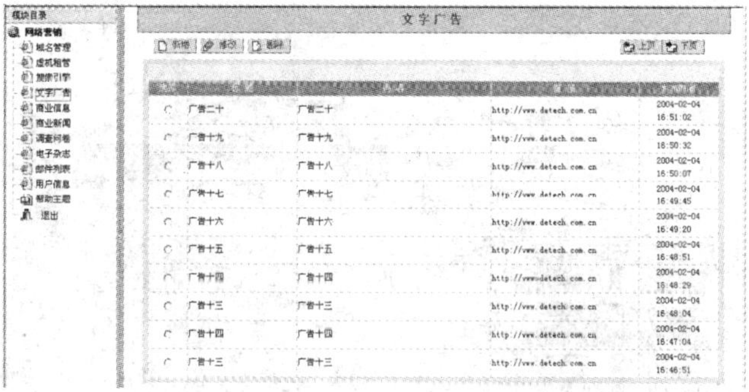

图 8.8　文字广告管理后台主界面

［第二步］选择广告分类，填写广告标题、广告内容和文字广告的链接地址，点击【确定】（图 8.9）。

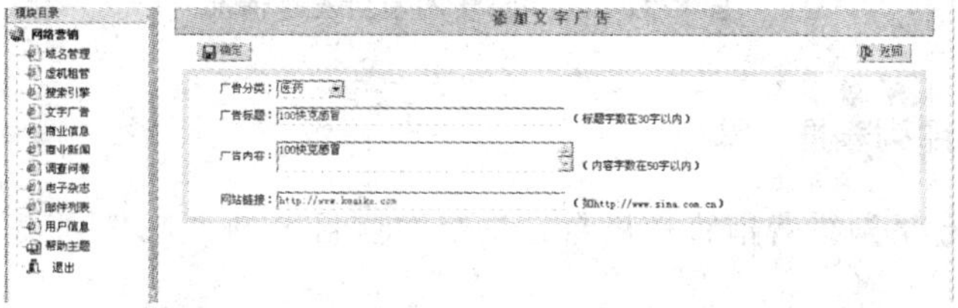

图 8.9　填写广告信息操作界面

［第三步］文字广告出现在管理列表中（图 8.10）。

图 8.10　已经建立的文字广告列表

[**第四步**] 在网站前台访问者可以看到发布的文字广告标题，本例中其他广告位空闲（图 8.11）。

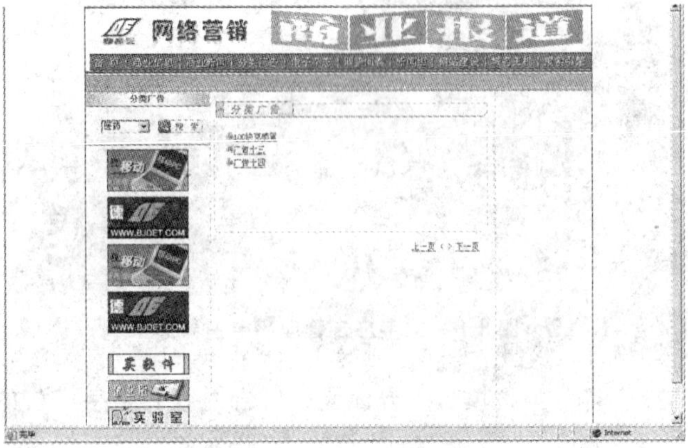

图 8.11　文字广告的前台发布情况

三、通过邮件列表推广网站

[**第一步**] 登录网络营销管理后台，选择左侧目录的“邮件列表”，新建邮件列表（图 8.12）。

[**第二步**] 收集邮件地址（图 8.13）。

[**第三步**] 从邮件列表中选择邮件地址，并添加到“收邮件地址”，点击【确定】（图 8.14）。

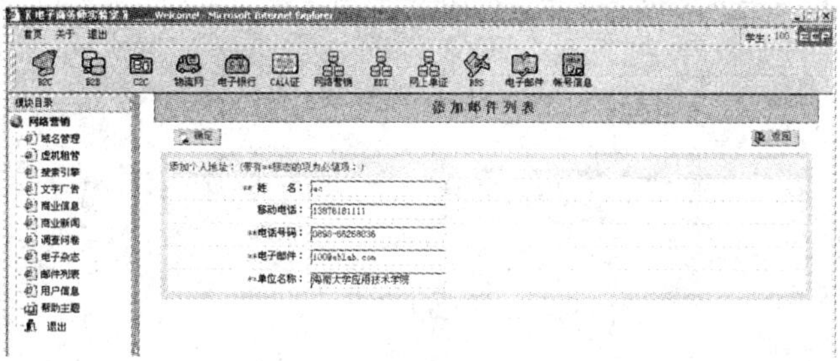

图 8.12　网络营销网站首页

图 8.13　将用户的电子邮件收集到邮件列表中

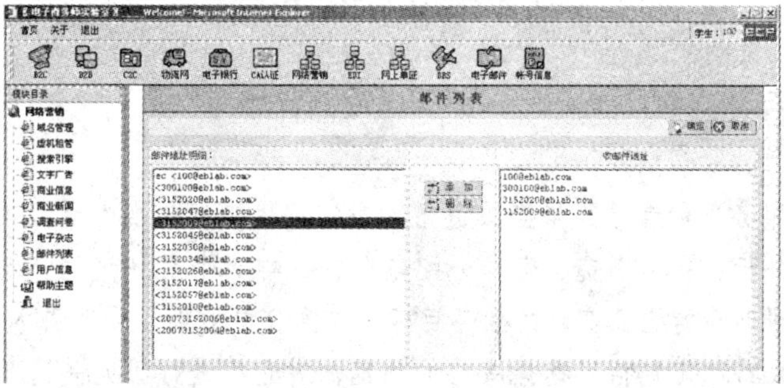

图 8.14　从邮件列表中选择邮件地址

［第四步］发送新的邮件（到货统计）（图 8.15）。

［第五步］用户电子邮件里接收新的邮件（到货统计邮件）（图 8.16）。

图 8.15　群发邮件操作

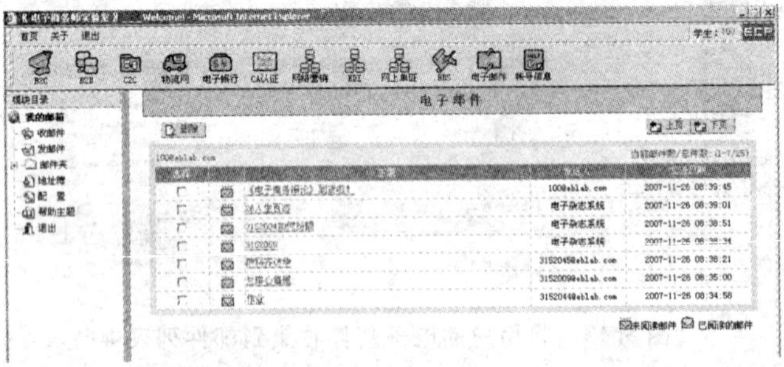

图 8.16　用户的接收界面

本章小结

旅游产品与服务网络营销战略应该遵循一个传统战略营销规划过程的简单模式，包括：目标设立、形势分析、战略制定、资源分配与监视这样一个反复过程。战略目标设立包括：设定互联网能够帮助旅游企业实现的业务目标、提升公司形象、降低成本、提高销售额及提升服务质量等。战略制定包括可选择战略的确定，对它们进行研究并选择其中最好的战略。为了能使这个战略充分发挥作用，战略制定必须考虑以下几个关键决策要素。

关键决策要素 1：目标营销战略。

关键决策要素 2：产品差异化与市场定位。

关键决策要素 3：网络营销优先战略。

关键决策要素 4：聚焦客户关系管理战略。

关键决策要素5：市场与产品开发战略。

关键决策要素6：业务与营业收入模型，包括产品开发和定价战略。

关键决策要素7：组织结构的调整。

关键决策要素8：渠道结构的调整。

营销沟通包括鼓励立即购买的促销沟通和大力吹捧消费企业的产品或服务可以获得与众不同收益的建立品牌的沟通。营销沟通的四种类型分别是直接交流、个性化交流、传统大众营销沟通和普通在线交流。营销沟通的目的是在线旅游企业如何与目标客户交流。营销沟通有多种不同的形式：旗帜广告（Banner Advertisements）、电子邮件、许可营销、病毒式营销、会员项目、合作以及客户信息。实施个性化在线沟通策略常用方法有：个性化的许可的电子邮件；个性化的建议；个性化的广告；个性化的网页；个性化的电子商店。传统大众营销沟通常用方法主要是传统的大众媒体（比如广播、报纸和电视等）。直接沟通策略常用方法包含销售代表、直销以及远程营销。

整合关系营销、直销和数据库营销可以创造出一种强有力的新型营销工具，即客户关系管理（CRM）。基于互联网的客户关系管理与直销、关系营销、数据库营销以及一对一营销关系密切。直销提供了与个体游客交流信息和为游客提供产品的策略。关系营销理论为CRM提供了概念基础，因为它强调通过更有效的认知客户来改善客户服务，并将交易细分至个体游客水平。数据库营销则提供了技术支撑，使大数量的客户相关数据储存成为可能，为企业实行战略战术营销创造机会。

关键术语

营销（Markcting）

Internet营销（Internet Marketing）

网络营销沟通（Online Marketing Communications）

网络营销战略（Online Marketing Strategy）

网络关系营销（Online Public Relations Marketing）

产品（Product）

价格（Price）

渠道（Place）

促销（Promotion）

在线广告（Online Advertising）

普通在线沟通（General Online Communications）

个性化在线沟通（Personalized Online Communications）
传统大众营销沟通（Traditional Mass Marketing）
直接沟通（Direct Communications）
旗帜广告（Banner Advertisements）
直接电子邮件营销（Direct E-mail Marketing）
病毒式营销（Viral Marketing）
数据库营销（Database Marketing）
客户关系管理系统（Customer Relationship Management System）
许可营销（Permission Marketing）
会员制营销（Affiliate Marketing）
一对一营销（One-to-one Marketing）
定制化（Customization）
市场调查（Market Research）

习　题

一、思考题

1. 解释营销和营销沟通的区别。
2. 说明沟通与销售/促销沟通之间的不同。
3. 为什么网络广告在整个广告市场中只占了不到5%？原因是什么？
4. 哪些产品最适合在网上做广告？
5. 直接电子邮件营销的优点是什么？
6. 为什么传统广告仍然很重要？
7. 网络营销战略的必要要素是什么？
8. 互联网对于渠道的影响是什么？
9. 总结互联网给企业带来的主要有形利益和无形利益。
10. 互联网提供了哪些市场和产品定位机遇？
11. 为什么互联网适用于关系营销？
12. 解释数据库营销、直销和关系营销三者之间的关系。

二、实训题

1. 至少在网上冲浪25分钟。访问e龙与携程两个不同的旅游电子商务网站。列一张表，将你看到的网站所使用的营销沟通工具详细地描述出来。你认为哪一种营销沟通工具最有效？为什么？

2. 分别讨论酒店、旅行社、旅游目的地营销组织为了保持竞争力，其网络营销战略应该更新的频率？

3. 分别选择酒店、旅行社、旅游目的地营销组织，深入讨论互联网对于营销组合的影响。

参考文献

1. Smith, P. R. and Chaffey. E-marketing Excellent: *At the heart of Business*. Butterworth Heinemann, Oxford, 2001

2. Chaffey, David, Mayer, Richard, et al, Internet Marketing: Strategy, Implement and Practice, Pearson Education Limited, Oxford, 2003

3. Dibb, S. , Simkin, S. , Pride, W. and Ferrel, O. Marketing: Concepts and Strategy, 4th European edn. New York. Houghton, Mifflin, 2001

4. Efraim Turban, 等. Electronic Commerce: A managerial Perspective (3ed). New York. Pearson Education, 2006

5. Jupiter Media Metrix. Understanding Customers Loyalty: Technologies to Identify Truly High-Value Customers, 2001, July 29

6. Saunders, C. Industry players seek to distance themselves from click-through. Internet News-advertising Report, 2001, July 9

7. Miles, S. , People Like Us. Wall Street Journal, 2001, April 23

8. Briggs, R. , How Internet Advertising Works. ESOMAR, " Net Effects" Conference, London, 1999, Feb. 22

9. Mowrey, M. , thank You, Please Come Again, Industry Standard, 2000, March 20

10. FillC. Marketing Communications-Contexts, Contents and Strategies (3rd edn). Financial Times/Prentice Hall, Harlow, 2000

11. Briggs R. and N. Hollis. Advertising on the Web: is there Response before Click Through? J. of Advertising Research, 1997

12. Godin, S. Permission Marketing. New York. Simon and Schuster, 1999

13. Payport, J. , Jaworski B. Introduction to E-Commerce, 2e, Marketplace, 2004

第九章

旅行社电子商务应用

学习目标

- 旅行社业务流程分析
- 旅行社的供应链管理
- 旅行社的客户关系管理
- 旅行社业务流程再造概念、过程、方法、方案及效用

开篇案例

春秋国旅全新的旅游预订方式——旅游电子票

春秋国旅在国内是较早实现企业信息化的旅行社，早在20世纪90年代初就建立了当时在全国较有影响的计算机实时预订系统，由于这种计算机实时预订系统具有准确、迅速、方便、规范的优势，从而迅速扩展，形成了一个比较完善的代理商预订系统。在全球互联网热潮时期，春秋国旅不失时机地推出了自己的春秋旅游网，不过当时只是具有简单的信息发布功能而已，不能算是开始发展旅游电子商务。直到2001年1月，春秋国旅将春秋旅游网从简单的信息发布改造成为能够进行旅游电子商务的网站（图9.1）。在短短三个季度，春秋旅游网的营业收入和利润很快进入了良性循环的创收轨迹，2001年第一季度营业交易额达120万元，第二季度达400万元，而且取得了很好的利润目标。

春秋旅游网推出了“旅游电子票”概念，为人们出行提供了一个省心、省时、方便快捷的新型旅游预订方式，也为旅行社的经营带来了全新的理念。

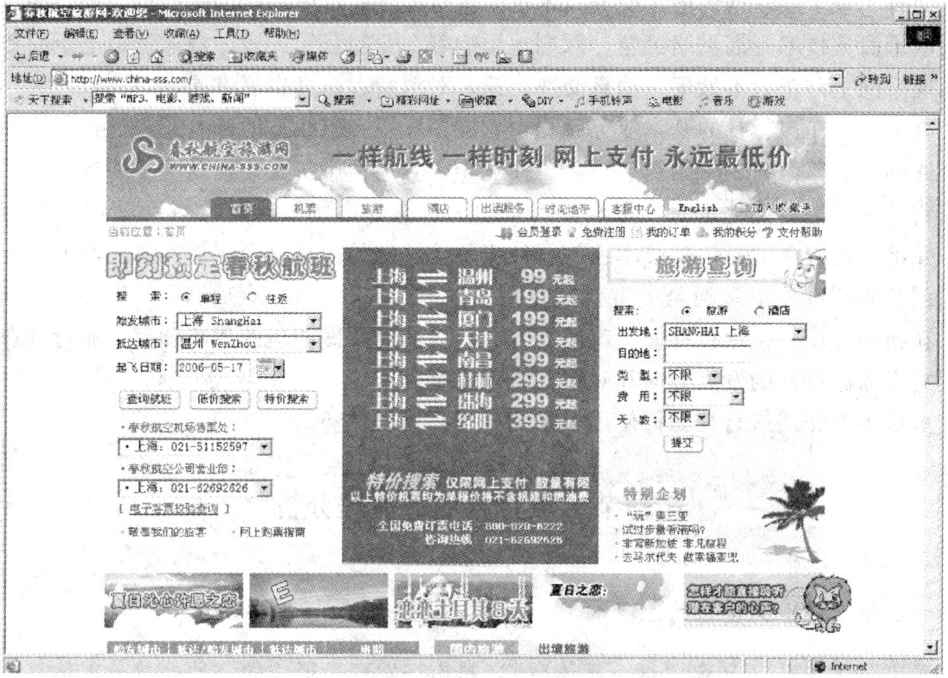

图 9.1 春秋国旅在线预订网站主页

春秋国旅采用“旅游电子票”的全新运作模式，意欲凭借在全国 31 个分社和近 2000 个网络成员组成的接待网络，以及每月上千航次的包机线路，向游客提供不同旅游产品，努力探索为游客提供网上优质服务、降低旅游产品价格的新途径

春秋旅游电子票区别于传统旅行社旅游预订和航空电子客票的形式，具体来说，是一种新型的旅游预订方式，将传统模式中从下订单到付款再到签合同等过程全部都在网上“一站搞定”。打开春秋旅游网主页，游客进行线路查询和选择线路，当游客对其产品内容、价格等满意后，选择“网上预订”，进行网上支付，然后获得其产品。

春秋旅游网追随的理念是“一样航线、一样时刻、网上支付、永远最低价”。

基于互联网的电子商务技术和广阔的发展前景增强了旅行社企业的竞争力，使传统旅行社获得新生。基于互联网的电子商务技术是一股不可抗拒的力量，加速着旅行社经营方式和管理方式的革命，任何一个旅行社都无法避开这种变革。通过创建旅行社外部的信息网络和内部网，优化旅行社内部人与人、人与物、物与物之间的传统的沟通方式，改善旅行社之间、旅行社与顾客间的沟通方式，从而彻底改变旅行社的运营方式、管理方式和组织形式。

同时，基于互联网的电子商务技术也为旅行社开辟了更为广阔的市场空间。旅行社利用电子商务技术开展网络经营，深刻地影响着企业的营销方式，网上营销电子商务已经出现。网上营销成本低廉，信息交换迅速，对消费者而言也更方便。

电子商务在旅行社的基本业务过程中有许多应用。旅行社的基本业务过程就是分别将交通部门、餐馆、旅游景点、商店、文化娱乐等类型旅游企业提供的单项旅游产品统一采购进来，进行优化组合，形成具有吸引力、符合市场需求的旅游产品销售给旅游者，并组织旅游活动。信息技术在旅行社担负着特殊的信息整合职能、咨询服务职能和组织调度职能过程中起到至关重要的作用。同时，旅行社也面临前所未有的挑战和压力。在新的环境下，旅行社应当就发展方向、应变对策做相应的战略调整。旅行社业务流程重组为旅行社的发展方向和对策提供理论基础。

本章主要介绍旅行社如何使用电子商务提高竞争优势。

第一节　旅行社业务流程分析

一、旅行社业务垂直分工体系

垂直分工体系（又称“批－零体系”）是市场发育后形成的一种自然分工体系，在这种分工体系中，旅行社通常分为旅游批发商和旅游零售商（零售旅行代理商）。旅行中介服务是构建旅游资源与旅游消费者之间的纽带。依照行业垂直分工体系，旅行社行业主要细分为批发、代理和零售三层结构，可以进一步分为旅游经营者、旅游批发商、旅游零售商（图9.2）。这种以专业化分工为特征的垂直分工体系，使得旅行社各司其职，有效地克服了因缺乏分工而导致的业务交叉覆盖、混乱竞争等弊端，使得整个旅行社行业的经营协调有序。

而在水平分工体系下，旅行社之间业务重叠，容易造成产品的模仿和雷同，旅行社的低水准重复建设有碍于产品创新，表现为“千军万马过独木桥”式的目标市场狭窄化、旅行产品单一化、旅行社竞争平面化的非理性状况，最终形成水平层面的供求不平衡，加剧了行业内的恶性竞争，难于形成规模经济，使整个行业处于低效益运行并引起一系列的非正常市场后果。在水平分工体系下，资产存量无法向大型旅行社转移，无法实现在全行业内进行资源的优化配置，很难形成既能实现规模经济，又能形成有效竞争的良性竞争态势。

垂直分工体系有利于保障有序的市场竞争和规模经济的形成，旅行社行业是最能体现规模经济的行业之一，垂直分工体系是实现资源合理配置、实现规模经济的有效手段。旅行社行业的垂直分工体系一旦建立，不仅可有效避免因低水平竞争带来的资源及

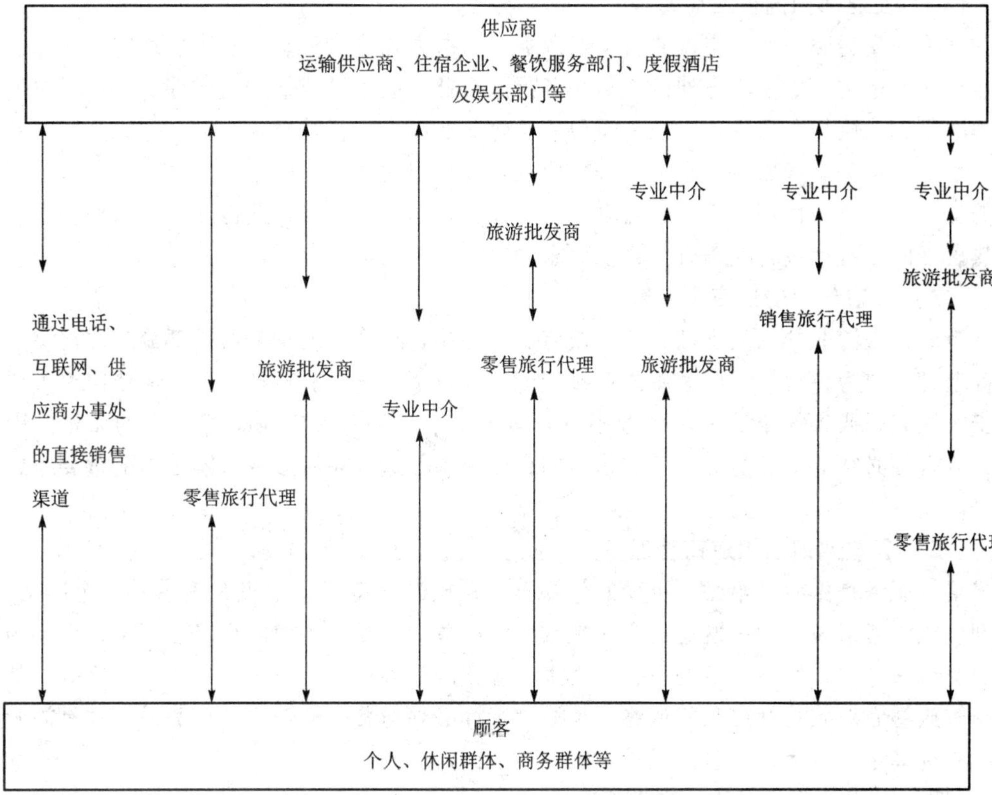

图 9.2　旅行社业垂直分工图

资金的浪费，减少旅行社间的不正当竞争，而且有助于旅游行政管理部门抓大放小，提高管理效率。旅游业的产业链很长，其发展涉及到国民经济许多行业。旅行社业在垂直分工体系下，各项资源不断集中，有助于简化交易环节，降低成本，通过追求规模效应提高旅行社业的竞争能力和资源配置的有效性。

二、旅行社的供应链管理

旅游资源采购业务，是指旅行社通过与其他旅游企业及与旅游业相关的各个行业、部门洽谈合作内容与合作方式，签订经济合同或协议书，明确双方权利义务及违约责任，从而保证旅行社所需旅游服务的供给。旅行社的供应链管理主要包括建立广泛的采购协作网络；正确处理保证供应和降低成本的关系；正确处理集中采购与分散采购的关系；正确处理预订和退订的关系；加强对采购合同的管理。具体供应链的管理涉及以下八个供应商资源。

（一）交通部门的供应商管理

城市间交通服务和城市内旅游交通服务是旅游者在旅游活动过程中实现空间转移的必然媒介。迅速、舒适、方便的交通服务是旅行社产品不可或缺的组成部分，并对旅游日程的实施、旅行社信誉产生至关重要的影响。所以，旅行社必须与包括航空公司、铁路、水上客运公司和旅游汽车公司等在内的交通部门建立密切的合作关系，并争取与有关的交通部门建立代理关系，经营联网代售业务。而交通运输行业由于竞争激烈，也非常热衷于同旅行社进行业务合作，以寻求稳定的客源渠道。

（二）住宿部门的供应商管理

饭店是旅游业的三大支柱之一，饭店服务是旅行社产品的重要组成部分，并在一定程度上已经成为评价一个国家旅游业接待能力的重要标志。旅行社如果不能依照客人要求安排饭店，或者安排的饭店服务不符合客人要求，将直接影响接待工作的质量。因此，旅行社必须与饭店建立长久、稳定的合作关系，这是旅游服务采购工作的重要组成部分。

（三）餐饮部门的供应商管理

餐饮服务是旅游供给必不可少的一部分，是旅游接待工作中极为敏感的一个因素。对现代旅游者来说，用餐既是需要又是旅游中的莫大享受。餐馆的环境、卫生，饭菜的色、香、味、形，服务人员的举止与装束，餐饮的品种以及符合客人口味的程度等，都会影响旅游者对旅行社产品的最终评价。旅行社必须与餐饮业建立合作关系，这是旅游采购中选择余地较大，而且关系重大的一项工作。

（四）参观游览部门的供应商管理

旅游资源是旅游活动的客体，是一个国家或地区发展旅游业的物质基础。参观游览是旅游者旅游活动的最基本和最重要的内容。因此，旅行社与游览单位的合作关系也就显得特别重要。

（五）购物商店的供应商管理

旅游购物属于旅游者的非基本需求，但现代旅游过程中，没有购物的旅游是极少的。为使购物活动成为旅游活动中丰富多彩、不可缺少的一部分，为方便旅游（团）者，节省时间，免遭坑骗，旅行社需与有关商店建立相对稳定的合作关系。

（六）娱乐部门的供应商管理

娱乐也属于旅游者的非基本需求，然而，在现代旅游中增长知识、了解旅游目的地的文化艺术已成为旅游者日益普遍的需求。这就要求旅行社与娱乐行业建立必要的合作关系。

（七）保险公司的供应商管理

国家旅游局于 2001 年发布《旅行社投保旅行社责任保险规定》，规定要求“旅行社从事旅游业务经营活动，必须投保旅行社责任保险”。所谓“旅行社责任保险，是指旅行社根据保险合同的约定，向保险公司支付保险费，保险公司对旅行社在从事旅游业务经营活动中，致使旅游者人身、财产遭受损害应由旅行社承担的责任，承担赔偿保险金责任的行为。”旅行社责任险有利于保护旅游者和旅行社的权益，还有利于旅行社减少因灾害、事故造成的损失，它对旅行社的发展具有重要意义，由此为旅行社和保险公司提供了合作的前提和基础。

（八）相关旅行社的供应商管理

组团旅行社为安排旅游团（者）在各地的行程，需要各地接团旅行社提供接待服务，而这对组团社来说，也属于旅游服务采购的范围。组团社应该根据旅游团（者）的特点，有针对性地选择接团社，发挥各个接团社的特长。接团社接待服务中自身不能供给的部分，则同样通过采购来解决。

总之，旅行社产品的特点决定了旅行社业务合作的广泛性、旅行社协作网络的质量，还将直接决定旅游服务采购的质量，并由此对旅行社的产品质量产生直接影响。

三、旅行社的客户关系管理

客户是旅行社最重要的资产和资源之一，维持好客户的忠诚能够为现代旅行社提高竞争优势。而这就需要来源于不同的系统、部门乃至子公司的信息资源，将来自于旅行社、产品、客户、市场各个部分及时、精确的信息汇总。基于此，为整个组织提供决策分析支持。

客户关系管理（CRM）的运用直接关系到旅行社的销售，它可以重新整合旅游企业的客户信息资源，使原本“各自为战”的销售人员、市场推广人员、电话服务人员、售后维护人员等开始真正地协调合作，成为围绕着“满足客户需求”这一中心要旨的强大团队。

CRM是企业“以产品为中心模式”向“以客户为中心模式”转移的必然结果。其实现目标是：通过提供更快捷、更周到的优质服务吸引和保持更多的客户；通过对业务流程的全面管理降低企业的成本；通过对每个客户的数据整合，提炼对客户总的看法，发现市场机会。通过向客户提供个性化的产品和服务，提高利润贡献度较高客户的忠诚度；通过对客户、产品、职能部门等多角度的分析，为管理者提供决策依据。

CRM通过客户信息统一处理分析，更好地掌握客户消费行为习惯，掌握市场趋势，并实现缩减销售周期和销售成本、增加收入、寻找扩展业务所需的新的市场和渠道以及提高客户的价值、满意度、盈利性和忠实度的目标。

第二节 旅行社业务流程重组概述

一、业务流程重组的基本概念与主要思想

从现代市场经济的角度看，企业的利润是由企业通过价值链创造出来的，而不是简单地从客户身上赚取的。为此，本文引入迈克尔·波特（Michael E. Porter）在《竞争优势》专著中的“公司价值链”理论和迈克·哈默（M·Hammer）与詹姆斯·钱皮（J·Champy）提出的“业务流程重组（Business Process Reengineering，BPR）”理论，结合中国旅行社行业实践，阐述“基于公司价值链的旅行社业务流程重组”整体框架。

迈克尔·波特将企业的业务过程描绘成一个价值链（Value Chain），竞争不是发生在企业与企业之间，而是发生在企业各自的价值链之间。只有对价值链的各个环节（业务流程）实行有效管理的企业，才有可能真正获得市场上的竞争优势。一个旅行社的价值链包括其价值活动和利润率。价值活动是为用户创造价值的过程，在旅行社业务中包括采购旅游资源、产品策划和设计、游客营销、客户服务、质量监控、团队操控等过程。在这些过程中，有效的驱动力来自于企业各类资源的支持活动，如人力资源、资金资源、信息资源等。利润率是指总价值和进行价值活动的成本之比。只有当价值链中各个环节“无摩擦”地作用，才能保证创造出足够价值。

按照BPR理论，对旅行社的各项业务流程进行根本性地重新思考和彻底性地重新设计，重组新的业务流程，以求在速度、质量、成本、服务（TQCS）等各项经营指标上取得明显的改进，使得旅行社能最大限度地适应以“顾客（Customer）、竞争（Competition）、变化（Change）”3C为特征的现代企业经营环境；摒弃以职能为导向的传统思想，确立以“最大限度满足客户需求”为核心思想；创造为“客户省钱（Save Money）、省时间（Save Time）、增加附加值（Value Addition）”的流程。发现附加值流程，强化增值流程，改进非增值流程；压缩中间管理层级，缩短高层管理人员与一线业务人员和顾客的距离，让旅行社更贴近最终游客；采用先进的管理技术和信息技术，降低人为因素的影响，将以市场为导向的全面质量管理（TQC）固化在企业的运行中，建成“铁打的企业，流动的员工”的可持续发展机制。

（一）业务流程重组的基本概念

BPR是Business Process Reengineering（业务流程重组或企业过程重组）的缩写。BPR是从根本上重新考虑并彻底重新设计业务流程，帮助企业在关键的业绩，如成本、质量、服务和响应速度上取得突破性的进展。

业务流程重组强调以业务流程为改造对象和中心，以关心客户的需求和满意度为目

标，对现有的业务流程进行根本的再思考和彻底的再设计，利用先进的制造技术、信息技术以及现代化的管理手段，最大限度地实现技术上的功能集成和管理上的职能集成，以打破传统的职能型组织结构（Function-Organization），建立全新的过程型组织结构（Process-Oriented Organization），从而实现企业经营在成本、质量、服务和速度等方面的巨大改善。它的重组模式是：以作业流程为中心，打破金字塔状的组织结构，使企业能适应信息社会的高效率和快节奏，适合企业员工参与企业管理，实现企业内部上下左右的有效沟通，具有较强的应变能力和较大的灵活性。

业务流程重组是对企业进行重新构造，而不是对企业进行改良、增强或调整。巨大改善意味着业务流程重组追求的不是一般意义上的业绩提升或略有改善、稍有好转等，进行重组就要使企业业绩有显著的增长、极大的飞跃。业绩的显著增长是 BPR 的标志与特点。业务流程重组关注的是企业的业务流程，“重组”工作全部围绕业务流程展开。“业务流程”是指一组共同为顾客创造价值而又相互关联的活动。

（二）业务流程重组的主要思想

从职能管理到面向业务流程管理的转变；注重整体流程最优的系统思想；组织为流程而定，而不是流程为组织而定；充分发挥企业每个人在整体业务流程中的作用；客户与供应商是企业整体流程的一部分；信息技术的使用以及信息资源的一次性获取与共享。

（三）旅行社实施业务流程重组的必要性

中国的旅行社行业普遍存在体制老化、机制僵化、管理弱化、经营承包化、人员散化、业务流程不规范等不佳状况。中国旅行社实施业务流程重组有以下五方面的必要性：

(1) 企业变革的需要。中国旅行社目前正处在变革时期，经营方式和业态、管理理念和手段，以及外部竞争环境和内部人员结构都在发生着变化，新的业务流程要顺应这样的变革。

(2) 管理规范的需要。中国旅行社要走“低成本、可持续发展”的路径，就必须实现集约化的管理和规模化的经营，而前提就是业务流程的规范和管理监控的有效。

(3) 电子商务平台的需要。中国旅行社应用高新技术创新，走跨越的发展之路，就要选择信息化平台。电子商务是一种先进的技术平台，要取得预期效果关键在于创建新型的商业模式和合理科学的业务流程。

(4) 核心竞争力的需要。中国旅行社要成为国内一流、国际知名的旅行社企业，完全要依靠自身的核心竞争力，包括独特的客户资源、经营团队、商业模式、管理信息系统等要素。业务流程重组将是商业模式的体现和管理信息系统的基础。

(5) 资本市场的需要。策略投资者提供的资本力量，是基于对企业发展的信心、商业模式的增长性以及企业运行的稳定和规范。无论携程、e龙公司还是港中旅国际、锦江国际在融资和上市过程的尽职调查环节中，最注重的就是业务流程的有效、规范和可度量。

二、旅行社业务流程重组的步骤

业务流程重组就是重新设计和安排企业的整个生产、服务和经营过程，使之合理化。通过对组织原来生产经营过程的各个方面、每个环节进行全面的调查研究和细致分析，对其中不合理、不必要的环节进行彻底的变革。在具体实施过程中，可以按以下程序进行：

第一步，对原有流程进行全面的功能和效率分析，发现其存在的问题。根据企业现行的业务流程，绘制细致、明晰的业务流程图。

第二步，设计新的流程改进方案，并进行评估。在设计新的流程改进方案时，要对流程进行简化和优化，将现在的多项业务或工作进行重新组合。

第三步，制定与业务流程改进方案相配套的组织结构、人力资源配置和业务规范等方面的改进规划，形成系统的业务流程重组方案。企业业务流程的实施是以相应组织结构、人力资源配置方式、业务规范、沟通渠道甚至企业文化作为保证的，所以，只有以流程改进为核心形成系统的业务流程重组方案，才能达到预期的目的。

第四步，组织实施与持续改善，实施业务流程重组方案，必然会触及原有的利益格局。因此，必须精心组织，谨慎推进，要克服阻力，在组织内形成共识，才能保证业务流程重组的顺利进行。

BPR实现的两个“利器”是信息技术和重组。BPR充分发挥了信息技术的潜能，即利用信息技术改变业务的过程，简化业务过程。另一个手段是变革组织结构，实现组织精简，提高效率。没有信息技术的深入应用，没有变革组织，严格地说不能算是实现了BPR。

旅行社业务流程重组的实施结构可以被设想成多层次的立体形式，即整个业务流程重组实施体系由观念重组、流程重组和组织重组三个层次构成。其中，以流程重组为主导，而每个层次内部又有各自相应的步骤过程，各层次也交织着彼此作用的关联，图9.3为旅行社业务流程重组实施体系图。

三、旅行社业务流程重组的框架

目前，游客资料和宾馆、机票、接待社情况，及团队报价信息都在业务人员手中，管理层知之甚少，还要承担经济责任，信息流被切割。对这样的业务流程必须进行彻底的改革。新的业务流程重组应该以增加客户的价值为核心，消除非增值活动和调整核心

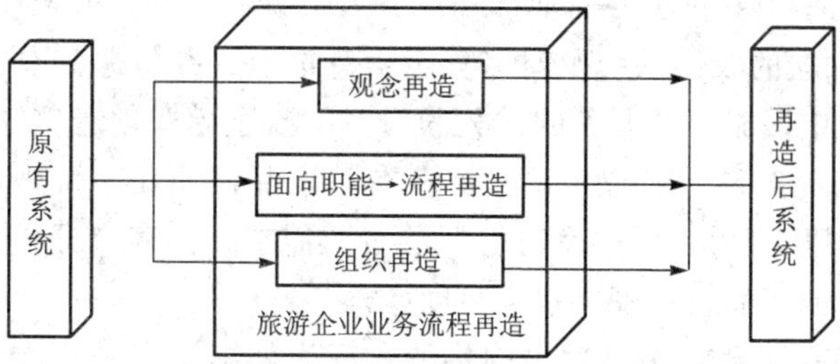

图 9.3　旅行社业务流程重组实施体系图

增值活动，遵循清除（Elimination）、简化（Simplification）、整合（Integration）、自动化（Automation）规则。图 9.4 为旅行社业务流程重组框架。

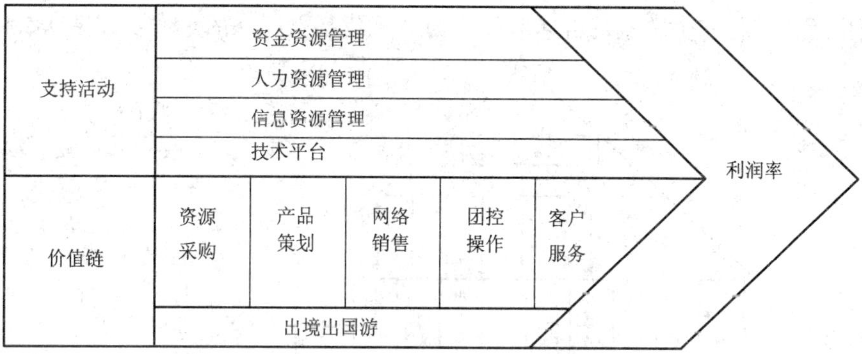

图 9.4　基于价值链的旅行社业务流程重组框架

旅行社业务流程重组作为旅行社变革的创新思维之一，其核心在于改进后的流程能够提高效率，消除浪费，缩短时间，提高顾客满意度和公司竞争力，降低整个流程成本。

（1）在财务管理流程中：传统的财务人员主要精力忙于簿记、内部转账和对账。通过 BPR 之后，财务人员的工作重点放在对组团社的客户催账、减少应收款；加强单团结算，用经济杠杆（用毛利率等指标）考核业务人员，增加销售收入。

（2）在旅游资源的采购流程中：传统的国内、入境、出境各部门有自己的流程，各自为政。通过 BPR 之后，旅行社对宾馆、餐厅、景点和民航等旅游资源统一采购、集中支付，降低采购成本，取得了市场竞争优势。

（3）在线路销售流程中：由于水平分工，一些部门只销售国内游线路或旅游产品。通过 BPR 之后，各营业部和零售店应用柜面销售系统和网络技术，通过网上销售，贴近最终客户，把握客户需求，使客户可以直接得到最丰富的旅游产品。

(4) 在收银流程中：过去各营业部和业务人员分散收银，会出现大量现金的问题。通过 BPR 之后，独立的收银系统及时将资金信息汇总，并传递到总部，严格控制了现金流。同时，也使中国旅行社业务的“先收后付”现金模式创造良好的经济效益。

(5) 在旅游产品的设计流程中：过去存在“产品同质化，价格市场化，成本社会化”特点。通过 BPR 之后，可以及时把握游客的需求，为客户提供快捷的反应，设计差异性的和个性化的产品，提高客户满足度。

(6) 在入境游接待流程中：过去的接待流程为外国游客先到零售商报名出游，再由批发商组团交给中国的中央社再转到地方接待旅行社，其中的经营利润被层层削减。通过 BPR 之后，各家旅行社都有对外的互联网，以网上销售或多语种外联系统，直接面对客户，降低销售成本，提高接团效益等。

基于价值链的业务流程重组将在各环节增加价值，使原有的“作坊式”运作转变成流程化运作，将一个“裁缝群体”转变为“现代制衣厂”的生产线（图 9.5）。

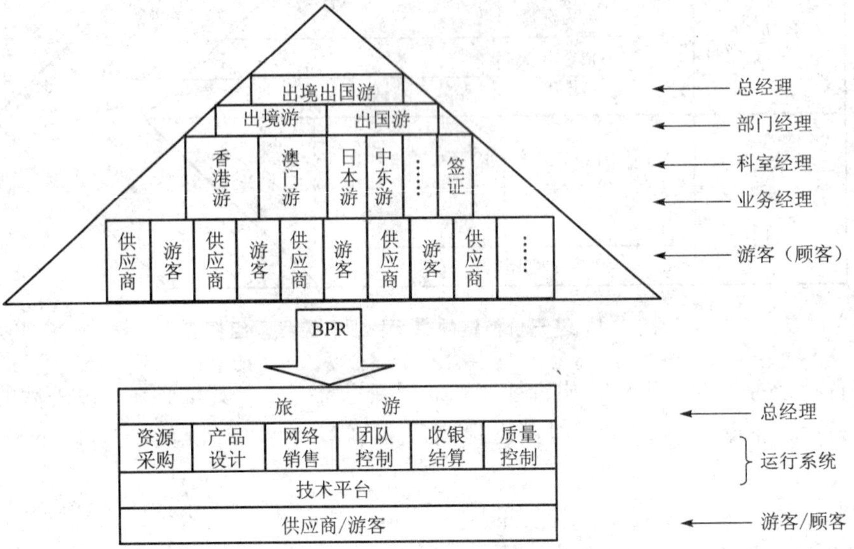

图 9.5　业务流程重组的结构对比

通过 BPR 和技术运行平台，旅游的业务流程进行了根本性的变化。管理者和业务人员更加贴近游客，提高游客的满意度，供应商和游客的资源都汇聚在公司的系统中和平台上，得到了充分利用和有效监控。有了 BPR 和技术平台，中国旅行社行业的旅游业务才能实现批发、代理、零售三级架构的垂直分工，达到全行业的有序竞争和共同发展。

四、旅行社业务流程重组方案

旅行社的主要业务流程（组接团、旅游线路设计和包装、订房订票、派车派陪的后台保障、团队核算、财务结算、部门效益考核、应收应付往来、内部银行等）可以看作信息处理流程，每项业务活动都有信息源、信息的处理加工和信息的贮存，通过信息的标准化实现信息的共享，通过信息流来驱动人流、物流和资金流（图 9.6、9.7、9.8）。

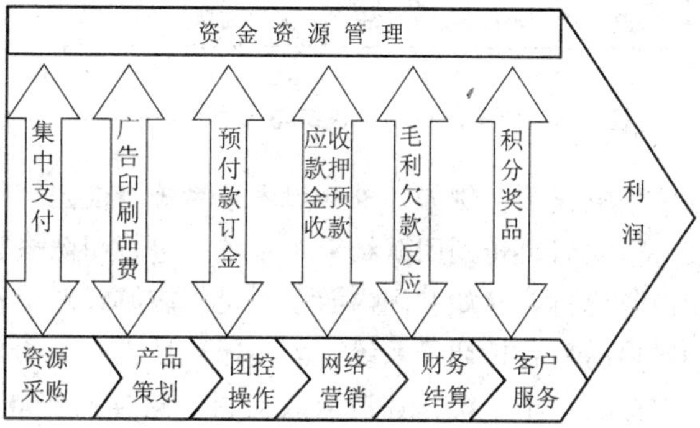

图 9.6 业务流程的价值链与资金资源的关系

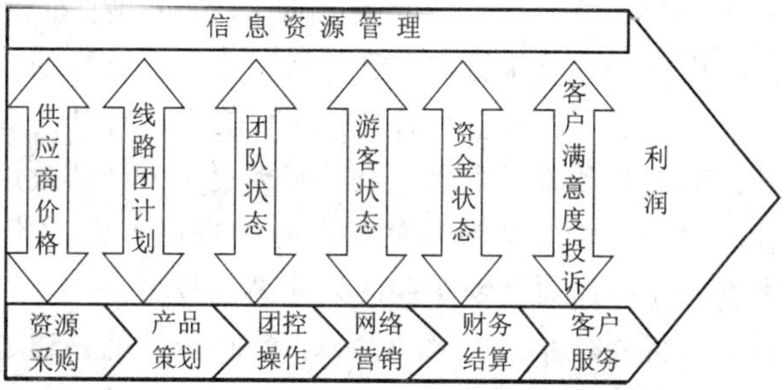

图 9.7 业务流程的价值链与信息资源的关系

面向市场运作，及时采集和更新外部信息（客源信息和旅游资源信息），并将外部信息内部化；建立连锁门市网点和公司网站，为游客提供及时的全天侯的服务。汇总团队需求，集中采购，降低组团成本。

内部信息流转应保持一致性和共享性，以免重复输入，实现信息的有效流转；各业

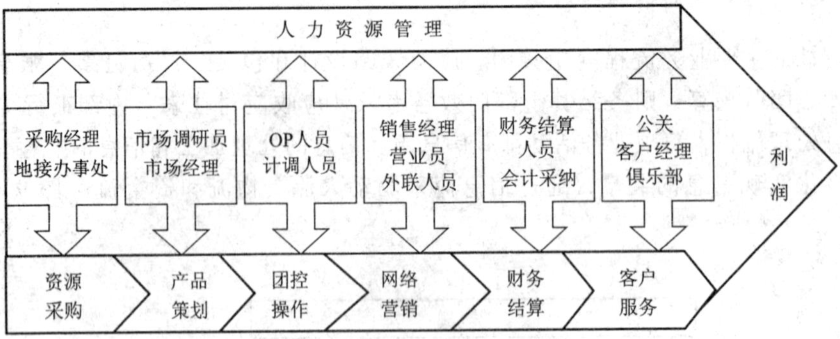

图 9.8　业务流程的价值链与人力资源的关系

务流程之间有着良好的信息连接。例如，外联组团子系统将成团计划数据转到计划调度子系统，实现团队接待落实后再转到团队结算子系统，进行团队核算工作再最后接到财务会计子系统，控制应收应付。又如，国内游子系统将旅游线路资料和计划传到网点桌面子系统销售，再到国内游后台计调子系统，落实团队后再转到团队结算子系统，进行团队核算再最后接到财务会计子系统，控制应收应付。这样操作既保持数据的一致性，又改善了业务流程，大大提高了工作效率。

五、旅行社业务流程重组后的效用

BPR 系统通过固化流程，让那些随着流程流动的知识固化在旅行社里，并且可以随着流程的不断执行和优化，形成旅行社自己的知识库，且这样的知识库越来越全面和深入，让旅行社向知识型和学习型旅行社转变，不仅提升旅行社的效率，而且更有战略意义。就旅行社而言，通过业务流程重组，可以实现七个方面的效用：

（1）专业化分工。使员工能专业运作相关业务，提高办公效率，同时又能将员工培养成为一流的专家型人才，从而实现企业的人才高地战略。

（2）规范化流程。旅行社行业人员流动性强，新进员工能够通过职业培训按照统一模式操作，从而保证了业务质量。

（3）规模化经营。借助信息平台，业务可以不受地域、员工人数等条件的制约，快速扩张业务量，取得相应的利润。

（4）集约化管理。在流通领域，营业收入来自于市场的开拓，但利润来自于成本控制和采购技术。通过集中采购和中央支付将能大幅度提高旅游业务的毛利率。

（5）电脑化操作。以旅行社为代表的旅行代理业务在国外同行和国内大型旅行社中都是依托电脑平台处理相关业务，而且，世界电子商务协会的调研说明，旅游业是最适合电子商务的服务领域之一。电脑化操作能使信息快速和及时传递，并保持数据的一致性。

（6）全局化控制。各层面的管理者和业务人员都在信息平台上作业，就使得业务操作流程和相关知识及信息固化在旅行社的知识库中，公司管理高层能在平台上及时并准确地了解经营状况，达到控制旅行社资源（如客户资源、资金资源、知识资源等）的目的。

（7）一体化运作。整个旅行社的效率来自于各部门的协同。全体员工将旅行社的所有业务都放入平台，就能大大减少内部沟通的成本，实现“无纸化”办公，降低费用。同时，也统一了各类统计报表，以便绩效考核。

第三节　旅行社电子商务应用举例

信息技术和基于互联网电子商务技术的发展完全改变了旅行社传统的手工作业方式。目前，广东中旅、港中旅国际、上海锦江国际、春秋国旅等一些国内知名的大型、现代化的旅行社都已全面实现了信息化管理，旅行社管理软件的操作已成为日常工作中的必需工具。

金棕榈《旅行社业务流程重组与电子商务系统》是应旅行社业务流程和电子商务实践的需求而产生的。来自复旦大学、上海师范大学、上海大学等院校的专家参与了研发设计工作。软件基于 Web 平台，融合了国内最新的软件开发技术。金棕榈《旅行社业务流程重组与电子商务系统》包括三大子系统及一个综合平台（图 9.9）。即旅行社业务流程重组系统（BPR）、旅行社网点分销系统（B2B）和旅行社电子商务网站（B2C）以及旅游业务流程重组与电子商务的信息技术平台。

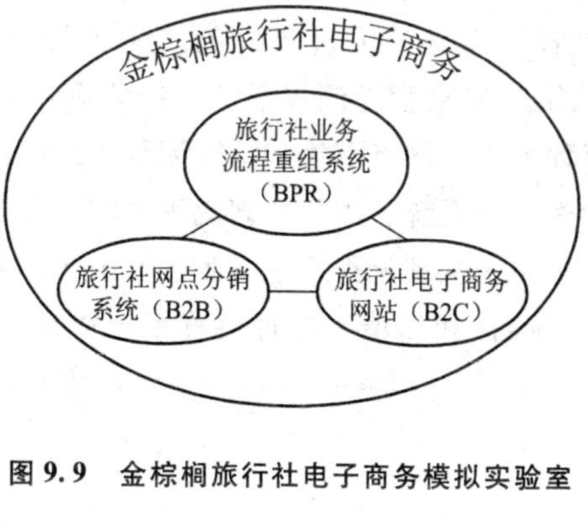

图 9.9　金棕榈旅行社电子商务模拟实验室

旅行社业务流程重组系统（BPR）。本系统的功能包括“前台销售”、“计划调度”、“财务”、“总经理”等功能模块。该系统可承担从资源采购（包括线路、宾馆、车、船、门票等资源）开始，到制订团计划、前台收客，到收银开票、计划调度、团队报账、团队结算、各类报表打印输出等事务。

旅行社网点分销系统（B2B）。系统具有网点的即时通告，显示团队即时收客人数，网点并发收客控制，完善的订单管理模式，总部即时、快速对各个网点的各项数据指标进行统计和分析等功能。具体的说，具有团队管理、订单管理与收银管理功能。团队管理可以进行团队的模糊查询、团队具体行程、团队报名；还可以根据团队状态，通过字体、背景颜色区别各个团队。订单管理可根据登录用户的权限，能够显示相应的订单信息，有一个惟一的订单流水号，对订单进行模糊查询、修改删除、游客信息输入、应收款的添加查看。收银管理可对已添加的应收款显示相关的信息。每个应收款都有一个惟一的流水号，对应收款进行模糊查询，可对每项或者多项未收的应收款进行收银，生成一个收款单据。

旅行社电子商务网站（B2C）。本系统具有在线旅游产品服务的功能，例如，在线旅游信息查寻、在线旅游产品订购、在线支付等等。该软件几乎涵盖了旅行社日常业务流程的方方面面，包括国内游后台线路管理、设计团计划、团计划安排、游客登记、计划落实、各类报表的生成打印，出境游后台系统维护、设计团计划、编制行程、游客资料登记、后台预留、预留游客登记、排团、各类报表的生成和打印、结算，导游排陪，旅游资源管理，用户权限设置、前台网点收客、前台网点预留登记、前台开发票、打印发票、外宾散客登记、散客定房等功能模块。

旅游业务流程重组与电子商务的信息技术平台是一个以 BPR 为核心，以先进的 Internet、Intranet 和 Extranet 及数据库等信息技术为根本，以面向各层次业务管理人员为对象，具有友好、便捷、有效的人机界面的应用系统。主要包括：资源采购流程系统、合同管理流程系统、权限管理流程系统、线路设计流程系统、产品报价流程系统、同业批发和结算流程系统、网点零售和结算流程系统、网上预订流程系统、大客户管理流程系统、游客管理流程系统、团队计划流程系统、订房订餐订票流程系统、旅游节目安排流程系统、导游领队管理流程系统、收银和电子发票流程系统、单团结算流程系统、总经理监控系统、签证和出境卡办理流程系统等近二十个流程应用管理系统（图 9.10）。

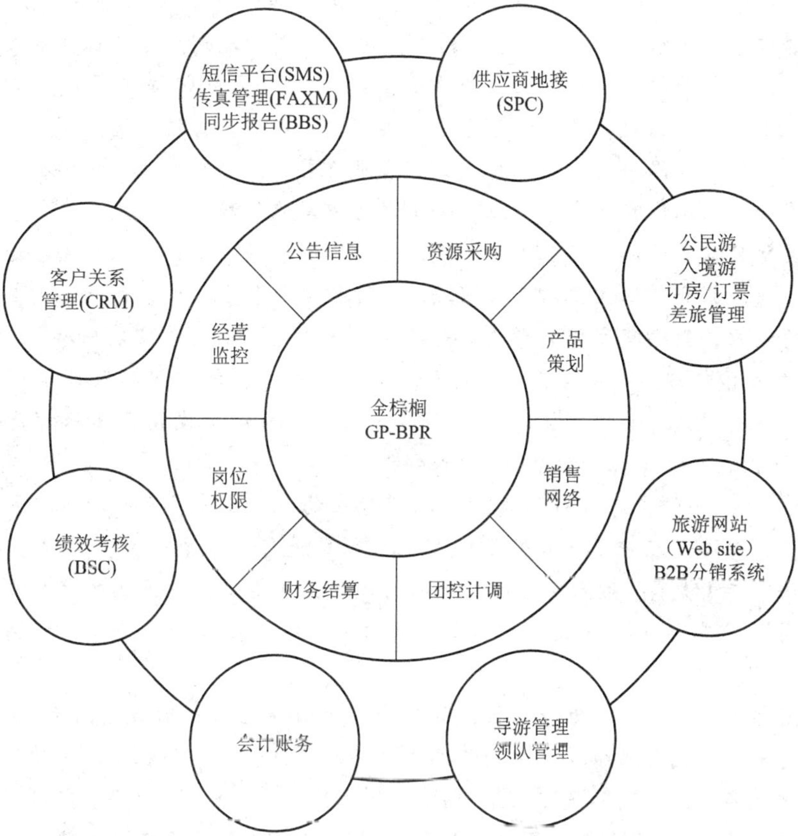

图 9.10　旅游业务流程重组与电子商务的信息技术平台

案例研究

上海旅行社电子商务应用

2004 年 3 月 11 日，就职于某公关公司的陈小姐来到位于外滩光明大厦锦江国际下属上海国旅营业部，预定了 3 月 29 日赴港澳的五日经济游。国旅营业部的前台销售人员打开电脑里的旅游信息管理系统中的“前台收客”模块，按照陈小姐提供的资料熟练地在电脑系统中输入了相关信息，这些数据实时传送回上海国旅位于北京西路国旅大厦的数据中心。与此同时，国旅财务部门在审核后会给营业部出具电子发票，营业部随即可以将发票打印给顾客。

据锦江国际信息中心主任刘晓伶介绍，上海国旅非常注重依托网络平台进行销售，目前每天通过网络平台的营收大约在300万元左右，高峰时期可达到600多万元。

在上海旅游行业排名第一的上海国旅已于2003年6月划归锦江国际（集团）有限公司旗下，由此，中国规模最大的旅游企业集团宣告成立。锦江国际集团整合了上海中国国际旅行社股份有限公司、上海锦江旅游有限公司、上海华亭海外旅游公司、上海旅行社等上海知名的国际、国内旅行社，一举成为中国旅行社行业的龙头企业。

锦江国际目前的旅游产品涵盖了入境游、出境游和国内游，重组后需要进行资源整合，由于上海国旅和锦江国旅对于出入境游的操作流程各不相同，因而如何整合是一个相当复杂的过程，因而集团率先考虑的是从操作模式差异不大的“国内游”入手。

2004年2月中旬，锦江国际旗下的上海旅行社通过整合“锦江假日”和“国之旅观光”两家旅行社的市场资源，成为上海第一家国内旅游批发商，其旅游产品已经进入锦江国际集团的43家旅游销售网点挂牌销售。

成立于1958年的上海旅行社是上海旅行社业的“老招牌”。新的锦江国际集团将上海旅行社、锦江假日旅行社和国之旅观光旅行社进行重组整合，并沿用了“上海旅行社”这块“老招牌”。按照锦江国际集团的计划，该集团将在下属的旅行社企业中尝试“批发商”、“零售商”垂直分工体系，新的上海旅行社成为一个专业的国内旅游批发商。

锦江国际的国内游向垂直分工模式的转变。上海旅行社成为国内游专业批发商后，致力于自驾车旅游、自助旅游、主题旅游等产品的设计开发，而在上海本地市场上的所有营销工作全部由锦江国际集团的旅游销售网点代理。据介绍，上海旅行社的全新身份引起了业内震动。至2004年6月止，全国29个省市的旅行社已经与之签订了“战略合作协议书”。而锦江国际集团的目标是，从长三角到中西部地区，陆续“收编”外省市旅行社，使之成为上海旅行社旅游产品的零售商，从而进军全国旅游市场。

信息系统与信息资源的整合。伴随锦江国际的战略重组，信息互通与共享问题凸显。由于上海国旅、锦江国旅、上海旅行社等单位原先都有各自的信息管理系统，因而，信息系统也需要进行整合。信息系统与信息资源的整合目的在于为各级决策者提供准确、迅捷的市场数据；最大限度地实现旅游资源共享，提高服务质量；产生丰富、准确的统计数据，为管理者决策提供有力的依据。

通过业务流程重组，锦江国际可以达到全局化控制、专业化分工、规范化流程、规模化经营、集约化管理、计算机化操作、一体化运作的经营效果，提高效益和效率，增强整体竞争力。

问题：

1. 锦江国际业务流程重组的目的是什么？

2. 锦江国际使用内联网的目的是什么？

3. 锦江国际业务流程重组得到了哪些好处？

第四节　实务演练

一、旅游线路设计

［第一步］ 运行《旅行社信息管理系统》，打开系统登录窗口（图 9.11）。

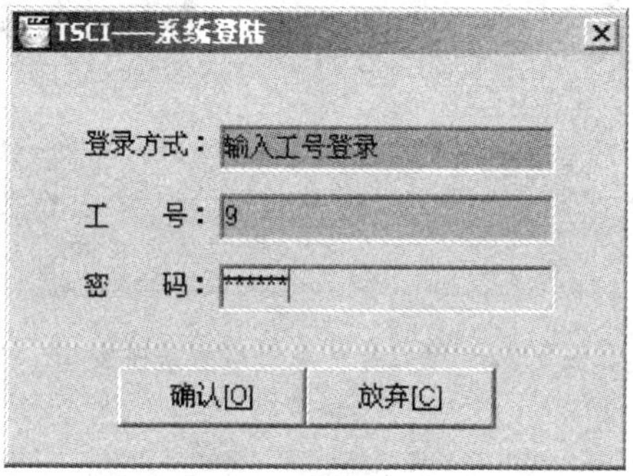

图 9.11　登录界面

［第二步］ 登录成功后，系统将打开主窗口（图 9.12）。主窗口包括系统主菜单、系统常用工具条和系统流程图子窗口，从系统主菜单可以到达本系统的任何功能模块。

［第三步］ 进入本系统后，可通过系统主菜单—“设计”—“线路设计”菜单，或系统流程图子窗口的旅游线路设计标签进入旅游线路列表窗口（图 9.13）。

旅游线路设计是旅行社旅游产品的标准化，完整的旅游线路资料可以节省旅行社在日常业务中的人力资源，便捷旅游市场的开发，简化旅游采购工作量，同时通过本系统可以对旅行社的发展及旅游产品的开发提供量的参考。

［第四步］ 按【详细】按钮，可以查看已有的旅游线路信息；按【设计】按钮，可以对已有的旅游线路进行编辑修改；按【新增】按钮，打开旅游线路设计窗口（图 9.14）。

［第五步］ 查看已有的旅游线路信息。旅游线路信息包括线路名称、线路等级、线路分类、日程、线路状态、旅游区域、操作提前天、上下限人数和出团日设置信息（图 9.15）。

线路等级——是旅游线路自动生成旅游团的依据，分为标准线路、季节线路和临时线路。标准线路将根据出团日的设置和操作提前天生成对应星期日至星期六的旅游团。季节线路将根据出团季节、出团日和操作提前天的设置生成旅游团。自动生成旅游团不

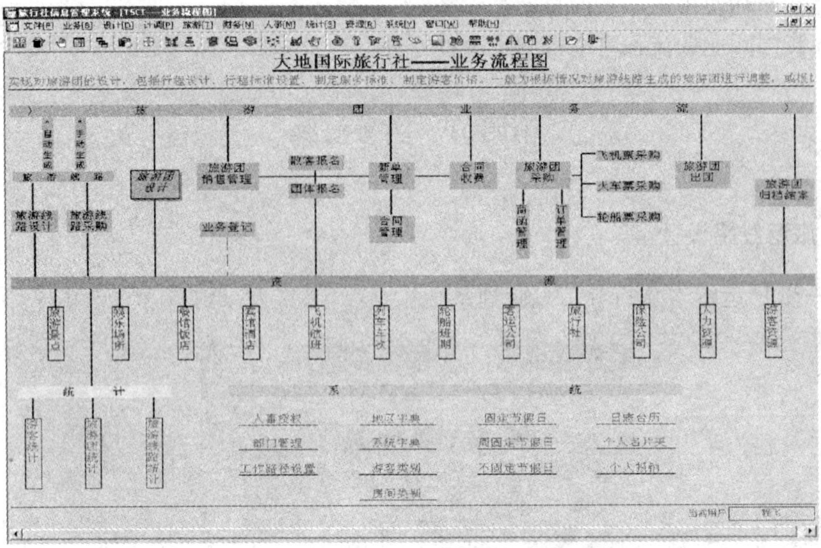

图 9.12　旅行社信息管理系统主窗口

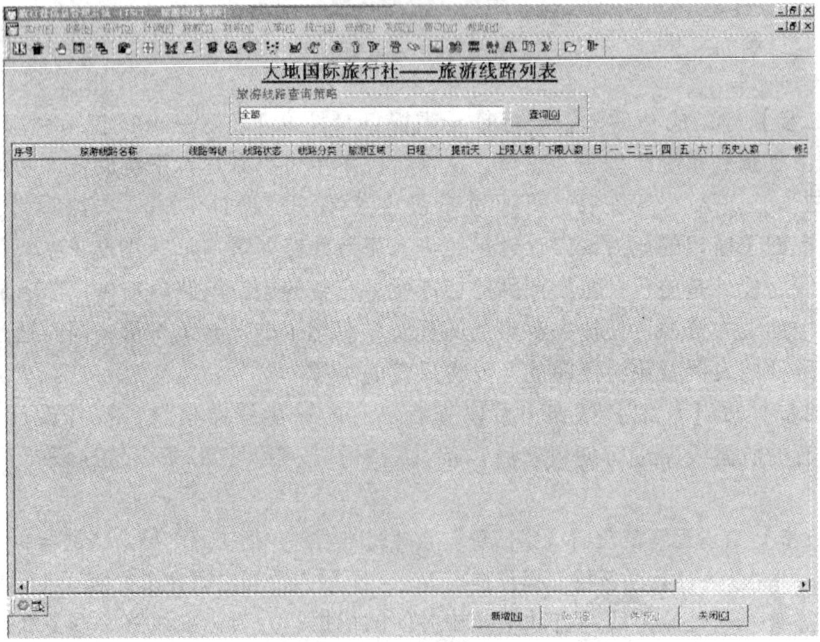

图 9.13　线路设计主窗口

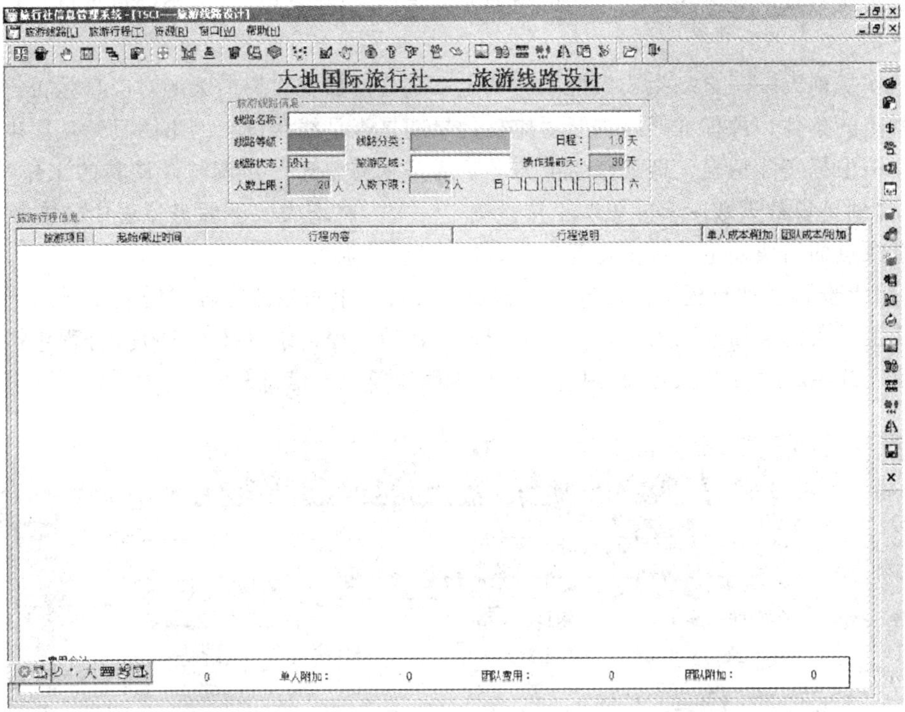

图 9.14 线路设计操作窗口

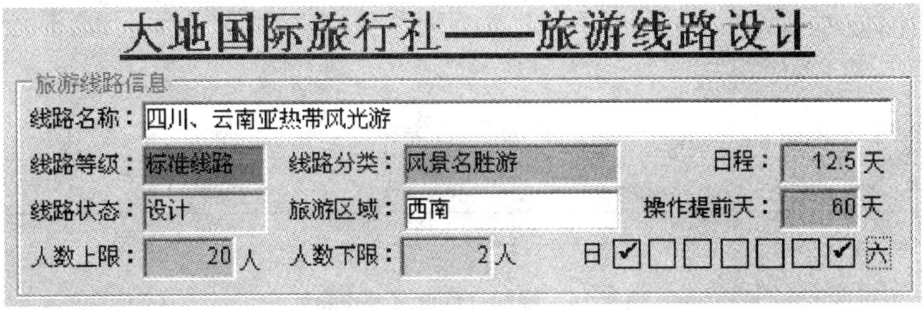

图 9.15 旅游线路信息显示

包含临时线路。

线路状态——决定旅游线路是否生成旅游团，包括设计、正常和睡眠三种状态。只有处于正常状态的线路，才可以自动生成旅游团。请在旅游线路设计时、采购方案定制时，保持线路状态为“设计”。

线路分类和旅游区域是旅行社旅游产品在性质和旅游目的地的分类依据，良好的分类可以为旅行社的业务拓展、市场的定向开发提供先决条件，其分类信息可以在系统字典中维护。

操作提前天——自动生成旅游团将确定系统日期加操作提前天的对应日是否符合生成旅游团的条件，即标准线路判断对应日的星期是否是线路设置的出团日，从而生成旅游团。请根据实际情况，即线路生成旅游团后是否需要进一步调整及调整的工作量（天数）+计划销售的天数+实际采购工作量确定。太大将增大实际业务流程中的变数（比如旅游景点的门票发生较大变化等），造成不必要的损失。

[第六步] 增加行程信息。选择旅游线路设计菜单—旅游行程—增加或插入行程菜单，或工具条的增加或插入行程项，增加一个新的行程记录（图 9.16）。行程包括：旅游项目、起始/截止时间、行程内容、行程说明以及成本信息。

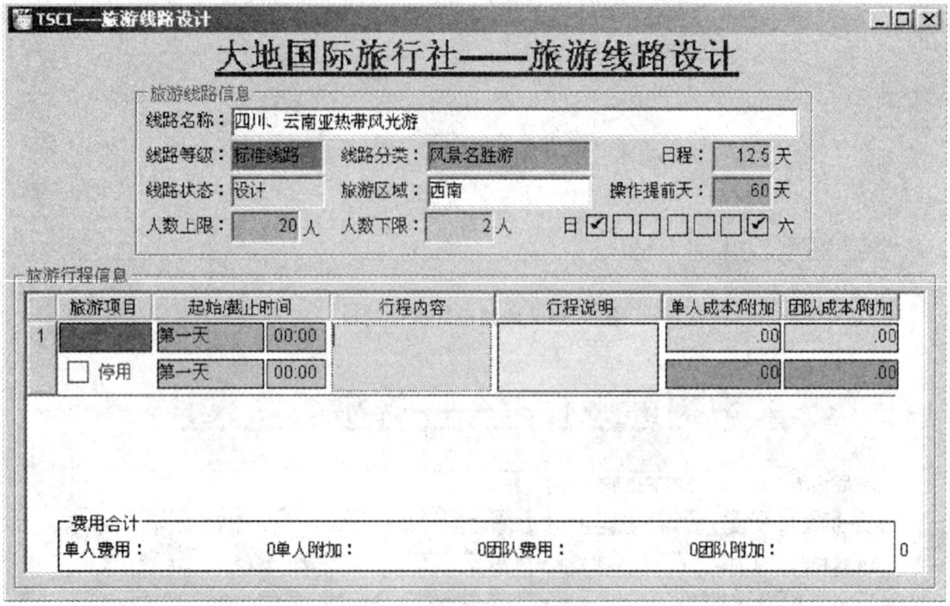

图 9.16 增加行程信息操作界面

旅游项目是行程的分类，包括：景点旅游、娱乐活动、旅游餐饮、旅游住宿、交通飞机、交通火车、交通汽车、交通轮船、旅游购物、商务活动、自主旅行、旅游出团和旅游结束等。

[第七步] 增加一个景点旅游项目。在旅游项目下拉列表中选择景点旅游，系统打开旅游景点选择窗口（图 9.17）。

[第八步] 根据实际线路选择景点，按【选取】按钮，系统会把景点信息自动带入

图 9.17　增加景点信息操作界面

行程记录中（图 9.18）。

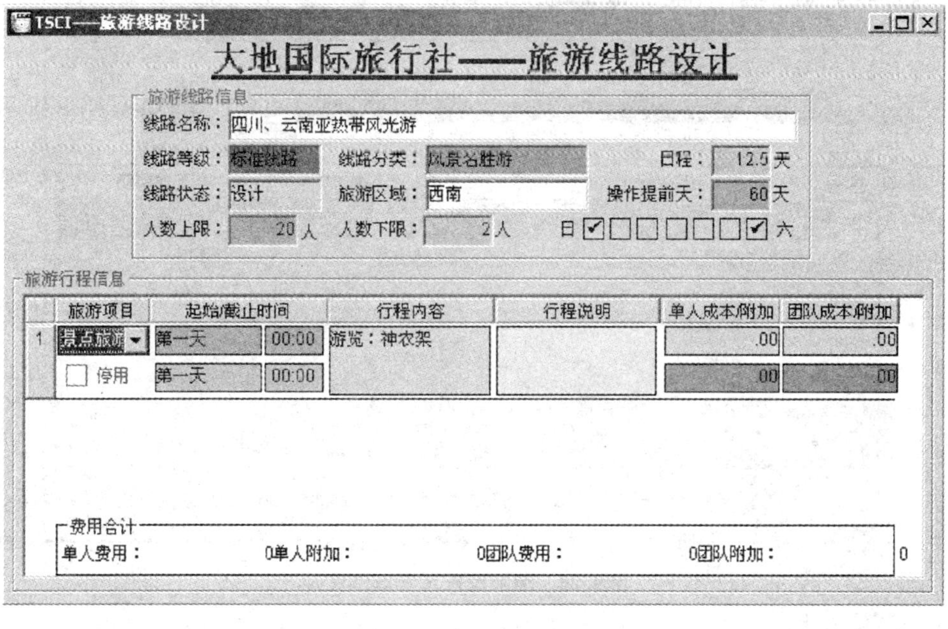

图 9.18　景点信息显示

调整起始/截止时间，补充行程说明信息，录入成本参考，一个景点旅游行程记录就增加完成了。

[**第九步**] 增加一个娱乐活动行程。重复以上步骤，选择娱乐活动，系统打开娱乐信息窗口（图 9.19）。

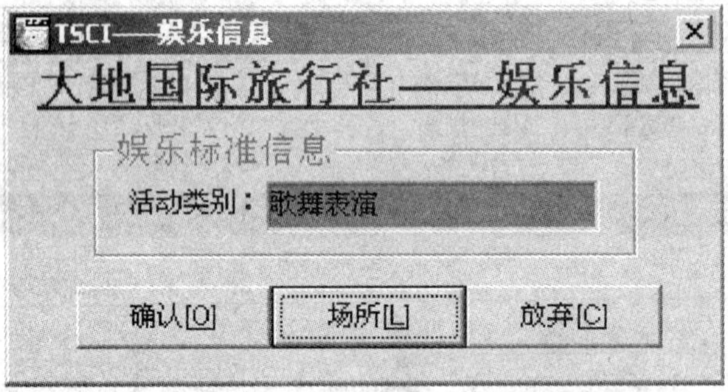

图 9.19　增加娱乐活动行程操作界面

[**第十步**] 确定娱乐类别，按【场所】按钮，打开娱乐场所选择窗口（图 9.20）。

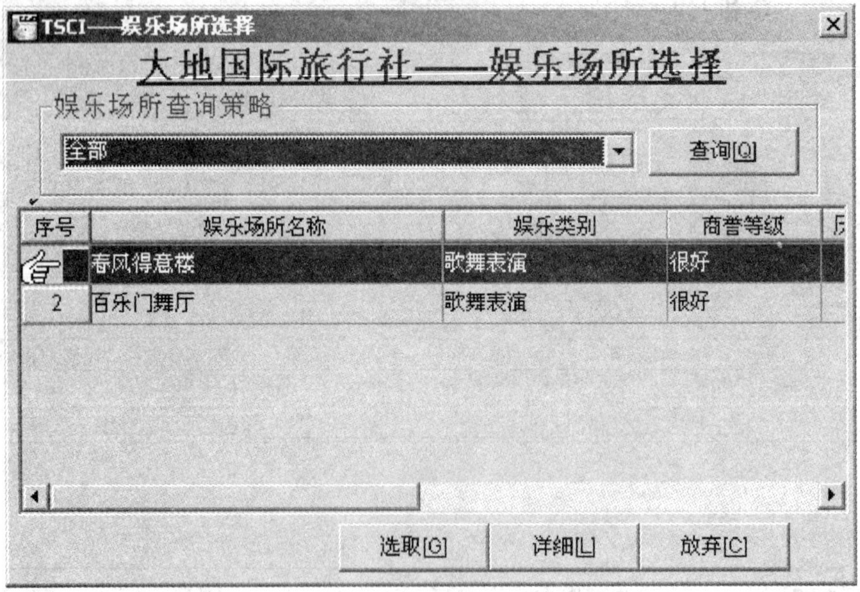

图 9.20　增加娱乐场所操作界面

[**第十一步**] 按【选取】按钮，返回娱乐类别设置窗口，按【确认】按钮，系统

把信息带入行程记录（图 9.21）。

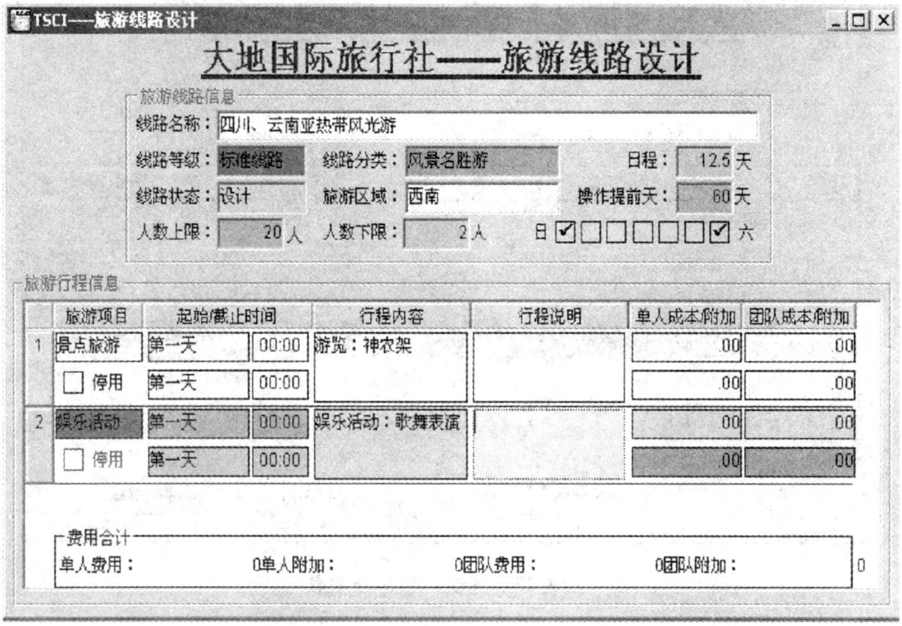

图 9.21　娱乐活动进入旅游行程信息

［第十二步］增加一个餐饮行程。重复以上步骤，选择旅游餐饮，系统打开餐饮信息窗口（图 9.22）。

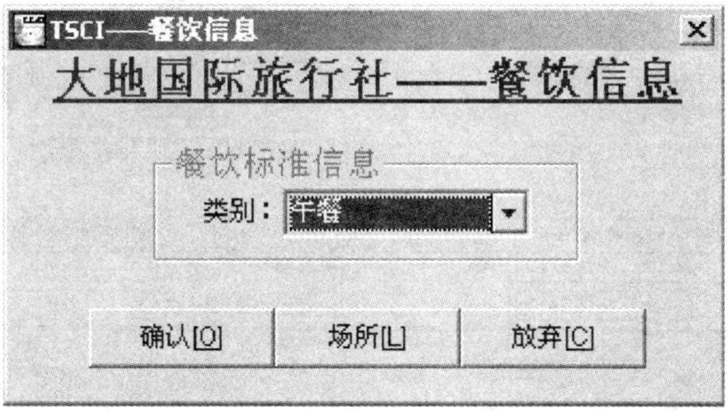

图 9.22　增加餐饮行程操作界面

［第十三步］确定餐饮类别：早餐、中餐、晚餐等，按【场所】按钮，打开餐馆饭店选择窗口（图 9.23）。

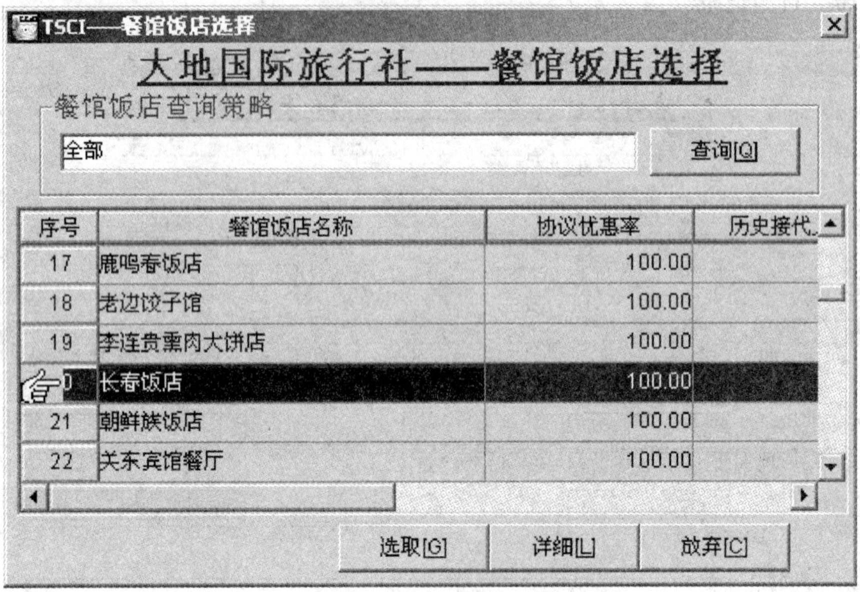

图 9.23　餐饮信息详细信息

[第十四步] 按【选取】按钮，返回餐饮类别设置窗口，按【确认】按钮，系统把信息带入行程记录（图 9.24）。

图 9.24　餐饮信息进入旅游行程信息

［**第十五步**］增加一个住宿行程。重复以上步骤，选择旅游住宿，系统打开住宿信息窗口（图 9.25）。

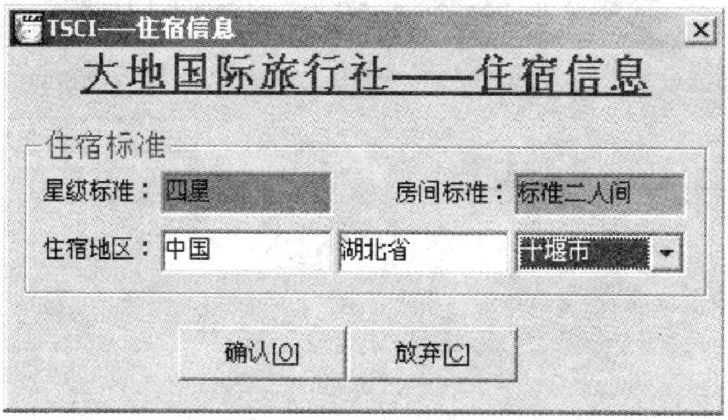

图 9.25　增加住宿信息操作界面

［**第十六步**］确定住宿标准（星级及房间类别）和住宿地点，按【确认】按钮，系统把信息带入行程记录（图 9.26）。

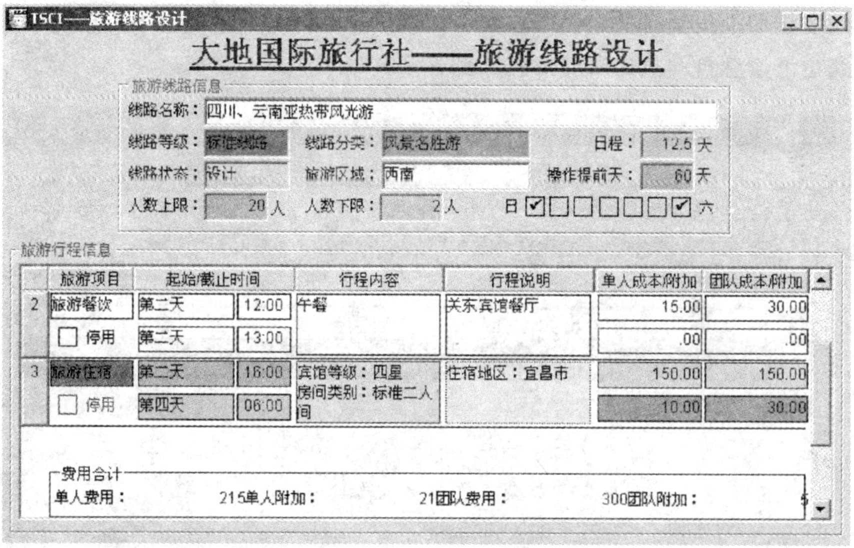

图 9.26　住宿信息进入旅游行程信息

［**第十七步**］增加一个交通（飞机）行程。重复以上步骤，选择交通飞机，系统打开飞机信息窗口（图 9.27）。按【航班】按钮，系统打开航班选择窗口。

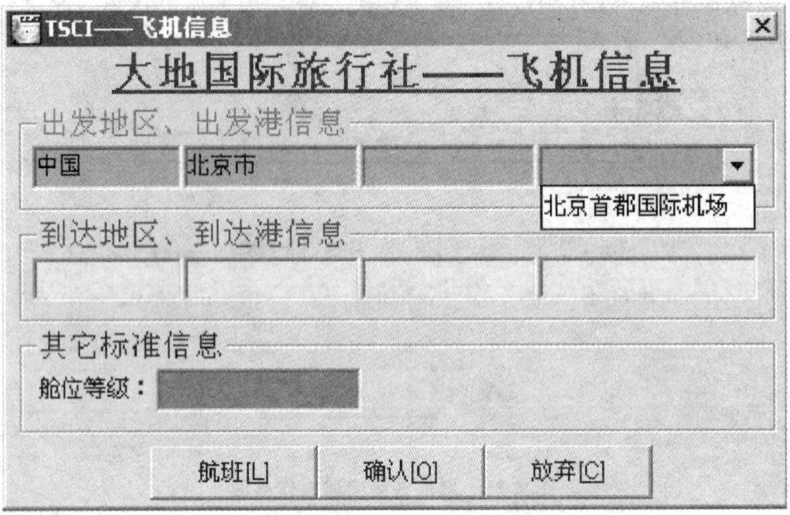

图 9.27　增加航班信息操作界面

［**第十八步**］出发、到达地区的选择，可以对机场下拉列表进行筛选，为旅行社更快的从众多机场中找到目的地提供方便。在航班选择窗口，系统会根据旅行社输入的出发港、到达港信息自动找出所有信息（图 9.28）。

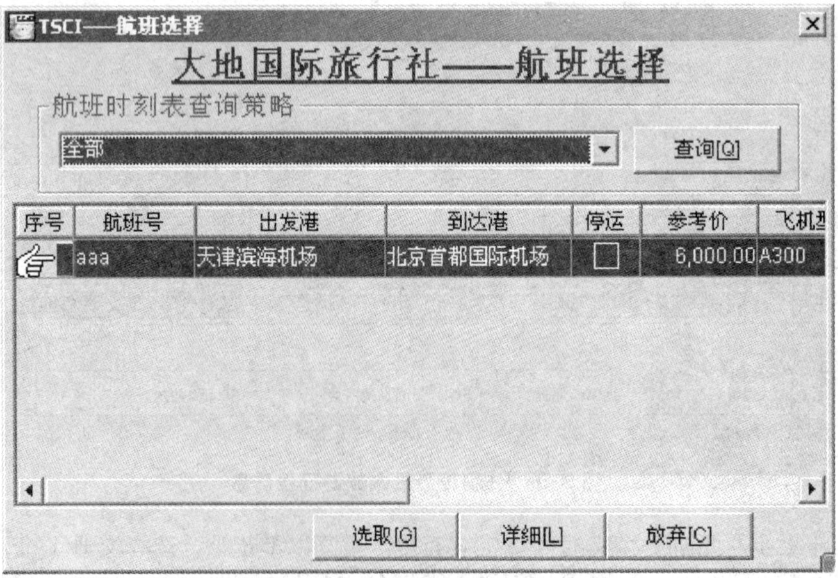

图 9.28　航班详细信息

［第十九步］按【选取】按钮，返回飞机信息设置窗口，按【确认】按钮，系统把信息带入行程记录（图 9.29）。

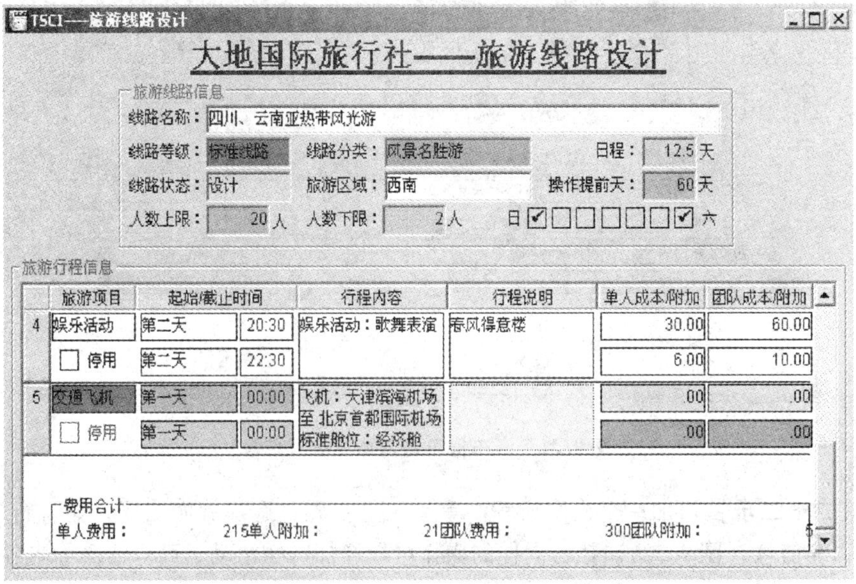

图 9.29　飞机信息进入旅游行程信息

［第二十步］增加一个交通（汽车）行程。重复以上步骤，可以增加一个交通（火车）行程、一个交通（轮船）行程。增加火车、轮船后的行程信息（图 9.30）。

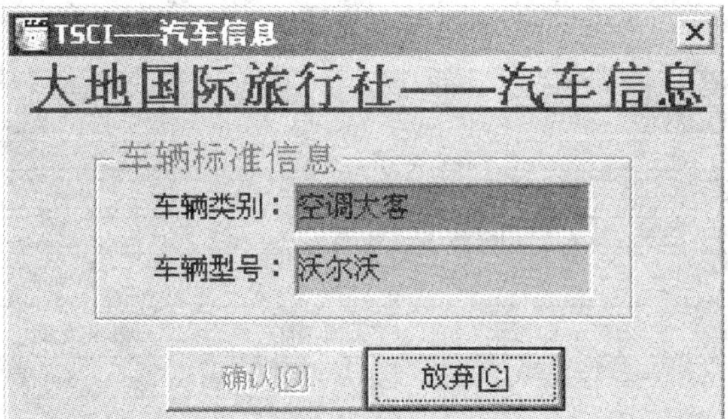

图 9.30　增加汽车行程操作界面

［第二十一步］确定车辆类别标准和车辆型号标准，按【确认】按钮，系统把信息带入行程记录（图 9.31）。

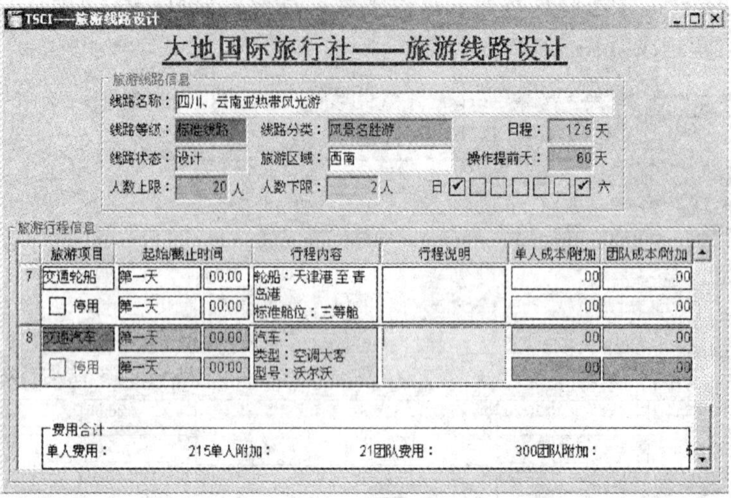

图 9.31　汽车信息进入旅游行程信息

［**第二十二步**］增加一个出团行程。重复以上步骤，选择旅游出团，输入行程时间、行程内容等信息（图 9.32）。执行同样的操作可以增加购物活动、商务活动等内容。

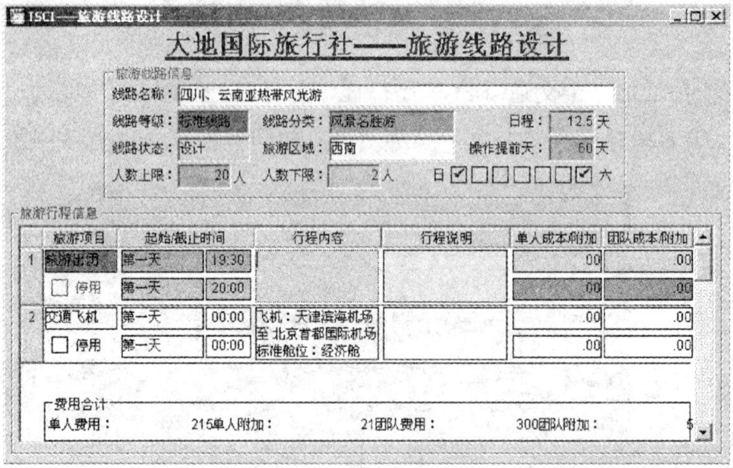

图 9.32　增加出团行程

二、制定服务标准

［**第一步**］选择旅游线路菜单－服务标准或工具条的旅游线路服务标准项，打开服

务标准窗口（图 9.33）。点击【新增】增加标准类别名称，在响应的类别栏里输入旅游标准信息，最后点击【保存】。

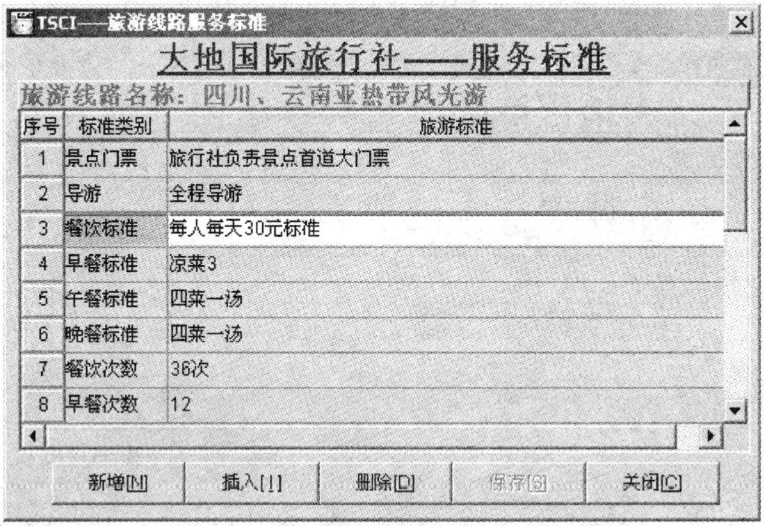

图 9.33　服务标准信息维护界面

三、制定旅游价格

［第一步］建立游客类别和单价。选择旅游线路菜单——标准价格或工具条的旅游线路标准价格，打开标准价格窗口（图 9.34），点击【新增】按钮输入信息。

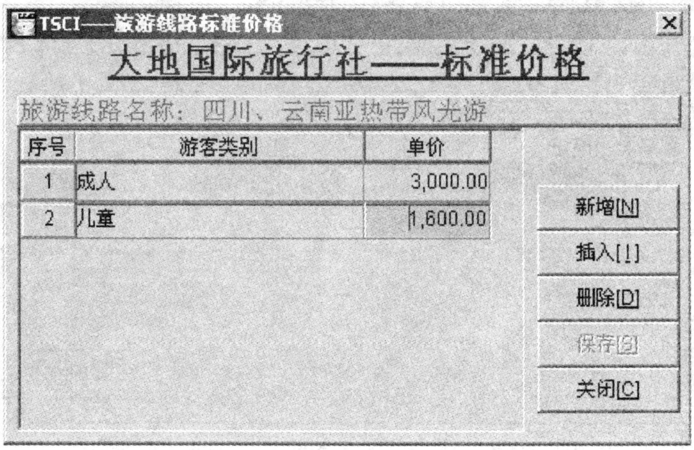

图 9.34　增加游客类别操作界面

［**第二步**］出团季节及季节差价制定。选择旅游线路菜单—出团季节或工具条的出团季节及季节差价，打开出团季节窗口（图9.35）。设置季节线路生成旅游团的日期区间，以及对旅游线路生成旅游团在该日期区间的生成价格修正。

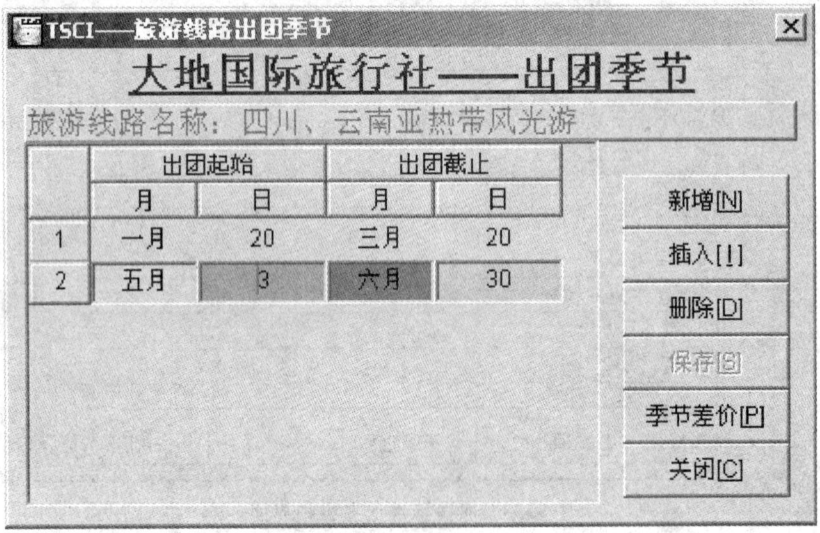

图9.35　季节差价日期操作界面

［**第三步**］按【季节差价】按钮，打开旅游线路季节差价窗口（图9.36）。旅游线路生成旅游团的销售价格将根据标准价格加上出团季节的差价得到。

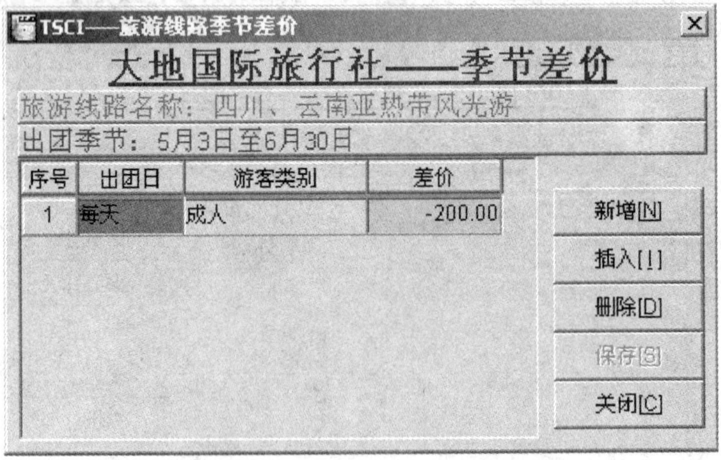

图9.36　季节差价信息操作界面

本章小结

在旅行社业务垂直分工体系中，旅行社通常分为旅游批发商和旅游零售商（零售旅行代理商）。依照行业垂直分工体系，旅行社行业主要细分为批发、代理和零售三层结构。这种分工体系使得旅行社各司其职，有效地克服了因缺乏分工而导致的业务交叉覆盖、混乱竞争等弊端，使得整个旅行社行业的经营协调有序。

在水平分工体系下，旅行社之间业务重叠，容易造成产品的模仿和雷同，旅行社的低水准重复建设有碍于产品创新。

旅行社的供应链管理主要包括建立广泛的采购协作网络，正确处理保证供应和降低成本的关系，正确处理集中采购与分散采购的关系，正确处理预订和退订的关系以及加强对采购合同的管理。供应链的管理涉及以下八个供应商资源：交通部门的供应商管理；住宿部门的供应商管理；餐饮部门的供应商管理；参观游览部门的供应商管理；购物商店的供应商管理；娱乐部门的供应商管理；保险公司的供应商管理；相关旅行社的供应商管理。

业务流程重组是从根本上重新考虑并彻底重新设计业务流程，帮助企业在关键的业绩，如成本、质量、服务和响应速度方面取得突破性的进展。业务流程重组应该以增加客户的价值为核心，消除非增值活动和调整核心增值活动。遵循清除、简化、整合、自动化规则。其核心在于改进后的流程能够提高效率，消除浪费，缩短时间，提高顾客满意度和公司竞争力，降低整个流程成本。

关键术语

旅游电子票（E-travel Ticket）
旅游批发商（Travel Wholesaler）
旅游零售商（Travel Retailer）
旅游资源采购（Travel Resource Purchasing）
旅行社客户关系管理（Customer Relationship Management for Travel Agency）
旅行社供应链管理（Supply Chain Management for Travel Agency）
旅行社业务流程重组（Business Process Reengineering in Travel Agency）
职能型组织结构（Function-organization）
过程型组织结构（Process-oriented Organization）

清除（Elimination）
简化（Simplification）
整合（Integration）
自动化（Automation）

习　题

一、单项选择题

1. 旅行社的业务处理过程实质就是（　　）处理过程。
   A. 技术　　B. 信息　　C. 订票　　D. 导游管理
2. 旅行社所经营的线路产品具有（　　）的特征。
   A. “产品异质化、价格市场化、成本社会化”
   B. “产品同质化、价格不同化、成本社会化”
   C. “产品异质化、价格不同化、成本社会化”
   D. “产品同质化、价格市场化、成本社会化”
3. 在 BPR 中，以团队为本的是（　　）。
   A. 客户服务中心　　B. 产品设计中心
   C. 信息技术平台　　D. 团控操作中心

二、多项选择题

1. （　　）是实现旅游产品价值的有机组合。
   A. 旅游产品的时效性　　B. 与消费者的有效沟通
   C. 全面质量控制　　D. 旅游产品的多样性
2. 旅行社业实现连锁经营是（　　）。
   A. 信息时代的必然要求　　B. 满足旅客需求的必然要求
   C. 竞争的必然要求　　D. 入世后的必然要求
   E. 时代发展的必然需求　　F. 企业垄断的必然需求
3. 在 BPR 中，客户挖掘功能模块分为（　　）。
   A. 采购管理子系统　　B. 销售管理子系统
   C. 产品管理子系统　　D. 客户管理子系统

三、实训题

1. 进入锦江国旅（www. jjtravel. com）网站，将其服务与 e 龙网站（www. elong. com）的服务进行比较。两者有哪些主要区别？

2. 进入携程（www. ctrip. com）网站，将其服务与e龙网站（www. elong. com）的服务进行比较。两者各有哪些主要优势与劣势？

3. 考察不同的在线旅行社（如Travelocity. com、priceline. com、expedia. com、reviewtravel. com等），并比较它们对客户的经营战略，尤其要注意它们如何与传统的实体旅行社展开竞争。

参考文献

1. 查尔斯·R·戈尔德耐，等．旅游业教程：旅游业原理、方法和实践．八版．大连：大连理工大学出版社，2003

2. 国家旅游局人事劳动教育司．旅行社经营管理．二版．北京：旅游教育出版社，1999

3. 谌浩，吕志明．现代经纪学．长沙：湖南大学出版社，2004

4. 屈云波，牛海鹏．特许经营．北京：企业管理出版社，1996

5. 中国旅游协会．中国旅行社焦点课题研讨文集．2004

6. 潘皓波．现代旅行社的业务流程重组．旅行社之友，2005

7. 董观志，白晓亮．旅游管理原理与方法．北京：中国旅游出版社，2005

8. 鲁晓莹，傅德彬．MIS解决方案．北京：国防工业出版社，2005

9. Michael E. Porter. Competitive Advantage Creating and Sustaining Superior Performance. New York, Free Press, 1998

10. Michael Hammer. The Reengineering Revolution. New York, Harper Business, 1995

11. Champy J. Reengineering Work: Don't Automate, But Obliterate, Harvard Business Review Article, 1990

第十章

酒店电子商务应用举例

学习目标

- 酒店业务流程分析、业务流程再造概念
- 酒店企业过程分析与旅游电子商务流程
- 酒店各环节旅游电子商务的功能需求
- 酒店电子商务系统的构成、应用

开篇案例

希尔顿饭店集团面向公众的电子商务预订业务

国际希尔顿（Hilton International）与希尔顿饭店集团（Hilton Hotels Corporation）在1997年1月达成合作联盟，至2000年为止，他们在世界上55个国家经营着2 100多家连锁饭店。

希尔顿集团积极开展电子商务，2000年，集团总收入28.3亿美元，净收入27 200万美元，电子商务收入占净收入的9%。此前，利用互联网，希尔顿已成功地推进了客房预订业务，大幅削减成本。2000年，它的所有网站客房预订收入超过3亿美元，是1999年的两倍。而后，希尔顿饭店集团又进行了第二次电子商务改革，利用电子商务增强营销能力，拓宽分销渠道，提高预订能力、购买能力和集团内部管理水平。希尔顿集团致力于B2C网络业务，对实施新的多品牌战略十分重要，分析家说：“我们看到，希尔顿集团正努力通过一个综合频道推销其所有品牌”。

2001年6月，美国Internet Week网站公布了2000年度全美电子商务100强企业的评选结果，希尔顿饭店集团荣膺百强之首。此次评选意在表彰这些公司利用互联网达成商业成功的努力，评选的主要依据是各家公司所取得的切实的电子商务业绩，诸如增加客户、提高收益、降低成本等。相关的调查研究了这些公司如何利用互联网增进企业与消费者及供应商之间的联系，如何开拓电子市场，以及如何利用互联网推进企业基础建设等。

希尔顿集团网站的成功之处是有效地把网站访问者变成预订者。据统计，1999 年 10% 的饭店集团网站访问者尝试了网上预订。其成功的重要原因是合理的网站设计。希尔顿集团的电子商务研究人员通过调研，认为网站不能有效吸引预订的原因在于：网站设计不好；导航困难；连接慢；缺乏有吸引力的优惠。同时他们了解到，只有 16% 的网站访问者会逐字逐句地阅读网页上的文字。

基于这些认识，希尔顿集团网站的设计突出了以下特点：将饭店和度假胜地查询功能放在显著位置；突出在线预订功能；重点介绍特别服务和优惠价格；重点促销周末和度假旅游、会议和团队旅游；加亮关键字；文字叙述简明，从结论开始；不大量使用图片。

这些设计强化了网站的电子商务功能，推动了网站预订的增长。同时，希尔顿饭店集团拥有电话预订中心。由于现在许多旅游者仍然习惯通过电话预订，电话预订中心与网络预订是互补的。而其共同之处在于，他们的后台支持是同一数据库和网络信息系统。

第一节 酒店业务流程及再造概述

一、酒店业务流程发展概述

酒店是以接待型建筑设施为依托，为公众提供食宿及其他服务的、商业性的服务企业。酒店无论大小，其主要功能可以分为：大堂接待、客房、餐饮、公共活动和后勤服务管理五个主要部分。现代酒店功能丰富多样，流线错综复杂，每个部分的功能相互之间紧密而复杂联系，构成酒店整体。其业务流程主要是依据各主要功能部门按照业务分工不同而形成的一个既分工明确又紧密联系的统一整体。

业务流程（Business Process）是指为完成某一目标（或任务）而进行的一系列逻辑相关的活动的有序集合。最初的酒店所有业务都是靠手工操作来完成的，后来发展到运用计算机管理系统，酒店计算机管理系统（Hotel Management Information System，HMIS）是酒店现代化管理的重要手段。HMIS 首先是一个以人为主体的人机综合控制系统，整个现代酒店的管理还是依靠人，计算机仅是一个数据处理的工具。管理人员依据计算机数据处理的结果信息，迅速作出管理决策，以达到有效经营管理的目的。因此经过 HMIS 的快速数据处理，管理人员可以迅速得到管理所需的信息；通过 HMIS 的辅助管理，使酒店管理更加科学化，日常事务处理更加有序、规范、准确。

由于计算机在我国酒店中的应用起步较晚，早期的 MIS 系统一般都是建立在 DOS 操作平台的基础上，称之为 DOS 型软件。但随着计算机的发展，操作平台由 DOS 型向 Windows 型平台转变，基于 Windows 平台的酒店管理软件逐渐发展并流行起来，使酒店管理软件的操作界面更友好，使用更方便，功能更完善。由于 Windows 是多任务操作系统，因而酒店管理软件也可以多任务操作，克服了 DOS 平台只能单用户、单任务的不足。

现代酒店管理要求向“管理一体化”方向发展，从整个酒店的角度，充分发挥计算机在管理中的作用，让计算机在各个部门有数据的管理、文本的管理，也有控制的作用，也就是说，把计算机在酒店中应用所需的各种单向软件都集成起来，成为一个计算机在酒店中综合应用的集成软件，通过该集成软件，达到计算机在酒店中应用综合效果的作用。这样计算机在酒店中的应用真正有了价值体现，为管理一体化提供了技术手段，达到信息合理使用的综合效果。集成化软件使酒店的计算机应用构成了一个信息网，酒店中所有的数据处理、文件管理、安全保卫管理、统一调度指挥都集中由计算机统一控制管理，这是今后现代酒店管理科学化的一个重要标志。

二、信息化管理带来的酒店业务流程再造

业务流程再造（Business Process Reengineering，BPR）是指组织为满足顾客要求，充分利用信息技术、通信技术和制造技术，对组织内部及组织之间的物流、信息流、资金流进行重新设计和组织，并优化人力资源和设备资源的过程。酒店的信息化管理强调应用最佳行业业务规范进行酒店业务流程再造，将传统的组织结构向顾客导向的组织结构转变，酒店流程的再造不仅是为使用电脑系统而使用电脑系统，更重要在于相应地转变和理顺酒店的组织结构，使信息技术架构同酒店的新业务流程及组织的管理目标相互适应协调，形成酒店在信息时代的新竞争优势。如对酒店企业而言，网络订房就是信息技术带来的最简单不过的变革，但任何一个现代酒店企业都不得不适应这种变革，再造酒店业务流程。

经过业务流程再造的酒店信息化应用的典型情景是：针对酒店经营管理全过程中的各个环节，电脑管理系统都有相应的功能模块来方便、快捷和规范地运转。酒店在网上宣传酒店设施、服务项目、餐饮特色等卖点，客人在网上可选择预订酒店客房和服务项目，当顾客完成预订后，系统就生成了一项预订记录。当顾客到达酒店，系统开始自动提示预订项目并在顾客确认后执行。顾客只要经过简单的手续就可以领取电子卡入住客

房和消费项目。在住店过程中，顾客可以凭电子卡在酒店的其他部门签单消费。各种消费项目将通过系统迅速、精确地汇总到客人账上。楼层服务员通过运用自动化智能技术，不用频频敲门，便可根据客房内安装的红外线安全消防监控系统，感应客人是否在房内。客房小酒吧的自动化管理，可实现自动记账和监控，提示服务员及时补充。当客人结账离店后，酒店管理者通过系统生成的报表汇总了解顾客的各种信息，包括顾客来源、消费项目、消费次数、需求偏好和客人特殊要求等等。这些数据经过集成化处理后将为经营管理者制定决策提供准确且及时的信息，使酒店管理方法逐渐由经验管理转向科学管理。良好的酒店集成化应用可以保证酒店一体化地规范、精简和加速内部的业务流程，降低运作成本和提高效率，并通过实时的信息来支持精确管理运作和战略决策。相反，如果酒店的各个业务流程环节管理还孤立运作，企业内部连一个各部门相互联通的信息平台都没有，必然导致工作效率低下、人工成本上升、企业决策失误、市场反应速度缓慢等。世界著名酒店集团如 Shangri-La、Marriott、Hilton、Wyndham、Radisson、Bass、Starwood、Forte、Mandarin Oriental 等均为集成化信息应用的先锋。

进入互联网新经济时代，酒店业信息化有了新的追求境界，即电子商务流程再造（Electronic Business Process Reengineering），就是组织为满足顾客的要求和市场竞争的需要，充分利用 Internet/Intranet 技术，对组织内部以及组织之间的商务流程进行重新的设计和建立，以达到资源及时准确地共享的目的，从而降低成本，提高效率和质量。酒店的信息必须在集成化基础上进行协同化应用，酒店通过互联网搭建统一的信息应用平台，将客户、酒店、员工、供应商、合作伙伴等各方联为一个整体以实现纵览全局的跨行业、跨组织、跨地区，实时在线的、端对端数据无缝交换的业务协同运作，其重点在于各方联为一体直接面向顾客提供个性化服务。随着信息时代的到来，企业的竞争方式也发生了新的变化。企业的竞争市场环境有如商业生态系统是由一群共同生存和发展的企业组成的，它们既相互竞争资源，又必须保持生态平衡。互相竞争的各个企业之间，出现了新型的共生竞争关系：竞合。竞合关系迫使酒店业内相关的企业都要重新审视自身在市场中的定位，调整竞争战略，以相互协同运作进而达到共赢。

国际上酒店业信息协同化应用主要糅合了企业资源管理计划（ERP）、供应链管理（SCM）、客户关系管理（CRM）和电子商务的观点。从企业资源管理计划角度，优化酒店价值链，对企业业务流程、组织结构再造，提升酒店管理水平；从供应链管理角度，实现社会资源配置最优化，控制采购成本，保障供应质量；从客户关系管理和电子商务的角度，把企业关注的焦点，逐渐转移到客户上来，帮助酒店最大限度地利用以客户为中心的资源，不断开发现有客户和潜在客户，通过改进客户价值、客户满意度以及客户的忠诚度，增强酒店竞争优势。典型的案例是 UTELL、STERLLNG、SUMMIT 三个国际著名订房中心合并，一举成为名为 SUMMIT 的全球最大的销售订房中心之一。加盟的酒店和企业接入 SUMMIT 网络进行协同化运作。SUMMIT 网络具有以下特点：首先，客人层次较高；其次，客源多。代理了全球所有主要航空公司、旅行社和跨国商务公司的预订系统；第三，网络分布广。拥有遍布世界的 92 家成员酒店、52 个订房中心；第四，加入网络的成员饭店层次较高；第五，订房渠道畅通。SUMMIT 可以通过 GDS（全球销售系统）、Internet 和 Travel web 网络订房；第六，较强的销售组织保证。SUMMIT 有分布全球的专职销售人员为成员推广。

三、饭店信息化管理对传统酒店管理模式的改进

（一）对数据流实施控制与动态分析

可以使提高酒店利润、降低酒店成本成为可能。前台系统不仅包含预订、接待、客房等传统模块，而且还包含财务应收账系统及众多的附加模块和决策支持系统模块，提供酒店有效的控制收益的全过程。

（二）房类超预订管理

两个实时订房工具，即未来房类可用性表（客房销售预测表）和未来房间占用性表，实现了酒店客房资源的最大利用（实现 100% 出租率及进行超预订控制）。

（三）全面的合约管理

既可保证销售人员管理自己的客户，同时也为酒店保留了客户信息资源，使制定的优惠政策得以延续。合约中客户享受的优惠和账户信用等内容可被所有的收银点和前台查询调用。客户在酒店中的消费被系统进行统计分析，并可制定消费排行榜，为酒店的促销政策提供依据。

（四）餐饮客史档案的管理

通过客史档案模块的查询，可以快速获得诸如客人的历次消费、平均消费、总消费额、联系信息、历次消费菜肴明细表等数据资料，利于及时分析客源消费状况，确定营销目标市场。

（五）物流、餐饮成本控制

对采购和价格的管理、收货发货、库存盘点、厨房菜肴、菜单工程，将成本控制与财务应付账的全过程统一管理，对从餐饮到一般物品以及工程备件的完整成本控制。工程管理系统则将用于支持饭店客房、餐饮运营的工程部的日常工作纳入网络系统之中，任何用户可以在不中断工作的前提下立即发出维修申请，使维护工作更及时，而且工程部的人、财、物均可达到定量管理的标准。工程备件的采购、库存与成本控制核算可以独立使用。

（六）酒店运营的实时动态信息

管理层和决策层随时可以在自己的客户端上获得目前酒店的经营状况、销售情况、

市场的需求情况的数据，无须等候前一天的报表。在管理深层次上对数据流实施控制与动态分析，可以使提高酒店利润、降低酒店成本成为可能。

（七）操作历史记录管理

任何改动房态的操作都有详细的历史记录，如操作员、操作时间、原房改动房态等信息，使前台与房务之间关于房态的纠纷有据可查；任何 POS 消费点的转账操作都有详细的操作历史记录，如操作员操作时账目的详细信息等，使前台与餐饮部之间关于餐厅转账的纠纷有据可查，增强了酒店的管理控制，也使得酒店的损失降至零。站点的操作权限控制可以使酒店的职能部门只能使用已设置的软件模块，保证了酒店的机密不外传。

（八）全面的账务审核

财务部门可直接查询、跟踪、分析酒店的各项业务数据，对整个酒店的经营项目起到监督和控制作用，全面弥补了酒店业务中容易出现的漏洞，如对逃账的防范、结账时自动提醒加收半天房费及一天房费的确定、应收账款的跟踪管理、折扣管理、收支管理、完备的账单编辑、处理客人的特殊要求、多客人同时结账等都提供了直观、形象的量化分析和反馈信息。对已发生的账目只允许账目的更正，从而保证财务账目的完备和完整，系统提供全面的财务审核报告（结账报告、营业分析报告、收入分析报告）。

（九）基于账号宾客账务管理

进行统一的账务管理散客、团队、签单权限非住店客、流动性的临时客、内部业务招待、俱乐部会员客、旅行代理的佣金账务等，完备的客账账户管理，每个账户在夜审均要计算账户的结余。支持多种类型的转账（挂账、应收账、团队账、哑房账、非平离店账等），支持账目行结、分单结账、其他收银点转来的账目查看原始的记账明细。

（十）会员积分管理

会员管理为酒店在销售方面提供渠道，销售的灵活性也将有新的突破，以往的单一销售已不能满足市场的需要，经营的多样化、销售的多元化已成为当前管理层所考虑的话题。会员业绩的总计分析：按房务、餐饮、娱乐等分析会员业绩，赠送积分促销，有利于酒店回笼资金。

四、推进酒店业务流程重组的途径

BPR 对企业的冲击是巨大的，现代企业职能部门的级别会大大压缩，企业的组织机构不再是“多级管理”，而是呈现“扁平化”趋势，部门之间的“边界”大大淡化。部门经理权力有限，一般只是制定战略、培训及管理人员，员工直接服务对象是顾客，而不是“上司”。一般只需作业层、管理层和决策层三个层次即可。

（一）作业层

主要从事日常的客人住店情况、客人的资料、客房的状况以及酒店餐饮、娱乐、消费等费用的数据处理工作，包括数据的收集、统计、查询，产生各部门的业务报表，各种会计账簿的录入系统等基础工作。

（二）管理层

对全酒店的销售、客人及客账信息、客房、电话、财务、库存、人事等方面进行管理和控制。管理层处理来自作业层的数据，它产生的信息提供给决策层使用。

（三）决策层

确定酒店发展的目标，制定实现目标的战略计划。其数据从两方面获得，一是酒店内部的作业层和管理层提供的信息，另一方面是酒店的外部环境。如：国内外的经济和政治形式、竞争对手的情况等。不但需要分析酒店当前的数据，也需要与历史的数据进行比较。因此计算机可以提供辅助决策的依据，决策者可以配合自己的经验对问题作出处理。根据酒店业务的管理模式，酒店 MIS 系统可分为前台和后台，前台是直接面向客人，进行业务处理；后台是进行系统管理和控制，为决策提供辅助。

第二节　酒店企业过程分析与电子商务流程

一、酒店企业过程及特点

酒店企业与其他企业相比，在业务过程上有自己独特的特点，一般企业的生产和销售过程在时间和空间上是分离的，这就需要有实物的配送。而酒店企业的许多产品则是生产过程和销售过程乃至消费过程是同一过程，一般不存在大宗货物的配送问题，而是顾客亲自到酒店企业购买、消费的一种“人流”过程，而且，酒店产品中含有大量的、面对面的、富有人情味的服务成分。所有这些特点使得在分析酒店企业过程时不得不充分考虑其具体的业务过程。

（一）前厅业务

前厅业务主要是提供预订、接待、问询、收银、建立档案等，结合顾客流程划分为五个互相关联的工作部分（图 10.1）。

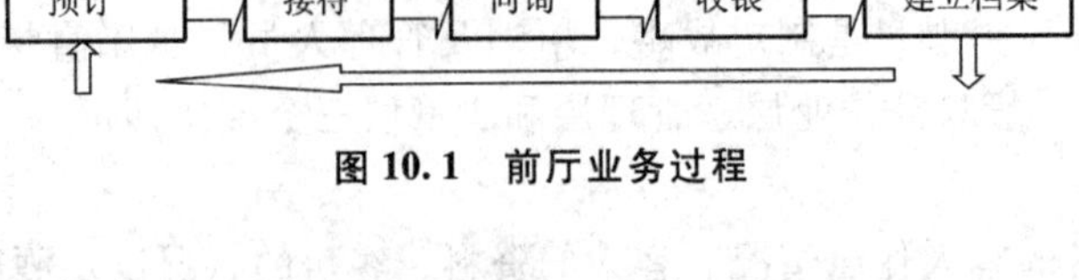

图 10.1　前厅业务过程

（二）客房和餐饮业务

客房和餐饮是酒店企业的主要职能部门，现代酒店业中这两大部门既有分工又有合作，共同承担着酒店企业的生产任务，根据其提供的产品和服务，结合顾客需求划分为以下流程（图10.2、10.3）。

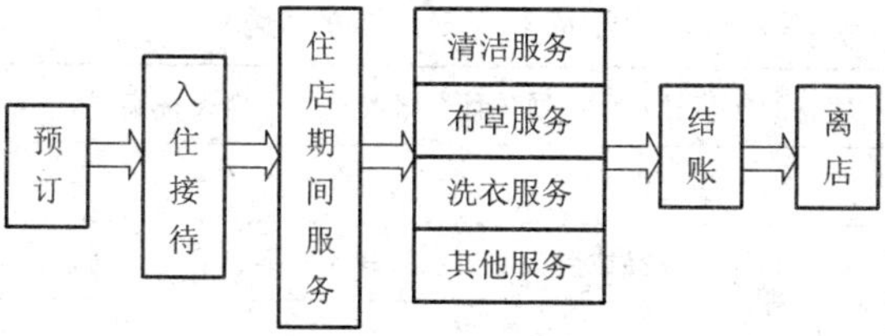

图10.2　客房部业务过程

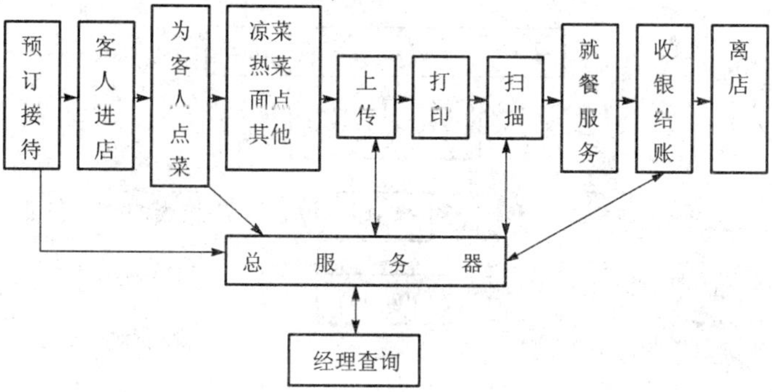

图10.3　餐饮部业务过程

（三）其他业务

现代酒店企业越来越发展成为以住宿、餐饮接待为主体的综合性服务场所，比如提供各种娱乐项目、健身设施，会议、度假等功能也越来越突出，根据酒店企业提供的服务项目不同还开展各项综合性服务业务。

二、酒店企业电子商务流程

流程（Process）在英国朗文出版公司出版的《朗文当代英语词典》中的解释为：一系列相关的、有内在联系的活动或事件产生持续的、渐变的、人类难以控制的结果，如沉陷的森林经过长期的缓慢的化学变化而形成煤就是此类流程；一系列相关的人类活动或操作，有意识地产生一种特定的结果。流程实质上就是工作的详细过程和工作的具体方法。电子商务流程（Electronic Business Process）是指通过计算机联网和通信技术而进行一系列有关商务活动的有序集合。电子商务的应用是信息流、资金流和物流的整合。其中，信息流最为重要，它对整个流程起着监控作用，而物流、资金流则是实现电子商务的保证，商流代表着货物所有权的转移，标志着交易的达成。表10.1说明电子商务“三流”的概念。

表10.1　　电子商务“三流”的概念

信息流	信息的转移过程可以通过计算机和网络通信设备实现。
资金流	资金的转移过程。
物流	物质实体（商品或服务的流动过程）数字产品可以通过网络配送。

酒店企业电子商务流程是指消费者从其客户端上网寻找产品/服务信息到购买产品消费以及获得售后服务与支持的全过程（图10.4）。

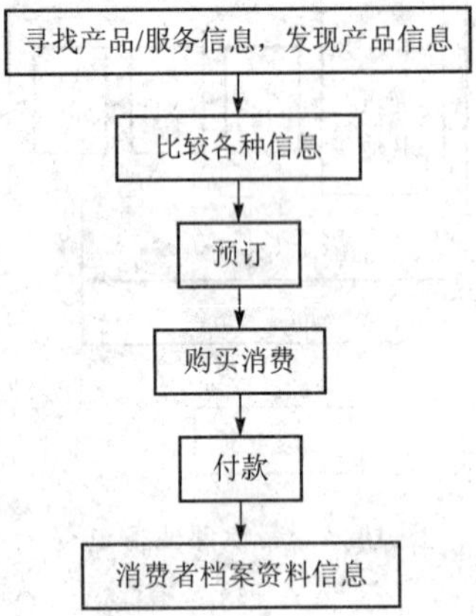

图10.4　电子商务流程

第三节　酒店各环节电子商务的功能需求

一、酒店企业电子商务的功能

（一）B－C（酒店企业对顾客）网上商城

（1）网上销售功能模块：这一模块是电子商务的窗口，也是酒店企业整体形象宣传的窗口。它提供了Web发布，客户注册管理，产品资料库管理，订单管理，意见箱，问卷调查生成器，统计信息七个功能子模块。描述如下：

① Web/产品发布管理：包括通常的网页设计，即企业主页、一般性介绍，以HTML超文本链接为主的多种信息资料库，这些资料库也可以是HTTP服务支持的树型结构文档。用于产品和服务的介绍，技术支持，在线帮助，网上预订等。提供网上360度全景拖拽旋转展示，如客房布置及住店环境的展示效果较好。

② 客户注册管理：提供用户网上注册认证管理，特别适用于拥有会员制性质的酒店企业。它们拥有相对固定的客户群及需要对客户实行积分制（可根据客户在该店的累计消费情况给以相应的优惠）等特点的销售业务。系统管理员可将注册的用户赋予信用级别认证，使不同的用户得到不同的访问权限，并可享受不同的优惠措施。

③ 产品目录/资料库管理：创建产品资料库及产品目录，提供在Web工作模式下进行增、删、改、移动目录数据库的功能。提供模糊查询、精确查询以及条件查询等多种查询手段。产品资料库包含产品编号、名称、各项特征描述、价格及价格的变动方式，也可描述最低的销售批量。价格的给出方式可根据顾客的具体要求另行制定。

④ 订单生成管理：提供网上预订，可在提交确认前随意修改（增、删）要预订的内容。一旦提交，系统将自动生成标准格式的订单。提交的订单仅供具备权限的业务人员处理。订单具有统计功能，可帮助管理人员进行各种业务分析。

⑤ 互动辅助功能：经认证登录网站的顾客可在意见箱留言，提出建议或批评，系统将自动把留言顾客的相关资料连同留言内容转发给该企业相关的人员。

⑥ 问卷调查生成器：生成多种格式的Web问卷调查表，并可依照客户注册资料，广播发送一则E-mail消息，这一消息链接Web上的调查表，由顾客依表填写并提交。

⑦ 统计信息：生成各种统计信息，包括注册顾客的总数，订单总数，按日/周/月累计的订单数，反馈的问卷调查表数等。统计信息可依据用户的具体要求定制。

（2）库存管理系统（可与企业MIS接驳）。

（3）财务管理（可与企业MIS接驳）。

（4）统计分析功能模块（可与企业MIS接驳）。

（5）系统管理功能模块。

（6）网上支付模块：支持几乎目前所有银行的银联卡。

（二）B-B（酒店企业对商家）网上交易平台

B-B网上交易平台为企业提供了一个集中信息交流的平台，帮助企业进行在线商贸撮合。主要由如下系统构成：企业注册、管理、登录系统；企业发布、供求信息发布系统；信息认证系统；企业查询、供求信息查询、产品查询系统；推荐信息、信息订阅系统；业务洽谈、在线订购系统；在线拍卖系统、竞价购买系统；企业黄页系统。

二、酒店局域网所需电子商务功能

（一）预订及查询模块功能

（1）预订单的建立，可以对当天、将来的客人进行预订。包括预订客人的基本资料、时时显示客人的预达情况。

（2）预订对全店台位做到分楼层分区域管理，方便对不同楼层区域的操作及对比。

（3）有多种不同条件的查询方式，如：按电话、按姓名、查询已到、查询未到、查询未定等信息。

（4）预订情况查询，可以查询历史预订、未来预订等信息，方便营业人员对客户进行管理，可以定期实行客户回访等的管理。

（二）餐饮管理模块功能

（1）开房房态：显示可出租的包房或餐位状态。

（2）开单结单：完成账单录入、账单结账、账单暂记、账单打印、退菜作业、包间计时等功能，多种方式结账。

（3）菜谱定义：定义菜谱名称及编码，以便点菜时输入菜名和分类统计。

（4）参数定义：设置 POS 机参数，设置桌位数、服务费率、折扣率等。

（5）账单查询及修改：多条件查询账单，对未结账单特别提示；可修改错账单。

（6）账单统计和收入查询、交班审核及统计核对。

（7）宾客明细：查询宾客的抵离日期、预付金额、消费金额、签单限额等。

（8）会员记账：在饭店消费的持卡会员的消费记录、结账功能。

（三）电话计费模块功能

（1）自动计费：国际、国内长途电话全部自动计费，自动记入客人账单。

（2）话价管理：设定国际、国内不同地区的电话价格，设定特殊时段的电话费折扣等。

（3）分机管理：增设或取消电话分机，实现统一管理。

（4）权限设置：设置宾客房长途电话直拨权限。

（5）自动报警：对非正常话单（如无人住房出现话单），系统自动报警并打印明细。

（四）收银模块功能

（1）菜品的增加。在收银台可以录入菜品，方便给客人加菜，其中包括牌外菜的录入。加菜可以多种方式录入，编码、拼音、分组、分类等。

（2）折扣操作。可以实现对全单菜品、单个菜品的折扣操作，并能对不同类别的菜品打折。可以按百分比打折，也可以直接录入要折扣的金额，方便操作，并对折扣人员进行不同的权限划分，并电脑记录授权人，方便对一段时间的打折记录进行汇总。

（3）套餐的建立。可以随时自定义套餐，方便宴会等大型活动。

（4）服务费、税金操作。可以对不同客人的消费收取服务费及税金，同样可以实现全单、单个菜的百分比或金额的收取。

（5）转单换台操作。可以方便的录入目的台号进行换台操作，可以对某几个菜转单，也可以对全单转单。可以在转单过程中对菜品进行复制。也可以将要转的单子转到一个新的台位。

（6）退菜操作。可以多个菜一起退，也可以退单个菜。还可以对菜品做“送菜”处理。如果遇到有人投诉可以根据不同情况做不同的操作。

（7）结算操作。可以对一个账单实现多种结算方式并存结算。

（8）并单操作。可以对几个单子作并单处理，这样可以做到几桌客人的一起结算。

（9）临时账户。可以对固定客户实行签字签单处理，并能对一段时间的签单情况进行汇总。

（五）客户管理模块功能

（1）客户管理，对客户基本信息进行管理，包含电话、地址、单位、职务、客户等级、公司性质、客户喜好等信息。可以按不同的方式进行汇总查询，进行对比分析。

（2）友情提示，可以提示今天哪些客人过生日。

（3）客户明细查询，可以对某个客户任一段时间内的消费情况进行统计，可以统计消费次数及累计金额，也可以查询任一段时间内的菜品消费明细。

（六）维护模块功能

对菜品类别、部门管理；对台位的管理；对员工基本信息的管理，权限的管理；对菜品的管理，附加条件的管理；对结算方式、折扣的定义等；对套餐的设定等。

（七）总经理查询功能

（1）时时显示界面：为总经理提供一个动态的数据分析工具，使其不出办公室就可以了解前厅的就餐情况。

（2）各营业点收款分类查询。可以将每天、每月、每年的不同结算方式进行汇总，轻松的了解酒店的经营情况。

（3）营业点账单列表。可以时时查询每一个台位的消费情况。

（4）招待单据查询。可以查询全天的招待情况。

（5）营业点状况图示。将当餐的开餐情况以表格和图示的样示显示出来，方便营销人员进行分时段的促销活动。

（6）当餐开餐情况统计。以直观的界面显示出台位的使用情况。

（7）翻台率查询，可以时时了解每一个台位的翻台情况。

（8）当餐台位销售额查询。总经理可以不出户就可以第一时间了解每个台位的就餐情况、点菜情况及点菜员工等信息。

（9）台位预订情况查询，可以了解将来的台位定餐情况。

（10）销售排行榜。可以了解每天、每月、每年的菜品销售情况，并能对菜品进行滞销排行，方便厨师对菜品的更新。

（11）销售对比分析。对每个菜品、每类菜品、每个部门的菜品进行日月年的比较分析。

（12）营业收入报告。可以方便的对一段时间内的各项数据进行比较。

（13）销售额分析、消费分析、资金分析。通常以图示的形式对数据进行对比。

（14）历史账单查询。可以方便地查询出历史的某一天某个台位的消费情况，方便财务审核人员对账。

（15）营业汇总表。方便财务人员对一个月的成本分析，可以实现分部门、分类别的统计。

（16）项目销售报告。可以查询任何一类菜品的销售情况，并能实现对员工的业绩审核。

（17）项目分布查询。可以方便的对某个菜在一段时间内的销售情况进行分析。

（18）挂账单位统计。对临时账户进行分析，方便财务对临时账户的统一管理。

（19）点菜员工业绩统计。可以对点菜员工进行考核，提高员工工作积极性。

（20）员工业绩提成。可以统计一段时间内员工的提成情况。

（21）消退菜统计。统计一段时间的消退菜情况，分析消退菜原因，以达到控制成本的目的。

（22）折扣查询。查询一段时间的折扣情况，方便对管理人员的管理。

（23）当餐超时菜品查询。对超时的菜品进行汇总，提高上菜速度。

（24）结算方式查询。了解一段时间的结账情况。

（八）库存管理功能模块

1. 系统初始

在正常使用软件之前，必须完成必要的基本设置，只有这样，软件才可以按照操作者的要求进行工作。通过系统初始模块，我们将完成最基本的初始工作，主要设置如下：

设置物资的类别、设定物资的存放位置、设定部门和物资的单位；设定物资的编码；设定物资的期初余额；设定物资的供货单位；库存管理的期末处理（月末和年末）。

2. 物资管理

仓库的主要管理活动通过该模块来实现，为此该模块设置了入库单、直拨单、出库单、退库单和退货单子模块，各子模块分别完成仓库管理中的入库、出库、直拨、退库和退货各项工作，操作者只需将每张单据的基本数据输入计算机中，以后所有的计算和报表将由计算机自动生成。主要功能如下：物资的入库出库管理；物资的直拨管理；物资的退库和退货管理；各种单据的查询管理。

3. 部门管理

部门管理模块主要用于加强部门物资的管理而设计，企业若无该方面的要求，可以不使用这一模块。若使用该模块，将首先进行部门物资的初始，主要功能如下：部门物资的出库管理；部门之间物资的调拨；部门物资余额状况的查询。

4. 成本管理

成本管理模块是将辰森世纪公司开发的餐饮娱乐前台系统与库存系统相结合，实现成本核算的计算机化，减少企业在成本核算中投入的人力、物力，使成本管理一目了然，提高工作效率（该项功能对企业的成本管理要求比较高，否则不宜使用成本管理模块）。主要功能如下：显示仓库各项物资当前的数量与金额；查询历史日期使用物资的成本状况；查询一个菜品的成本结构。

5. 个人物资

个人物资模块为加强企业员工保管的公司财产而设立，适用于员工保管的公司物资比较贵重，数量比较大，管理比较困难的情况。一般情况下，不用该模块。其主要功能如下：个人物资的单据管理；个人管理物资的状况查询。

6. 库存盘点

库存盘点用于企业的月末和年末的库存物资的大盘点，并对物资的盘盈盘亏作出处理，该模块结合了企业库存物资盘点的实际操作流程，尽可能减轻了物资盘点的工作量。支持按物资的仓位盘点，按物资的类别盘点；同时支持部门物资的盘点和某些特殊物资的倒挤盘点（如：海鲜）。

7. 报表查询

报表查询自动生成企业库存管理中各种常用报表，主要功能如下：查询库存物资明细表（相当于手工账的库存物资的账簿）；查询库存物资某一月份或多月的期初、期末余额和入出库的数量、金额；查询某一物资某时段入库出库的详细情况或者汇总情况；查询某一物资某时段直拨的详细情况或者汇总情况，还可以查询退库和退货的相应情况；查询部门物资的相关情况（如：出库和调拨）。

第四节　酒店电子商务系统的构成

在传统实物市场进行商务活动依赖于商务环境（如：银行提供支付服务、媒体提供宣传服务等），电子商务在电子虚拟市场进行商务活动同样离不开这些商务环境，并且提出了新的要求。电子商务系统就是指在电子虚拟市场进行商务活动的物资基础和商务环境的总称。最基本的电子商务交易系统包括企业的电子商务站点、电子支付系统、实物配送系统三部分，以实现交易中信息流、货币流和物流的畅通。电子商务站点为顾客提供网上信息交换服务，电子支付系统实现网上交易的支付功能，而实物配送系统是在信息系统的支撑下完成网上交易的关键环节，但对酒店企业的产品则无需进行实物配送而依赖顾客身临其境进行现场消费。

以强大的技术支持力量实现电子商务的根本目标，优秀的电子商务系统能有效的节约人力成本、高效的管理资源、拓展性无限发挥，是准备从事或正在从事电子商务企业首要考虑的事情。

基于 Internet 模式和安全加密技术的酒店电子商务系统，提供 Internet 网上实时在线的电子交易平台服务，能更好地节约成本，提高效益。本系统由三部分组成：电子商务网站；酒店的计算机接口系统；酒店的计算机管理系统，这三部分在 Internet 上实时连接。

一、电子商务网站

（一）酒店互联网站

酒店互联网站是指饭店在 Intranet 上建设的具有营销功能的，能连接到 Internet 上的 WWW 站点。网络用户可以通过 Internet 这个信息平台进入该网站，互联网站点起着承上启下的作用，一方面它是酒店在互联网上的形象窗口，将酒店有关信息及时在网上公布，酒店的同业合作伙伴和旅游者可以直接通过网站了解酒店，并通过网站与酒店进行沟通、开展预订等业务；另一方面，它将旅游者注册信息及预订信息等传回酒店的内部信息系统。酒店建设的互联网站应具有预订功能，其工作方式是，客户经由 Internet 登陆到酒店站点，查询相关信息，或注册个人信息，或进行预订，系统经过客户资料验证和安全验证后，经 SWICH 将信息转到饭店内部网相应的部门网站，交由部门处理。整个系统的结构如图 10.5 所示。

（二）酒店外部网

为方便同业务紧密的合作伙伴进行信息资源共享，保证交易安全，在 Internet 上通过防火墙来控制不相关的人员或非法人员进入企业网络系统，只有那些经过授权

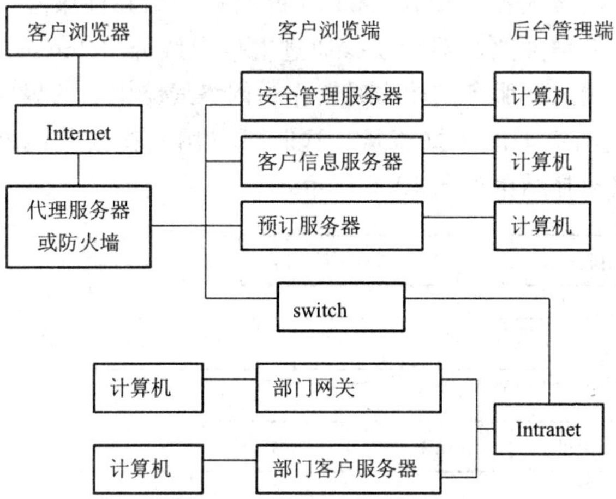

图 10.5 酒店网站系统结构

的人员才可以进入网络，一般将这种网络称为外部网（Extranet）。酒店在组建电子商务系统时，应该考虑采用不同的策略通过网络与其商务对象进行联系。一般说来，酒店可将其网络用户分为三个层次并采取相应的对策。对于酒店内部工作人员或关系特别紧密的机构，可允许他们进入内部网系统直接访问有关信息；对于与饭店有较多业务联系的企业，酒店与他们共同建设 Extranet，实现企业之间的信息共享；如果酒店的信息可以对外界进行公开，那么就可以直接放到互联网站上，实现信息资源最大限度的开放与共享。由于 Internet 技术的开放、自由的特性，在 Internet 上进行交易容易受到外来的攻击，因此酒店在建设电子商务系统时，必须考虑到经营目标的需要，保障电子商务的安全。否则，就会影响企业电子商务系统的正常运转，甚至导致经营活动风险。

（三）酒店内部网

连通 Internet 的酒店企业内部网（Intranet）使用 Internet 技术来创建私有网络，以形成一个企业范围的信息系统。尽管企业内部网的内部用户可以离开系统进入到整个 Internet 中，但企业外部的 Internet 用户可以被禁止访问企业内部网信息系统。可以用特定的硬件和软件在企业内部网的外围创建“防火墙”，来阻止外部用户（同样可以阻止内部用户）访问敏感的企业数据或各工作组共享的项目文件。一个企业的内部网可能连接了数个不同而且相互独立的局域网。

企业内部网目前和将来的发展，所面临的两个最大的挑战是无缝连接和安全性。企业内部网必须成功地将企业内部各种网络使用的不同网络操作系统集成在一起，这是值得重视的挑战因素，特别是当老式的网络维护着企业内部的各种业务数据时。酒店需要为内部工作人员和住店客人提供接入 Internet 的服务，如邮件服务、WWW 网络浏览服务，在网站配置上还应增加路由器设备，通过电信专线介入 Internet。在酒店的客房数量较多或为客人开通的入网服务点较多时，作为网络线路中心的集成器将成为数据通信的瓶颈，有可能限制网络上的数据流量，这时可以用交换式集线器（交换机）代替。典型的企业内部网络拓扑结构如图 10.6 所示。

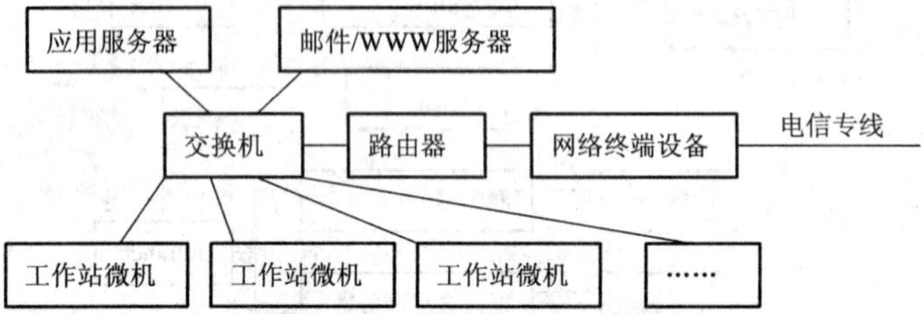

图 10.6　企业内部网络图

图 10.6 中工作站的微机数量视酒店业务点数量而定。如果该网络仅仅服务于接待客人的业务，其数量在一、二十台即可满足要求。如果该网络除此而外，还具备酒店后台业务的管理，需要的数量就更大。图中服务器的数量取决于饭店的接待业务量、后台管理的需要和向客人提供的信息服务情况。如果酒店的规模较小、接待客人流量不大、后台管理工作不复杂，可以将图上的信息服务集中在一台服务器上，否则，则可能需要二至三台服务器，如果考虑数据后备的要求，服务器的数量还要增加。

二、酒店的计算机接口系统

（一）酒店计算机硬件系统

在现代化旅游酒店中，计算机系统是酒店管理系统和电子商务网站建设的基本条件。同时，计算机系统的配置情况也决定着电子商务系统的应用模式，甚至对酒店的管理模式也有一定影响。因此，根据酒店的条件和电子商务发展目标，配置符合实际应用要求的局域网计算机系统成为电子商务规划的重要内容。

酒店计算机系统的配置方式有：

1. 集中式系统

这是计算机系统发展初期的基本形式。信息处理集中在一台主机算机上，这台主机可以是大中型机，也可以是小型机，现在甚至可以是一台工作站。该主机的工作中断分布在各工作场所，所以信息处理和存储都在主机上进行，终端仅由屏幕、键盘及通信设备构成，本身没有处理能力。尽管有些终端有智能终端之称，但处理能力有限，无非是显示和输入管理等简单任务。

2. 分布式系统

分布式系统是利用通信网络，把分布在各地的计算机连在一起，将统一的数据库分布在系统各节点中管理，实现资源分散、并行工作、结构模块化、系统透明和高度的可用性。由于分布式系统的物理分布和应用场合的空间分布自然地组合，所以很容易被采纳为企业网络形式。在这种网络中，有分布在各处的工作站和集中管理数据、文件的服务器。各点的处理能力受工作站微机能力限制，如果需要较高的处理能力，则需要提高每个工作站的能力。

3. 客户机/服务器系统

客户机/服务器网络是将一台强大的计算机（服务器，有时指文件服务器）和若干（从几台到几十台）相对功能较弱的计算机（客户机）连接起来。服务器控制在网络上的信息流动，它也可以用于建立起一个通向办公环境外的其他计算机网络的网关。客户机访问安装在服务器上的各种程序，并利用服务器的处理能力执行任务，这比在单机状态下运行要快，也更有效率。客户机/服务器系统兼有集中式系统的优越数据处理性能和分布式的低成本、易使用两方面优点，因此，是具有良好发展前景的形式。

（二）酒店通信网络系统及设备

通信线路与网络设备是组建企业网络的基础设施。线路与网络设备的选用，不但影响着数据的传输速度，对计算机网络的整体性能，甚至对酒店管理系统整体功能的发挥都起着至关重要的作用。

1. 通信线路

通信线路提供了网络中最基层的传输介质，一般有双绞线、同轴电缆、光纤、微波几种形式。双绞线有五类，最简单的是普通电话用的双绞线，可以调制成模拟信号的方式传递数据。距离可以很长，但速率低，多用于家庭、远程办公室的网络连接。而第三类和第五类无屏蔽双绞线可用于100Mbps的数据传输。双绞线价格低，布线灵活方便，连接容易，已得到广泛应用。同轴电缆可用于传输数字与模拟信号，数据传输速率可达50Mbps，模拟信号可达400MHz。同轴电缆价格适中，但布线不如双绞线灵活，应用数量逐渐减少。光纤的特点是容量大、通信距离长、可靠性高、抗干扰能力强，传递速率可超过数百Mbps。但工程技术要求高，接口设备价格昂贵，一般作为国家级通信干线使用。但随着技术的进步和经济的发展，光纤及接口的价格大大下降，已经达到企业可以接受的程度。

一些新建饭店和高星级酒店已经考虑和部分实施了饭店楼宇内部的结构化布线，即新建或重新调整楼宇内部的各种信息线路。在结构化布线过程中，楼宇内部的通信干线一般都选用光纤，并在部分主要楼层或全部楼层设有光纤接口设备和网络线路管理系统，可以按照实际需要方便地调整线路的分配，提高系统数据线路的利用效率和运行效果。如微波用于无线网络通信设备，频率常用的是900MHz和2.4GMHz，传递速率一般是2Mbps，最高可达9.8Mbps，最长距离约30公里。优点是不用线路，缺点是有干扰，工程价格较高。目前，采用微波通信的无线局域网技术已在一些高星级酒店首先得到运用。

这几种通信介质各有其使用范围：一般双绞线和同轴电缆多用于局域网，光纤多用于干线网，微波多用于有微波设备的场合，普通电话线由于范围广，是一种方便有效的介质。

2. 网络设备

网络设备决定着网络间的互联方式，主要有中继、网桥、路由和交换这几种，对于小型酒店的网络来说，一般要用到中继和交换设备。中继仅仅是简单地解决网络信号的放大问题，对网络的性能没有什么影响；交换设备是从提高网络通信的性能角度出发的，它可以通过对数据信号的转发，提高网络的传输速度。

当网络环境比较复杂，同一个网络中运行两种以上不同的网络协议时，可以使用网桥解决不同协议网络段之间的数据通信问题。有时为了提高网络的抗干扰能力，将同一协议的网络分成两段安排，其间用网桥连接，在一段网络发生故障时，另一段网络仍可正常工作，网络的整体抗干扰能力就提高了。

如果酒店属于其成员分布在不同地区或不同城市的大型旅游企业集团，并且集团内部有广域网的话，可通过路由器将酒店的局域网与集团的广域网连接。不同技术档次的路由器可以提供从两个到几十个使用不同通信协议的端口。

三、酒店计算机管理系统

（一）数据库及管理系统

数据库（Database）是综合的计算机数据集合。将酒店的各种信息数据化，通过饭店内部网，将各种流程产生的信息纳入到统一的数据库中，数据库的信息可按各种方式调用或进行统计分析。

（二）酒店计算机管理软件

数据库的建立将酒店相关的信息转换成了数字形式，大大方便了信息的存储和查询，但酒店内部的信息流是一个复杂的收集、加工、传送的过程，只是建立数据库及数据库管理系统是远远不够的，酒店还需要建立酒店信息管理系统，需要管理软件的支持，基于计算机管理的酒店信息系统是由一系列程序（或模块）组成，承担前台管理（包括预订、客房管理、客账管理等）和后台管理（财务管理、库存管理和酒店内部管理等）功能。同时，多种独立的应用系统也可以与酒店管理系统连接在一起，常用的接口包括微机、销售终端系统（POS）、电话计费系统、电子门锁系统、能源管理系统、辅助客户服务和顾客自助服务系统等。通过这些连接和应用软件的支持，可以实现酒店经营管理流程自动化，例如，传统方式下酒店前台员工必须以手工方式将餐厅费用转账到顾客账户中，而建立了 POS/PMS 接口后餐厅账单以电子方式从 POS 端传到 PMS 的顾客账务模块，酒店的工作效率得到了提高。

第五节　酒店电子商务系统案例分析

从目前电子商务平台在我国酒店业中的应用来看，IT 技术主要集中在网上预订服务与酒店情况介绍等方面，而这些仅仅只实现了 B 2 C（商家对顾客）模式的初级形态。此外，电子商务平台还有 B 2 B（商家对商家）模式、商家内部的管理运营模式等，在每一种模式下，都有十分广泛的应用领域和前景。

一、酒店互联网站的应用

网站是酒店面对全世界的窗口，客人可以通过这里了解酒店，酒店同样可以通过这里实现和客人的互动，实现网上销售、顾客关系管理、会员管理、市场调研、公关信息发布、酒店 CI 形象展示、网上采购、网络学习和培训等。因此，许多酒店正通过各种方式推出自己的站点，包括优化搜索引擎；提高关键词查询的速度；在线广告（标签和按钮）；建立会员社区等等。

电子商务平台，帮助酒店管理者们实现真正意义上的酒店客房预订，并可与宾馆酒店内部酒店管理系统进行对接，实现由管理中心确认后直接通过网上向客房部和其他相关部门下订单。预订系统实行管理端和客户端独立管理，系统安全性能高、保密性好、信息分类清晰、操作简便、预订信息实时性强，管理员通过管理入口可及时准确的获取预订信息，在第一时间进行确认，并独立管理各个后台数据信息；而客户可方便的通过宾馆酒店的 Internet 门户网的用户入口进行客房信息的查询和客房的预订，也可进行预订接机或接火车及接待车辆的类型预订，并可将客户的商务用户信息及接待单位发给酒店预订中心，通过酒店帮助客户进行统筹安排。当客户通过酒店的网址登陆到酒店的门户网站的时候，可以通过“我的预订”到自己的预订平台进行相关服务内容的预订。系统可提供一个酒店所有服务的预订，如：客房预订、会务预订、餐饮预订、用车预订、健身服务预订、公共社区预订、休闲服务预订、超市购物、公寓、租赁票务服务、旅游服务预订等。饭店预订网页如图 10.7 所示。

进入某酒店的主页后能得到服务就取决于该酒店网页提供的信息量。首先设计酒店互联网页，积极利用互联网这个新兴媒介宣传该企业，并能实现诸如网上预订等业务，

图 10.7　饭店预订网页

同时可通过论坛等形式实现企业间的交流与相互促进，也可收集各种意见或建议等有利信息，使企业及时改进，更好地发展各项业务。其次是及时更新有关信息，使网络媒介提供的信息具有时效性。如格林豪泰酒店网站是这样设计的，首页上在线预订、酒店一览、VIP 区和链接与特许等。通过企业发布的有关介绍信息可以很好地宣传企业。网上预定具体功能和页面设计如图 10.8 所示。

二、酒店内部网的功能与操作

进入酒店的内部网后，通过启用各功能模块的应用程序即可进行各部门的基本业务操作，如前厅客房、餐饮等，需要各部门配备相应的硬件设施。下面以辰森世纪计算机系统有限公司开发的酒店管理软件为例介绍酒店局域网的应用。

（一）餐饮业务预订模块

建立新预订单；取消预订单；修改预订单；预订单换台；一位客人多台位预订单的建立；增加客人预订菜品。

（二）点菜上传模块

1. 手持机部分

查看卡信息；点菜；查看已点菜品；清空点菜卡；修改菜品数量；删除一道菜品；增加附加内容；删除附加内容；增加公用附加项。

图 10.8　酒店企业网站首页

2. 上传机部分

上传菜品，用上传机把菜品传到厨房和收银；上传机加菜并上传；上传机催菜；上传机退菜。

（三）餐饮收银模块

开新账单；账单折扣；菜品折扣；增加服务或税金；退菜操作；免除菜品相应金额；结账，选择所需要的结账方式如现金、会员卡、临时挂账等，进行相应结账操作；重新激活客人账单。

第六节　实务演练

辰森酒店客房管理模块

一、系统设定

（1）系统数据设定。可以对酒店的名称、地址、电话、营业日期和各类房租等进行设定和修改。

（2）操作员设定。可输入员工的编号和姓名，在权限说明中指定该员工所拥有的权限。要修改员工的权限，要选择操作员名称，在权限说明中指出某一项权限的有无；也可进行删除员工的操作。

（3）客房资料设定。楼号设定是针对一个酒店有多个楼的情况。房间类型设定是说明某一类型的房间的数量，可以在这里添加或删除。房号设定中的客房资料卡是说明一个房间基本信息的。要增加新的房间，单击“新房号”，输入新增房的房号，行和列是指定该房间的位置，类型和人数说明该房间的基本信息。确认后，增加新的房间完成。要删除（修改一个房间的信息），单击“客房资料列表”，选择要删除（修改）的房间号，再点击“客房资料卡”，点击“删除（修改）”即可。

（4）费用码设定。此处主要设定客人的记账费用代码。利润中心是大类，费用编码是小类，对系统报表的正确与否有很大的影响。要增加一个费用码，如：被罩污染，先确定此类费用码属于哪一大类，被罩污染属于物品损坏赔偿的一大类，在利润中心设定中先要添加或找到这一大类，再在费用编码中点击“增加”，输入编码名称，并选择利润中心，“确定”，就增加了一个新的编码。点击“删除”可删除一个编码。

（5）结算方式设定。主要是设定客人结账的方式，可以增加、修改和删除。

（6）房价计划设定。主要是设定任一类型房在不同的入住方式下的价钱。例如：可设散客优惠价下的双标是438元，公司协议价下的双标是300元。房价计划列表下是不同的入住方式，点击“散客优惠价”，在右边显示这一入住方式下各类型房的价钱，点击“公司协议价”，在右边显示这一入住方式下各类型房的价钱，在右下点“修改”，可修改房价。入住方式也可以进行修改、增加、删除等操作。

（7）房态自动调整，账务自动调整，整理数据，操作日志，数据清空。房态自动调整是系统用来调整房态的，账务自动调整是系统调整账务的，整理数据是系统对数据进行整理的。这三项权限可以给前台人员，便于及时解决问题。操作日志是记录前台人员对客人入住、记账、账务调整、收银、离店等所作的一个详细的记录，很重要。数据清空是系统操作员才有的权限。

二、协议账户管理

（1）建立协议账户。详细输入协议账户的名称，地址，性质，有效期，市场员（即销售部员工），联系人，备注等数据，有利于销售部员工的业绩考核。“确认”，建立协议账户完成。

（2）协议账户查询修改。输入想查询的协议账户名称或性质，或者直接单击“开始查询”。在这里点击“编辑”可以修改已建立的协议账户，点击“删除”可以删除协议账户，但是必须拥有这种权限。点击“房价设置”，可以对不同类型的房间设置不同的协议价，便于接待人员的使用。

(3) 协议账户消费查询。协议账户消费查询是用来查看某一协议账户每月、每年消费额，每月、每年消费次数，历史消费，正在消费的情况，以便于及时的了解协议账户的情况，对协议账户进行排名，调整对其的策略。

三、散客的预订、入住、记账、离店操作

(一) 散客的预订和入住

在前台预定中选择散客预定，在这一主单上显示的是房间的信息、价钱、到店时间、住店天数等一些基本信息。点击“房间类型”，选择客人要住的房间类型，然后再分配房间，单击，系统会自动的把属于客人要住的房间类型的房间调出，选择要定的房间，确认（如果要预订未清扫房间，在 包括未清扫房间 上打，排列的房间就包括了未清扫的房间，其余类似）。到店日期可以选择，房价类别选定了，价钱就定了，允许进行修改，房价锁定记录在操作日志里，便于出错后找到责任人。住店天数可改，在基本资料这一栏里，如果客人是协议账户，那一定要选择协议账户，才能对协议账户的消费额进行排序。选择协议账户时支持模糊查询。旅行社和公司也是需要选择的，单击“旅行社（公司）”，会出现另一界面，如果是新旅行社（公司），那就要添加，输入团队的名称，保存，添加完成。如果是已有的，直接选择即可。结算方式也可选择。成人数是定义房间住的人数，其他的可实际填写。

单击 基本资料 其他资料 转帐设定 中的“其他资料”，会出现空白的界面，可以写上一些信息。

单击“转账设定”，把客人要求转账的项目拖到右边，会弹出另一界面，选择住客账户，或团队账户，或协议账户，或输入姓名，或团队名称，系统会自动调出相关的信息，选择查询明细，在其中找到要挂的账户信息，确认一下，该笔账务客人消费的话就会挂到此账户上。点击“新住客”，切换到另一界面，在此输入客人的信息，点击 提交，客人的预订完成。右面的按钮 1修改资料 是修改客人资料的，如果客人要换房，可以在主单里选择新的房间，点击 提交即可。2同住处理 是两个人住一间房。3删　除 是删除客人资料的。4转入团队 是散客转入团队的。当预订的客人到达后，点击“前台预订”——散客预订查询可以选择条件进行查询。点击“查询”，找到该客人，点击“编辑”，进入客人预订界面，点击 5入住登记，客人就入住了。客人没来，点击“前台预订”——散客预订查询，点击“查询”，找到该客人点击“编辑”，进入客人预订界面，点击 6取消预定，取消房间预订。7恢复入住 是

客人今天上午离店了，但下午又回来了，在前台接待——在店客人查询修改，选择该客人进行“编辑”，分配房间，点击“恢复入住”，该客人将恢复入住。8.开关长途是和电话计费联在一起的，可以开关长途。9.客史是客人的历史资料。A.操作日志是接待员对客人的操作信息。B.留言是有人来访该客人不在，可以给该客人留言。有的按钮在一定的时候是不能用的。

散客预订，入住完成后，在客房管理——实时房态显示中会看到所选的房间上会变成入住房 2106。如果客人是直接到店，没有预订，可在前台接待——散客直接登记中操作，也可在客房管理——实时房态显示中点击右键，进行预订，登记操作，或在实时房态显示中进行操作。选中某一入住房间，可以进行客人信息查询、修改等操作。

（二）散客的记账和离店

客人的账务操作是系统的核心，所有操作都记录在操作日志里。

实时房态显示中选中要记账的客人，点击收银结帐，会进入图10.9所示界面。

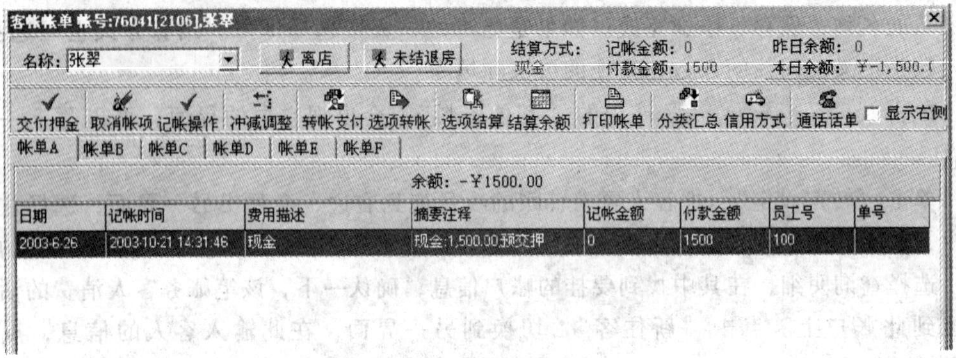

图10.9　客人账单界面

点击交付押金，输入客人交押金的数额。点击记帐操作，选择费用码，会进入图10.10所示界面。

客人哪一项需要记账，选中哪一项，确定，输入金额。确定，记账操作完成。如果这笔账务记多了，可选冲减调整，会进入图10.11所示界面。

输入要冲减的费用类别、摘要、金额，确定后会冲减掉记错的钱。如果给客人记账记错了，可以选中记错的那一项，点击

，输入删除说明，则该账务完全取消。

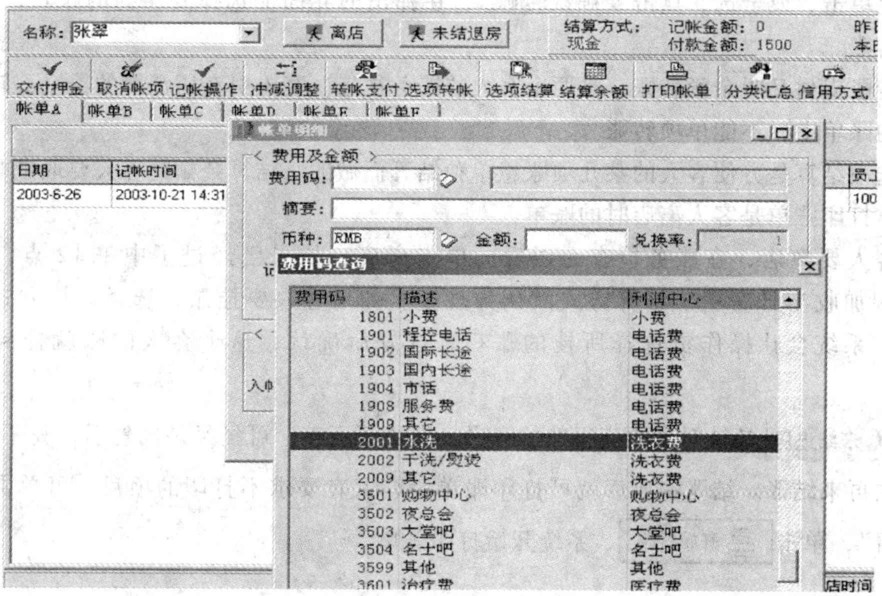

图 10.10　客人记账操作界面

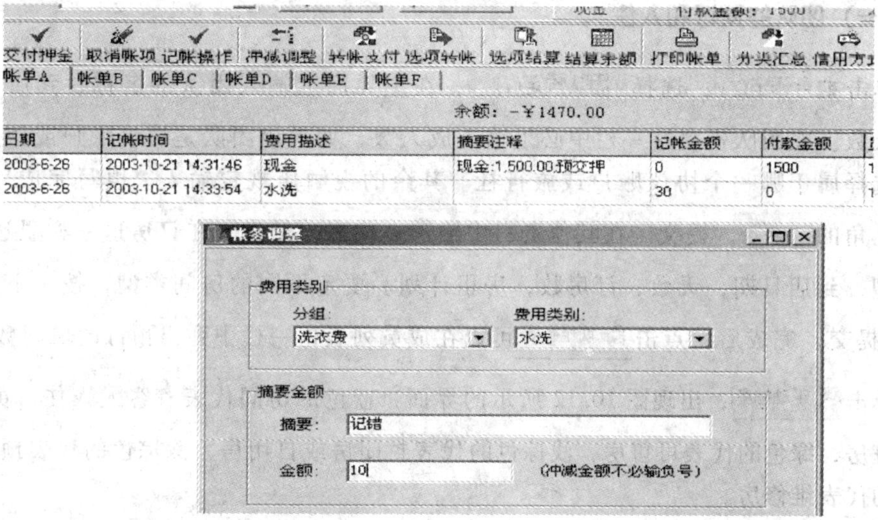

图 10.11　客人账务调整界面

如果客人的一项或多项账务需要转到另外住店的客人，点击选项转帐，在需要转的账目上单击，或全选，点击“确认转账”，在弹出的界面上选择要转到的账户，确认，完成转账。

转账支付又叫余额转账，是两个客人的账务往来。客人甲在店消费的钱全部转到客人乙的账单上，不能单项转账。

选项结算是方便客人的某几项账想单独结算而做的。结算余额是客人要取走剩余的押金。打印账单是客人离店时的账单。

客人要离店，在账务检查无误后，单击离店，如果已经过了中午 12 点，系统会提醒加收半日房租。结算方式默认为现金。如果客人要挂账，选择结算方式中的挂账，系统会让操作员选择所挂的账户，选好后确认，这个客人的账就挂到该账户上。

未结退房是针对和酒店很熟的客户，带的钱不够，可经经理同意后，先不结账，下一次再来结账。结账完成后就可打印账单，客人有要求不打印的项目，可单击“选择项目”，单击开始打印，系统开始打印账单。

四、团队的预订、入住、记账、离店操作

（一）团队的预订和入住

单击前台预定(Z)，选择团队预定(V)，在主界面上输入团队的名称、到店日期、住店天数。在团队资料这一栏中必须输入成人数，如果该团队是协议账户或旅行社，还要选择属于哪一个协议账户或旅行社。其余的视酒店规定输入。填写完成后，点击右上角的✔，提交。在其他资料中输入一些客人信息。在订房这一栏里选择房间类型，到店日期，天数，订房数，房租计划。要定不同的房间类型，按一下 + 号，✔是提交，完成后，点击创建成员可以在成员列表这一栏中弹出预订的房间数。

单击手动排房，出现图 10.12 所示的界面：蓝色的房间代表有客人入住，黄色的代表脏房，绿色的代表可售房，浅棕色的代表封闭房或自用房，深棕色的代表预订房，红色的代表维修房。

用鼠标拖动左边的一个房间类型到右边要分配的房间上，该房间的颜色会变成深棕色。预订几间，要拖动几次，并且要正确匹配房间的类型。

图 10.12　手动排房界面

单击 自动排房，出现图 10.13 所示的界面：在房间范围中输入分配的房间号，点击“确定”，分配房间完成。团队的预订工作完成。

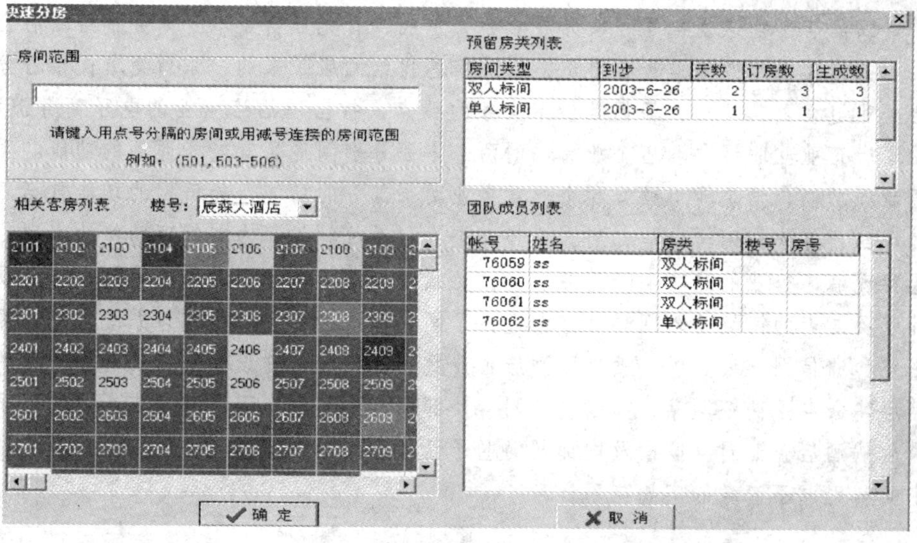

图 10.13　自动排房界面

当团队到达后，在前台预订—— 团队预定查询/修改(X) 找到该团队，单击“编辑”，可以对团队的实际人数、房间数等作出修改，如要增加房间可在“订房”中选“增加”，如果要删除某一预订房间分房，可以选中要取消的房间，再点击 修改查看，进入客人预订界面，点击“取消预订”，即可取消。无误后，点击 入住登记，就会给客人分配房间。选中团队某一入住客人，单击 转为散客，该成员就会转为散客。交付定金 是用来交押金的，所交的押金会记录在团队的主账上。取消预定 是取消整个团队的预订，删除 是把团队的资料完全删除。

在团队支付这一栏里，把团队要集体支付的项目拖到右面，表示这一项目的消费额由团队支付，单独客人在消费某一不属于团队支付的账务时，会记在该客人的账单上，消费某一属于团队支付的账务时，会自动转到团队账务上。

（二）团队的记账和离店

团队的记账、离店程序和散客的基本一样。

本章小结

本章以酒店企业应用电子手段开展业务为主线，首先分析了电子商务带给酒店企业在开展业务方面引起的工作流程再造，以及信息化给酒店带来的一系列变革；接着分析了酒店企业过程及其特点，根据其具体业务的特点，指出了酒店企业的电子商务流程；然后从酒店企业互联网和酒店企业局域网两个方面分别阐述了其电子商务的功能。互联网电子商务功能包括企业对顾客和企业对企业两个部分的功能，局域网的功能包括酒店内部客房部、餐饮部两大功能部门，总经理查询、系统维护等内部管理功能的实现。

要实现酒店企业的这些电子商务功能，必须明确酒店电子商务系统的构成，从硬件和软件以及二者的衔接技术问题等方面进行了阐述。硬件即计算机接口系统，有计算机硬件系统和通信网络设备等，软件即酒店企业数据库资料的建设和计算机管理软件的开发，然后建立电子商务网站，通过内部网、外部网和互联网全面实现酒店企业的电子商务。最后从酒店企业对互联网及内部网的电子商务应用两个方面列举实例，进一步说明酒店企业利用电子商务的实战应用。

关键术语

电子酒店（E-hotel）

酒店计算机管理系统（Hotel Management Information System）

酒店业务流程再造（Business Process Reengineering for Hotel）

电子商务流程再造（Electronic Business Process Reengineering）
企业资源计划（Enterprise Resource Planning，ERP）
酒店企业过程分析（Business Process Analysis in Hotel）
预订中心（Central Reservation Office，CRO）
计算机化酒店资产管理系统（Computed Hotel Property Management System）
预订（Booking）
预订查询（Reservation Inquiry）
预订业务记录（Reservation Transaction Record）
预计抵达名单（Expected Arrivals Lists）
预计离开名单（Expected Departures Lists）
代理佣金报告（Commission Agent Reports）
拒转报告（Turnaway Report）

习　题

1. 分析电子商务给酒店企业带来的机遇与挑战。
2. 酒店企业各环节业务有哪些电子商务功能需求？
3. 酒店电子商务系统是如何构成的？
4. 登陆一个酒店企业网站了解酒店互联网的电子商务功能。
5. 参观酒店运营状况，体会酒店管理软件给酒店业务开展带来的便利。

参考文献

1. 巫宁，杨路明．旅游电子商务理论与实务．北京：中国旅游出版社，2003
2. 杨欣．现代饭店管理学．北京：中国铁道出版社，2004
3. http：//www. caneb. com/Manage/business/200409/Manage_20040929150908. shtml
4. http：//www. scala. com. cn/downloads/solutions/trend. doc
5. http：//www. sinosunway. com/ec/sys. asp
6. http：//info. ceo. hc360. com/2005/04/20072811128. shtml
7. http：//news. chinabyte. com/83/50583. shtml
8. 辰森世纪计算机系统有限公司酒店管理系统

第十一章

旅游目的地的电子商务

学习目标

- 旅游目的地、目的地管理组织和目的地营销组织概念
- 旅游目的地营销系统定义、目标、功能
- 旅游目的地营销系统应用成功范例

开篇案例

欧洲增长最快的城市旅游目的地：柏林

柏林是欧洲最受欢迎的三大城市旅游目的地之一，每年有9 000万人次来此旅游，逗留时间超过了1.3亿天。

无论在德国国内还是国外，几乎没有其他任何一座城市像柏林这样丰富多彩，没有一座城市像柏林这样发展得如此迅速。近年来，柏林有多处新精彩景点对游人开放：新饭店包括皇家SAS饭店，其特色是世界上独一无二的水族屋顶（前厅里有一个25米高的圆柱形水族馆），新博物馆包括柏林画廊和赫尔穆特·纽顿博物馆摄影基金会，甚至还有全新的城区，如波茨坦广场旁的拜斯海姆中心区。

目前，柏林不仅是欧洲增长最快的城市旅游目的地，而且还是德国扩张最快的航空运输枢纽。2004年，柏林三个机场的总客运量达到了1 490万人次，是柏林机场历史上最成功的一年。

耗巨资重新修复的柏林奥林匹克体育馆重新开放，这座被作为文物而受到保护的建筑是2006年国际足联德国世界杯TM6场比赛的赛场，其中包括决赛。

在其他重要领域里，柏林这座大都会同样也在重新塑造着自己。目前，城市的轮廓越来越鲜明。到2006年，耗资15亿欧元的德国最大的文化投资项目——博物馆岛重新规划工程实现重要的阶段性目标。博物馆岛于1999年被联合国教科文组织列为世界遗产。

柏林是欧洲时尚和购物的大都会。这座生机勃勃的城市拥有7所培养创新后备人才的时装学校，已经成为时装设计师和潮流领导者的灵感的源泉。大约18 000家商店、精品店和设计师专营店里的服饰争奇斗艳，一比高下。此外，柏林还有30多处跳蚤市场和旧货市场以及大约135处每周举行一次的集市。在那里，人们可以买到各种各样的商品和新鲜的当地特产。

传统的购物场所包括魅力无穷的选帝侯大街和西方百货公司。选帝侯大街上有数不清的时装商店和国际时装设计师专卖店，西方百货公司是欧洲大陆最大的百货大楼。购物场所还包括拥有众多豪华购物店堂的菲特烈大街以及波茨坦广场附近的新市中心。所有著名的时装设计师都在施普雷河畔开设了一家或多家分店：从夏奈尔到Cerruti1881和Escada，直到Kenzo、Prada和伊芙·圣洛朗。

柏林是一座名副其实的文化大都市：由3座歌剧院、8个专业交响乐团、170多座博物馆、150多个戏院和舞台以及300多处画廊支撑的演出计划、展览和文艺活动，奠定了柏林独特的高档次文化活动的基础。要在每天1 500多项活动盛事中进行选择是件不容易的事情。

近十年来，目的地管理组织所面临的市场环境发生了激烈的变化，目的地管理组织面临着许多新的机遇和挑战。尤其是互联网技术的普及以及旅游产品在网上促销、网上销售导致了目的地管理组织新的活动类型和支持技术的出现。目的地管理组织的功能以及支撑这些功能实现的手段发生了革命性的变化。例如，实时Web订房服务、E-mail营销以及客户关系管理（CRM）有效地引进了旅游目的地。

最大的变化也许是目的地管理组织运营环境的改变。目的地管理组织将Internet技术作为最佳的向旅客提供信息的媒体或在线购买旅游产品与服务的平台。目的地管理组织将信息技术作为目的地旅游组织或企业获得核心竞争优势的支柱。

随着旅游业逐渐地向全球化渐进，目的地上竞争的压力将会强烈地增加。如果使旅游目的地旅游持续健康的发展和拥有国际竞争力，那么，目的地管理组织必须驾驭互联网潜在的营销能力（杜文才，2003）。

第一节　旅游目的地、目的地管理组织和目的地营销组织概念

一、旅游目的地（Tourist Destination）

许多旅游研究者试图阐明旅游目的地的性质。Hu 和 Titchie（1993）将旅游目的地概念化为旅游资源和旅游服务的一揽子组合体。旅游服务包括任何一件供游客消费的产品。旅游目的地具有多维特性。Buhalis（2000）则认为，旅游目的地是向游客提供综合体验的旅游产品的结合体。旅游目的地是人们选择逗留一段时间以体验某些特色或特征——某种感知吸引力（Pearce，1992）。因此，一种较为切合实际的定义是将旅游目的地理解为一个特定的旅游区域可利用的旅游产品和服务综合体。

然而，从需求观点出发，其他学者（Leiper，1995）将旅游目的地定义为能够吸引游客到某一个特定的地区进行旅游的一组旅游产品、服务和人造吸引物。从地域空间视角，英国学者霍洛韦（1977）定义旅游目的地为："一个旅游目的地可以是一个具体的风景胜地，或者是一个城镇，一个国家内的某个地区，整个国家，甚至是地球上一片更大的地方"。世界旅游环境研究中心（1992）从管理框架视角，定义旅游目的地为："乡村、度假中心、海滨或山岳休假地、小镇、城市或乡村公园；人们在其特定的区域内实施特别的管理政策和运作规则，以影响游客的活动及对环境造成的冲击"。英国学者 D. 布哈利斯对于旅游目的地的定义指出："旅游目的地是一个特定的旅游区域，被旅游者公认为是一个完整的个体，有统一的旅游业管理和规划的政策司法框架，由统一的目的地管理机构进行管理的区域"。此定义强调了旅游目的地的行政组织和管理框架，并将其视为可被独立管理的地理区域，有独立开展营销活动的地域及政策基础。

因此，旅游目的地不仅是一个特定的旅游区域可利用的旅游产品和服务综合体，而且也是由统一的目的地管理机构进行旅游业管理和营销的区域，包括城市/城镇、地区、省/自治州、国家等。

二、旅游目的地的管理组织与营销组织

（一）旅游目的地管理组织（Destination Management Organizations，DMOs）

旅游目的地管理组织是负有管理旅游目的地或者负有营销旅游目的地责任的组织（WTO，2004）。根据 WTO 的定义，通常，旅游目的地管理组织可分为以下三种类别：

（1）国家级旅游组织（National Tourism Authorities，NTAs or Organizations，简称 NTOs），其职责是在国家层面上行使对国家的旅游管理和促销。在我国 NTA 与 NTO 并

未分设，都是指国家旅游局。

(2) 区域性、省级或者州级旅游目的地管理组织，其职责是负责其管辖的地区、省或州的旅游管理和促销。

(3) 地方级旅游目的地管理组织，其职责是负责较小地区，或城市及城镇的旅游管理和促销。

因此，可以简单地认为旅游目的地管理组织是管理旅游目的组织、实施旅游目的地管理活动的主体。

旅游目的地管理组织的主要活动包括促销，营销，信息收集活动，预订服务，与旅游产品相关活动（旅游线路开发与运营、旅游企业分类/经营许可认证、游客中心实体资源开发、人力资源开发与职业培训、旅游行业规范与管理等）以及电子商务战略培育与实施。换句话说，旅游目的地管理组织具有两种功能：对外功能是旅游目的促销、营销，对内功能是旅游目的开发。

（二）旅游目的地营销组织（Destination Marketing Organizations，DMOs）

旅游目的地营销组织是旅游目的地营销活动的组织、管理和实施主体。旅游目的地营销组织的功能是实现向旅游客源市场宣传、推广、营销整个目的地。

（三）旅游目的地管理组织与旅游目的地营销组织的关系

从严格意义上讲，旅游目的地管理组织与旅游目的地营销组织是不同的。从严格功能划分上，旅游目的地管理组织与旅游目的地营销组织的功能也不同。旅游目的地管理组织功能对外是旅游目的促销、营销，对内是旅游目的开发，而旅游目的地营销组织的功能是实现向旅游客源市场宣传、推广、营销整个目的地。旅游目的地管理组织对于推广旅游目的地，创建旅游目的地品牌，组织适应数字经济的、坚实的旅游目的地营销系统基础设施，整合旅游广告与 B2B/B2C 分销渠道，支持旅游目的地为中小型旅游企业搭建旅游目的地营销系统平台，在线信息服务与销售基础设施负有义务和责任。因此，旅游目的地管理组织对外功能就是旅游目的地营销组织的功能，也就是说，旅游目的地管理组织功能包括了旅游目的地营销组织的功能。

在国内的教科书（巫宁，2003）及部分文献中将旅游目的地管理组织与旅游目的地营销组织作为可互换的同义词使用。WTO（2004）将旅游目的地管理组织定义为“负责旅游目的地管理或者负责旅游目的地营销的组织”。在使用中，将旅游目的地管理组织活动分为外部旅游目的地营销（External Destination Marketing，EDM）和内部旅游目的地管理开发（Internal Destination Development，IDD）。

三、案例：旅游目的地管理组织涉及的活动

世界旅游组织 2004 年在全球范围内开展了大规模的旅游目的地管理组织的调查。

他们向550个旅游目的地管理组织发放了调查表，44%的旅游目的地管理组织回答了调查表。调查的部分主要结果简介如下：

（一）促销、营销活动

世界旅游组织（2004）对195个DMO 2002~2004年三年期间促销、营销活动调查结果（表11.1）表明：90%以上的DMO承担了四种核心促销、营销活动，包括宣传品制作及分发、网站运营、出席旅游会展与旅游商品交易和组织节事旅游。绝大多数DMO也承担了直邮活动和旅游商品交易营销活动。

国家级DMO对市场研究、国际旅游市场规划、国际旅游广告、组织节事旅游以及旅游会展与旅游商品交易负有更多的责任，而地区级和城市DMO则主要涉及到国内市场推销与营销活动。

表11.1表明所有DMO都承担了电子邮件营销、客户关系管理（CRM）和常规管理事务。

表11.1　旅游目的地管理组织的促销、营销活动（2002~2004年）

内　容	国家级 DMO（%）	地区级 DMO（%）	城市级 DMO（%）	总和 DMO（%）
宣传品制作及分发	100	96	100	97
国际旅游市场规划	96	69	63	71
国内旅游市场规划	65	83	82	82
国际旅游广告	91	60	61	64
国内旅游广告	61	88	84	83
网站运营业务	96	94	98	95
直邮	70	64	55	63
电子邮件营销	70	47	39	48
客户关系管理（CRM）	43	43	33	42
组织旅游会展与旅游商品交易	83	69	59	66
组织旅游节事	91	76	57	72
出席旅游会展与旅游商品交易	96	95	96	95
旅游商品交易营销	87	79	76	78
常规管理事务	39	40	67	49
市场研究	96	67	65	70

（二）信息收集活动（2002~2004年）

世界旅游组织（2004）对190个DMO 2002~2004三年期间信息收集活动调查结果

（表 11.2）表明：几乎所有 DMO 在某种程度上都涉及到信息收集活动；58% DMO 都装有管理信息系统/内容管理系统；66% DMO 建立了旅客信息中心。

表 11.2　　信息收集

内　容	国家级 DMO（%）	地区级 DMO（%）	城市级 DMO（%）	总和 DMO（%）
收集包括膳宿在内广泛的旅游信息	91	90	91	90
管理信息系统/内容管理系统	65	62	47	58
旅客信息中心业务	83	59	79	66

（三）预订服务业务

世界旅游组织（2004）对 180 个 DMO 2002～2004 年三年期间预订服务活动调查结果（表 11.3）表明：被调查的 180 个 DMO 的 37% 没有提供预订服务业务；52% 国家级 DMO 未提供预订服务；近 60% 地区级 DMO 通过信息中心、或通过呼叫中心、或通过在线（实时）提供预订服务；近 70% 城市 DMO 通过信息中心、或通过呼叫中心、或通过在线（实时）提供预订服务。

表 11.3　　预订服务业务

内　容	国家级 DMO（%）	地区级 DMO（%）	城市级 DMO（%）	总和 DMO（%）
通过信息中心提供预订服务业务	19	34	47	38
通过呼叫中心提供预订服务业务	29	32	39	33
提供在线（实时）预订服务业务	24	15	31	20
未提供预订服务	52	41	29	37

（四）与旅游产品相关活动

世界旅游组织（2004）对 185 个 DMO 2002～2004 年三年期间与旅游产品相关活动调查结果（表 11.4）表明：被调查的 185 个 DMO 的大多数都参与了旅游产品开发活动。被调查 DMO 的一半以上提供了像游客中心实体资源开发，人力资源开发与职业培训，提供建议或提供资金资助旅游企业。国家级 DMO 更加趋向涉及到旅游企业分类/经营许可认证与旅游行业规范与管理。而城市级 DMO 则较少涉及到旅游企业分类/经营许可认证与旅游行业规范与管理。

表 11.4　　与旅游产品相关活动

内　容	国家级 DMO（%）	地区级 DMO（%）	城市级 DMO（%）	总样本（%）
旅游线路开发与运营	41	44	52	44
旅游企业分类/经营许可认证	64	31	17	28
实体资源开发，如游客中心	50	56	50	50
旅游行业规范与管理	45	21	10	21
人力资源开发与职业培训	59	55	35	50
提供建议或提供资金资助旅游企业	64	71	33	57

(五) 电子商务战略与实施

世界旅游组织（2004）对180个DMO 2002～2004年三年期间电子商务战略与实施活动调查结果（表11.5）表明：被调查的180个DMO的54%实施电子商务战略。66%实施电子商务战略导致了企业经营基本变化。从电子商务战略与实施的程度上看，国家级DMO高于地区级DMO，地区级DMO又高于城市级DMO。

表 11.5　　电子商务战略与实施

内　容	国家级 DMO（%）	地区级 DMO（%）	城市级 DMO（%）	总样本（%）
电子商务战略与实施	86	53	43	54
未实施电子商务战略	14	47	57	46
电子商务战略导致了企业经营基本变化	75	63	63	66
电子商务战略未导致企业经营基本变化	15	22	21	21

第二节　旅游目的地营销系统

一、旅游目的地营销系统定义

什么是旅游目的地营销系统（Destination Marketing System，DMS）？目前，学术界还不存在广泛接受的定义。不同的国家对DMS具有不同的解释。Vlitos-Rowe（1992）提出建立旅游目的地营销系统的初衷是向旅游者提供某一特定地区最完整、最现时的旅游目的地的信息。Frew and O'Connor（1999）称旅游目的地营销系统为游客信息系统

(Visitor Information Systems)，他认为 DMS 的基本主题和常用占主导地位的功能是发布某一特定旅游地区所有旅游活动相关的组织和吸引物的信息和处理预订业务。用于旅游信息管理、公众信息服务、行业交流和旅游网络营销等领域的若干基于核心数据库的应用系统。旅游目的地组织的信息技术基础设施用来收集、整理、贮存和发布信息，用来处理预订业务和执行其他的商业活动（Pollock, 2001）。作为旅游目的地或区域上的营销系统，它必须整合与协调所有旅游服务的提供商，它也必须是多方位整合，使用所有可利用的信息技术，协调地方中、小型旅游企业，与地方区域经济整合（Buhalis, 2000）。旅游目的地企业整体的信息化、网络化的水平对于建立旅游目的地营销系统在线网络和旅游目的地营销系统功能的增强也是至关重要的。为了实现成功的开展旅游目的地营销系统，需要旅游行业的亲密合作伙伴关系（Martini et al, 2000）。世界旅游组织认为，目的地营销系统与传统营销模式相比具有发展潜力，以相对较低的价格向世界各地的大量顾客介绍信息和产品，让旅游者能够了解目的地，并能吸引旅游者前来旅游，其中最为关键的是如何营销旅游目的地；提供比通过传统印刷媒体更有深度、质量更高的信息；让顾客预订起来更快、更容易；省去制作和发行印刷品的大量费用；可针对客源地运用电子邮件做推广等。因此，对于旅游目的地而言，旅游目的地营销系统被认为是至关重要的。它利用信息技术和互联网技术，通过增加目的地的可见性、降低成本、加强当地合作，以提高目的地整体的竞争力。

值得指出的是，我国金旅工程将旅游目的地营销系统定义为："目的地城市旅游信息化建设完整解决方案，它通过一系列的信息技术产品和相应的支持服务来实现城市旅游信息化"，并在此基础上利用金旅雅途全国性的跨媒体营销资源为目的地城市旅游提供高效的宣传和推广。金旅工程是旅游目的地营销系统的一种类型，它仅仅是城市旅游目的地的营销系统。

二、旅游目的地营销系统的目标

旅游目的地营销系统作为电子旅游目的地营销技术（eDestination Marketing），其总体目标是利用电子商务以实现保持与改善旅游业在数字经济中的竞争力地位。具体的说，电子旅游目的地营销技术的目标是：

（1）改进营销沟通以实现更好、更有效地促销旅游目的地。

（2）利用知识管理工具改善、促进旅游目的地企业之间的通信、合作与交流。

（3）将旅游目的地市场促销扩展到全国乃至全球范围内。

（4）增强、改进旅游目的地的品牌塑造，提高旅游目的地旅游业的战略优势。

（5）增加旅游目的地旅游企业的利润。

（6）支持中小型旅游企业的流程再造（杜文才，2002）。

三、旅游目的地营销系统的功能

Kristansen（1998）最早提出电子旅游目的地的概念（Electronic Destination, eDestination）以及电子旅游目的地的功能。随后，维也纳大学 Werthner 教授与芒斯特大学 Klein 教授（1999）在合著的《信息技术与旅游：挑战性的关系》一书中采用了他的电子旅游目的地的功能论述。他们的贡献在于从 Internet 的功能及内部网的功能分别划分了电子旅游目的地的功能。然而，旅游目的地营销系统的功能必须从该系统能够提供满足旅游目的地组织、旅游目的地旅游产品/服务供应商、旅游运行商、消费者（游客/旅游产品/服务消费企业）等各方的需求的作用来划分。

对于旅游目的地与消费者（B2C）而言，旅游目的地营销系统可以提供以下的功能：

（1）旅游目的地的行业门户网站（Business Portal）。门户网站在一个网站上向用户提供了强大的 Web 搜索工具以及集成为一体的内容和服务。TIScover. com 、www. finland-tourism. com 以及国内的金旅工程等门户网站都在一个旅游目的地营销系统网站上向用户提供了强大的网络搜索工具以及集成为一体的内容和服务，展示目的地的全部旅游产品/服务信息。例如，目的地的视频剪辑、照片和广告文字等信息及其他内容。再如电子地图，由于电子地图可以无限缩放，其信息容量也就更大，重要旅游景区、旅游企业、公园和文化场所、精品旅游线路、公交线路等都可标注在电子地图上。它还能提供方便、实用的基于地图的旅游信息查询和分析服务。

（2）网络广告商。通过使用旅游目的地营销系统，旅游目的地的行业可以针对具有特定兴趣的群体甚至个人做目的地的全部旅游产品/服务广告，这对使用旅游目的地营销系统直接推广、推销是非常有用的。旅游目的地营销系统使得旅游目的地管理组织、旅游目的地的行业能了解游客或潜在游客的消费需求和期望，并与他们直接双向交流。在这种交互式营销中，游客或潜在游客可以用鼠标点击旅游目的地广告以获得更多旅游目的地信息，或者通过电子邮件来提问。旅游目的地营销系统提供了双向交流和使用电子邮件的能力，还允许他们针对特定的人群做广告。旅游目的地营销系统使得真正的一对一广告成为可能。除此之外，旅游目的地的组织也可能使用电视、报纸或其他资源作为广告渠道。

（3）电子零售商。旅游目的地营销系统的最主要功能之一是起到在线零售店的作用。旅游目的地营销系统提供在线预订业务，包括机票、火车票、酒店等。

（4）旅游目的地的内容提供商。虽然旅游目的地营销系统有各种不同的应用方式，但旅游目的地信息内容是旅游目的地营销系统最大的功能之一。旅游目的地营销系统通过其自身网络发布信息内容，如数字化的旅游目的地新闻、景点、景区照片、影片以及旅游目的地艺术品等。旅游目的地营销系统采用文字、图片、Flash 动画、音频、视频和三维全景环视等多种表现手段，向游客展示非常鲜明、生动和富有文化内涵的目的地整体形象。

(5) 交易经纪人。交易经纪人泛指通过电话或邮件为消费者处理个人交易的网站。旅游目的地营销系统越来越多的起到旅游代理商的作用。旅游目的地营销系统已成为消费者用来查找旅游去处、查找最合适的价格、预订机票、预约租车、预订旅馆、预订游程和预订观光行程时最常用的一种工具。

(6) 目的地市场创建者。市场创建者建立了一个数字化的目的地营销平台与环境，使得买卖双方能够在此“会面”，展示旅游产品，检索旅游产品，并为旅游产品定价。一个最基本的例子就是 Priceline. com，消费者可以在这一市场空间为自己愿意支付的各种旅游膳宿和其他产品定价。

(7) 服务提供商。服务提供商是指提供在线服务商家。服务提供商与电子零售商不同，电子零售商在网上销售产品。目的地营销系统在线服务基本上是不收费的；有些目的地营销系统在线服务是收费的；有些目的地营销系统在线服务除提供机票和旅馆的预订交易服务，还提供度假计划服务。目的地营销系统服务提供商的基本价值体现在于，他们向消费者提供了比传统服务更有价值、更便利、更省时、成本更低的服务。为了做到让游客或潜在游客满意，目的地营销系统服务提供商面临的第一个挑战是要让游客或潜在游客熟悉自己目的地的品牌，第二个挑战则是要促使消费者去尝试自己所提供的服务。

(8) 社区服务商。社区服务商是那些创建数字化在线环境的网站，志趣相投的人可以在这里进行交易（买卖商品）、交流，了解与自己的兴趣相关的信息。目的地营销系统网站可以让志趣相投的人们，如游客或潜在游客、目的地管理开发者、各种代理商、批发商、零售商、其他中介组织成员通过旅游论坛、聊天室、留言板更容易地在线“会面”和交流，就旅游服务和旅游感受发表自己的观点，也能引入一些新的消费观点，这就有可能将游客的消费需求引入区域旅游产业的创新活动，而不受地域的限制。有着相同兴趣爱好的人可以在目的地营销系统网站进行交流，了解与自己的兴趣相关的信息。在此意义上，目的地营销系统网站的基本价值体现在于，建立一个快速、方便、一站式目的地网站（杜文才，2002），使用户可以在这里关注他们对目的地最感兴趣、最关心的事情。对于目的地营销系统网站来说，最重要的目的地品质就是对特定旅游目的地知识的广度和深度的掌握与了解。因为目的地营销系统网络社区的目的就是要把兴趣和个人背景相似的消费者联系在一起，所以是否拥有具备相关经验的管理人员至关重要。

对于旅游目的地与旅游企业（B2B）而言，旅游目的地营销系统可以提供以下的功能：

(1) 市场/交易所（B2B 中心）。旅游目的地营销系统起到一个集市或一个交易所的作用，在这个数字化的电子市场中，目的地旅游服务供应商和旅游业运营商可以在此进行交易。旅游目的地营销系统可以看作是垂直市场，在这里，向一小部分旅游企业提供与它们的行业有关旅游目的地的产品和服务（Du，2004）。

(2) 应用服务提供商（Application Service Provider，ASP）。旅游目的地营销系统可以向其他中小型旅游企业，如中小型酒店，销售基于 Internet 的酒店软件应用接入服务。

(3) 旅游目的地营销电子信息库，目的地旅游服务供应商和旅游业运营商可收集、分析、处理游客消费行为和消费欲望信息，提供有针对性的数据分析报表，辅助成员公司对市场进行宣传推广活动。例如，目的地旅游经营商能够协调整个目的地旅游服务的链运作，能够对收集来自每个客户反馈（抱怨、投诉或意见）作出快速反应。旅游目的地营销信息库有助于改善服务质量或条件、维持旅游服务供给的其他成员了解特定客户的真实需要。再如，目的地旅游企业通过查阅旅游观光历史记录可以进一步了解客户的偏爱和需要。一旦公司知道客户是谁，当他需要服务时，公司就能够为他提供个性化的服务。

对于旅游目的地组织而言，旅游目的地营销系统可以起到旅游电子政务的作用，可以提供以下的功能：

(1) 信息发布平台，该功能类似于一份报纸、一本杂志、一本书或一个收音机/电视向公众或组织发布目的地与旅游相关的政务信息及公告。

(2) 信息管理、共享与信息交换平台与通信工具。它通过旅游目的地营销系统向旅游目的地管理组织提供了旅游目的地信息管理、共享与信息交换的方式，实现旅游管理部门、旅游企业之间的信息无缝流通、实现统一网络平台的信息共享。旅游目的地营销系统将有助于打破各级政府和部门对信息的垄断和封闭，能够有效整合商务信息资源，有助于各部门、各行业之间的信息更新、传递。信息管理包括旅游目的地新闻发布与管理旅游目的地产品/服务信息发布与管理、旅游目的地节庆信息发布与管理、旅游电子杂志订阅发行与管理系统、旅游电子示意图应用系统、广告管理系统、E-mail 营销系统、信息检索系统、目的地内容管理系统、友情链接管理系统以及预订中心管理系统、网上支付系统等。它可以帮助旅游目的地营销组织整合社会资源，建立目的地营销资源数据库，更全面、更准确、更高效、更多元化、低成本、无国界、更人性化地进行目的地形象宣传，同时为广大的目的地旅游企业搭建了共同营销旅游目的地的信息化平台，真正形成了政府做形象宣传、企业做产品促销，共同营销旅游目的地的良好机制。目的地旅游企业能与它的合伙人或与有相互关系的供应链的成员分享信息，因此，使得向整个服务链提供无缝的个性化的服务流成为可能。一方面，服务供应链上成员间信息共享过程使企业更加容易获取更新和更可靠的信息，避免由于缺乏信息或信息误导导致决策失误一类问题。另一方面，获取的信息可用作市场分析，预测未来的市场需求。这些预测有益于制定销售预测和改进市场运作计划（杜文才，2002）。

（3）内部管理平台与工具。帮助旅游局领导即时、方便地查询了解各类信息（管理信息、营销信息和效果等），满足机关日常的信息流转自动化需求，即时搜集旅游者的反馈信息（投诉、电话、电子邮件等）。它将信息技术在政府机构的应用从简单的取代手工劳动提高到工作方式优化的新层次。

（4）专业培训平台。旅游机构可以通过旅游目的地营销系统网络向旅游目的地管理组织内的各旅游企业及员工提供在线专家咨询、在线教育培训、在线法律法规和行业规范学习等以提高从业人员的素质。各企业内的职员、不同企业的职员还可以在聊天室、网上讨论以及在线同业交流模块中相互交流经验，相互学习，以提高自己的产品与服务质量，激发创新思维。

（5）营销信息库。可收集、分析、处理游客消费行为和消费欲望信息，提供有针对性的数据分析报表，辅助成员公司对市场进行宣传推广活动。例如，旅游经营商能够协调实施服务的链运作和对收集来自每个客户反馈（抱怨、投诉或意见）作出反应。这有助于改善服务质量或条件，使旅游服务供给的其他成员了解特定客户真实的需要，吸引客户。再如，旅游企业通过查阅旅游观光历史记录可以进一步了解客户，更多的知道客户的偏爱和需要。一旦企业知道客户是谁，当他需要服务时，企业就能够为他提供个性化的服务。

第三节　旅游目的地营销系统应用成功范例

在世界范围内，旅游目的地营销系统已得到有效应用，在奥地利、芬兰、新加坡、西班牙、澳大利亚等发达国家和地区，目的地营销学通过和传统营销业务相结合，广泛支持了当地的旅游企业，明显地提高了旅游营销效益。在我国，金旅雅途旅游城市（目的地）营销系统为城市旅游目的地提供了旅游宣传营销的一套完整解决方案，它利用现代信息技术（互联网），架构目的地信息系统，并以网站为主要门户和表现形式，配合相应的支持性服务体系（跨媒体渠道及宣传），集旅游信息服务、互联网电子商务、旅游行业管理于一体。下面通过两个详实的成功范例解释旅游目的地营销系统在旅游目的地的典型应用。

一、旅游目的地营销系统在国际上的成功范例

奥地利 TIScover. at 是世界上最著名、最先进的、以旅游目的地为导向的目的地网

络门户网站和旅游业网络平台（图 11.1）。TIScover. at 是世界上顶级旅游网站之一。它是一个基于 Web 的系统，具备全面的功能，包括信息管理、发布、预订和电子商务功能。TIScover. at 除了支持奥地利官方语言德语外，它还支持英文。

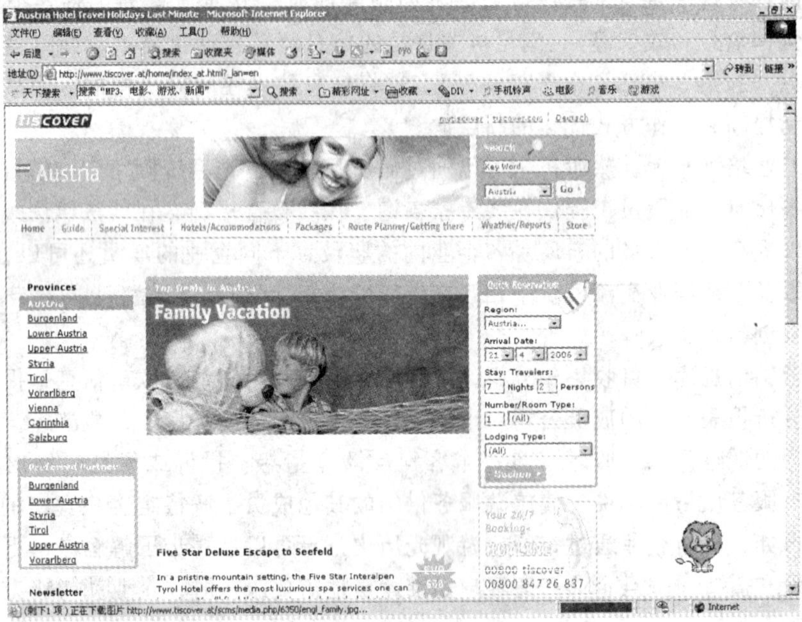

图 11.1　奥地利的 TIScover. at 网站首页

1991 年，TIS 开始正式在奥地利 Tirol Werbung 旅游目的地运行。1994 年 TIS 以及 TIS@ Web 利用 Internet 被扩展到奥地利；1997 年 TIScover 扩展到德国并且开始 C2C、B2C 电子商务活动。2000 年 TIScover 00 新一代 TIScover 开始投入运营，实现 C2C 和 B2C 电子商务服务；2002 年 TIScover 启用新的接口、增加实现 B2B 和 C2C 的电子商务活动以及欧洲更多的国家。

2003 年 TIScover. at 的年浏览页面（网页浏览次数）高达 256 000 000 次。TIScover. at 具有 16 000 多个客户。目前，该系统内所列的住宿设施总数已超过 15 000 个，其中大部分可以提供详细信息并可进行在线预订，促进 TIScover 系统业务不断增长。

二、金旅雅途与旅游目的地营销系统

“金旅工程”是“中国旅游业信息化系统工程”的别称，是我国旅游业参与国际市场竞争的重要手段，是国家信息化工作在旅游部门的具体体现，是国家信息网络系统的一个组成部分。

金旅工程在2001年1月11日召开的全国旅游工作会议上正式启动建设，目标为建立覆盖全国旅游部门的国家－省－市－企业四级计算机网络系统。达到提高管理水平、管理效率，改进业务流程，重组行业资源的目的；同时，建立一个目的地营销系统（DMS），为世界各地企业从事旅游电子商务提供服务。金旅工程的规划期限为5年，目前全国已有大连、三亚、珠海、桂林、苏州、厦门等十余个城市和广东省已经按照金旅工程的同一规划和标准建立自己的目的地营销系统，这些已经建成的系统在宣传促销和内部管理等方面发挥了重要作用。

金旅工程可概括为“三网一库”，即内部办公网、管理业务网、公共商务网和公共数据库。

（1）内部办公网。将国家旅游局与国务院办公网相连，为国家旅游局提供一个与国务院办公网和各部门进行安全保密的内部文件交换网络。

（2）管理业务网。基于互联网的各级旅游部门间的内部信息交换网络以建立一个旅游系统内部信息上传下达的渠道和功能完善的业务管理平台，实现各项业务处理的自动化，提高工作效率，使旅游业的行业管理上一个新台阶。

（3）公共商务网。建立一个可供各旅游企业进行供求信息交换、电子商务运作的旅游电子商厦，旅游企业在内可从事网上同业交易，为全球互联网用户提供旅游产品在线订购等电子商务活动（图11.2）。

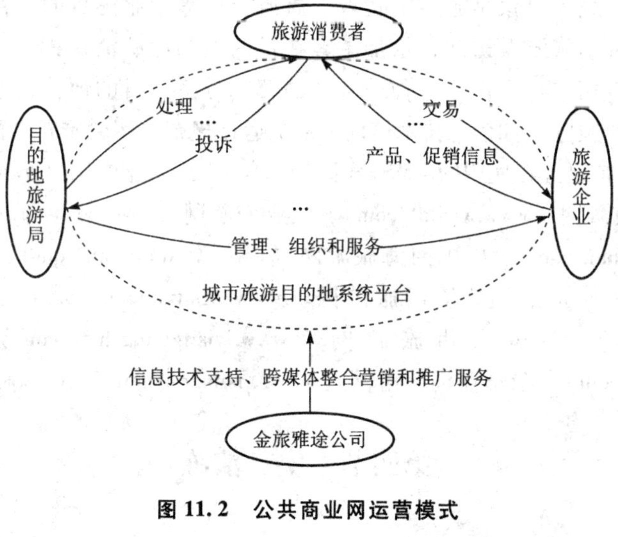

图11.2　公共商业网运营模式

公共商务网由北京金旅雅途信息科技有限公司承建和运营，公共商务网被命名为“金旅雅途网”。图11.3为金旅雅途网首页。

图 11.3　金旅雅途网首页

（4）公共数据库——三网共同引用的国家级数据库。数据库系统作为系统平台的一个重要组成部分，是上层应用系统的基础，也是业务处理系统的核心，基本上所有的业务数据的加工最后都依赖数据库系统支持。

目的地营销系统是旅游目的地通过互联网进行网络营销的完整解决方案，对应金旅工程“三网一库”中的公众信息网和信息库部分。其建设者和管理者定位于各省市旅游局和大型景区，服务对象是旅游消费者、旅游企业等。旅游目的地营销的目标是增加目的地知名度，带动旅游者访问；增加游客在目的地的旅游消费，增加旅游收入；企业宣传和目的地宣传相结合。作为一种综合性的解决方案，目的地营销系统还包括针对旅游局、企业的各种服务，如信息技术培训、系统运行规范、运营维护、网络营销导入和网络营销执行等。目前已经在使用的 DMS 子系统包括活力广东旅游网（www. visitgd. com）、浪漫之都中国大连旅游网（www. visitdl. com）、三亚旅游网（www. visitsanya. com）、珠海旅游网（www. visitzhuhai. com）、中国南海旅游网（www. visitnanhai. com）、中国惠州旅游网（www. visithuizhou. com）、温馨厦门旅游网（www. visitxiamen. com）、天堂苏州旅游网（www. visitsz. com）、中国广州旅游网（www. visitguangzhou. com）、桂林旅游网（www. visitguilin. com）、精彩深圳旅游网（www. visitshenzhen. com）等。

第四节　实务演练

一、通过 DMS 的子系统“浪漫大连旅游网”预订旅游线路

[第一步] 客户登录中国金旅工程 DMS 总平台（金旅雅图网站）首页。在地图上

点击旅游目的地。本例选择大连（图 11.4）。

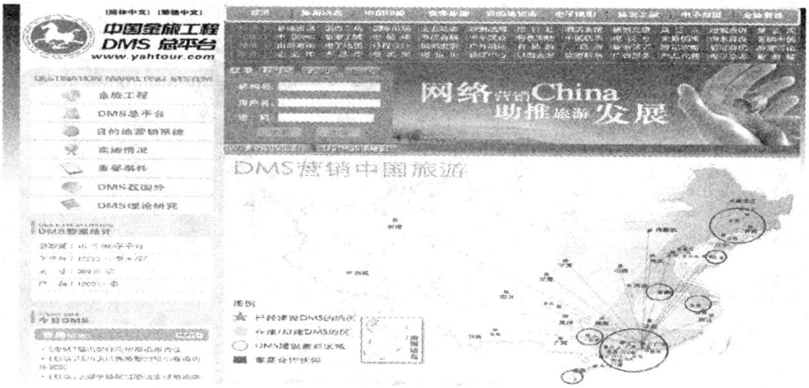

图 11.4　金旅雅图网站首页

［第二步］由 DMS 总平台转到大连旅游信息网站。在此，用户可以通过页面的【电子地图】栏目了解景点、酒店等地理位置，可以预订酒店、旅行社线路，查询航班信息和天气预报等内容。本例预订旅行社线路（图 11.5）。

图 11.5　预订旅行社线路

[第三步] 找到适合的旅行线路，顾客满意后即可点击【预订】(图 11.6)。

图 11.6　适合游客的旅行线路的确定

[第四步] 填写订单信息如出行时间、人数和特殊要求等信息后点击【提交】(图 11.7)。

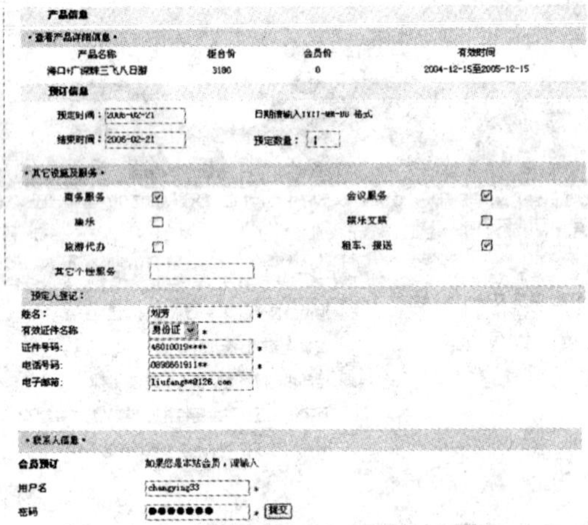

图 11.7　添加相关信息

[第五步] 点击【确认】后将订单信息提交给旅行社（图 11.8)。

[第六步] 得到以下提示信息，预订旅游线路的操作结束（图 11.9)。

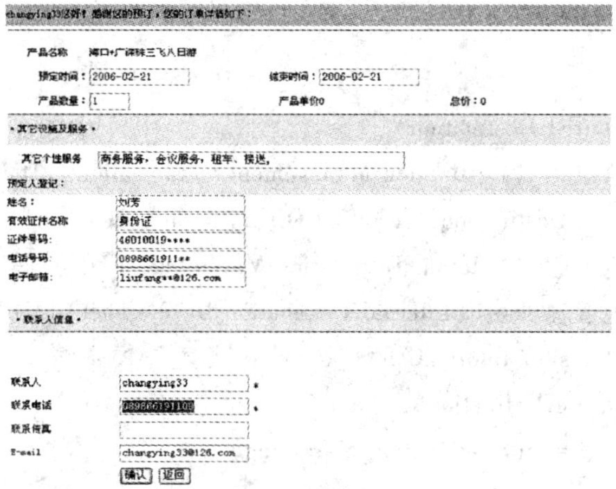

图 11.8　订单信息提交

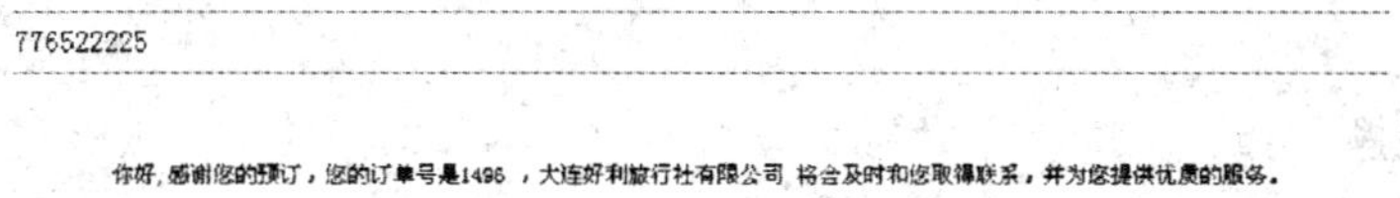

图 11.9　确认旅游线路预订

本章小结

近十年来，旅游目的地管理组织所面临的市场环境发生了激烈的变化，旅游目的地管理组织面临着许多新的机遇和挑战。尤其是互联网技术的普及以及旅游产品在网上促销、网上销售导致了旅游目的地管理组织新的活动类型和支持技术的出现。旅游目的地管理组织的功能以及支撑这些功能实现的手段发生了革命性的变化。Internet 技术成为旅游目的地管理组织向旅客提供信息的媒体或在线购买旅游产品与服务的平台，成为目的地旅游组织或企业获得核心竞争优势的支柱。

旅游目的地营销系统是目的地的信息技术基础设施，目的地推销及营销平台、目的地信息发布、产品/服务的展示、交易场所。同时，它也是旅游目的地管理组织内部现代化办公的工具。

关键术语

旅游目的地（Tourist Destination）
旅游目的地管理组织（Destination Management Organizations，DMOs）
目的地营销组织（Destination Marketing Organizations，DMOs）
外部旅游目的地营销（External Destination Marketing，EDM）
内部旅游目的地管理开发（Internal Destination Development，IDD）
游客信息系统（Visitor Information Systems）
电子旅游目的地（eDestination）
电子旅游目的地营销（eDestination Marketing）

习　　题

一、思考题

1. 什么是旅游目的地？
2. 什么是目的地管理组织？
3. 什么是目的地营销组织？
4. 浅析旅游目的地、目的地管理组织、目的地营销组织之间的联系与区别。
5. 浅析金旅工程的作用。

参考文献

1. World Tourism Organization. Survey of Destination Management Organization Report，2004

2. 杜文才．国际互联网技术与旅游业企业过程重组．云南师范大学学报，2003，23（1）

3. 杜文才．搭建海南"一站式"电子旅游平台创建旅游强省．海南大学学报，2002（4）

4. 杜文才．基于因特网GIS、可扩展、可协同工作的旅游信息系统．世界科学研究与发展，2002（5）

5. Du，Wencai. Internet Promotion & Marketing Destinations in Islands in Global

Tourism, 2004, Proceedings of the 8th ITOP Forum 2004, Hainan, China, pp. 100 - 108

6. Hu, Y andTitchie, J. R. B. Measuring destination attractiveness: a contextual approaches. J. of Travel Research, 1993, 32 (3), 25 - 34

7. 霍洛韦．论旅游业．北京：中国大百科全书出版社，1997

8. D. 布哈利斯．目的地开发的市场问题．旅游学刊，2000

9. 巫宁，杨路明．旅游电子商务理论与实务．北京：中国旅游出版社，2003

10. Buhalis, D. Marketing the competitive destination of future. Tourism Management, 2000, 21 (1): 97 - 116

11. Leiper, N. Tourism Management, Melbourne: RMIT, 1995

12. Buhalis, D. eTourism. Information Technology for Strategic Tourism Management. Pearson Education, 2003

13. Buhalis, D. & Spada, A. Destination management systems: criteria for success: An exploratory research. Information Technology & Tourism 2000, vol. 3 (1): 41 - 58

14. Chen, H-M. & Sheldon, P. Destination information systems: Design issues and directions. Journal of Management Information Systems 1997, 14 (2): 151 - 176

15. Collins, C. & Buhalis, D. Destination Management Systems Utilization in England. Information and Communication Technologies in Tourism 2003. Frew, A. J., Hitz, M. and O'Connor, P. (eds.), Springer, New York: 202 - 211

16. Frew, A. J. & O'Connor, P. (1999). Destination Marketing System Strategies: Refining and extending an assessment framework. Information and communication technologies in tourism, Proceedings of the 6th Enter international conference, Innsbruck, Austria. Buhalis, Tjoa and Jafari (eds.), Springer Wien, N. Y.: 398 - 407

17. Frew, A. & O'Connor, P (1998). A Comparative Examination of the Implementation of Destination Marketing System Strategies: Scotland and Ireland; Information Communication Technologies in Tourism, Springer Computer Science, Tjoa, A. M. and Jafari, J (eds.): 258 - 267

18. Marsh, S. & Dibben, M. (2003). The role of trust in information science and technology Annual Review of Information Science and Technology (ARIST). In Cronin Blaise (dir.), Information Today for the American Society for Information Science, 37: 465 - 498

19. Medford. istilis, N. & Daniele, R. (2001). Does the Public Sector have a role in developing Destination Marketing Systems? Information and Communication technologies in Tourism, Proceedings of Enter international conference, Montreal, Canada, Sheldon, Wober & Fesenmaier (eds.), Springer Wien, N. Y.: 22 - 32

20. O'Connor, P. (1999). Electronic Information Distribution in Tourism and Hospitality. Wallingford, CT/Oxford, UK: CAB International: 173

21. Pollock, A (1998). Creating Intelligent Destinations for Wired Consumers; Information Communication Technologies in Tourism, Springer Computer Science, Tjoa, A. M. & Jafari, J. (eds.): 235 - 247

22. Sheldon, P. J. (1997). Tourism information technology. Wallingford, CT/Oxford, UK: CAB International

23. UNCTAD (2003). E-Tourism initiative; Task force on sustainable tourism for development. A high-level conference on south-south cooperation, Marrakech, Kingdom of Morocco, December 15 - 19, 2003

24. Werthner, H. & Riccci, F. (2004). E-commerce and tourism. Communications of the ACM, 47 (12), 101 - 105

25. Kristansen, T. Interacting marketing-how new interactive media can increase marketing effectiveness and efficiency. An application to European national tourism organizations. Master Thesis, European School of Management, Berlin, 1998

26. Werthner, H. and Klein, S. Information Technology and Tourism-A Challenging Relationship, Springer Computer Sciences, Verlag Wien, 1999, 195 - 227